中国特色社会主义法治理论研究

张文显 著

Studies on Theories of Socialist Rule of Law with Chinese Characteristics

法律出版社
LAW PRESS · CHINA
北京

图书在版编目（CIP）数据

中国特色社会主义法治理论研究 / 张文显著. 北京：法律出版社，2025. -- ISBN 978-7-5197-9686-0

Ⅰ. D920.0

中国国家版本馆 CIP 数据核字第 2024957EC2 号

中国特色社会主义法治理论研究
ZHONGGUO TESE SHEHUIZHUYI FAZHI LILUN YANJIU

张文显 著

责任编辑 陈 慧
装帧设计 汪奇峰

出版发行 法律出版社
编辑统筹 法律教育出版分社
责任校对 王 丰 李景美
责任印制 刘晓伟
经 销 新华书店

开本 710 毫米 × 1000 毫米 1/16
印张 27.75 **字数** 340 千
版本 2025 年 7 月第 1 版
印次 2025 年 7 月第 1 次印刷
印刷 北京盛通印刷股份有限公司

地址：北京市丰台区莲花池西里 7 号（100073）
网址：www.lawpress.com.cn
投稿邮箱：info@lawpress.com.cn
举报盗版邮箱：jbwq@lawpress.com.cn

销售电话：010-83938349
客服电话：010-83938350
咨询电话：010-63939796

书号：ISBN 978-7-5197-9686-0
定价：68.00 元

作者简介

张文显

吉林大学哲学社会科学资深教授。1951年农历8月28日出生于河南省南阳市镇平县。1970年参加工作，曾在工矿企业和党政机关工作；1974年就读吉林大学法律系政法专业，1977年毕业留校任教，1979年后先后攻读法学理论专业和马克思主义哲学专业，获得法学硕士和哲学博士学位。1983-1985年、1989-1990年先后访学于美国哥伦比亚大学法学院、美国华盛顿大学法学院。现兼任中央马克思主义理论研究和建设工程咨询委员会委员，国家教材委员会委员，国家“双一流”建设专家委员会委员，国务院学位委员会学科发展战略咨询委员会委员，教育部社会科学委员会委员、法学学部召集人，高校哲学社会科学自主知识体系建设战略咨询委员会委员，教育部习近平法治思想研究重大专项总召集人、教育部建构中国自主法学知识体系重大专项总召集人，中国法学会法学教育研究会会长、法学期刊研究会会长，中国人权研究会专家委员会首席专家等。曾任吉林大学法学院院长、吉林大学副校长、党委书记（副部长级），吉林省高级人民法院院长，二级大法官，国务院学位委员会委员、法学评议组召集人，中国法学会党组成员、副会长、学术委员会主任，教育部高等学校法学学科教学指导委员会主任委员，浙江大学光华法学院名誉院长、国家制度研究院院长、学术委员会主任等。

中国共产党第二十次全国代表大会代表、第十七次全国代表大会代表，第十一届全国人民代表大会代表。

主要研究领域为法理学、法政治学、中国特色社会主义法治。先后主持完成若干国家级重大项目和重点课题。发表学术理论文章500余篇，出版国家级、省部级统编教材和个人专著40余部，指导硕士和博士研究生200余人。

目　　录

中国特色社会主义法治理论的科学定位*

中国特色社会主义法治理论具有深厚的实践基础、丰富的思想渊源、鲜明的时代特征、重大的现实意义和深远的历史意义。如何科学定位和准确把握中国特色社会主义法治理论，既直接决定着我们对它的理论认同和理论自觉，又直接关乎它能否在实践中有效地发挥行动指南作用。可以说，这是中国特色社会主义法治理论研究与实践的前置性问题。本文试就这一问题发表若干浅见。

一、中国特色社会主义法治理论是中国特色社会主义法治道路的核心要义

习近平总书记指出，坚持党的领导，坚持中国特色社会主义制度，贯彻中国特色社会主义法治理论，“这三个方面实质上是中国特色社会主义法治道路的核心要义，规定和确保了中国特色社会主义法治体系的制度属性和前进方向”。[1]这是对中国特色社会主义

---

* 本文发表于《法学》2015 年第 11 期。

法治理论最根本最鲜明的科学定位。

所谓“要义”，就是实质性、本质性意义，就是精髓、决定性要素。在“要义”前面再加上“核心”二字，更凸显出坚持党的领导、坚持中国特色社会主义制度、贯彻中国特色社会主义法治理论这三个方面对于中国特色社会主义法治道路的重大而深刻的意义。正是这三个“核心要义”，明示了中国特色社会主义法治道路的基本内涵和基本内容，确定了中国特色社会主义法治道路的根本性质和根本要求，描绘出了这条道路的鲜明特征和鲜明标识。深入理解、全面把握这三个核心要义，对于坚持中国特色社会主义法治道路、全面依法治国、建设法治中国具有方向性、战略性、全局性意义。

在这三个核心要义中，党的领导是根本，中国特色社会主义制度是基础，中国特色社会主义法治理论是指导思想和学理支撑。中国特色社会主义法治理论全面阐述了法治的本质、法治的普遍规律、现代法治的一般原理及社会主义法治的本质特征、内在要求、价值功能、基本原则、发展方向、遵循道路等重大问题；深刻回答了什么是法治，什么是社会主义法治，如何依法治国、建设社会主义法治国家和社会主义法治体系，如何推进法治中国建设，即如何实现依法治国、依法执政、依法行政共同推进，法治国家、法治政府、法治社会一体建设，国家法治、地方法治、社会法治协调发展，如何在法治轨道上推进国家治理体系和治理能力现代化，如何形成全面依法治国与全面建成小康社会、全面深化改革、全面从严治党相辅相成、相互促进、相得益彰的局面等一系列重大问题和前沿问题。总之，中国特色社会主义法治理论是关于法治，特别是关于中国特色社会主义法治的科学认知的集成，是党和国家法治建设的根本指导思想，是“我们党处理法治问题的基本立场”。[2]因而，坚持中国特色社会主义法治道路，建设中国特色社会主义法治体系和法治国家，推进中国法治事业科学发展，必须始终如一地贯彻中国特色社会主义法治理论。

二、中国特色社会主义法治理论是中国特色社会主义理论体系的重要组成部分

胡锦涛同志曾经指出:“改革开放以来我们取得一切成绩和进步的根本原因,归结起来就是:开辟了中国特色社会主义道路,形成了中国特色社会主义理论体系。高举中国特色社会主义伟大旗帜,最根本的就是要坚持这条道路和这个理论体系。”[3]中国特色社会主义理论体系是包括邓小平理论、“三个代表”重要思想、科学发展观、“四个全面”战略思想等在内的科学理论体系。这个理论体系博大精深,涵盖改革发展稳定、内政外交军事、治党治国治军、经济政治社会文化生态建设等有关中国特色社会主义事业的理论与实践问题,有关依法治国、厉行法治,建设社会主义法治国家和中国特色社会主义法治体系,全面推进法治中国建设等重大理论是其重要的具有综合性的组成部分。正如习近平总书记所指出的:“我们要发展的中国特色社会主义法治理论,本质上是中国特色社会主义理论体系在法治问题上的理论成果。”[4]

中国特色社会主义法治理论虽然从时段上主要指20世纪70年代末我国实行改革开放和依法治国以来逐渐形成和发展的法治理论,但是它并没有与马克思主义法学理论和作为马克思主义法学理论中国化伟大成果的毛泽东法律思想脱节,而是继承和发展了马克思主义法律思想和法学原理,继承和发展了毛泽东法律思想。毛泽东法律思想是毛泽东思想的组成部分。毛泽东、周恩来、朱德、刘少奇、董必武、彭真等老一辈无产阶级革命家是新民主主义革命法制和社会主义民主法制建设的领导者和实践者,在新民主主义革命和社会主义革命与法制建设的长期探索与实践中,创造性地提出了与这两个时期的革命与建设实际相适应、具有鲜明中国风格的马克思主义法学理论观点,内容相当丰富。例如,历史

唯物主义的、革命的法律观，民主、国体、政体和宪法思想，新民主主义宪政理论，法制是人类文明的基本标志的观点，“两类矛盾”的学说，民主和社会主义相结合、纲领性和灵活性相结合、领导与群众相结合的立法思想，有法可依、有法必依的法制原则，宽严相济的刑法思想，以事实为依据、以法律为准绳的诉讼原则，等等。这些重要思想在中国特色社会主义法治理论体系形成过程中都得到了继承和发展。

同时，中国特色社会主义法治理论也没有割断历史、封闭自我，而是坚持古为今用、洋为中用、中西合璧、与时俱进。

中国特色社会主义法治理论传承了中华传统法律文化的精华。中国是世界上文明发达最早的国家之一，法制文明是中国古代文明的重要构成和明显标志，而且从历史进程上看从来没有中断过。战国中期，李悝的《法经》创中国封建法典之体制，开成文法典之先河。随后建立的秦朝扩大了成文法的规模，奠定了中国长达两千多年封建法制的基本轮廓。汉唐诸代君臣与巨儒主张“德主刑辅”，熔礼义刑德于一炉，使中国封建法制成为“天理、国法、人情”的融合体，形成了法治与德治相结合的鲜明特点。《唐律疏议》更以其完备的体例、严谨而丰富的内容成为封建法典的范例。经过宋、元、明、清等朝代一千多年的法律文明维系、传承和发展，形成了被世界公认为五大法系之一的中华法系，广泛地影响和传播到周边国家，并在相当长的时间里居于世界法制文明的顶峰。中国古代法制文明中有许多超越时空、具有普遍价值的经验和理论。例如，主张“国无常强，无常弱。奉法者强则国强，奉法者弱则国弱”；[5]注重法律的良善品质，强调“立善法于天下，则天下治；立善法于一国，则一国治”，[6]“为国也，观俗立法则治，察国事本则宜”，[7]要以人为本，以民为本，社会和合；善于通过法律的人文精神对社会成员心理和观念世界进行整合与引领，规范、引导和维系整个社会，注重礼法互补，主张德治与法治并存，强调明德慎刑；注重法律的教育功能，主张以法为教，强调法律的任务不仅是“禁暴惩奸”，而且要“弘风阐化”；注重治国者、执法者的道德品质以及对国家的责任感和使命感，主张“徒法不足以自行”；[8]为官者、执法者要“天下为公”，清正廉洁，光明正大，执法如山，“法不阿贵，绳不挠曲”；[9]“公生明，廉生威”；[10]注重法律的综合意义，主张对法律条文和典籍从天理、国法、人情的有机结合上予以解释和注释，以更好地定分止争、惩恶扬善，法律的实施不能就事论事；注重立法与执法并重，“天下之事，不难于立法，而难于法之必行”；[11]注重变法促进，强调通过变法革新解决社会深层次矛盾，保持社会稳定，推动社会发展。中国特色社会主义法治理论在对中华传统法律文化的丰富资源进行梳理和甄别的基础上，联系当代实际进行了科学的改造和扬弃，把那些能够与以科学、理性、民主、自由、公平、人权、法治、和平、秩序、效率为内容的时代精神融为一体的文化传统，融入社会主义法治理论、法治体系和法治实践之中，使中国特色社会主义法治理论的民族精神和时代精神集于一体。

中国特色社会主义法治理论也包含着对西方法治经验和理论成果的兼容并蓄。西方法治文明源自古希腊、古罗马，积淀深厚，尤其是近代法治萌生于西方资本主义社会，有许多理念、原则和方法，反映了人类法治文明发展的一般规律，诸如依法而治、法治国家、法治政府、权力制约、人权神圣、财产神圣、税收法定、法律面前人人平等、契约自由、言论自由、罪刑法定、正当程序、权利推定、“法无禁止即自由”等法治理论，以及司法（职权）独立、法官中立、律师自由执业、疑罪从无、非法证据排除等司法学说。在中国特色社会主义法治理论体系形成过程中，坚持从中国国情和中国需要出发，认真鉴别、合理吸收了西方法治经验和法治理论，使之与中国本土化理论贯通，彰显了中国特色社会主义法治理论体系的开放性、包容性和科学性。

三、中国特色社会主义法治理论是对中国社会主义法治实践的经验总结和理论表达

中国特色社会主义法治理论最鲜明的特点就是实践性，它立足于当代中国法治建设的实践，是对中国特色社会主义法治实践过程、实践经验的理论概括，它指导法治实践，回答法治实践提出的问题，并在法治实践中丰富、创新和发展。中国特色社会主义法治是前无先例、外无范式的事业，没有现成的道路可以遵循，没有现成的模式可以照搬，主要靠我们自己探索、实践和创造。长期坚持不懈的艰辛探索，特别是改革开放以来党领导人民厉行法治、依法治国、建设法治国家的伟大实践，为内涵丰富、逻辑自洽、思想深刻的中国特色社会主义法治理论的形成奠定了坚实的实践基础，提供了丰富的实践经验，当然也有偏离法治轨道的深刻教训。

"新中国成立初期，我们党在废除旧法统的同时，积极运用新民主主义革命时期根据地法制建设的成功经验，抓紧建设社会主义法治，初步奠定了社会主义法治的基础。后来，党在指导思想上发生'左'的错误，逐渐对法制不那么重视了，特别是'文化大革命'十年内乱使法制遭到严重破坏，付出了沉重代价，教训十分惨痛！"[12]在"文化大革命"结束之后，我们党召开了具有历史意义的十一届三中全会。这次全会作出两项重要的决定，一是把党和国家工作的重心由以"阶级斗争为纲"转向以经济建设为中心；二是确定"健全社会主义民主、加强社会主义法制"，"有法可依、有法必依、执法必严、违法必究"的法制工作方针。由此，法制得以恢复和重建，法治建设步入快车道。"文化大革命"结束的时候，中国仍处于无法无天的状态。所以，法治建设的当务之急是制定一批恢复法律秩序和社会秩序迫切需要的法律。1979 年 7 月 1 日，五届全国人大四次会议一天通过了七部法律（中国法制史上著名的"一日

七法”)，包括《刑法》《刑事诉讼法》《地方各级人民代表大会和地方各级人民政府组织法》《全国人民代表大会和地方各级人民代表大会选举法》《人民法院组织法》《人民检察院组织法》《中外合资经营企业法》等。同年 9 月 9 日，中共中央发出了《关于坚决保证刑法、刑事诉讼法切实实施的指示》，首次提出要实行社会主义法治。1982 年，在党中央的坚强领导下，全国人大完成了对宪法的修改，颁布了新宪法，即现行宪法。1992 年，党的十四大提出实行社会主义市场经济，同时提出要建立社会主义市场经济法律体系。1997 年，党的十五大史无前例地提出“依法治国，建设社会主义法治国家”，把依法治国确定为党领导人民治理国家的基本方略，把建设社会主义法治国家作为建国大业的重要目标之一。1999 年，现行宪法第三次修改，以宪法修正案的方式规定“国家实行依法治国，建设社会主义法治国家”。2007 年，党的十七大提出全面落实依法治国基本方略，加快建设社会主义法治国家。2011 年，十一届全国人大第四次会议宣布中国特色社会主义法律体系已经形成。2012 年，党的十八大作出了“法治是治国理政的基本方式”的科学判断和政治宣言，并作出了“依法治国基本方略全面落实，法治政府基本建成，司法公信力不断提高，人权得到切实尊重和保障”的“法治小康”目标，作出了全面推进依法治国的战略决策，强调要科学立法、严格执法、公正司法、全民守法。党的十八大之后，习近平总书记发出“建设法治中国”的伟大号召。2013 年，党的十八届三中全会在《中共中央关于全面深化改革若干重大问题的决定》中明确提出“推进法治中国建设”，强调依法治国、依法执政、依法行政共同推进，法治国家、法治政府、法治社会一体建设；全面推进依法治国、加快建设法治中国，成为新时期中国法治建设的战略目标。2014 年，党的十八届四中全会作出《中共中央关于全面推进依法治国若干重大问题的决定》，对全面推进依法治国的总目标、总路线、重大任务等作出全方位的部署。党中央每一次重大法治决策和全国人大相应的决定都是对我国法治建设实践的正确引领和强大推动，也都是法治理论发展进步的标志和进一步推进法治理论创新发展的强大动力。

在中国特色社会主义法治理论的形成与发展过程中，作为我国新时期社会主义法治建设的领导者、推动者、实践者，历届中央领导集体和邓小平、江泽民、胡锦涛、习近平等主要领导同志发挥了不可替代的重大作用。他们立足于改革开放、建立社会主义市场经济、发展社会主义民主政治、全面建成小康社会、实现国家长治久安的战略立场，从我国国情和社会主义法治建设的实践出发提出问题、反思教训、总结经验，在丰富实践经验的基础上形成法治理论，并不断推进法治理论创新发展。例如，邓小平同志提出“社会主义民主法制化”，“人治危险得很、搞法制才靠得住”，“一手抓改革和建设、一手抓法制”等重大理论。江泽民同志提出“法治是社会进步、社会文明的重要标志”，“依法治国、建设社会主义法治国家”，“党的领导、人民当家作主、依法治国有机统一”，“坚持依法治国与以德治国相结合”等重大理论。胡锦涛同志提出“党的事业至上、人民利益至上、宪法法律至上”，“依法治国、执法为民、公平正义、服务大局、党的领导为主要内容的社会主义法治理念”，“民主法治与和谐社会建设的理论”，“法治是以和平理性的方式解决社会矛盾的最佳选择”，“法治是治国理政的基本方式”，“依法执政”，“依宪执政”，“科学立法、严格执法、公正司法、全民守法”等重大理论。习近平同志提出“建设法治中国”、厉行“良法善治”，“依法治国、依法执政、依法行政共同推进”，“法治国家、法治政府、法治社会一体建设”，“以提升司法公信力为根本尺度深化司法体制改革”，“推进国家治理体系和治理能力现代化”，“建设中国特色社会主义法治体系”，“从严治党、依法反腐”，“改革要于法有据”，“推进国际关系民主化、法治化”等重大理论。正是这些重大的原创性科学概念和理论观点构成了中国特色社会主义法治理论的基本体系。与此同时,法学界不断深入地开展法治研究。20 世纪 70 年代末至 80 年代,围绕法治建设实践和法学研究领域的拨乱反正、正本清源,法学界先后开展了关于法治与人治、法的阶级性与继承性、法的本质、法律面前人人平等、法学基本范畴、法学研究范式转换等重大理论问题讨论,有力地推进了法学领域的思想解放和理论创新。在 20 世纪 90 年代相继开展了市场经济与现代法的精神、市场经济与法治经济、中国特色社会主义法律体系(法制体系)、依法治国、法制国家、法治国家等对我国社会主义法治具有重大建构意义的研究和论证,极大地拓展了中国法学的研究领域,推进了法学理论创新和中国特色社会主义法学理论体系和法治理论体系建设。进入 21 世纪后,随着法治国家和法治中国建设的提速和提质,法治研究更加深入而广泛地推进,其中关于依法执政、依宪执政、法治政府、法治社会、立法体制改革、司法体制改革、法治文化建设、中国特色社会主义法治体系、中国特色社会主义法治道路等法治建设的核心问题的研究,在深化和创新法治理论的同时,也使中国特色社会主义法治理论涵盖了法治的所有实践领域和实践问题。总之,在党的领导下,在邓小平理论、“三个代表”重要思想、科学发展观、“四个全面”战略思想的指导下,中国法学界总结了改革开放以来我国社会主义法治建设的实践经验,在此基础上进行理论概括、理论诠释、理论创新,从而形成了反映社会主义法治建设内在规律的科学体系。以我们党的原创性法治理论为主体、以法学界的研究成果为丰富的理论资源而构成的内涵丰富、逻辑自洽、思想深刻的中国特色社会主义法治理论体系凝聚着法治的中国经验,饱含着法治的中国元素,彰显了法治的中国精神,描绘了法治的中国道路,注入了法治现代化的强大能量,为社会主义法治建设提供了理论指导和学理支撑,在世界法治理论宝库中日益彰显其中国话语、中国风格、中国气派、中国价值。

四、中国特色社会主义法治理论是与时俱进、不断创新的理论

与时俱进、创新发展，是中国特色社会主义法治理论的重要品格和鲜明特征。中国特色社会主义法治理论形成和发展的进程充分表明，改革开放以来我国社会主义法治理论始终处于创新发展之中，从未停止过与时俱进，邓小平、江泽民、胡锦涛、习近平同志是推进中国特色社会主义法治理论创新发展的舵手和楷模。以党与法的关系、坚持党的领导与厉行法治的关系为例，20 世纪 80 年代初（1982 年），邓小平同志提出并力主在党章中宣告“党必须在宪法和法律的范围内活动”，体现了我们党尊重宪法法律、树立和维护宪法法律权威的意志；在进入 21 世纪之后的 2002 年，江泽民同志在党的十六大报告中提出“依法执政”的命题，党的十六届四中全会作出的《中共中央关于加强党的执政能力建设的决定》把依法执政确立为党执政的基本方式。2004 年，胡锦涛同志在庆祝全国人民代表大会成立 50 周年大会上的讲话中进一步明确指出：“依法治国首先要依宪治国，依法执政首先要依宪执政”，提出“党的事业至上、人民利益至上、宪法法律至上”。十八大以来，习近平总书记对党和法治的关系问题进行了更加深入的探索，强调指出：党的领导和社会主义法治是一致的，社会主义法治必须坚持党的领导，党的领导必须依靠社会主义法治；在新形势下，党要履行好执政兴国的重大职责，必须依据党章从严治党，依据宪法治国理政，真正做到党领导立法、保证执法、支持司法、带头守法；依法治国，首先是依宪治国，依法执政，关键是依宪执政；在十八届四中全会上将“三个至上”精准表述为“党的事业、人民利益、宪法法律至上”。在其他很多法治理论的发展方面也有很好的与时俱进、接续创新的样本。

尽管中国特色社会主义法治理论体系已经形成，但是，必须清醒地看到，以建设中国特色社会主义法治体系、建设社会主义法治国家的全面依法治国总目标为对照，同全面落实依法治国基本方略、加快建设法治中国的现实需要相比，我国的法治理论还存在对依法执政、依法治国、依法行政、依法治军、公正司法、依法自治等方面的客观规律把握不透，对新中国成立以来法治领域的经验总结不够、教训反思不深，对古今中外法治文明优秀成果研究和吸收不够，对各种有害的法治理念和法学思潮分析、批判不力，在法治理论体系的建构方面概念化、体系化水平不高，法治理论对法治建设实践、法治改革实践、法学教育研究指导不足，法治理论人才队伍建设严重滞后等问题。因此，必须从党和国家事业发展全局的战略高度，从依法治国、建设社会主义法治体系和法治国家的实际急需出发，把坚持和发展中国特色社会主义法治理论作为一项重大而紧迫的任务，采取有力措施，切实抓紧抓好。

党的十八届四中全会作出的《中共中央关于全面推进依法治国若干重大问题的决定》对如何坚持和发展中国特色社会主义法治理论提出了明确的意见和要求，指出："必须从我国基本国情出发，同改革开放不断深化相适应，总结和运用党领导人民实行法治的成功经验，围绕社会主义法治建设重大理论和实践问题，推进法治理论创新，发展符合中国实际、具有中国特色、体现社会发展规律的社会主义法治理论，为依法治国提供理论指导和学理支撑。"这不仅明确地表明，中国特色社会主义法治理论需要不断创新发展，创新发展只有进行时，没有完成时，只有不断创新，才能适应法治建设和法治现代化的需求，才能保持法治理论之树常青；而且提出了创新发展的基本原则和主要路径。

其基本原则是：一要"符合中国实际"，符合实际，才能根深叶茂，科学管用；二要"具有中国特色"，就是要坚守社会主义内核，体现中华法治文明，体现当代中国法治道路和法治精神，形成鲜明的中国法治话语体系,以此打破西方法治话语的支配地位,消解西方法治中心主义的影响,提升中国在国际社会的法治话语权和在全球法治治理中的作用;三要"体现社会发展规律",主要是体现全面建成小康社会的规律、全面深化改革的规律、全面依法治国的规律、全面从严治党的规律、社会主义经济建设和发展规律(特别是市场经济规律)、政治建设和发展规律(特别是社会主义民主政治规律和法治中国发展规律)、社会建设和社会发展规律、文化建设和文化发展规律、生态文明建设和修复规律,体现司法文明、法治文明、政治文明、社会文明的一般规律,等等。只有揭示出、认知到、阐述清上述各种规律,只有对客观规律保持敬畏和尊重,我们的法治理论才是科学的、令人信服的、受人尊重的理论。

其主要路径包括:(1)"从我国基本国情出发",包括政治国情、经济国情、法治国情、党情社情,处于全球化时代的中国国情也包括世界情势等。(2)"同改革开放不断深化相适应",适应全面深化改革,即各领域各方面各层次改革,适应新形势、新情况、新要求,适应全球化的发展趋势,适应全球治理和国际关系法治化。当然,"适应"不意味着消极地跟在后面、总是落后于实践,而是要有远见和预见,做到理论先行。(3)着力总结和运用党领导人民实行法治的成功经验,实践是理论的本源,只有植根于中国法治实践大地,才能发现和摄取法治理论发展的营养品,才能在法治经验理论化的基础上不断凝练精辟的法治理论要素,丰富中国特色社会主义法治理论体系。(4)围绕社会主义法治建设重大理论和实践问题,推进法治理论创新。全面推进依法治国的时代是新法治理论生成和广泛传播的时代,是理论创新的时代。法治时代是需要理论创新的时代,也是理论能够创新的时代,理论创新是法学理论研究的第一要务,是中国特色社会主义法治理论发展进步的不竭动力。要始终坚持问题导向,不断发现问题、解答和解决问题,在发现和解决问题中深化和拓展理论研究,实现理论观点突破,促成新概念、新范畴、新命题、新理论的生成。(5)要注意吸收中华法律文化的精华,借鉴西方法治文明成果,既立足当代又继承传统,既立足本国又学习外国,大力推进学术观点创新、学科体系创新和科研方法创新。但是,吸收传统不是"简单复古",借鉴外来不能"全盘西化"。

注　释

1 习近平:《关于〈中共中央关于全面推进依法治国若干重大问题的决定〉的说明》(2014 年 10 月 20 日),载中共中央文献研究室编:《习近平关于全面依法治国论述摘编》,中央文献出版社 2015 年版,第 23 页。

2 习近平:《在省部级主要领导干部学习贯彻党的十八届四中全会精神全面推进依法治国专题研讨班上的讲话》(2015 年 2 月 2 日),载中共中央文献研究室编:《习近平关于全面依法治国论述摘编》,中央文献出版社 2015 年版,第 123 页。

3 胡锦涛:《高举中国特色社会主义伟大旗帜　为夺取全面建设小康社会新胜利而奋斗——在中国共产党第十七次全国代表大会的报告》,人民出版社 2007 年版,第 11 页。

4 习近平:《在省部级主要领导干部学习贯彻党的十八届四中全会精神全面推进依法治国专题研讨班上的讲话》(2015 年 2 月 2 日),载中共中央文献研究室编:《习近平关于全面依法治国论述摘编》,中央文献出版社 2015 年版,第 35 页。

5 《韩非子·有度》。

6 (宋)王安石:《临川先生文集》,中华书局 1959 年版,第 678 页。

7 《商君书·算地》。

8 《孟子·离娄上》。

9 《韩非子·有度》。

10 (明)年富:《官箴》刻石。

11 (明)张居正:《张太岳集》,上海古籍出版社 1984 年版,第 482 页。

12 习近平:《在中共十八届四中全会第二次全体会议上的讲话》(2014 年 10 月 23 日),载中共中央文献研究室编:《习近平关于全面依法治国论述摘编》,中央文献出版社 2015 年版,第 8 页。

毛泽东法律思想的理论渊源、鲜明特征和精髓要义 *

毛泽东法律思想(亦称毛泽东思想的法治理论)是毛泽东思想的重要组成部分。20 世纪以来,马克思主义在中国广泛传播和深入发展。中国共产党把马克思主义的普遍原理与中国实际相结合,在新民主主义革命、社会主义革命和建设的伟大实践中,以毛泽东同志为主要代表的中国共产党人,把马克思列宁主义的基本原理同中国革命的具体实践结合起来,创立了毛泽东思想。毛泽东思想包含着丰富的法律思想和法治理论,法学界通常称之为“毛泽东法律思想”。在新民主主义革命、社会主义革命和社会主义建设的各个时期,毛泽东同志发表了一系列有关国家和法治的论著、讲话,推动出台了一系列重要文献,具有代表性标志性的有:《新民主主义论》《论政策》《论联合政府》《论人民民主专政》《关于废除国民党〈六法全书〉和确定解放区司法原则的指示》《关于废除伪法统》等。在社会主义国家制度和法律制度建设实践中,毛泽东、周恩来、刘少奇、董必武等同志发表了一系列论著和讲话,如毛泽东的《关于中华人民共和国宪法草案》《在省市自治区党委书记会议

---

* 本文系作者为庆祝中国共产党成立一百周年而撰写的马克思主义法学理论中国化时代化的相关文章和演讲稿的节录。

上的讲话》《关于正确处理人民内部矛盾的问题》，周恩来的《专政要继续，民主要扩大》，刘少奇的《关于中华人民共和国宪法草案的报告》，董必武的《关于党在政治法律方面的思想工作》《进一步加强人民民主法制，保障社会主义建设事业》等。这些论著和讲话集中体现了马克思主义法学中国化的理论成果——毛泽东法律思想，深刻论述了国家和法治的一般原理，社会主义国家制度和法律制度的基本理论、宪法理论，为建设工人阶级领导的、以工农联盟为基础的人民民主专政的国体，人民代表大会制度的政体和国家各项基本制度确立了理论基础；深刻论述了社会主义法制，为推进有法可依、有法必依，构建社会主义法律秩序，提供了理论基础和战略思想；深刻阐述了社会主义条件下的政法工作、刑事政策策略等思想，为保障人民民主和权利、维护国家安全和社会稳定，提供了根本遵循。毛泽东法律思想不仅揭开了中国法律思想史的崭新篇章，而且为新民主主义法制和社会主义法制建设奠定了理论基础。

一、毛泽东法律思想的思想渊源

毛泽东法律思想是以马克思恩格斯法律思想、列宁国家和法的理论为其直接的思想渊源。

（一）马克思恩格斯法律思想为毛泽东法律思想提供了根本立场、方法和观点

马克思恩格斯法律思想坚持以人为本、以人民为主体的政治立场。马克思、恩格斯无论是作为民主主义革命者还是作为无产阶级革命家，都是从无产阶级和劳动大众的立场看待现行的法律，深刻地批判资本主义法律的资产阶级本质，指出资本主义法律不过是被奉为法律的资产阶级的意志。这种立场集中体现在《共产党宣言》的一段声明中："过去的一切运动都是少数人的或者为少

数人谋利益的运动。无产阶级的运动是绝大多数人的、为绝大多数人谋利益的独立的运动。”[1]

马克思恩格斯坚持以辩证唯物主义和历史唯物主义作为法律研究的世界观和方法论,具体在于:

第一,社会存在决定社会意识。在几千年的人类思想史上,法作为一种社会现象,一直是各个时代的思想家们所着重研究的重大课题之一。在马克思之前,人们总是力图从所谓宇宙理性、上帝意志、人类理性、绝对精神或民族精神等因素出发去说明这一现象。针对这种历史唯心主义的错误方法,马克思和恩格斯表明了自己的态度:法的关系既不能从它们本身来理解,也不能从人类精神的一般发展来理解,历史上出现的一切法律制度,“只有理解了每一个与之相应的时代的物质生活条件,并且从这些物质条件中被引申出来的时候,才能理解”。[2]因此,我们在法学研究中,必须坚持社会存在决定社会意识,即社会物质生活过程决定社会精神生活过程的观点。具体来说,就是要在深入考察社会物质资料的生产、交换、分配和消费的基本条件和方式的基础上来说明法的产生、发展和更替,说明法的本质、内容和作用。法作为社会的上层建筑,是由经济基础决定的,是经济关系的记录,法定权利和义务的内容及其分配状况当然要通过人类的理性、观念和意志来确定,但是,归根结底,最终的决定力量存在于社会物质生活的现实过程之中。总而言之,社会物质生活条件决定着什么样的社会意识占据统治地位,决定着法定权利和义务的基本内容。

第二,社会现象普遍联系并相互作用。马克思主义认为,物质生活的生产方式决定社会发展的基本面貌。有些人往往由此把马克思主义的历史观简单地归结为经济决定论,认为唯有经济因素才是历史发展的积极的起推动作用的因素,而非经济的因素则是被动的,进而认为,只要了解了社会存在决定社会意识、经济基础决定上层建筑这一基本观点,就是掌握了马克思主义的方法,就可以正确地说明历史的发展。这种看法是错误的。恩格斯在《致约·布洛赫》一信中曾严厉批评了以经济决定论代替历史辩证法的做法。他说:“根据唯物史观,历史过程中的决定性因素归根到底是现实生活的生产和再生产。无论马克思或我都从来没有肯定过比这更多的东西。如果有人在这里加以歪曲,说经济因素是唯一决定性的因素,那么他就是把这个命题变成毫无内容的、抽象的、荒诞无稽的空话。”[3]“青年们有时过分看重经济方面,这有一部分是马克思和我应当负责的。我们在反驳我们的论敌时,常常不得不强调被他们否认的主要原则,并且不是始终都有时间、地点和机会来给其他参与相互作用的因素以应有的重视……可惜人们往往以为,只要掌握了主要原理——而且还并不总是掌握得正确,那就算已经充分地理解了新理论并且立刻就能够应用它了。”[4]在法律领域中,不同社会领域间的普遍联系也很重要,非经济因素尤其是法对经济因素的反作用对社会的发展具有重要作用。

第三,社会历史不断发展变化。按照马克思主义世界观,整个世界都处于运动和发展的过程之中,人类社会也是如此,而唯物辩证法就正是“关于自然界、人类社会和思维的运动和发展的普遍规律的科学”,[5]是“最完备最深刻最无片面性的关于发展的学说”。[6]用发展的观点观察和分析法律现象就会发现,世界上根本没有什么“永恒的正义标准”和体现这种标准的超时空的法律制度;任何法律体系都不能不具有一定的时空特征,它必须与自己时代的社会条件相适应并随着这些社会条件的变化而变化;法律发展的过程与社会基本矛盾的运动过程有着深刻的联系。一种法律制度,只有在准确反映了社会发展的主题和基本趋势的条件下才能为推动社会进步贡献力量,并在自身的运动和发展过程中获得强大的生命力。用发展的观点指导法学研究,对于一个改革的时代而言,就显得尤其重要,它是克服因循守旧的传统和教条主义思想的强大精神武器。

（二）列宁的国家和法的理论为毛泽东法律思想提供了革命法制理论基础

马克思和恩格斯在19世纪末先后去世。他们去世之后，列宁作为当时共产党人的杰出代表，不仅继承、捍卫了马克思和恩格斯的法律思想，而且在创建和领导世界上第一个社会主义国家的过程中，创造性地发展了马克思主义法律思想。他在《新工厂法》《立宪民主党人的胜利和工人政党的任务》《杜马的解散和无产阶级的任务》《国家与革命》《苏维埃政权的当前任务》《论国家》《关于用自由平等口号欺骗人民》《关于司法人民委员会在新经济政策条件下的任务》《论"双重"领导和法制》等著述中深化了马克思和恩格斯关于法律的产生、本质、特征、作用、发展规律的基本观点，提出并解决了一些新的法学问题，特别是第一次具体提出了有关无产阶级专政时期社会主义法制的学说。例如，无产阶级政权必须依靠法律，善于运用法律；宪法的实质是阶级力量的对比关系，社会主义宪法的内容是确认和保护人民的权利；必须加强法律监督，维护宪法和法律的权威等。列宁社会主义法制思想，主要内容表现在：第一，阐释了国家与法律之间的关系。他认为，国家和法律具有不可分离的关系，法律是国家意志的体现。第二，具体阐释了社会主义国家和法律的功能和作用。其中包括消灭剥削阶级；组织社会主义经济建设，提高劳动生产率；发展社会主义文化教育事业。第三，提出了社会主义法制理论。其中包含了"法制统一"思想、法律监督理论、社会主义民主理论、废除旧法的理论、党员和领导干部更要守法的理论，在批判资产阶级民主法治虚伪性的同时，强调社会主义宪法和法律应当高扬人民权利和自由的旗帜，等等。

此外，清末民初资产阶级启蒙思想家和革命家特别是孙中山的民主法治理论，陈独秀、李大钊等早期的中国马克思主义者的国家和法律理论,以及中华传统政治法律文化的思想精华,也曾对毛泽东法律思想的形成产生一定影响。

二、毛泽东法律思想的鲜明特征

作为马克思主义法学理论中国化的思想成果和党在新民主主义革命、社会主义革命和建设时期的指导思想,毛泽东法律思想具有鲜明的革命性、实践性。

(一)毛泽东法律思想的革命性

毛泽东法律思想是在中国革命的伟大实践中应运而生的,并指引着人民打碎旧的国家机器、摧毁旧的法律制度,废除“伪法统”、建立新法制的实践。20 世纪 40 年代,在新民主主义革命和人民解放战争取得决定性胜利的历史条件下,毛泽东同志以马克思主义国家观和法律观告诫全党,新民主主义的、社会主义的法制和新中国的法律秩序绝对不能在国民党旧法统的基础上建立起来,而必须运用革命的暴力手段,彻底打碎国民党的国家机器,废除国民党旧法统,废除国民党反动政府的六法全书。

1949 年元旦,面对彻底垮台的大势,蒋介石发表“救死求和”声明,提出“和议”的最低要求,其中之一就是“神圣的宪法不由我而违反,民主宪法不因此而破坏,中华民国的国体能够确保,中华民国的法统不致中断”。对此,毛泽东同志亲自为新华社起草了《评战犯求和》的评论,驳斥了蒋介石的“法统不致中断”的谬论。紧接着,于 1949 年 1 月 14 日,发表了《中共中央毛泽东主席关于时局的声明》,正式提出了包括废除“伪宪法”、废除“伪法统”等在内的国共和平谈判的八项条件。随后,中共中央于 1949 年 2 月 22 日发出了《关于废除国民党〈六法全书〉和确定解放区司法原则的指示》。1949 年 9 月 29 日,中国人民政治协商会议第一届全体会议通过的

《中国人民政治协商会议共同纲领》第17条明确规定,“废除国民党反动政府一切压迫人民的法律、法令和司法制度,制定保护人民的法律、法令,建立人民司法制度”。其后,作为国民党政府统治之法律基础的“六法全书”被彻底废除,而代之以人民民主的、社会主义的法律和司法机关。

(二)毛泽东法律思想的实践性

在新民主主义革命时期,毛泽东法律思想把马克思主义国家和法治理论同中国革命的具体实践结合起来,在中央苏区和革命根据地建立了新民主主义的政权组织,探索创建了新型法律制度,充分彰显出马克思主义法学中国化的实践伟力。中央苏区制定的《中华苏维埃共和国宪法大纲》,陕甘宁边区通过的《陕甘宁边区施政纲领》、创造的“马锡五审判方式”,华北临时人民代表大会通过的《华北人民政府施政方针》等法制建设的历史性成就是这一时期马克思主义法学中国化的重要理论和制度成果。

新中国成立之初,我们党在废除旧法统的同时,积极运用中央苏区和革命根据地法制建设的成功经验,制定具有临时宪法性质的《中国人民政治协商会议共同纲领》,抓紧开展立法工作和法律机构建设,很快就奠定了社会主义法治的基础。1954年9月20日,第一届全国人民代表大会第一次会议通过了《中华人民共和国宪法》。这部宪法以国家根本大法的形式,确认了近代100多年来中国人民为反对内外敌人、争取民族独立和人民自由幸福进行的英勇斗争成果,确认了中国共产党领导中国人民夺取新民主主义革命胜利、进行社会主义革命的历史变革。这部宪法以人民民主和社会主义两大原则为统领,规定了我国的国体、政体、国家机构、公民基本权利和义务等,实现了人民民主和社会主义民主法律化制度化。《中国人民政治协商会议共同纲领》《中国人民共和国宪法》以建国大纲、根本法、总章程的形式集中体现了毛泽东法律思想。

三、毛泽东法律思想的理论精髓

毛泽东法律思想是一个内容丰富、论述深刻的科学理论体系。其中,最具标志性的科学理论包括历史唯物主义的、革命的法律观,中国式民主理论,国体政体理论,宪法制度理论,社会主义法制理论,“两类矛盾”学说,党内法规理论等。

(一)历史唯物主义的、革命的法律观

毛泽东法律思想强调,法律属于上层建筑,具有鲜明的阶级性和人民性。国民党的法统和法律体系是为帝国主义、封建主义和官僚资本主义的利益服务的,而共产党领导人民制定的法律则是维护革命秩序,保护劳动人民利益的,因而必须在打碎旧的国家机器的同时,废除旧法统和法律体系。1949 年初,针对蒋介石提出的以保存“伪宪法”“伪法统”等作为和谈条件的声明,毛泽东同志代表中国共产党提出了进行和平谈判的八项条件,其中第 2 条就是“废除伪宪法”和“废除伪法统”。这种历史唯物主义的革命的法律观集中体现在 1949 年 2 月 22 日中共中央发布的《关于废除国民党〈六法全书〉和确定解放区司法原则的指示》中。指示明确指出:第一,法律是维护统治阶级利益的工具。国民党的《六法全书》以人人在法律面前一律平等的面目出现,但是实际上在统治阶级和被统治阶级之间、剥削阶级与被剥削阶级之间、有产者和无产者之间并没有真正的平等权。因此,国民党的全部法律只能是保护地主与买办官僚资产阶级反动统治的工具,是镇压与束缚广大人民群众的武器。第二,新的国家政权不能接受旧政权的法律制度。《六法全书》中有些条款似乎保护全体人民的利益,这是反动统治阶级为保障其基本的阶级利益的安全起见,不得不在法律的某些条文中照顾它的同盟者或它试图争取的同盟者的某些利益,而不得不

敷衍一下劳动人民，但是它的本质并不因此而改变。在抗日根据地适用国民党的某些法律，是为了利用法律中个别有利于群众的条款来保护和争取群众的利益，不能由此认为，在新民主主义政权下能够基本上采用国民党的反动旧法律。第三，人民的新政权应该建立人民的新的法律制度。在人民民主专政的政权下，人民的司法工作不能再以国民党的《六法全书》为依据，而应该以人民的新的法律为依据。目前在人民的法律还不完备的情况下，司法机关的办事原则应该是：有纲领、法律、命令、条例、决议之规定者，从纲领、法律、命令、条例、决议之规定；无纲领、法律、命令、条例、决议之规定者，从新民主主义的政策。

（二）中国式民主理论

在革命实践中，毛泽东同志把马克思主义民主原理与中国革命具体实际相结合，形成了“中国式民主”理论。他深刻指出：“中国革命的历史特点是分为民主主义和社会主义两个步骤，而其第一步现在已不是一般的民主主义，而是中国式的、特殊的、新式的民主主义，而是新民主主义。”[7]在抗日战争全面胜利前夕，民主人士黄炎培在延安与毛泽东同志的谈话中，向中国共产党人提出了一个“如何跳出历史周期率”的历史之问，史称“窑洞之问”“窑洞对”。黄炎培说，据他所见所闻而概括，中国历史上各个王朝和各种政治力量“其兴也勃焉，其亡也忽焉”，几乎都没有能跳出这周期率的支配力，中共能否找出一条新路，来跳出这周期率的支配。听闻黄炎培所问，毛泽东同志答曰：“我们已经找到新路，我们能跳出这周期率。这条新路，就是民主。只有让人民来监督政府，政府才不敢松懈。只有人人起来负责，才不会人亡政息。”[8]实行民主、依靠人民监督，中国共产党人赢得了人民的信任和拥护，人民群众中蕴藏的战斗力和创造力得以释放。党带领人民夺取了新民主主义革命、社会主义革命的胜利，开启了社会主义现代化建设的征程，以人民民主实践和为人民服务的实际行动对“窑洞之问”作出了响亮的回答，形成了跳出“其兴也勃焉，其亡也忽焉”的历史周期率的第一个答案。后来，毛泽东同志把民主原则作为新中国宪法的核心原则之一。

（三）关于国体政体的理论

在领导中国人民夺取政权、巩固人民民主专政国家政权和发展社会主义民主的革命和建设时期，国体和政体问题是革命和建设的根本问题，毛泽东法律思想自然也就聚焦于国体和政体问题。毛泽东同志发表了《新民主主义论》《论联合政府》《论人民民主专政》《关于中华人民共和国宪法草案》等经典著作，科学阐述了国体和政体理论。毛泽东同志精辟指出：“这个国体问题，从前清末年起，闹了几十年还没有闹清楚。其实，它只是指的一个问题，就是社会各阶级在国家中的地位。”[9]“所谓‘政体’问题，那是指的政权构成的形式问题，指的一定的社会阶级取何种形式去组织那反对敌人保护自己的政权机关。”[10]国体决定政体，政体表征国体。我国的国体是工人阶级领导的、以工农联盟为基础的人民民主专政的社会主义国家，我国的政体是人民代表大会制度。毛泽东思想的国体政体理论是建立、发展和巩固人民民主专政的国家制度和法律制度的理论基石和根本指针。

（四）关于宪法制度的理论

毛泽东等无产阶级革命家从投入革命斗争的那一天起，就致力于建设与专制独裁政权根本不同的新民主主义和社会主义的人民共和国，实行以宪法为基础的民主政治。在他们有关新民主主义和社会主义国家和法治的理论中，包含着丰富的宪法思想。毛泽东同志指出：“世界上历来的宪政，不论是英国、法国、美国，或者是苏联，都是在革命成功有了民主事实之后，颁布一个根本大法，去承认它,这就是宪法。”[11]在制定中华人民共和国第一部宪法的时候,他指出:“一个团体要有一个章程,一个国家也要有一个章程,宪法就是一个总章程,是根本大法。用宪法这样一个根本大法的形式,把人民民主和社会主义原则固定下来,使全国人民有一条清楚的轨道,使全国人民感到有一条清楚的明确的和正确的道路可走,就可以提高全国人民的积极性。”[12]毛泽东同志还用非常形象的比喻,称我国宪法是社会主义制度的“四梁八柱”,是立国安邦的总章程。

毛泽东同志非常重视宪法的人民性、民主性和人权保障,他指出,世界上有不同类型的宪法,“我们的宪法是新的社会主义类型,不同于资产阶级类型”,[13]“人民民主的原则贯串在我们整个宪法中”,[14]“我们的民主不是资产阶级的民主,而是人民民主”,[15]“我们的宪法,就是比他们革命时期的宪法也进步得多”。[16]早在20世纪20年代,毛泽东、周恩来等同志就发出“争人权”“为自由和人权而战”的呼唤,号召人民群众向帝国主义、封建主义和官僚资本主义争人权,为全中国人民的自由和人权而战,并轰轰烈烈地开展了农民运动和工人运动,打土豪,分田地,闹工潮,争自由,建立红色政权和革命根据地。在抗日战争期间,中国共产党团结、动员一切爱国民主力量,反侵略,打日寇,救亡图存,保卫国家的独立和民族的生存。抗战胜利后,针对蒋介石发动的内战,中国共产党领导全国人民反内战、反饥饿、争民主、争自由,推翻了蒋家王朝,建立了以工人阶级为领导的、以工农联盟为基础的人民民主专政的社会主义国家,彻底结束了中国人民一百多年来任人宰割、受尽欺凌的屈辱历史和长期战乱、民不聊生的悲惨局面,使中国人民有史以来第一次获得了普遍、平等的人权,获得了广泛的政治自由和社会权利。

毛泽东同志亲自主持我国宪法文本的起草工作,在宪法文本中安排一个内容丰富的序言。通过宪法序言,人们可以清楚地了解中华人民共和国过去从哪里来,现在是什么样,未来向何处去,可以极大地增强我们的历史自信、现实自信、未来自信。这是马克思主义法学理论的重大创新,闪耀着马克思主义宪法理论中国化的思想光芒。

(五)关于社会主义法制的理论

在法制理论方面,毛泽东法律思想提出了一系列重要的法律思想、法律原则和法律制度,诸如:民主和社会主义相结合、纲领性和灵活性相结合、领导与群众相结合的立法思想;有法可依,不仅需要民法,也需要刑法,无法无天不行,没有法律不行,不仅要制定法律,还要编案例;有法必依,我们的法律是劳动人民自己制定的,它是维护革命秩序、保护劳动人民利益、保护社会主义经济基础、保护生产力的,所有的人都必须守法,特别是国家机关工作人员要带头实行,不得破坏革命的法制。

(六)"两类矛盾"学说

毛泽东同志在20世纪50年代中期就指出,大规模的疾风暴雨式的群众阶级斗争已经基本结束,对于社会主义社会的阶级斗争,应该按照严格区别和正确处理两类不同性质的矛盾的方针去解决,按照宪法和法律规定的程序去解决,绝不允许混淆两类不同性质矛盾的界限,绝不允许损害社会主义建设所需要的安定团结的政治局面。强调加强对敌对势力的专政,必须也只能在宪法和法律的范围内进行,而绝不能超出法律范围,任意动用专政手段去处理不属于专政范围的社会问题,混淆两类不同性质的矛盾。要正确认识和处理两类不同性质的矛盾,依法打击孤立极少数、团结教育挽救绝大多数,最大限度地扩大教育面、缩小打击面、减少对立面。毛泽东同志还敏锐地发现了正确处理两类矛盾的"枫桥经验",并在全国推广。

在1957年发表的《关于正确处理人民内部矛盾的问题》一文中，毛泽东同志把当时中国的社会矛盾分为两类，即敌我矛盾与人民内部矛盾。前者是对抗性的矛盾，后者是人民利益根本一致基础上的矛盾。他提出，对于这两类不同性质的矛盾，应当采用不同的解决方法。对于敌我矛盾，要用专政的方法去解决。对于人民内部矛盾，只能用民主的方法去解决。

基于"两类矛盾"学说，毛泽东法律思想创立了中国特色刑事政策和策略，诸如以镇压和宽大相结合、惩罚与教育相结合，重证据、不搞刑讯逼供；严格控制死刑，务必谨慎从事，务必纠正一切草率从事的偏向，一定不可捕错杀错；设立"死缓"制度，"对于罪大恶极民愤甚深非杀不足以平民愤者必须处死，以平民愤。只对那些民愤不深、人民并不要求处死但又犯有死罪者，方可判处死刑、缓期二年执行、强迫劳动、以观后效"[17]等。

（七）关于"党内法规"的理论

早在1938年，在党的扩大的六届六中全会上，针对王明不服从中央决定、公开发表同中央不一致意见，张国焘拒绝执行中央的北上方针、严重破坏党的纪律等严重危害党的行为，毛泽东同志在题为《论新阶段》的政治报告中提出："为使党内关系走上正轨，除了上述四项最重要的纪律外，还须制定一种较详细的党内法规，以统一各级领导机关的行动。"[18]党内法规概念的提出和一系列党内法规的制定和实施，有力推进了党的规范化制度化建设，维护了党的团结统一、凝聚了党的伟大力量，保证了新民主主义革命的伟大胜利，也极大地丰富和发展了马克思主义法学理论和政党理论，为我们党在新时代明确提出"依规治党"积累了丰硕的理论成果和实践经验。

在毛泽东法律思想的指引下，我国政法战线和法学界以马克思主义国家和法治的理论为根基，以马克思主义的立场、观点、方法为指南，批判封建主义和资产阶级反人民、反科学的政治法律观点，开展了一系列法学理论问题和法制实践问题的研讨活动，议题包括我国社会主义阶段法的性质和作用、法学的研究对象、新法与旧法、国体与政体、民主与专政、政治与法律、国家与法制、法制与文明、政策与法律、党的领导与依法办事、守法与违法、法律与道德、社会主义司法制度、政法工作如何区分两类矛盾、资产阶级法权、镇压反动与保护人民、惩罚犯罪与保护善良、刑事政策、犯罪构成、刑法中的人类学派与社会学派、特赦制度及其实施、死刑复核、诉讼证据、举证责任、“枫桥经验”、婚姻法和离婚裁判标准、合同制度、劳动权、法律与和平、和平共处基本原则、主权与人权、国际法体系等，创立了有法可依、有法必依的社会主义法制理论，为马克思主义法学中国化作出了重大贡献。

正是在毛泽东思想的科学指引下，我们创立了社会主义新法制，开启了社会主义法治新纪元，确定了社会主义新中国的基本政治制度、经济制度、立法体制、司法制度以及社会主义法制的基本原则，制定了数百部法律、法令、法规，为社会主义革命和建设提供了必要的法律依据和保障。

注　释

1 《马克思恩格斯选集》（第 1 卷），人民出版社 1995 年版，第 283 页。

2 《马克思恩格斯选集》（第 2 卷），人民出版社 2012 年版，第 8 页。

3 《马克思恩格斯选集》（第 4 卷），人民出版社 2012 年版，第 604 页。

4 《马克思恩格斯选集》（第 4 卷），人民出版社 2012 年版，第 606 页。

5 《马克思恩格斯选集》（第 3 卷），人民出版社 2012 年版，第 520 页。

6 《列宁选集》（第 2 卷），人民出版社 1995 年版，第 310 页。

7 毛泽东：《新民主主义论》（1940 年 1 月），载《毛泽东选集》（第二卷），人民出版社 1991 年版，第 666 页。

8 黄炎培：《八十年来》，文史资料出版社 1982 年版，第 148－149 页。

9 毛泽东：《新民主主义论》（1940 年 1 月），载《毛泽东选集》（第二卷），人民出版社

1991 年版,第 676 页。

10 毛泽东:《新民主主义论》(1940 年 1 月),载《毛泽东选集》(第二卷),人民出版社 1991 年版,第 677 页。

11 毛泽东:《新民主主义的宪政》(1940 年 2 月 20 日),载《毛泽东选集》(第二卷),人民出版社 1991 年版,第 735 页。

12 毛泽东:《关于中华人民共和国宪法草案》(1954 年 6 月 14 日),载中共中央文献研究室编:《毛泽东文集》(第六卷),人民出版社 1999 年版,第 328 页。

13 毛泽东:《关于中华人民共和国宪法草案》(1954 年 6 月 14 日),载中共中央文献研究室编:《毛泽东文集》(第六卷),人民出版社 1999 年版,第 326 页。

14 毛泽东:《关于中华人民共和国宪法草案》(1954 年 6 月 14 日),载中共中央文献研究室编:《毛泽东文集》(第六卷),人民出版社 1999 年版,第 326 页。

15 毛泽东:《关于中华人民共和国宪法草案》(1954 年 6 月 14 日),载中共中央文献研究室编:《毛泽东文集》(第六卷),人民出版社 1999 年版,第 326 页。

16 毛泽东:《关于中华人民共和国宪法草案》(1954 年 6 月 14 日),载中共中央文献研究室编:《毛泽东文集》(第六卷),人民出版社 1999 年版,第 326 页。

17 毛泽东:《关于镇压反革命》(1950 年 12 月—1951 年 10 月),载中共中央文献研究室编:《毛泽东文集》(第六卷),人民出版社 1999 年版,第 123 页。

18 毛泽东:《中国共产党在民族战争中的地位》(1938 年 10 月 14 日),载《毛泽东选集》(第二卷),人民出版社 1991 年版,第 528 页。

邓小平的法治思想永放光芒*

邓小平理论博大精深，其中饱含着丰富的法治思想。邓小平的法治思想是发展了的马克思主义法学理论，铸就了中国特色社会主义法治理论体系的基石。在全面推进依法治国、加快建设法治中国的新时代，深入学习邓小平的法治思想，坚持和发展邓小平的法治思想，并把它创造性地运用于社会主义法治建设实践之中，具有极强的现实意义和深远的历史意义。

邓小平的法治思想的鲜明特征

邓小平的法治思想具有十分鲜明的特征。邓小平同志总是从建设中国特色社会主义的战略高度来思考法治问题，把法治建设放在什么是社会主义、怎样建设社会主义的总体框架之中论述。这主要体现在：第一，邓小平同志始终从社会主义本质、社会主义制度的必然要求、社会主义现代化建设的高度来论述民主和法制问题，强调没有民主，没有法制，就没有社会主义，就没有社会主义的现代化。“我们要在大幅度提高社会生产力的同时，改革和完善

---

* 本文是为纪念邓小平同志诞辰110周年而撰写的纪念文章，发表于《法制日报》2014年8月22日，收入本书时略有修改。

社会主义的经济制度和政治制度，发展高度的社会主义民主和完备的社会主义法制。”

第二，邓小平同志始终从总结历史经验和教训、防止大的失误和根本性错误的高度论述民主和法制问题，强调搞法制才靠得住。

第三，邓小平同志始终从保证社会稳定和经济发展的高度论述民主和法制问题，反复强调党和政府要学会运用法律办事。“这是现在和今后发展社会主义民主、健全社会主义法制的过程中要求我们必须尽快学会处理的新课题。”他经常告诫全党和全国人民：中国要发展起来，要实现四个现代化，没有良好的法制环境、严明的纪律和法律，政局不稳，就什么事情也搞不成。

邓小平的法治思想的核心要义

邓小平的法治思想十分丰富，极其深刻，其核心在于：

（一）法治立国论

从20世纪80年代初到1992年南方谈话，邓小平同志不下十余次强调国家和社会的稳定和长治久安要靠法治。1980年，邓小平同志在回答意大利记者法拉奇的问题“如何避免类似文化大革命那样的错误”时说：“这要从制度方面解决问题……要认真建立社会主义民主制度和社会主义法制。只有这样，才能解决问题。”1980年，在《党和国家领导制度的改革》这篇著名讲话中，邓小平同志极其深刻地指出，“制度好可以使坏人无法任意横行，制度不好可以使好人无法充分做好事，甚至会走向反面”，“不是说个人没有责任，而是说领导制度、组织制度问题更带根本性、全局性、稳定性和长期性”。从1988年9月到1989年9月的一年内，邓小平同志四次透彻地分析了人治的危险性。1992年，邓小平同志从领导岗位上退下来以后仍然强调：“还是要靠法制，搞法制靠得住些。”

邓小平同志揭示的人治必然导致难以为继、人亡政息的规律，深刻地教育了党和人民，坚定了党和人民的法治信念。

（二）依法治国论

邓小平同志提出和论证了“不搞政治运动，要遵循法制原则”。无论是解决人民内部矛盾，还是解决敌我矛盾，都要遵循法制。“人民需要一个安定团结的政治局面，对大规模的运动厌烦了。”邓小平同志强调指出：“我们现在搞两个文明建设，一是物质文明，一是精神文明。实行开放政策必然会带来一些坏的东西，影响我们的人民。要说有风险，这是最大的风险。我们用法律和教育这两个手段来解决这个问题。”“中国不能乱哄哄的，只有在安定团结的局面下搞建设才有出路。一切反对、妨碍我们走社会主义道路的东西都要排除，一切导致中国混乱甚至动乱的因素都要排除。”“对严重刑事犯罪分子，包括杀人犯、抢劫犯、流氓犯罪团伙分子、教唆犯、在劳动改造中继续传授犯罪技术的惯犯，以及人贩子、老鸨儿等，必须坚持逮捕、判刑，组织劳动改造，给予严厉的法律制裁。”总之，“搞四个现代化一定要有两手，只有一手是不行的，所谓两手，即一手抓建设，一手抓法制”。邓小平同志所讲的“建设”，不仅是指经济建设，而且包括政治建设和精神文明建设，是整个现代化建设。

依法治国要正确认识和处理执政党与法和政法机关的关系。邓小平同志指出：“法律问题由加强法制来解决，由司法机关来处理。”“党干预太多，不利于在全体人民中树立法制观念。”

依法治国，必须把政治体制的运行纳入法制轨道。政治体制必须有规则和有秩序地运行，否则会不可避免地出现“瞎折腾”和“瞎指挥”。为确保政治体制有规则、有秩序和高效率地运行，避免“瞎指挥”引起“瞎折腾”，必须坚决实行法治。

（三）民主法制关系论

民主与法制的关系是邓小平同志论述较多的一个问题。从20世纪70年代末到90年代初，他反复强调："民主和法制，这两个方面都应该加强……民主要坚持下去，法制要坚持下去。这好像两只手，任何一只手削弱都不行。""政治体制改革包括民主和法制，我们的民主同法制是相关联的。"根据邓小平思想制定的《中共中央关于社会主义精神文明建设指导方针的决议》指出："不要社会主义民主的法制，决不是社会主义法制；不要社会主义法制的民主，决不是社会主义民主。"可见，在社会主义条件下，没有无民主的法制，也没有无法制的民主，民主与法制相互依存、相互保障、相互促进。

在邓小平法治思想体系中，民主与法制的关系概括地讲，就是民主法制化、法制民主化。民主法制化意味着：第一，民主要通过法制体现和保障。早在1978年召开的中央工作会议上，邓小平同志就指出："为了保障人民民主，必须加强法制。必须使民主制度化、法律化，使这种制度和法律不因领导人的改变而改变，不因领导人的看法和注意力的改变而改变。"有鉴于历史的教训，邓小平同志指出："要使我们的宪法更加完备、周密、准确，能够切实保障人民真正享有管理国家各级组织和各项企业事业的权力，享有充分的公民权利。"第二，民主要纳入法制的轨道，公民依法行使民主权利，国家机关依法保障公民权利。"社会主义民主和社会主义法制是不可分的。不要社会主义法制的民主，不要党的领导的民主，不要纪律和秩序的民主，决不是社会主义民主。"

法制民主化意味着：第一，法律和制度的各个方面、各个环节，都要体现民主的精神和原则。例如，人民当家作主、公民权利义务一致、废除特权等。只有体现社会主义民主的法制才是社会主义性质的法制。民主作为法制的政治基础也表现为，民主决定着法制的本质,民主是法制的力量源泉。法治的根本因素主要不在于法律多少,甚至也不在于法律实现的状况,而在于法律是否由人民制定,是否切实体现和维护人民的利益和意志。人民的利益和意志决定着法律的"合法性",而法律的"合法性"则直接影响或决定着它的效能。只有人民认同为"合法"的东西,人民才会把它转化为内在的行为规则而去自觉遵守和维护,法律的价值才能充分实现。只有认真对待公民权益的法律,才能赢得人民对它的信赖、尊重、支持和遵守。

第二,法律的运行过程也要具有民主精神,严格遵循民主原则,其中最主要的是法律面前人人平等的原则。邓小平同志指出:"我们要在全国坚决实行这样一些原则:有法必依,执法必严,违法必究,在法律面前人人平等。"法律面前人人平等,这是实行法制的起码要求。但由于受到"左"的错误思想的影响,这一原则一直受到无理批判。只是在党的十一届三中全会召开之后这一原则才重新得到确认。邓小平同志把法律面前人人平等看作社会主义法制的基本原则,他指出:"公民在法律和制度面前人人平等,党员在党章和党纪面前人人平等。人人有依法规定的平等权利和义务,谁也不能占便宜,谁也不能犯法。不管谁犯了法,都要由公安机关依法侦查,司法机关依法处理,任何人都不许干扰法律的实施,任何犯了法的人都不能逍遥法外。"

邓小平的法治思想的现实意义

改革开放30多年的实践充分证明,邓小平的法治思想体现了社会主义发展规律、国家长治久安的历史规律和共产党作为执政党治国理政的基本规律,是我们必须长期坚持的指导思想。邓小平的法治思想的现实指导意义可从以下四个方面来把握。

第一,坚定不移地实行法治方针,依靠宪法法律治国理政。这是邓小平同志留给我们党和人民最珍贵的政治遗产之一。之所以要实行法治,在于法治优于人治,法治代表着善治。首先,法治能够保持执政党的执政理念、执政路线、执政方针的连续性、稳定性、权威性,不因领导人的改变而改变,不因领导人看法和注意力的改变而改变,确保坚持党的基本路线"不动摇",保证党的事业"不折腾"。其次,随着革命时代的过去,特别是随着中国社会日益多元化、复杂化,主要依靠革命家的个人权威和魅力治理国家的可能性已成为历史,在市场经济和民主政治的历史条件下,唯有依靠法治才能在多样化中凝聚共识和力量,保证中国社会可持续的发展与稳定。再次,法治是公开透明的规则之治和程序之治,具有可预期性、可操作性、可救济性,因而能够使人民群众对自己的经济、政治、社会、文化规划和生产、生活有合理预期和安全感,可以确保国家治理的公信力。最后,宪法和法律体现党的主张和人民意志的统一,是由国家制定并依靠国家强制力作为最后防线保证实施的,因而能够有效地建立和维护经济秩序、政治秩序、意识形态秩序、社会秩序,确保国家安全、社会稳定、人民安康。

第二,用法治引领和推进国家治理体系和治理能力现代化。22 年前,邓小平同志高瞻远瞩地提出,"恐怕再有三十年的时间,我们才会在各方面形成一整套更加成熟、更加定型的制度"。2013 年,在邓小平这一战略思想基础上,党的十八届三中全会将"完善和发展中国特色社会主义制度,推进国家治理体系和治理能力现代化"作为全面深化改革的总目标。习近平总书记深刻地阐述了国家治理体系和治理能力现代化的深刻意义。法治与国家治理具有内在的联系和外在的契合。在现代国家,法治是国家治理的基本方式,是国家治理现代化的重要标志,国家治理法治化是国家治理现代化的必由之路。通过健全和完善国家治理法律规范、法律制度、法律程序和法律实施机制,形成科学完备、法治为基的国家治理体系,使中国特色社会主义制度更加成熟更加定型更加管用,并不断提高运用社会主义法治体系有效治理国家的能力和水平。

国家治理体系本质上就是国家制度体系。中国特色社会主义国家治理体系由一整套制度构成，包括以中国共产党章程为统领的党内法规制度体系、以党的基本路线为统领的政策制度体系、以宪法为统领的法律制度体系。这套制度体系，从治理主体角度，包括有关执政党中国共产党、人民及其代表大会（代表人民统一行使权力的国家机关）、国家行政机关、国家司法机关、人民政协、社会组织等在国家治理中的主体地位的制度；从治理客体角度，包括经济治理制度、政治治理制度、文化治理制度、社会治理制度、生态治理制度等；从治理事务角度，包括有关改革发展稳定、内政外交国防、治党治国治军等治理制度；从治理权能角度，包括有关各治理主体的资格和权力（职权）或权利的制度，以及科学界定和划分各种权力、权利的制度；从治理程序角度，包括有关行使治国理政权力和参与治国理政的各种程序制度；从治理评价角度，包括有关国家治理方式、过程和效能的评价制度。国家治理的各项制度总体上最终都要汇总于、表现为法律制度体系，即法制化的制度体系。

国家治理制度只有通过法制化，才能定型化、精细化，把国家治理制度的“分子结构”精细化为“原子结构”，从而增强其执行力和运行力。通过宪法进而通过法律和行政法规而得以法制化定型化精细化的路线方针政策作为国家治理制度具有了普遍性、强制性、长效性、可诉性等特点，既便于民众遵守，也便于国家机关执行。

国家治理体系是一个有机的制度系统，统领这个制度系统并使之协调运转的是宪法。所以，推进国家治理现代化，要倍加重视宪法的作用。宪法是国家治理体系的基石，也是国家治理体系的最高表现形式和制度载体，是国家治理的总章程。正是通过宪法，国家治理中带有根本性、全局性、长期性的制度获得了最高的法律效力、政治效力和社会效力，具有极大的权威性和神圣性。

第三，要善于运用法治思维和法治方式治国理政。党的十八大强调运用法治思维和法治方式治国理政，这一理论和要求来源于邓小平的法治思想。坚持法治思维和法治方式，就要摒弃人治思维。

人治思维是个人英雄主义历史观在政治领域的集中表现。它过分信赖当权者和领导人个人或少数人的智慧、能力、美德，依赖个人的愿望和权威治国理政。坚持法治思维和法治方式，就要摒弃“运动思维”，在特定的历史时期和历史条件下，群众运动具有合理性。但是，在中国共产党长期执政的历史条件下，依然沿用依靠大规模运动的方式来治国理政，必然导致社会矛盾越来越大、社会问题越来越严重。邓小平同志指出：“人民需要一个安定团结的政治局面，对大规模的运动厌烦了”，反复强调“不搞政治运动，要遵循法制原则”。当然，不能依靠群众运动治国理政，并不是说不要群众路线。群众路线与群众运动是两个不同的概念。

习近平总书记为我们树立了运用法治思维和法治方式治国理政的典范。党的十八大以来，在国家治理和政法工作中，法治方式受到空前重视，得到创造性运用。以改革与法治的关系为例，习近平总书记和党中央明确要求改革不能以牺牲法制的尊严、统一和权威为代价，指出凡属重大改革要于法有据，需要修改法律的可以先修改法律，先立后破，有序进行；有的重要改革措施，需要得到法律授权的，要按法定程序进行，不得超前推进，防止违反宪法法律的“改革”对宪法法律秩序造成严重冲击，避免违法改革对法治的“破窗效应”。

第四，坚定不移地走中国特色社会主义法治道路。邓小平同志开辟了中国特色社会主义道路，也开辟了中国特色社会主义法治道路。今天，我们坚持中国特色社会主义法治道路，就是要坚持党的领导、人民当家作主、依法治国的有机统一；坚持依法治国、依法执政、依法行政共同推进，法治国家、法治政府、法治社会一体建设;坚持依法治国与以德治国的有机结合;坚持大力弘扬中华优秀法律文化传统,注重借鉴人类法治文明成果,但绝不照抄照搬,不能削足适履。

党的十八大以来,习近平总书记就法治建设和法治工作发表了一系列重要讲话、谈话,提出了许多新的概念、命题、论断和论述,丰富和发展了中国特色社会主义法治理论体系。在习近平总书记法治思想理论的指引下,中国迈出了更加坚定的法治步伐,中国正在法治的道路上走向富强、民主、文明、和谐。

习近平法治思想的实践逻辑、理论逻辑和历史逻辑*

2020 年 11 月，具有里程碑意义的中央全面依法治国工作会议明确提出了“习近平法治思想”。在开启全面建设社会主义现代化国家的重要时刻，提出习近平法治思想，既有充分的科学依据，又有重大的现实意义和深远的历史意义。习近平法治思想是习近平新时代中国特色社会主义思想的重要组成部分，是对中国特色社会主义法治建设经验和成就的科学总结，是马克思主义法治理论中国化的最新成果，是引领新时代法治中国建设取得更大成就的思想旗帜。

习近平同志是习近平法治思想的创立者和主要贡献者，他所发表的数以百计堪称经典的法治专题讲话、文章、批示，他所提出的数以千计理义精深的法治新概念、新命题、新话语，他所集成凝练的全面依法治国新理念新思想新战略，深刻阐明了中国特色社会主义法治的本质特征、政治方向、发展道路、价值功能、基本原则、中国特色、世界意义等根本性问题，系统阐述了什么是法治、什

---

* 本文发表于《中国社会科学》2021 年第 3 期，中国人民大学复印报刊资料《法理学、法史学》2021 年第 7 期转载，被评选为中国社会科学 2021 年度“好文章”。

么是中国特色社会主义法治、为什么要实行全面依法治国、如何推进全面依法治国、如何在法治轨道上推进国家治理体系和治理能力现代化等战略性问题，既集中体现出马克思主义法治理论和中国特色社会主义法治理论在现时代的创新发展，又生动展现出他对创立习近平法治思想所作出的独创性、集成性、原创性贡献。

习近平法治思想的创立，具有鲜明的实践逻辑、科学的理论逻辑和深厚的历史逻辑。认真研究、科学把握、深刻领悟这三个逻辑及其内在联系，必将深化对习近平法治思想时代背景、基本精神、核心要义、实践要求的理解和把握，必将增强对习近平法治思想的政治认同、理论认同、情感认同，必将强化新时代全面依法治国、建设法治中国、推进国家治理现代化的信念伟力、思想定力、前进步力。

一、实践是理论之母：习近平法治思想的实践逻辑

习近平法治思想在中国特色社会主义法治实践的土壤中萌发、孕育、成长，在中国特色社会主义法治实践中应用、检验、升华，并引领中国特色社会主义法治事业阔步前行。实践性是其本质属性，实践逻辑是其根本逻辑。自 1982 年以来，在数十年领导实践中，习近平同志始终高度重视并亲自研究部署法治建设，积累了依法治县、依法治市、依法治省、依法治国、全面依法治国的实践经验，形成了对县域、市域、省域、国域不同层面法治规律的科学认识，提出了许多立时代之潮头、发时代之先声的法治新理念新思想新论断。

（一）在建立“社会主义新秩序”中萌发依法治理理念

1982 年 3 月至 1985 年 5 月，习近平同志在河北省正定县担任县委副书记（1982 年 3 月至 1983 年 10 月）、县委书记期间，面对

“文化大革命”遗留的经济落后、社会失序、思想混乱、精神文明衰败的艰难局面,他在坚持以经济发展为中心的同时,富有胆识地提出“建立社会主义新秩序”,并以精神文明建设和法制建设相结合作为建立社会主义新秩序的重要抓手。他大力推进法制建设,开展“三网一赛”,[1]实现了由“乱”到“治”的根本转变。他大力加强农村法制建设,创新社会治安机制,对封建宗族势力、黑恶势力严加防范,露头就打。在习近平同志和县委集体的坚强领导下,经过三年的努力,正定县的精神文明建设、社会主义法制建设、基层社会治安状况和社会秩序得到根本扭转,为经济改革发展创造了良好的社会环境。在全面开展县域社会治理、建设社会主义新秩序的过程中,习近平同志创造性地贯彻党中央“有法可依、有法必依、执法必严、违法必究”的方针,积累了以法制建设保障经济建设、支撑精神文明建设的丰富经验,形成了依法管理经济、治理社会的法治理念。

(二)在构建“社会主义市场体系”中孕育法治思维

1985 年 6 月至 1988 年 6 月,习近平同志任福建省厦门市委常委、厦门市人民政府副市长,分管经济改革、财政税收、城市建设和管理、环境保护等方面的重要工作。他独具战略思维,坚持把厦门经济特区建设放在国家改革开放全局和世界经济发展大格局中谋划和布局,致力于全面推进厦门改革开放。习近平同志较早提出了“社会主义市场体系”概念,强调在改革开放中建立和完善社会主义市场体系,并前瞻性地指出了社会主义经济体系、经济体制和民主法制的辩证关系,强调了法制在建设社会主义市场体系中的引领和保障作用,大力开展法律法规宣传教育,积极引导执法机关、司法机关、法律监督机关等熟悉法律、严格执法、依法办案、依法监督,注重培养法律工作人员运用法律想问题、办事情、作决策的能力。

在建设社会主义市场体系的实践中,习近平同志展现出了较强的法治思维和运用法治方式的领导水平。一是在全国地级市率先提出“小政府、大社会”原则,推进政府职能转换和行政改革,实行大部委制改革,简化企业审批、放权给企业,建立精简、高效、廉洁、团结的政府;二是提出公民、个人和企业“依法纳税”,党委、政府和司法机关“依法治税”,实行税务执法与涉税司法衔接;三是提出对环境问题进行依法治理、综合治理;等等。

(三)在践行“社会主义民主法制”中阐明民主法制原理

1988 年 6 月至 1990 年 4 月,习近平同志任福建省宁德地委书记。这期间,北京等地发生了波及面广泛的学潮和政治风波,国际上苏联、东欧社会主义国家面临剧变和动荡,社会主义运动跌入低谷、社会主义制度遭到前所未有的严峻挑战。在这种复杂的社会背景下,习近平同志以马克思主义的立场、观点和方法,对社会主义民主法制问题进行了深刻反思,全面剖析了社会主义民主法制的重大理论问题和现实问题,丰富和发展了社会主义民主法制原理。主要包括:第一,社会主义建设不仅需要民主与科学,更需要法制,民主与法制是相互依存、相互制约的,二者不可偏废。社会主义民主和法制是由社会主义公有制所决定的,不能照搬西方的民主制、代议制的政治制度。第二,人民代表大会制度是我国的根本政治制度,而不是美国式的“三权鼎立”。要在充分发挥人民代表大会及其常委会的作用的前提下,认真处理好党委、人大、政府之间的关系,发挥党委领导责任、人大决策责任和政府执行责任。第三,规范有序推进人民群众行使民主权利,不断提高人民群众的民主素质和行使民主权利的能力。第四,从严治党,净化党内生活,推进廉政建设,完善监督体系,把自律与他律相结合。第五,高度重视社会治安整治工作,为人民群众营造安居乐业的法制环境。[2]

（四）在探索市域“法制经济”和“社会管理”中提炼法治新概念新命题

1990年4月至1996年4月，习近平同志先后任福建省福州市委书记（1990年4月至1993年9月），福建省委常委、福州市委书记（1993年9月至1995年9月），福建省委副书记、福州市委书记（1995年10月至1996年4月）。在六年的市域治理实践中，其法治实践不断深化、法治视野愈发开阔、法治思想更加成熟，提出了诸多法治新概念新命题。例如，将法制作用延伸至经济改革、社会治理、城市管理等领域，高频运用“法制”“法律化”“法制化”“地方立法”“经济立法”“法制轨道”“依法管理”“依法监督”“依法独立行使审判权和检察权”等法制（法治）话语；把法治上升为市域治理的基本方略，明确提出“依法治城”“依法治市”等法治理念和法治方略，主张摆脱运动式、突击型治理，努力向正常化、规范化、法律化方向发展；科学把握经济与法制的必然关系，创造性地提出“市场经济是法制经济”“市场经济的成熟度与法制建设成正比”“努力营造国际化的投资环境，不断完善法制环境”等命题和观点；坚持以法治地、依法用地，强调“要深化农村改革，建立健全土地流转制度，坚持所有权，稳定承包权，活化使用权，依法保护农民的合法权益，严厉打击各种坑农、害农行为”；等等。

（五）在推进“依法治省”、建设省域“法治经济”和“法治社会”中升华法治思想

自1996年4月至2002年10月，习近平同志先后任福建省委副书记（1996年4月至1999年8月）、省委副书记、代省长、省长（1999年8月至2002年10月）。这一时期恰逢世纪之交，我国经济社会快速发展、全面深化经济体制改革、加快构建社会主义市场经济体制、实施依法治国基本方略、成功加入世贸组织等新变化对

法治建设进度和质量都提出了新要求。习近平同志作为省委领导班子主要成员和一省之长，适应时代新变化新需求，在依法治省实践中革故鼎新，坚定了法治信念、积累了法治经验、升华了法治思想。主要体现为：第一，明确提出“依法治省”，推动出台了《中共福建省委关于依法治省的决定》，开辟了福建省法制建设的新征程。第二，深入推进法治经济建设，为经济改革和发展提供法治保障。习近平同志将此前提出的“市场经济是法制经济”命题升华为“市场经济是法治经济”。从“制”到“治”，一字之变体现了法治思想的升华，体现了经济市场化、全球化时代的法治理念变革。第三，全方位推进社会治理，建设法治社会。2001 年 4 月，习近平同志提出“法治社会”概念，强调全方位推进社会治理，加强食品安全治理，全力维护社会稳定，积极化解矛盾纠纷，落实综治措施，确保一方平安。

（六）在建设“法治浙江”中基本形成法治理论体系

自 2002 年 10 月至 2007 年 3 月，习近平同志担任浙江省委书记、省人大常委会主任（2003 年 1 月至 2007 年 3 月），其间曾任代省长（2002 年至 2003 年）。21 世纪以来，我国进入全面建设小康社会、加快推进社会主义现代化的发展阶段。习近平同志作为改革开放前沿省的主要领导同志，站立时代前沿看问题、立足改革全局谋发展、坚持扩大开放抢先机，致力于全面推进依法治省、建设法治浙江、建设平安浙江。

主政浙江初期，习近平同志就在“依法治省”的基础上提出“全面推进依法治省”。随着全面依法治省、建设法治社会和法治经济的持续推进，法治深入到全省各领域各项工作之中，并释放出越来越强的治理效能，人们对法治的需求越来越多、要求越来越高、追求越来越好。习近平同志在深入思考和论证后，对社会主义法治发展形势作出科学预判：“社会主义民主政治的不断发展和人民政治参与积极性的不断提高，对进一步落实依法治国基本方略提出了新的要求。改革的深化和各种利益关系的不断调整，对从法律和制度上统筹兼顾各方面利益提出了新的要求。社会结构和社会组织形式发生的深刻变化，对正确处理人民内部矛盾、依法加强社会建设和管理提出了新的要求。人们思想活动的独立性、选择性、多变性、差异性的增强，对强化马克思主义在意识形态领域的指导地位、树立社会主义法治理念和社会主义荣辱观提出了新的要求。所有这一切，都对党的执政能力特别是坚持科学执政、民主执政、依法执政提出了新的要求。”[3]正是基于这样的新情势新要求，他强调指出，“必须按照建设社会主义法治国家的要求，积极建设‘法治浙江’，逐步把经济、政治、文化和社会生活纳入法治轨道”，[4]从而创造性地提出了“法治浙江”概念。2006 年 4 月 26 日，在习近平同志的亲自主持下，中共浙江省委审议通过《中共浙江省委关于建设“法治浙江”的决定》，对建设法治浙江进行了总体部署。习近平同志指出，从“依法治省”到“全面推进依法治省”再到“建设法治浙江”，是“省委根据党中央的决策部署，对浙江现代化建设总体布局的进一步完善”，[5]也体现了对充分发挥法治在国家和社会治理中的关键作用的认识的进一步深化。

建设“法治浙江”，是建设“法治国家”在浙江的先行探索。在建设“法治浙江”的同时，习近平同志科学分析了我国体制转轨、社会转型、经济社会结构调整等深刻变化，精准把握了浙江所处的经济社会发展新阶段、面临的新形势新任务新挑战和人民群众的新期盼，更加认识到维护社会和谐稳定的极端重要性，作出了建设“平安浙江”的重大战略决策。“全面推进依法治省”“法治浙江”“平安浙江”等命题和理论的提出，标志着习近平同志的法治思想进一步成熟，表明其法治思想的内在逻辑已足够清晰、理论体系已基本形成。习近平同志领导的建设“法治浙江”和“平安浙江”实践，为党的十八大之后“全面推进依法治国”、建设“法治中国”和建设“平安中国”积累了实践经验、提供了理论准备和制度样板。

（七）在推进国际化大都市治理现代化中深化法治思想

2007年3月至10月，习近平同志任上海市委书记。虽然时间只有7个月，但其法治思想在这个超大规模国际化大都市治理中得到了进一步的验证、深化和拓展。他提出了“全面推进依法治市，提高城市法治化水平”的上海法治建设总目标，并就依法执政、权力监督制约、科学立法和民主立法、依法行政、公正司法、法治经济和法治社会建设、打造国际化法治化营商环境作出了全面部署。

（八）在加强党和国家领导制度建设中创新法治理论

2007年10月22日，党的十七届一中全会选举习近平同志为中共中央政治局常委、中央书记处书记。其后，他于2008年、2010年相继担任国家副主席、中央军委副主席。在分管党的建设工作实践中，他创造性地发展了以“民主集中制”为核心的党和国家领导制度理论，指出：“民主集中制是党的根本组织制度和领导制度。我们党在长期实践中创造性地运用和发展民主集中制原则，制定规范党内政治生活、处理党内关系的基本准则和具体制度，形成了党在组织建设上的鲜明特征。”“坚持和完善民主集中制，一方面必须充分发展党内民主、充分尊重广大党员的主体地位，确保党员按照党章规定充分行使党内民主权利；另一方面必须坚决维护中央权威、坚决维护党的团结统一。这二者是相辅相成、相互促进的。党内民主是党的生命和活力之源，是民主集中制的政治基础。坚持党和国家的集中统一，维护中央权威，是贯彻民主集中制的内在要求，是全党全国人民的最高利益所在。”[6]习近平同志还充分论述了党和国家制度体系中民主集中制的显著优势。

（九）在推动全球治理体系变革中拓展法治理论

党的十七大至十八大期间，习近平同志作为中共中央政治局常委、国家副主席，协助国家主席进行国事活动，参与了一系列重大外交和全球治理决策，出席了一系列重要国际会议，出访了50多个国家及国际组织，会见了200多位外国元首、政府首脑、各界政要、国际组织负责人。他以统筹国内国际两个大局的战略思维，着眼于在激烈复杂的国际竞争中不断拓展我国的发展空间、增强我国的综合国力和国际竞争力，深入推进双边外交、多边外交、周边外交、区域外交、中美（以及中俄、中欧）大国外交、联合国外交，推进全球治理体系朝着和平发展、公平正义的方向变革。在丰富的外交实践活动中，习近平同志提出了一系列具有大国风范的国际治理概念、命题和论语，初步形成了富有时代精神和人类情怀的“完善全球治理体系”思想和“构建人类命运共同体”观念，强调“在实现中华民族伟大复兴的光辉历程中，中国将始终高举和平、发展、合作旗帜，同各国人民一道推动建设持久和平、共同繁荣的和谐世界，中华民族将为人类文明进步作出更大贡献”。[7]

（十）在迈向“法治中国”进程中锤炼新时代全面依法治国新理念新思想新战略

2012年11月15日，在党的十八届一中全会上，习近平同志当选为中央委员会总书记、中央军委主席。2013年3月14日，在第十二届全国人大一次会议上，习近平同志当选为中华人民共和国主席、中华人民共和国中央军事委员会主席。这是党和人民作出的关乎中华民族伟大复兴的历史性正确抉择。以此为起点，中国特色社会主义进入新时代。

党的十八大以来，以习近平同志为核心的党中央在全面依法治国、建设法治中国、推进国家治理现代化新的伟大实践中，创立了具有鲜明时代特征、实践特色和理论风格的习近平法治思想。习近平法治思想的最初理论标识是“全面依法治国新理念新思想新战略”。2018年8月24日，中央全面依法治国委员会第一次会议把党的十八大以来以习近平同志为代表的中国共产党人在法治领域的理论创新成果加以集成，提出了“全面依法治国新理念新思想新战略”的命题，习近平同志将其表述为“十个坚持”，把我们党对中国特色社会主义法治建设规律的认识提升到了新的高度，也标志着习近平法治思想体系的形成。

2020年11月16日至17日，在中央全面依法治国工作会议上，党中央正式明确提出“习近平法治思想”。习近平同志在会上发表了以“十一个坚持”为主要内容的重要讲话，全面总结了党的十八大以来法治建设取得的显著成就，系统阐述了新时代中国特色社会主义法治思想，科学回答了中国特色社会主义法治建设一系列重大理论和实践问题，深刻阐明了新时代全面依法治国的政治方向、重要地位、工作布局、重点任务、重大关系、重要保障等重大理论和实践问题。与“十个坚持”相比，“十一个坚持”在形式上更加完备、在逻辑上更为严密、在表述上更为科学。从“十个坚持”到“十一个坚持”，从“新时代全面依法治国新理念新思想新战略”到“习近平法治思想”，既体现了概念的精准化、命题的科学化，又体现了理论体系臻于成熟、内在逻辑更加完善。

二、既一脉相承又与时俱进：习近平法治思想的理论逻辑

习近平法治思想坚持立足已知、研究未知、探索新知，既是对马克思列宁主义、毛泽东思想、邓小平理论、“三个代表”重要思想和科学发展观的法治理论的继承、丰富和拓展，又有许多重大突破、重大创新、重大发展，呈现出马克思主义法治理论既一脉相承又与时俱进的理论逻辑，是当代中国马克思主义法治理论、21世纪马克思主义法治理论。

（一）继承、创新和发展马克思主义法治理论

“在人类思想史上，没有一种思想理论像马克思主义那样对人类产生了如此广泛而深刻的影响。”[8] 马克思主义思想体系博大精深，内含着丰富的法治理论。它的创始人马克思、恩格斯第一次深刻揭示了法与阶级和阶级斗争的内在联系、法与国家和政权之间的必然联系、法与社会物质生活条件的因果联系、法在不同社会形态和国家形态中的不同功能和价值。他们深入到法现象内部和法实践之中，拨云见日般地揭示了法的本质、特征及发展规律，推动了法学由“伪科学”“浅科学”到“真科学”“深科学”的革命性变革，使法学成长为一门真正的科学。他们透彻分析了法律、法治和法学的基本原理，剖析了民主、法治、人权、公正、正义、自由、和平等法治基本价值，提炼出一系列反映人类社会法治文明的法理命题、格言和论语，构筑起马克思主义法学理论体系，创立了科学的法学世界观、方法论和价值论。继马克思、恩格斯之后，列宁把马克思主义国家和法的原理与俄国革命和建设实践相结合，着力探索社会主义国家如何推进法制建设，以全新的经验和理论丰富和发展了马克思主义法治理论。

研读马克思主义经典著作是习近平同志为自己设定的必修课。上大学前，他就反复钻研《资本论》等著作，不仅熟稔于心，而且写了厚厚的十八本读书笔记。他的一系列著作《知之深　爱之切》《摆脱贫困》《之江新语》《干在实处　走在前列》和讲话，尤其是党的十八大以来的一系列重要讲话和文章，充分体现了马克思主义阶级斗争理论、社会革命理论、无产阶级专政理论，融贯着马克思主义法律观、民主观、国家学说、政党学说、权利义务观、权力观、法治价值观、法治文明论等法治理论。他在许多著作和讲话中十分精到地直接或间接地引用过《共产党宣言》《国家与革命》等经典著作中的科学观点和精辟论述，广泛汲取了马克思主义法治理

论的精华。

习近平同志特别强调要在继承马克思主义的基础上发展马克思主义,不断开辟马克思主义中国化当代化的新境界。他指出,我们要以科学的态度对待科学,以真理的精神追求真理,不断赋予马克思主义以新的时代内涵。习近平同志善于运用马克思主义的法治原理回答时代之问、实践之问、人类之问,不断开创马克思主义法治理论新境界。我们有充分的理据说明,在习近平同志关于法治的重要论述中,马克思主义法学的科学性和真理性得到了充分释放,人民性和实践性得到了充分贯彻,开放性和时代性得到了充分彰显,习近平同志不愧为马克思主义法学理论和法治思想的忠实继承者、坚定捍卫者、伟大发展者。

(二)继承、创新和发展毛泽东思想的法治理论

20 世纪,马克思主义在中国得到广泛传播。中国共产党人坚持把马克思主义基本原理同中国革命和建设的具体实际相结合,实现了马克思主义中国化的第一次历史性飞跃,创立了毛泽东思想。

毛泽东思想蕴含着丰富的法治理论,诸如国体和政体的理论、新民主主义法制和社会主义法制的理论、宪法理论、正确处理两类矛盾的理论、刑事政策理论等。其中,最具标志性的是有关国体和政体的理论。在领导中国人民夺取政权、巩固人民民主专政国家政权和发展社会主义民主的革命和建设时期,国体和政体问题是革命和建设的根本问题,毛泽东思想的法治理论也就集中体现在国体和政体问题上。毛泽东同志发表了《新民主主义论》《论联合政府》《论人民民主专政》《关于中华人民共和国宪法草案》等经典著作,科学阐述了国体和政体理论。他指出:国体问题,“就是社会各阶级在国家中的地位”。[9]“……所谓‘政体’问题,那是指的政权构成的形式问题,指的一定的社会阶级取何种形式去组织那反对

敌人保护自己的政权机关。没有适当形式的政权机关，就不能代表国家。"[10]国体决定政体，政体表征国体。我国的国体是工人阶级领导的以工农联盟为基础的人民民主专政的国家，我国的政体是人民代表大会制度。毛泽东思想的国体政体理论是建立、发展和巩固人民民主专政的国家制度和法律制度的理论基石和根本指南。

习近平同志始终坚持并不断丰富和发展毛泽东思想的国体和政体理论。首先，他强调了我国国体政体的历史逻辑、实践基础和中国特色，指出："我们党自成立之日起就致力于建设人民当家作主的新社会，提出了关于未来国家制度的主张，并领导人民为之进行斗争"，"新中国成立后，我们党创造性地运用马克思主义国家学说，为建设社会主义国家制度进行了不懈努力，逐步确立并巩固了我们国家的国体、政体、根本政治制度、基本政治制度、基本经济制度和各方面的重要制度"[11]。"中国实行工人阶级领导的、以工农联盟为基础的人民民主专政的国体，实行人民代表大会制度的政体，实行中国共产党领导的多党合作和政治协商制度，实行民族区域自治制度，实行基层群众自治制度，具有鲜明的中国特色。"[12]其次，他点明了我国国体政体的宪法依据和法理根基，指出："……起到临时宪法作用的《中国人民政治协商会议共同纲领》，确定了新中国的国体和政体，制定了一系列基本政策，描绘了建立建设新中国的宏伟蓝图。"[13]"我国宪法以国家根本法的形式，确认了中国共产党领导中国人民进行革命、建设、改革的伟大斗争和根本成就，确立了工人阶级领导的、以工农联盟为基础的人民民主专政的社会主义国家的国体和人民代表大会制度的政体"。[14]最后，他分析了我国国体和政体的显著优势和制度效能。一是能够有效保证人民享有更加广泛、更加充实的权利和自由，保证人民广泛参加国家治理和社会治理；二是能够有效调节国家政治关系，发展充满活力的政党关系、民族关系、宗教关系、阶层关系、海内外同胞关系，形成安定团结的政治局面；三是能够集中力量办大事，有效促进现代化建设各项事业，促进人民生活质量和水平不断提高；四是能够有效维护国家独立自主，有力维护国家主权、安全、发展利益，维护中国人民和中华民族的福祉，必须长期坚持、完善发展。

关于我国政体，习近平同志还明确提出“人民代表大会制度是坚持党的领导、人民当家作主、依法治国有机统一的根本制度安排”[15]“共产党领导的多党合作、民主协商制度是我国政体的一大特色”[16]等理论命题，极大地丰富和发展了中国特色社会主义政体理论。习近平同志关于国体和政体的重要论述是对毛泽东思想的国体政体理论的创新性发展，是对中国特色社会主义民主法治理论的原创性贡献。

（三）继承、创新和发展邓小平理论的法治理论

党的十一届三中全会以来，以邓小平为主要代表的中国共产党人，解放思想，实事求是，总结新中国成立以来正反两方面的经验，透视苏联、东欧社会主义国家历史性剧变的根源，反思僵化社会主义理论的严重缺陷，力挽狂澜，实行改革开放，开辟了中国特色社会主义道路，创立了邓小平理论，实现了马克思主义中国化的第二次历史性飞跃。

邓小平理论包含丰富的法治思想，诸如，“搞四个现代化一定要有两手，只有一手是不行的，所谓两手，即一手抓建设，一手抓法制”。我们要在全国坚决实行这样一些原则：“有法可依，有法必依，执法必严，违法必究，在法律面前人人平等。”“民主和法制，这两个方面都应该加强，没有广泛的民主是不行的，没有健全的法制也是不行的”。要通过政治体制改革，“处理好法治和人治的关系”，等等。其中最具标志性的是党和国家制度理论。邓小平同志深刻总结了新中国成立三十年间的经验教训，并得出一个科学结论，即党和国家制度是带有根本性、全局性、稳定性和长期性的重

大问题。他指出："制度好可以使坏人无法任意横行，制度不好可以使好人无法充分做好事，甚至会走向反面。"[17]"制度问题，关系到党和国家是否改变颜色，必须引起全党的高度重视。"[18]"为了保障人民民主，必须加强法制。必须使民主制度化、法律化，使这种制度和法律不因领导人的改变而改变，不因领导人的看法和注意力的改变而改变。"[19]在邓小平同志看来，制度建设、体制改革是一场革命，是与资本主义政治法律制度的竞争，必须以改革精神加强制度建设，"在各方面形成一整套更加成熟、更加定型的制度"，[20]使我们的制度一天天完善起来，成为世界上最好的制度。

习近平同志全面贯彻邓小平民主法制思想，深刻把握邓小平制度理论的精髓和形成更加成熟更加定型制度的战略思想，在坚持和完善中国特色社会主义制度、推进国家治理体系和治理能力现代化的伟大实践中，构建了新时代中国特色社会主义制度理论体系，使邓小平制度理论绽放出新的时代光芒。习近平同志对党和国家制度问题进行了全面深刻的论述，极大地丰富和发展了中国特色社会主义法治理论，其主要内容包括：国家制度和法律制度的基本原理，中国特色社会主义制度创造和发展的历史过程及其规律，新时代中国特色社会主义制度体系，中国特色社会主义制度和国家治理体系的显著优势，制度立国与制度治党，国家制度是国家治理的制度根基，坚持和发展中国特色社会主义制度，在法治轨道上推进国家治理现代化，制度的生命力在于执行，中国特色制度话语与制度思维，构筑中国特色社会主义制度理论体系的议题与方法等，为党和人民在新时代坚持和发展中国特色社会主义制度、推进国家治理体系和治理能力现代化提供了科学的理论指导。

（四）继承、创新和发展"三个代表"重要思想的法治理论

在20世纪和21世纪的历史交汇点，以江泽民为主要代表的中国共产党人，在建设中国特色社会主义的实践中，加深了对什么是

社会主义、怎样建设社会主义和建设什么样的党、怎样建设党的科学认识，积累了治党治国新的宝贵经验，形成了“三个代表”重要思想。

“三个代表”重要思想包含着丰富的法治理论，且有诸多创新思想，其中最具标志性的是“依法治国，建设社会主义法治国家”的理论。1996 年 2 月，江泽民同志提出“依法治国，建设社会主义法制国家”。1997 年 9 月，在党的十五大报告中，江泽民同志进一步明确提出“依法治国，建设社会主义法治国家”，指出依法治国是党领导人民治理国家的基本方略、发展社会主义市场经济的客观需要、社会文明进步的重要标志、国家长治久安的重要保障，强调建设社会主义法治国家是建设社会主义现代化的重要目标，并提出了建设中国特色社会主义法律体系的重大任务。江泽民同志还提出了“社会主义政治文明”命题，把“坚持党的领导、人民当家作主和依法治国有机统一”作为中国特色社会主义民主政治和社会主义政治文明的根本标志，指出“党的领导是人民当家作主和依法治国的根本保证，人民当家作主是社会主义民主政治的本质要求，依法治国是党领导人民治理国家的基本方略”。他还富有深意地提出“要坚持依法治国和以德治国相结合”。[21]

习近平同志在推进社会主义民主法治建设的实践中，认真贯彻落实“依法治国，建设社会主义法治国家”的基本方略和奋斗目标，在福建提出“依法治省”，在浙江提出“全面推进依法治省”“建设法治浙江”，在上海提出“全面推进依法治市”。党的十八大以来，习近平同志创造性地发展了依法治国、建设社会主义法治国家的理论。首先，他强调要“全面推进依法治国”，进而提出了法理更为深刻、内涵更为科学、表述更为精致的“全面依法治国”概念，把全面依法治国纳入“四个全面”的战略布局之中，在党的十九大报告中进一步把“全面依法治国”作为新时代坚持和发展中国特色社会主义的基本方略之一。从“依法治国”到“全面推进依法治国”再到“全面依法治国”,命题的变化表明全面依法治国的思路越来越清晰、概念越来越精准,全面依法治国的战略地位更加突出、更加重要。其次,他提出“法治中国”的科学命题和建设法治中国的重大任务,“法治中国”比“法制国家”“法治国家”的内涵更加丰富、思想更加深刻、形态更加生动、意义更具时代性。建设法治中国,就是要坚持依法治国、依法执政、依法行政共同推进,法治国家、法治政府、法治社会一体建设。从“法治国家”到“法治中国”的转型,意味着我国法治建设的拓展、深化和跨越。再次,他提出了“中国特色社会主义法治体系”科学命题,并把“建设中国特色社会主义法治体系,建设社会主义法治国家”作为全面依法治国的总目标、总抓手,把建设中国特色社会主义法治体系作为建设社会主义法治国家、法治中国的必由之路。从“法律体系”到“法治体系”的升级,是对法治建设规律认识的又一重大突破。复次,他丰富和创新了“依法治国和以德治国相结合”的理论,把“依法治国和以德治国相结合”提升为坚持中国特色社会主义法治道路的基本原则之一,强调“治理国家、治理社会必须一手抓法治、一手抓德治,既重视发挥法律的规范作用,又重视发挥道德的教化作用,实现法律和道德相辅相成、法治和德治相得益彰”。[22]最后,他还深刻阐述了全面依法治国的一系列辩证关系,如政治和法治、改革和法治、民主和专政、发展和安全、依法治国和依规治党等。

(五)继承、创新和发展“科学发展观”的法治理论

党的十六大以来,以胡锦涛为主要代表的中国共产党人,根据新的发展要求深刻认识和回答了新形势下实现什么样的发展、怎样发展等重大问题,形成了科学发展观。

科学发展观包含着丰富的法治理论,蕴含着一系列创新思想。构建社会主义和谐社会是科学发展观法治理论的重要内容。胡锦涛同志指出:“社会和谐是中国特色社会主义的本质属性”,“构建

社会主义和谐社会是贯穿中国特色社会主义事业全过程的长期历史任务，是在发展的基础上正确处理各种社会矛盾的历史过程和社会结果”。“要按照民主法治、公平正义、诚信友爱、充满活力、安定有序、人与自然和谐相处的总要求和共同建设、共同享有的原则，着力解决人民最关心、最直接、最现实的利益问题，努力形成全体人民各尽其能、各得其所而又和谐相处的局面，为发展提供良好社会环境。”[23]

依法执政、依宪治国、依宪执政，是科学发展观另一标志性的法治理论。胡锦涛同志在运用和发展邓小平理论、“三个代表”重要思想的实践中，进一步发展了依法治国理论，系统阐述了“依法执政”理论，强调指出：“依法执政是新的历史条件下马克思主义政党执政的基本方式。依法执政，就是坚持依法治国、建设社会主义法治国家，领导立法，带头守法，保证执法，不断推进国家经济、政治、文化、社会生活的法制化、规范化，以法治的理念、法治的体制、法治的程序保证党领导人民有效治理国家。”[24]同时，他强调指出：“依法治国首先要依宪治国，依法执政首先要依宪执政”。[25]“依法执政”基本方式的确立和“依宪治国”“依宪执政”法治理念的树立，是对依法执政和依法治国关系的深刻认识，是对依法执政科学内涵的深刻阐释，是我们党依法执政意识的升华、依法治国理论的重大创新。

习近平同志在浙江工作期间科学阐释和贯彻落实科学发展观的法治理论，实施依法执政，建设“法治浙江”“平安浙江”，构建“和谐社会”，创造了许多可复制可推广的经验。党的十八大以来，在全面依法治国实践中，他创造性地发展了科学发展观的法治理论，并将其推向新境界。习近平同志科学阐明了法治与和谐社会的关系，提出“和谐社会本质上是法治社会”的命题，指出，“法治通过调节社会各种利益关系来维护和实现公平正义，法治为人们之间的诚信友爱创造良好的社会环境，法治为激发社会活力创造条件，法治为维护社会安定有序提供保障,法治为人与自然的和谐提供制度支持。"[26]同时,习近平同志还创造性地发展了"以人为本"的善治理念,指出法治建设要"坚持人民主体地位""以人民为中心",法治建设为了人民、造福人民、保护人民,法治建设依靠人民、为人民所掌握所运用。

习近平同志在坚持依法执政的实践中,进一步深刻论述了依法执政的战略地位、重大意义和实现方法。一是把依法执政作为中国特色社会主义法治道路的本质特征,指出:"改革开放以来,我们深刻总结我国社会主义法治建设的成功经验和深刻教训,把依法治国确定为党领导人民治理国家的基本方略,把依法执政确定为党治国理政的基本方式,走出了一条中国特色社会主义法治道路。"[27]二是丰富了依法执政的科学内涵,指出:"依法执政,既要求党依据宪法法律治国理政,也要求党依据党内法规管党治党。"依法执政,具体体现在"党领导立法、保证执法、支持司法、带头守法上"。三是将依法治国基本方略与依法执政基本方式有机结合,"坚持依法治国、依法执政、依法行政共同推进,坚持法治国家、法治政府、法治社会一体建设。"四是强调依法执政对于依法治国的重大意义:"依法治国是我国宪法确定的治理国家的基本方略,而能不能做到依法治国,关键在于党能不能坚持依法执政,各级政府能不能依法行政。"五是强调法治建设要体现党科学执政、民主执政、依法执政的要求,把依法执政贯穿于依法治国全过程各领域。六是在法理上充分论证依宪治国、依宪执政,指出,"宪法是国家根本法,是国家各种制度和法律法规的总依据"[28]"宪法是全面依法治国的根本依据"[29]"宪法是我们党长期执政的根本法律依据"。[30]所以,"依法治国首先要坚持依宪治国,依法执政首先要坚持依宪执政"。[31]

习近平法治思想形成发展的理论逻辑,体现了习近平同志守正创新的科学精神,他对马克思主义的坚定信仰、对毛泽东思想的法治理论和中国特色社会主义法治理论的深刻把握、对创新发展中国特色社会主义法治理论的理论自觉、对中国特色社会主义法治理论的方法升华，前所未有地展示了马克思主义法治理论中国化当代化的大手笔、大格局、大境界。

三、创造性转化、创新性发展：习近平法治思想的历史逻辑

习近平法治思想不仅是在实践中生成、在理论中升华的思想创造，也是在历史中传承和凝练的思想精华。习近平同志坚持历史唯物主义的方法论，坚持回看走过的路、比较别人的路、远眺前行的路，深度考察了人类社会法治发展的历史，深刻把握了人类法治进步的规律，深层汲取了中国传统法治文化和世界法治文明的精华，使习近平法治思想潜涵着深厚的历史逻辑。

（一）在历史考察反思中，丰富和创新历史唯物主义法治原理

历史是最好的老师。注重从历史考察分析中汲取治国理政智慧、牢记历史经验、牢记历史教训、牢记历史警示，是我们党的优良传统和政治优势，这在习近平同志身上十分鲜活地体现了出来。习近平同志富有深情地指出："不忘历史才能开辟未来，善于继承才能善于创新"；[32]"只有坚持从历史走向未来，从延续民族文化血脉中开拓前进，我们才能做好今天的事业"；[33]"治理国家和社会，今天遇到的很多事情都可以在历史上找到影子，历史上发生过的很多事情也都可以作为今天的镜鉴"。[34]基于这一历史唯物主义的立场、观点和方法，习近平同志坚持察古知今、鉴人知己，对古今中外治国理政的经验和教训进行了系统考察和深刻反思，为奉法强国、全面依法治国提供了历史依据。

1. 对人类法治发展史的洞悉考察

习近平法治思想是在科学洞悉和系统考察人类法治发展史的基础上生成的，是对人类法治文明成就的理性提取。在中央全面依法治国委员会第一次会议上，习近平同志指出，从我国古代看，凡属盛世都是法制相对健全的时期。例如，春秋战国时期，法家主张“以法而治”，偏在雍州的秦国践而行之，商鞅“立木建信”，强调“法必明、令必行”，使秦国迅速跻身强国之列，最终促成了秦始皇统一六国。汉高祖刘邦同关中百姓“约法三章”，为其一统天下发挥了重要作用。汉武帝时形成汉律六十篇，沿用于两汉近四百年。唐太宗以奉法为治国之重，一部《贞观律》成就了“贞观之治”，以《贞观律》为基础修订而成的《唐律疏议》为大唐盛世奠定了法律基石。他又指出，从世界历史看，国家强盛往往同法治相伴而生。三千多年前，古巴比伦国王汉谟拉比即位后，统一全国法令，制定人类历史上第一部成文法《汉谟拉比法典》，并将法典条文刻于石柱，推动古巴比伦王国进入上古两河流域的全盛时代。

习近平同志非常重视从中华法治文明演进中深入挖掘国家制度和国家治理的经验智慧。一是构建国家制度和治理体系。在数千年的文明演进中，我国古代社会逐渐形成了一整套包括朝廷制度、郡县制度、土地制度、税赋制度、盐铁专卖制度、科举制度、监察制度、军事制度等在内的国家制度和国家治理体系。这套制度和治理体系总体上有效地保障了国家统一、民族融合、社会发展、文明传承进步。二是发挥大国体制的治理优势。自秦朝结束分封制、改行郡县制、统一度量衡、车同轨、书同文以来，单一制的大国体制使国家能够集中国力和民力治水、屯田、戍边、治乱，开辟大运河、建设都江堰、构筑万里长城、无数次成功抵御大规模外敌入侵，都体现出大国体制的显著优势。三是良法善治。唐代长孙无忌制定唐律，法理为基，以礼入法，塑造了德法共治这一中华法系的鲜明特色，形成了源远流长的良法善治的文化传统。

习近平同志在深入研究人类法治文明史之后，对法治规律有了更清晰、更全面的认识，得出一系列科学论断。他深刻指出："法治和人治问题是人类政治文明史上的一个基本问题，也是各国在实现现代化过程中必须面对和解决的一个重大问题。综观世界近现代史，凡是顺利实现现代化的国家，没有一个不是较好解决了法治和人治问题的。相反，一些国家虽然也一度实现快速发展，但并没有顺利迈进现代化的门槛，而是陷入这样或那样的'陷阱'，出现经济社会发展停滞甚至倒退的局面。后一种情况很大程度上与法治不彰有关。""历史是最好的老师。经验和教训使我们党深刻认识到，法治是治国理政不可或缺的重要手段。"[35]"人类社会发展的事实证明，依法治理是最可靠、最稳定的治理。"[36]当今世界，法治逐渐成为国家和社会治理的共同选择，但其具体模式千差万别。这也表明，法治没有永恒不变的标准，实行法治只能是根据本国经济、政治、文化和社会传统的实际情况，加以借鉴参考，而不能照搬照套。"从已经实现现代化国家的发展历程看，像英国、美国、法国等西方国家，呈现出来的主要是自下而上社会演进模式，即适应市场经济和现代化发展需要，经过一二百年乃至二三百年内生演化，逐步实现法治化，政府对法治的推动作用相对较小。像新加坡、韩国、日本等，呈现出来的主要是政府自上而下在几十年时间快速推动法治化，政府对法治的推动作用很大。就我国而言，我们要在短短几十年时间内在十三亿多人口的大国实现社会主义现代化，就必须自上而下、自下而上双向互动地推进法治化。"[37]据此，法治是人类社会发展的共同主题，也是随时代变奏、应实践发展、受文化形塑的差异文明。这些科学论断极大地丰富和创新了历史唯物主义法治原理。

2. 对中国近代政治法律制度探索历史进程的理性反思

鸦片战争后，中国沦为半殖民地半封建社会。中国向何处去，在中国建立什么样的国家制度、社会制度和法律制度，是近代以来中国人民面临的一个历史性课题。为解决这一历史性课题，中国人民进行了艰辛探索。辛亥革命之前，各种变法新政、思想启蒙等都未能取得成功。辛亥革命之后，中国尝试过君主立宪制、议会制、多党制、总统制等各种制度模式，各种政治势力及其代表人物纷纷登场，都没能找到正确答案，中国依然是山河破碎、积贫积弱，列强依然在中国横行霸道、攫取利益，中国人民依然生活在苦难和屈辱之中。习近平同志对近代以来中华儿女的艰辛探索、中华民族的发展命运进行了全面反思，指出：不触动旧的社会根基的自强运动，各种名目的改良主义，旧式农民战争，资产阶级革命派领导的民主主义革命，照搬西方政治制度模式的各种方案，都不能完成中华民族救亡图存和反帝反封建的历史任务，都不能让中国的政局和社会稳定下来，也都谈不上为中国实现国家富强、人民幸福提供制度保障。只有彻底打碎旧的国家机器和法统，结束半殖民地半封建社会制度，建立社会主义国家制度和法律制度，实行人民当家作主的民主政治，才能从根本上改变中华民族和中国人民的命运。这些认识生动地提供了开辟社会主义民主法治道路、坚持和发展中国特色社会主义政治法律制度的历史理据。

3. 对新民主主义法制和社会主义法制建设曲折前行的经验总结

习近平同志善于总结党和国家历史上法治建设正反两方面的经验，以史为鉴、教育党和人民坚定不移地走中国特色社会主义法治道路，奋力推进法治中国建设。20 世纪以来，中国先进分子和革命力量在马克思主义真理旗帜下创立了中国共产党，并以马克思主义为指导致力于建设人民当家作主的新社会新政权新制度。土地革命时期，我们党在江西中央苏区建立了中华苏维埃共和国，开启了探索建设国家制度和法律制度的伟大征程。抗日战争时期，我们党建立了以延安为中心、以陕甘宁边区为代表的抗日民主政权，成立边区政府，按照“三三制”原则，以参议会为最高权力机关，建立了各级立法、行政、司法机关,创造了“马锡五审判方式”。在解放战争节节胜利之际,我们党在东北解放区、华北解放区等地建立了人民政权,组建了具有未来中央人民政府雏形的华北人民政府。新民主主义政权建设和法制建设的这些伟大探索为建立新中国的国家制度和法律制度积累了宝贵经验。新中国成立之初,我们党把在局部地区执政的新民主主义制度建设经验在全国范围内推广,通过了具有临时宪法性质的《中国人民政治协商会议共同纲领》,确立了新中国的国体、政体和法制,实现了从两千多年封建专制统治向人民民主法治的伟大飞跃。

新中国成立后,我们党在废除国民党旧法统的同时,积极运用中央苏区和革命根据地法制建设的成功经验和人民政协的伟大成果,抓紧建设社会主义法制。1954 年 9 月 20 日,第一届全国人民代表大会第一次会议通过了《中华人民共和国宪法》,以根本法的形式规定了我国的国体、政体、国家机构、公民基本权利和义务等,实现了人民民主和社会主义民主法律化制度化,为建立社会主义法律体系奠定了宪制基础。之后,我国又根据宪法制定了一系列法律、法令并着手起草民法、刑法、刑事诉讼法等基本法律。然而,后来受各种主客观因素影响,我们“逐渐对法制不那么重视了,特别是‘文化大革命’十年内乱使法制遭到严重破坏,付出了沉重代价,教训十分惨痛!”[38]

改革开放以来,我们党坚定不移地推进法治建设。党的十八大以来,以习近平同志为核心的党中央更加重视法治建设,提出全面依法治国并将其纳入“四个全面”战略布局,提出建设中国特色社会主义法治体系,建设社会主义法治国家,建设法治中国,开创了经济持续繁荣、社会和谐安定、人民安居乐业的新局面。

习近平同志在全面总结和反思中国近现代法治建设正反两方面经验的基础上,深刻地揭示出法治与国家前途、人民命运息息相关的历史逻辑:“法治兴则国家兴,法治衰则国家乱。什么时候重视法治、法治昌明，什么时候就国泰民安；什么时候忽视法治、法治松弛，什么时候就国乱民怨。”[39]这一论断极大地丰富和发展了马克思主义法治理论和中国特色社会主义法治理论，以历史的证明力和理论的解释力坚定了党和人民深入推进全面依法治国、建设社会主义现代化法治强国的信念和意志。

（二）对中华优秀法治文化的创造性转化、创新性发展

习近平同志坚持运用马克思主义历史观和方法论，深入研究中国传统法治文明和法治思想，将其精神标识和思想精髓提炼出来、展示出来，实现在思维中鉴古知今、在实践中以史资政。

习近平同志十分注重对中华优秀传统法治文化的传承、发展和创新。他指出：“我国古代法制蕴含着十分丰富的智慧和资源，中华法系在世界几大法系中独树一帜。要注意研究我国古代法制传统和成败得失，挖掘和传承中华法律文化精华，汲取营养、择善而用。”[40]“在几千年的历史演进中，中华民族创造了灿烂的古代文明，形成了关于国家制度和国家治理的丰富思想，包括大道之行、天下为公的大同理想，六合同风、四海一家的大一统传统，德主刑辅、以德化人的德治主张，民贵君轻、政在养民的民本思想，等贵贱均贫富、损有余补不足的平等观念，法不阿贵、绳不挠曲的正义追求，孝悌忠信、礼义廉耻的道德操守，任人唯贤、选贤与能的用人标准，周虽旧邦、其命维新的改革精神，亲仁善邻、协和万邦的外交之道，以和为贵、好战必亡的和平理念，等等。”[41]在中国法治的历史传统和民族精神之中，有许多超越时空、普遍有益、饱含精华、体现法治文明的经典命题和论语，如“法者，所以兴功惧暴也。律者，所以定分止争也。令者，所以令人知事也。法律政令者，吏民规矩绳墨也。”[42]“法者，治之端也。”[43]“经国序民，正其制度。”[44]“法，非从天下，非从地出，发于人间，合乎人心而已。”[45]“当时而立法，因事而制礼。礼、法以时而定，制、令各顺其宜。”[46]“法令行则国治，法令弛则

国乱。”[47]“匠万物者以绳墨为准，驭大国者以法理为本。”[48]“立善法于天下，则天下治；立善法于一国，则一国治。”[49]“盖天下之事，不难于立法而难于法之必行。”[50]等等。

习近平同志对这些优秀文化遗产和法理精华如数家珍、信手拈来，将它们恰到好处、栩栩传神地引用在自己的讲话和文章中，并加以创造性转化、创新性发展，从而消除了近代以来文化虚无主义对传统法文化的误解和曲解，使中华法文化的精髓得到传承，使法治的中国精神和民族品格得以彰显。阅读习近平同志有关法治的论述，之所以能够感受到其浓郁的文化底蕴、深厚的思想积淀、明快的修辞风格，一个重要原因就在于其广征博引、古为今用、推陈出新，善于激活优秀传统法文化的生命，赋予其当代价值和时代意义，让法治传统智慧在中国法治建设和国家治理现代化实践中焕发出时代光彩。

（三）对世界法治文明成果的择善而用、兼容并蓄

习近平法治思想既是中国特色社会主义法治理论的最新成果，又是人类法治文明成果的集成创新，具有全球化背景下法治上的可鉴性、法理上的共识性。正如习近平同志所指出的：“中华民族是一个兼容并蓄、海纳百川的民族，在漫长历史进程中，不断学习他人的好东西，把他人的好东西化成我们自己的东西，这才形成我们的民族特色。”[51]他强调指出：“坚持从我国实际出发，不等于关起门来搞法治。法治是人类文明的重要成果之一，法治的精髓和要旨对于各国国家治理和社会治理具有普遍意义，我们要学习借鉴世界上优秀的法治文明成果。”[52]

千百年来，世界不同国家和法系中都生成了许多跨越时空的理念、制度和方法，反映了人类法治文明发展的一般规律，凝聚着法治的人类精神，诸如依法治理、权力制约、权利保障、宪法法律至上、法律面前人人平等、契约自由、正当程序、无罪推定等法理命

题，以及有关法律、法治和法理的许多学说。在世界不同民族的历史上都产生过许多杰出的思想家和广为流传的经典著作，这些经典著作包含着很多迄今仍有借鉴意义的法治思想精华。习近平同志自知青时期起就博览群书，博采中外哲学社会科学之智识，汲取人类各领域思想之养分，这使他的法治思想具有更宽阔的知识视野、更厚重的理论品质、更强大的思维力量。习近平法治思想之所以能在世界舞台上彰显话语魅力、思想活力和实践伟力，正是因为它吸纳了世界法治文明成果，凝结着人类共同的治理智慧，分享着极其珍贵的中国方案和中国法理。

党的十八大以来，习近平同志在出国访问期间，在讲话、报告、会谈中时常言及外国思想史的经典人物及其思想学说。他引用过很多外国法学论述、法治格言和法理金句。例如，"卢梭说，一切法律中最重要的法律，既不是刻在大理石上，也不是刻在铜表上，而是铭刻在公民的内心里。"[53]"罗马帝国3次征服世界，第一次靠武力，第二次靠宗教，第三次靠法律，武力因罗马帝国灭亡而消亡，宗教随民众思想觉悟的提高、科学的发展而缩小了影响，惟有法律征服世界是最为持久的征服。"[54]"一次不公正的裁判，其恶果甚至超过十次犯罪。因为犯罪虽是无视法律——好比污染了水流，而不公正的审判则毁坏法律——好比污染了水源。"[55]等等。

习近平同志在借鉴吸收国外法治理论和法治文明成果时，始终坚持辩证思维，反对不加甄别、全盘照搬、机械复制国外法治思想和学说，指出："对世界上的优秀法治文明成果，我们要积极吸收借鉴，但也要加以甄别，有选择地吸收和转化，不能囫囵吞枣、照搬照抄，否则必然水土不服。"[56]"不能做西方理论的'搬运工'""我们有我们的历史文化，有我们的体制机制，有我们的国情，我们的国家治理有其他国家不可比拟的特殊性和复杂性，也有我们自己长期积累的经验和优势"，"在这个问题上，我们要有底气、有自信，要努力以中国智慧、中国实践为世界法治文明建设作出贡献"。[57]

综上，习近平法治思想的形成和发展不是偶然的，而是蕴含着深厚的实践逻辑、理论逻辑和历史逻辑。这三个逻辑是内在融贯、有机统一的，共同诠释着习近平同志在数十年领导实践中敢于实践、勇于创新、善于总结的思想创造力，刻画了我国改革开放以来恢复法制、完善法制、厉行法治的实践生命力，彰显出全面依法治国、建设法治中国、推进国家治理现代化的时代爆发力，共同汇合于新时代中国特色社会主义法治道路。这三个逻辑真实揭示了习近平法治思想是生动的实践体系、科学的真理体系、包容的文明体系，它的形成发展缘于经验的沉淀、理性的凝结、历史的淬炼，其体系构建是实践的需要、时代的要求和人民的呼唤。这三个逻辑串联起法治思想成长的客观规律、法治真理发展的一般规律、法治文明进步的共同规律，牵系着伟大领袖的法治情怀、伟大道路的法治真谛、伟大时代的法治精神。沿着这三大逻辑继续前行，我们必将续写中国特色社会主义法治理论新篇章，开辟21世纪马克思主义法治理论的新境界。

注　释

1 “三网”，即人民民主专政的政法网、安全保卫网、法制宣传教育网；“一赛”，即维护社会治安的竞赛。

2 宁德地委办公室会议纪要（1989年4月11日）。

3 习近平：《之江新语》，浙江人民出版社2007年版，第202页。

4 习近平：《之江新语》，浙江人民出版社2007年版，第202页。

5 《明确方向　认真谋划　推进社会主义法治建设》，载《浙江日报》2006年1月1日，第1版。

6 习近平：《关于新中国60年党的建设的几点思考——在中央党校2009年秋季开学典礼上的讲话》（2009年9月1日），载《学习时报》2009年9月28日，第3版。

7 《2010年海外华裔及港澳台地区青少年“中国寻根之旅”夏令营开营》，载《人民日报》2010年7月26日，第1版。

8 习近平：《在纪念马克思诞辰200周年大会上的讲话》（2018年5月4日），人民出版社 2018 年版,第 10 页。

9 《毛泽东选集》(第 2 卷),人民出版社 1991 年版,第 676 页。

10 《毛泽东选集》(第 2 卷),人民出版社 1991 年版,第 677 页。

11 习近平:《坚持、完善和发展中国特色社会主义国家制度与法律制度》,载《求是》2019 年第 23 期。

12 习近平:《在庆祝全国人民代表大会成立 60 周年大会上的讲话》(2014 年 9 月 5 日),载《人民日报》2014 年 9 月 6 日,第 2 版。

13 《不忘初心牢记使命锐意进取　满怀信心继续把新中国巩固好发展好》,载《人民日报》2019 年 9 月 13 日,第 1 版。

14 《中共中央政治局召开会议　讨论拟提请十九届二中全会审议的文件》,载《人民日报》2018 年 1 月 13 日,第 1 版。

15 习近平:《在庆祝全国人民代表大会成立 60 周年大会上的讲话》(2014 年 9 月 5 日),载《人民日报》2014 年 9 月 6 日,第 2 版。

16 《习近平在福州市政协大楼慰问各民主党派负责人和机关工作人员时的讲话》,载《福州晚报》1994 年 2 月 8 日,第 1 版。

17 中共中央文献研究室编:《邓小平思想年编:1975—1997》,中央文献出版社 2011 年版,第 325 页。

18 中共中央文献研究室编:《邓小平思想年编:1975—1997》,中央文献出版社 2011 年版,第 325 页。

19 《邓小平文选》(第 2 卷),人民出版社 1994 年版,第 146 页。

20 《邓小平文选》(第 3 卷),人民出版社 1993 年版,第 372 页。

21 中共中央文献研究室编:《江泽民论有中国特色社会主义》(专题摘编),中央文献出版社 2002 年版,第 337 页。

22 习近平:《加快建设社会主义法治国家》(2014 年 10 月 23 日),载习近平:《论坚持全面依法治国》,中央文献出版社 2020 年版,第 109 页。

23 胡锦涛:《高举中国特色社会主义伟大旗帜,为夺取全面建设小康社会新胜利而奋斗——在中国共产党第十七次全国代表大会上的报告》(2007 年 10 月 15 日),载《胡锦涛文选》(第 2 卷),人民出版社 2016 年版,第 625、626 页。

24 《坚持科学执政、民主执政、依法执政　扎实加强执政能力建设和先进性建设》,载《人民日报》2006 年 7 月 4 日,第 1 版。

25 胡锦涛:《在首都各界纪念全国人民代表大会成立五十周年大会上的讲话》(2004 年 9 月 15 日),载《胡锦涛文选》(第 2 卷),人民出版社 2016 年版,第

232 页。

26 习近平:《之江新语》,浙江人民出版社 2007 年版,第 204 页。

27 习近平:《坚持依法治国和以德治国相结合》(2016 年 12 月 9 日),载习近平:《论坚持全面依法治国》,中央文献出版社 2020 年版,第 165 - 166 页。

28 习近平:《关于我国宪法和推进全面依法治国》(2018 年 2 月 24 日),载习近平:《论坚持全面依法治国》,中央文献出版社 2020 年版,第 215 页。

29 习近平:《切实尊崇宪法,严格实施宪法》(2018 年 1 月 19 日),载习近平:《论坚持全面依法治国》,中央文献出版社 2020 年版,第 201 页。

30 习近平:《切实尊崇宪法,严格实施宪法》(2018 年 1 月 19 日),载习近平:《论坚持全面依法治国》,中央文献出版社 2020 年版,第 201 页。

31 习近平:《加强党对全面依法治国的领导》,载《求是》2019 年第 4 期。

32 习近平:《从延续民族文化血脉中开拓前进 推进各种文明交流交融互学互鉴》,载《人民日报》2014 年 9 月 25 日,第 1 版。

33 习近平:《从延续民族文化血脉中开拓前进 推进各种文明交流交融互学互鉴》,载《人民日报》2014 年 9 月 25 日,第 1 版。

34 何毅亭主编:《以习近平同志为核心的党中央治国理政新理念新思想新战略》,人民出版社 2017 年版,第 74 页。

35 习近平:《在中共十八届四中全会第二次全体会议上的讲话》(2014 年 10 月 23 日),载中共中央文献研究室编:《习近平关于全面依法治国论述摘编》,中央文献出版社 2015 年版,第 12、8 页。

36 习近平:《在庆祝澳门回归祖国十五周年大会暨澳门特别行政区第四届政府就职典礼上的讲话》(2014 年 12 月 20 日),载习近平:《论坚持全面依法治国》,中央文献出版社 2020 年版,第 120 - 121 页。

37 习近平:《各级领导干部要做尊法学法守法用法的模范》(2015 年 2 月 2 日),载习近平:《论坚持全面依法治国》,中央文献出版社 2020 年版,第 135 - 136 页。

38 习近平:《在中共十八届四中全会第二次全体会议上的讲话》(2014 年 10 月 23 日),载中共中央文献研究室编:《习近平关于全面依法治国论述摘编》,中央文献出版社 2015 年版,第 8 页。

39 习近平:《在中共十八届四中全会第二次全体会议上的讲话》(2014 年 10 月 23 日),载中共中央文献研究室编:《习近平关于全面依法治国论述摘编》,中央文献出版社 2015 年版,第 8 页。

40 习近平:《加快建设社会主义法治国家》,载《求是》2015 年第 1 期。

41 习近平:《坚持和完善中国特色社会主义制度、推进国家治理体系和治理能力现代化》(2019 年 10 月 31 日),载《习近平谈治国理政》(第 3 卷),外文出版社 2020 年版,第 119 – 120 页。

42 《管子 · 七臣七主》。

43 《荀子 · 君道》。

44 荀悦撰,张烈点校:《汉纪 · 孝武皇帝纪一卷第十》,中华书局 2002 年版,第 159 页。

45 许富宏校注:《慎子集校集注 · 慎子逸文存疑》,中华书局 2013 年版,第 102 页。

46 《商君书 · 更法》。

47 (汉)王符撰,(清)汪继培笺,彭铎校正:《潜夫论笺校正 · 卷四 · 班禄第十五 · 卷四 · 述赦第十六》,中华书局 1985 年版,第 190 页。

48 (梁)萧子显撰,中华书局编辑部点校:《南齐书 · 卷四十八 · 列传第二十九 · 孔稚珪》,中华书局 1972 年版,第 836 页。

49 (宋)王安石:《临川先生文集》,中华书局 1959 年版,第 678 页。

50 (明)张居正撰:《张太岳集 · 卷三十八 · 请稽查章奏随事考成以修实政疏》,上海古籍出版社 1984 年版,第 482 页。

51 《完善和发展中国特色社会主义制度 推进国家治理体系和治理能力现代化》,载《人民日报》2014 年 2 月 18 日,第 1 版。

52 习近平:《加快建设社会主义法治国家》,载《求是》2015 年第 1 期。

53 习近平:《严格执法,公正司法》(2014 年 1 月 7 日),载习近平:《论坚持全面依法治国》,中央文献出版社 2020 年版,第 50 页。

54 习近平:《加强党对全面依法治国的领导》,载《求是》2019 年第 4 期。

55 习近平:《严格执法,公正司法》(2014 年 1 月 7 日),载习近平:《论坚持全面依法治国》,中央文献出版社 2020 年版,第 46 页。

56 习近平:《全面做好法治人才培养工作》(2017 年 5 月 3 日),载习近平:《论坚持全面依法治国》,中央文献出版社 2020 年版,第 177 页。

57 习近平:《全面做好法治人才培养工作》(2017 年 5 月 3 日),载习近平:《论坚持全面依法治国》,中央文献出版社 2020 年版,第 176 – 177 页。

习近平法治思想的政理、法理和哲理 *

明代思想家冯梦龙曾言："一时之强弱在力，千古之胜负在理。"[1]法国政治家拿破仑亦说过："世上有两种力量：利剑和思想；从长而论，利剑总是败在思想手下。"[2]习近平总书记多次引用这两句名言来表明思想和理论之于一个民族、一个国家的重大意义，并指出"我们不仅要让世界知道'舌尖上的中国'，还要让世界知道'学术中的中国'、'理论中的中国'、'哲学社会科学中的中国'"。[3]习近平法治思想之所以能够作为当代中国马克思主义法治思想在全面依法治国、建设法治中国的历史进程中释放实践伟力，之所以能够作为21世纪马克思主义法治思想为人类政治文明进步注入动能，正是因为它以科学的理论思维、深邃的历史眼光和宽广的世界视野，把握了人类法治发展的本质和规律，回答了世界和时代为法治提出的重大课题，让马克思主义真理的光芒在辽阔的中国大地上得以绽放。作出这样的论断，主要理据在于习近平法治思想蕴含丰富而精深的政理、法理和哲理，向世人展现了"政理、法理、哲理中的法治中国"。在习近平法治思想的政理、法理和哲理中，马克思主义法治思想的科学性和真理性得到了充分释放，人民性和

---

* 本文发表于《政法论坛》2022年第3期，《中国社会科学文摘》2022年第10期转载。

实践性得到了充分贯彻，开放性和时代性得到了充分彰显。

本文拟从习近平法治思想的政理、法理、哲理中，各采撷10个具有原创性且为政界学界熟悉的命题作出学理阐释，以期展示习近平法治思想的强大解释力、卓越创造力、鲜活生命力，在真理和正义的制高点上深入推进习近平法治思想的学理化阐释、学术化表达、体系化构建。

一、习近平法治思想的政理

“政理”是中国文化的一个基本范畴，其含义多指“为政之道”“政治事理”“政治理念”“政治智慧”“政治清明”等。早在公元前700年左右，著名政治家、思想家管仲就论及“政理”，指出“兵虽强，不轻侮诸侯，动众用兵必为天下政理”。[4]此处“政理”，一谓正理，二谓政治。西汉著名经学家、文学家、文献学家刘向曾著《说苑·政理》，专门记述君王与圣人、国君与臣相之间有关经国序民、治国安邦的对话，论道：“政有三品：王者之政化之，霸者之政威之，强者之政胁之，夫此三者各有所施，而化之为贵矣。”[5]唐代政治家、文学家韩愈抨击时弊恶行，指出：“鞭笞役使，至死乃休。既乖律文，实亏政理。”[6]宋代思想家陈亮在其《书欧阳文粹后》指出：“公之文根乎仁义而达之政理，盖所以翼‘六经’而载之万世者也。”[7]唐代政治家、文学家柳宗元在《答元饶州论政理书》中，用“政理”指称国家治理的道路和方略，在致友人的回信中纵论国家和社会治理之“政理”。他论及各地方赋税混乱的弊政，提出建立统一的征收有度的赋税制度；引孔子之训“不患寡而患不均，不患贫而患不安”，倡导富者与贫者各得其所、天下相安；论及《春秋》，赞赏友人“取圣人大中之法以为理”的智慧和能力；褒奖举贤任能之善德等。[8]

除“为政之道”外，“政理”还指政治清明、政绩卓越、政治智慧等，如《后汉书·张衡列传》云：“衡下车，治威严，整法度，阴知奸党名姓,一时收禽,上下肃然,称为政理。”[9]《明道编》云:“故当时政理清明,风俗淳厚。”[10]《三国志·蜀志·诸葛亮传》称赞诸葛亮“内修政理”“器能政理”,[11]而诸葛亮本人则指出:“治国者,圆不失规,方不失矩,本不失末,为政不失其道,万事可成,其功可保。”[12]宋太宗还论及法律与政理的关系,指出:“法律之书,甚资政理。”[13]

古老的“政理”概念淬炼于波澜壮阔的历史中,在21世纪治国理政实践中汲取新的精华,并为习近平法治思想所汲取而获得新的生命。在当代中国,法治领域的“政理”意指“以法而治、依法治国”的“政治之道”“政治逻辑”“政治理念”“政治事理”等,是关乎法治建设正确政治方向的根本问题,是法治理论研究的核心论题。习近平法治思想遵循马克思主义基本原理,弘扬中华优秀传统文化,坚持政治和法治的辩证逻辑,提出了一系列原创性政理命题。

(一)每一种法治形态背后都有一套政治理论,每一种法治模式当中都有一种政治逻辑,每一种法治道路底下都有一种政治立场

这是习近平总书记在总结人类政治文明演进规律和法治发展历史逻辑的基础上,对政治和法治必然联系做出的精辟阐释。三个排比分句瞄准政治和法治关系的靶心,表明“法治当中有政治,没有脱离政治的法治”[14]的政理之要。

第一,每一种法治形态背后都有一套政治理论。在人类政治法律思想史上,不同政治理论学说都不是独立存在的,而是为其所处历史阶段的政治法律制度和法治实践提供理论证成、设计政治框架。以柏拉图、亚里士多德为代表的古希腊政治学说,为雅典政治法律制度提供了理性辩护;以霍布斯、洛克为代表的自由主义政治理论,为启蒙时期资产阶级民主法治奠定了理性基石;现代资产阶级的政治理论,为资本主义法治发展再造了理论基础;而马克思主义政治理论及其中国化理论成果,尤其是其国家学说、政党学

说、国体论、政体论、民主论、法治论、权力论、权利论等，为中国特色社会主义法治体系和法治国家建设打下了坚实的思想根基。表面看来，法治形态的演变和政治理论的转换是两条并不相干的历史轨迹，但其本质上是形影相随、不可分割的。

第二，每一种法治模式当中都有一种政治逻辑。根据马克思主义的观点，法治与政治同属于上层建筑范畴，共同为它们所赖以存在的经济基础和社会关系所决定，是“同根同源”的关系。各民族不同的经济基础、具体国情、文化传统和社会矛盾，决定了它们在上层建筑中的结构关系和政治逻辑。同时，在不同的结构关系和政治逻辑之上，法治模式开始形成和发展。从世界范围来看，法治虽然是大多数国家普遍采取的治理方式，但其具体模式千差万别，根由正在于深藏其中的各自迥异的政治逻辑。

第三，每一条法治道路底下都有一种政治立场。政治立场决定法治道路。走什么样的法治道路，从根本上说是一个政治方向问题，而方向是由政治立场决定的。资本主义法治道路的政治立场集中体现为以资本为中心，服务于资产阶级专政；而社会主义法治道路则坚持人民至上、以人民为中心的政治立场，坚持法治为了人民、依靠人民、造福人民、保护人民，始终把贯彻人民民主、体现人民利益、反映人民愿望、维护人民权益、增进人民福祉落实到全面依法治国各领域全过程。习近平总书记反复强调“全面依法治国最广泛最深厚的根基在于人民”，正是旗帜鲜明地表明了我国法治道路的人民立场，与西方资本主义的法治道路划清了界限。

（二）党的领导是社会主义法治最根本的保证

习近平法治思想不仅阐明了政治和法治的必然联系，而且指出，全面推进依法治国这件大事能不能办好，最关键的是方向是不是正确、政治保证是不是坚强有力，并强调指出，全面依法治国的正确道路是中国特色社会主义法治道路，而坚持中国特色社会主义法治道路，最根本的是坚持中国共产党的领导。“党的领导是中国特色社会主义法治之魂，是我们的法治同西方资本主义国家的法治最大的区别。”[15]“党的领导是中国特色社会主义最本质的特征，是社会主义法治最根本的保证。”[16]

为什么说“党的领导是社会主义法治最根本的保证”呢？第一，坚持党的领导是确保法治建设正确方向的根本政治保证，只有在党的领导下才能确保我国法治建设的社会主义旗帜不动摇、人民本色不变色。第二，坚持党的领导是法治建设的根本思想保证，只有在马克思主义法治思想、中国特色社会主义法治理论，特别是习近平法治思想的指导下，全面依法治国、建设法治中国才有不竭的思想动力和可靠的科学支撑。第三，坚持党的领导是法治建设的根本行动指南，只有中国共产党的顶层设计，全面依法治国才有了总目标、总抓手、战略布局、重大任务、重要保障，才能够顺利而持续推进。第四，我国社会主义法治建设发生历史性变革、取得历史性成就，最根本原因在于以习近平同志为核心的党中央对全面依法治国的集中统一领导。

坚持党对全面依法治国的领导，不是一句空洞的口号，必须具体体现在党领导立法、保证执法、支持司法、带头守法上。“一方面，要坚持党总揽全局、协调各方的领导核心作用，统筹依法治国各领域工作，确保党的主张贯彻到依法治国全过程和各方面。另一方面，要改善党对依法治国的领导，不断提高党领导依法治国的能力和水平。党既要坚持依法治国、依法执政，自觉在宪法法律范围内活动，又要发挥好各级党组织和广大党员、干部在依法治国中的政治核心作用和先锋模范作用。”[17]这一认识充分说明，习近平法治思想的“政理”不是空洞的，而是具有实实在在的实践指导意义。

（三）党和法的关系是政治和法治关系的集中反映

习近平法治思想的“政理”不仅提出了正确的治国理政之道，

而且也澄清了诸多错误的认识，破解了缠绕在法治之上的政治困惑。“党法关系”便是其中重要一例。当今世界，绝大多数国家是政党政治，政党是政治力量的代表，国家政权掌握在执政党手中并由执政党运作，执政党的基本理论、基本路线、基本纲领、基本政策深刻影响着法律制度、法治体系及其运行。所以，政治和法治的关系在现实中集中体现为党和法的关系，对于由中国共产党唯一执政和长期执政的人民民主专政的社会主义国家来说，更是如此。正确处理好党和法的关系便成为正确处理好政治和法治关系的关键。习近平总书记一针见血指出：“党和法的关系是政治和法治关系的集中反映。”[18]“党和法的关系是一个根本问题，处理得好，则法治兴、党兴、国家兴；处理得不好，则法治衰、党衰、国家衰。”[19]

那么，如何正确认识和处理好党和法的关系？一方面，习近平总书记以逻辑严整、内涵深邃、立场鲜明的理论命题，正面阐明了党和法的一致性，即“社会主义法治必须坚持党的领导，党的领导必须依靠社会主义法治”。[20]另一方面，习近平总书记洞察秋毫，义正词严地指出党和法的关系不能被归结为“党大还是法大”这个虚幻的悖论，“‘党大还是法大’是一个政治陷阱，是一个伪命题；对这个问题，我们不能含糊其辞、语焉不详，要明确予以回答。党的领导和依法治国不是对立的，而是统一的”。[21]有的人抛出所谓“党大还是法大”的问题，实质是要把党的领导与社会主义法治对立起来，要害是否定党对法治建设的集中统一领导。

（四）坚定不移走中国特色社会主义法治道路

“政理”作为治国理政之“道”，既说出了理论上的“道理”，也指明了实践中的“道路”。习近平法治思想的“政理”要义之一，便是立足于新时代法治建设实践，提出“坚定不移走中国特色社会主义法治道路”。习近平总书记指出：“全面推进依法治国，必须走对路。如果路走错了，南辕北辙了，那再提什么要求和举措也都没有意义了。”“中国特色社会主义法治道路是一个管总的东西。具体讲我国法治建设的成就，大大小小可以列举出十几条、几十条，但归结起来就是开辟了中国特色社会主义法治道路这一条。”[22]“中国特色社会主义法治道路，是社会主义法治建设成就和经验的集中体现，是建设社会主义法治国家的唯一正确道路。”[23]习近平法治思想对中国特色社会主义法治道路的认识不只停留于它的重要意义，而且概括了这一道路的内涵所在。走中国特色社会主义法治道路是一个重大课题，有许多东西需要深入探索，但基本的东西必须长期坚持。这些“基本的东西”，归结起来，就是坚持党的领导、坚持中国特色社会主义制度、贯彻中国特色社会主义法治理论，它们构成了中国特色社会主义法治道路的“核心要义”。正是这三个“核心要义”，明示了中国特色社会主义法治道路的基本内涵和基本内容，确定了中国特色社会主义法治道路的根本性质和根本要求，描绘出了这条道路的鲜明特征和鲜明标识。更重要的是，这三个“核心要义”，不只是对过去中国法治建设经验的一个总结，也是对坚持和拓展中国特色社会主义道路提出的三个重要标准，具有当下和未来的导向价值。

（五）人民代表大会制度是党的领导、人民当家作主、依法治国有机统一的根本制度安排

坚持党的领导、人民当家作主、依法治国有机统一是中国特色社会主义民主政治的伟大实践，是我国社会主义法治建设的一条基本经验。习近平总书记指出：“在中国，发展社会主义民主政治，保证人民当家作主，保证国家政治生活既充满活力又安定有序，关键是要坚持党的领导、人民当家作主、依法治国有机统一。”[24]“把坚持党的领导、人民当家作主、依法治国有机统一起来是我国社会主义法治建设的一条基本经验。”[25]“三统一”这条基本经验是百余年来中国人民探索政治发展道路的基本结论，是中国社会历经激越

变革、激荡发展的历史结果，是中国人民翻身作主、掌握自己命运的必然选择。

“三统一”体现了精湛的政理逻辑：第一，党的领导是人民当家作主和依法治国的根本保证，“只有坚持党的领导，人民当家作主才能充分实现，国家和社会生活制度化、法治化才能有序推进”；[26]第二，人民当家作主是社会主义民主政治的本质特征，是社会主义的生命，也是中国共产党的宗旨所在；第三，依法治国是党领导人民治理国家的基本方式，发展人民民主必须坚持依法治国、维护宪法法律权威，使民主制度化、法律化。习近平法治思想不仅提出了“三统一”的政理，更重要的是科学指出了这一政理的制度载体，即“人民代表大会制度是坚持党的领导、人民当家作主、依法治国有机统一的根本制度安排”。[27]坚持党的领导、人民当家作主、依法治国三者并不是统一于头脑的抽象观念，而是统一于我国社会主义民主政治伟大实践，人民代表大会制度就是这一实践的制度载体。

（六）全面依法治国是国家治理的一场深刻革命

“法者，治之端也。”[28]这一古老的法家政理在习近平法治思想中被赋予新的时代精神和政治智慧，以“全面依法治国是国家治理的一场深刻革命”[29]“全面推进依法治国是一项长期而重大的历史任务，也必然是一场深刻的社会变革和历史变迁”[30]等政理命题淋漓尽致地表达出“法”之于国家治理的重大意义。

习近平法治思想之所以把全面依法治国定性为国家治理的一场深刻革命，是因为：

第一，全面依法治国事关党执政兴国、人民幸福安康、党和国家事业发展，是解放和增强社会活力、促进社会公平正义、维护社会和谐稳定、确保党和国家长治久安、推动中国社会主义现代化建设的根本要求，全面依法治国是我们党从坚持和发展中国特色社会主义出发、为更好治国理政提出的重大战略任务，也是事关我们党执政兴国的一个全局性问题。没有全面依法治国,我们就治不好国、理不好政,“四个全面”战略布局就会落空。

第二,全面依法治国将彻底实现从封建专制到民主政治、从人治到法治的革命性转型,完成新民主主义革命和社会主义革命应当完成而没有彻底完成的历史任务,彻底改变僵化的人治思维定式和滞后的国家治理模式,开辟社会主义国家的法治化道路,实现国家各项工作的科学化民主化法治化。这对全面建成社会主义现代化强国、实现中华民族伟大复兴,无疑具有空前的革命意义。

第三,全面依法治国要真正实现突破,就必须以革命勇气和改革思维,大刀阔斧地推进法治领域的改革,坚决破除一切妨碍依法执政、依法治国、依法行政、依法治军、严格执法、公正司法、全民守法的体制机制弊端和思想观念,为国家治理体系和治理能力现代化夯实法治根基。党的十八大以来,以习近平同志为核心的党中央始终把全面依法治国作为国家治理领域广泛而深刻的革命而强力推进,解决了许多长期想解决而没有解决的治理难题,办成了许多过去想办而没有办成的治理大事,使国家治理呈现出科学化、法治化、民主化的新气象,创造了中国式国家治理现代化的新道路。

(七)坚持依法治国基本方略和依法执政基本方式

坚持中国共产党领导是当代中国政理的核心主题,依法治国和依法执政是这一主题的两个方面。习近平总书记指出:“改革开放以来,我们深刻总结我国社会主义法治建设的成功经验和深刻教训,把依法治国确定为党领导人民治理国家的基本方略,把依法执政确定为党治国理政的基本方式,走出了一条中国特色社会主义法治道路。”[31]依法治国基本方略的政理定义和核心要义是,“广大人民群众在党的领导下,依照宪法和法律规定,通过各种途径和形式管理国家事务,管理经济文化事业,管理社会事务,保证国家各项工作都依法进行,逐步实现社会主义民主的制度化、法律化,使这种制度和法律不因领导人的改变而改变,不因领导人看法和注意力的改变而改变”。[32]依法执政基本方式的政理定义和核心要义是,中国共产党作为执政党,要适应国家现代化总进程,坚持运用法治思维加强和改善党的领导方式和执政方式,以法治的理念、法治的体制、法治的程序开展工作,“善于使党的主张通过法定程序成为国家意志,善于使党组织推荐的人选通过法定程序成为国家政权机关的领导人员,善于通过国家政权机关实施党对国家和社会的领导,善于运用民主集中制原则维护党和国家权威、维护全党全国团结统一”。[33]

依法治国和依法执政是内在衔接、有机统一的。第一,二者统一于依法执政,“依法治国是我国宪法确定的治理国家的基本方略,而能不能做到依法治国,关键在于党能不能坚持依法执政,各级政府能不能依法行政”。[34]第二,二者统一于全面依法治国战略布局,即把依法治国、依法执政、依法行政作为一个有机整体共同推进、形成治国理政合力。第三,二者统一于党领导立法、保证执法、支持司法、带头守法的政治和法治实践,党领导立法、保证执法、支持司法、带头守法,既是依法治国的主要环节,也是依法执政的主要内容。第四,二者统一于宪法及其全面实施,这就是“坚持依法治国首先要坚持依宪治国,坚持依法执政首先要坚持依宪执政”。[35]第五,二者统一于治国理政的领导能力。中国特色社会主义进入新时代,我国社会主要矛盾发生深刻变化,人民对美好生活的需求越来越广泛,对民主自由、公平正义、权利保障、共同富裕、生态良好、平安中国、法治中国等的要求越来越迫切。这就要求不断提高党依法治国、依法执政的能力,提高各级党组织和党员干部运用法治思维和法治方式深化改革、推动发展、化解矛盾、维护稳定、应对风险的能力。

(八)宪法是全面依法治国的根本依据

宪法是政治的产物,也是法治的原点,是联结政治和法治的纽带。因此,宪法观表达了一个宪制国家的重要政理。在我国思想史上,关于宪法的定义和意义众说纷纭。在制定中华人民共和国第一部宪法的时候,毛泽东同志精辟指出:“一个团体要有一个章程,一个国家也要有一个章程,宪法就是一个总章程,是根本大法。”[36]“总章程”“根本大法”从此也就成为中国宪法观的经典概念。在新的历史条件下,习近平总书记对“总章程”和“根本法”的经典定义赋予新的时代内涵,同时,基于对我们党执政规律和治国规律的科学认知,提出“宪法是我们党长期执政的根本法律依据”“宪法是全面依法治国的根本依据”。[37]习近平总书记关于宪法的政理论述,揭示了我国宪法制度的本质和根据,创造性地发展了中国特色社会主义宪法理论。

关于“总章程”,习近平总书记进一步提出我国宪法是“治国安邦的总章程”“治国理政的总章程”。这是因为我国宪法规定了中国共产党领导制度和执政地位,规定了中华人民共和国的一切权力属于人民,人民行使国家权力的机关是全国人民代表大会和地方各级人民代表大会,规定了国家立法机关、行政机关、监察机关、司法机关的职权范围和行使职权的程序,建立了有效的制约机制和监督体系,是国家机器有效运转的根本遵循和最高准则。

关于“根本法”,习近平总书记指出,我国宪法以国家根本法的形式,确认了中国共产党领导人民进行革命、建设、改革的伟大斗争和根本成就,确立了工人阶级领导的、以工农联盟为基础的人民民主专政的社会主义国家的国体和人民代表大会制度的政体,确立了国家的根本任务、领导核心、指导思想、发展道路、奋斗目标,规定了一系列基本政治制度和基本经济制度,规定了社会主义法治原则、民主集中制原则、尊重和保障人权原则等一系列重要原则。习近平总书记还系统论述了宪法的根本法特质。一方面,他引用"法者,国家所以布大信于天下"的法谚,[38]提出"宪法集中体现了党和人民的统一意志和共同愿望,是国家意志的最高表现形式";[39]另一方面,他基于对我国宪法六十多年的发展历程和经验教训进行的反思,多次强调"宪法具有最高的法律地位、法律权威、法律效力"。[40]

关于"根本法律依据",习近平总书记指出:"我国宪法确认了中国共产党的执政地位,确认了党在国家政权结构中总揽全局、协调各方的核心地位,这是中国特色社会主义最本质的特征,是中国特色社会主义制度的最大优势,是社会主义法治最根本的保证。"[41]历史和实践表明,党领导人民制定宪法法律,领导人民实施宪法法律,党自身必须在宪法法律范围内活动。这是我们党治国理政必须遵循的一项重要原则。

(九)把权力关进制度的笼子里

权力是政治学的核心概念,而认识权力的本性并对权力划定界限、实行监督就成为关键的政理。习近平总书记多次直指"权力的本性",提出:"纵观人类政治文明史,权力是一把双刃剑,在法治轨道上行使可以造福人民,在法律之外行使则必然祸害国家和人民。"[42]"权力不论大小,只要不受制约和监督,都可能被滥用。"[43]"没有监督的权力必然导致腐败,这是一条铁律。"[44]"绝对权力导致绝对腐败,这是古今中外都证明了的一个道理。"[45]基于这些论断,习近平总书记强调指出,依法治国、依法治军,关键是依法治权,坚持用制度管权管事管人,"把权力关进制度的笼子里"。[46]所谓"把权力关进制度的笼子里",就是要"依法设定权力、规范权力、制约权力、监督权力"。[47]

具体而言,依法设定权力,关键是推行权力清单制度、权力运行流程制度,推进机构、职能、权限、程序、责任法定化,不得法外设定权力，严禁公权私用。依法规范权力，核心是给权力立规矩、划界线，明确权力的属性、内涵、边界，权力与责任的关系，自由裁量权的基准等。依法制约权力，就是要按照结构合理、配置科学、程序严密、制约有效的原则，通过精细的制度设计，合理分解权力，科学配置权力，不同性质的权力由不同部门、单位、个人行使，形成科学的权力结构和运行机制，确保国家机关按照法定权限和程序行使权力。依法监督权力，就是构建党统一指挥、全面覆盖、权威高效的监督体系，把党内监督同国家机关监督、民主监督、司法监督、群众监督、舆论监督贯通起来，增强监督合力，切实管好关键人、管到关键处、管住关键事、管在关键时，特别是要把“一把手”管住管好。要强化公开，提高权力运行的透明度，让权力在阳光下运行，以公开促公正、以透明保廉洁。

（十）全面推进依法治国总目标是建设中国特色社会主义法治体系、建设社会主义法治国家

“经国序民，正其制度。”[48]“凡将立国，制度不可不察也。”[49]制度自古以来就是中国政理的重要议题，它在当代中国国家治理中也不可或缺。习近平法治思想升华了制度的政理，不仅提炼出“制度稳则国家稳，制度强则国家强”“制度竞争是综合国力竞争的重要方面，制度优势是一个国家赢得战略主动的重要优势”[50]等理论命题，而且提出了“中国特色社会主义法治体系”的创新概念，指出中国特色社会主义法治体系是中国特色社会主义制度的法律表现形式，是国家治理体系的骨干工程。在坚持和发展中国特色社会主义制度、推进国家治理体系和治理能力现代化的决策部署中，习近平法治思想明确提出全面推进依法治国的总目标是建设中国特色社会主义法治体系，建设社会主义法治国家，并阐释如下：“在中国共产党领导下，坚持中国特色社会主义制度，贯彻中国特色社会主义法治理论，形成完备的法律规范体系、高效的法治实施体

系、严密的法治监督体系、有力的法治保障体系,形成完善的党内法规体系,坚持依法治国、依法执政、依法行政共同推进,坚持法治国家、法治政府、法治社会一体建设,实现科学立法、严格执法、公正司法、全民守法,促进国家治理体系和治理能力现代化。"[51]

围绕全面推进依法治国总目标,习近平法治思想进一步确立了全面推进依法治国的总抓手,指出:"全面推进依法治国涉及很多方面,在实际工作中必须有一个总揽全局、牵引各方的总抓手,这个总抓手就是建设中国特色社会主义法治体系。依法治国各项工作都要围绕这个总抓手来谋划、来推进。"[52]中国特色社会主义法治体系具有鲜明的本质定位,即"中国特色社会主义法治体系是中国特色社会主义制度的重要组成部分","中国特色社会主义制度是中国特色社会主义法治体系的根本制度基础"。由此决定,建设法治体系必须坚持党的领导,坚持中国特色社会主义制度,贯彻中国特色社会主义法治理论,必须扎根中国文化、立足中国国情、解决中国问题,而不能被西方错误思潮所误导,把法治体系建设变成"对标"西方法治体系、"追捧"西方法治实践。

在全面推进依法治国的总目标中,建设中国特色社会主义法治体系是建设社会主义法治国家的必由之路。只有构建系统完备的法治体系,才能为建设社会主义法治国家铺就坚实基础。当前,推进法治体系建设,关键是加快重点领域和新兴领域立法,健全国家治理急需、满足人民日益增长的美好生活需要必备的法律制度;难点和重点在于通过严格执法、公正司法、全民守法,推进法律正确有效实施,把"纸上的法律"变为"行动中的法律"。

二、习近平法治思想的法理

"法理"是中国法学的核心范畴,是一个由中国思想家最早凝练、广泛和持久影响世界的社会科学概念。"法理"一词最早出现在一千九百多年前的汉代，在史册中有“明于法理”“明达法理”“明练法理”“雅长法理”等词汇，作为对法律人才的称赞之语，后演变为律文所蕴含的正当依据、治国理政的根本原理等，南朝齐武帝永明年间，廷尉孔稚珪曾奏曰：“臣闻匠万物者以绳墨为正，驭大国者以法理为本。”[53]到了唐代，“法理”一词多指法意、法律智慧、法律知识等，故唐代统治者明确提出“不习经史，无以立身；不习法理，无以效职”，[54]把熟谙法理作为选拔官员的重要条件之一。在宋代，“法理”的意涵更为丰富，一指法律条文，二指天理与国法，三指断案时的法律原理，曾流行“当人情、合法理”“谨持法理，审察人情”[55]等话语。“法理”一词经过长期的历史积淀，内涵不断丰富完善，并深刻地影响着国家治理、法治实践和法律文化。

在当代中国和世界，法理成为一个哲学社会科学界流行的学术概念和公共话语，其基本语义和意义包括法的原理、法的精神、法律原则、法律通说、法学理论、法律生活和法治实践中的美德和公理，法律和法治实践的正当性理据等。总之，“法理”作为学术概念，体现了人们对法的规律性、终极性、普遍性的探究和认知，体现了人们对法的目的性、合理性、正当性的判断和共识，体现了人们对法律之所以获得尊重、值得遵守、应当服从的那些内在依据的评价和认同。[56]法理作为公共话语，体现了法律和法治文化传统中定分止争、惩恶扬善、治国理政的智慧，积淀着法治文明的优秀成果，融通着古今中外关于法律法治的原理、理论、学说、共同价值等。

法理与法治的关系，可谓“道法相依”，即“有道以统之，法虽少，足以化矣；无道以行之，法虽众，足以乱矣”。[57]习近平法治思想善于运用法理话语提升中国特色社会主义法治理论的解释力、公信力、感召力，为全面推进依法治国、深化法治领域重大改革、有力有理地开展涉外法治斗争提供了充分的法理支撑。习近平总书记关于法治的重要讲话和论著可谓“各篇都有法理金句、通卷闪耀法理珠玑”，提出了一系列原创性法理命题。

(一)法治的根基在人民

“天下何以治?得民心而已!天下何以乱?失民心而已!”[58]“治国有常,而利民为本。”[59]“政之所兴在顺民心,政之所废在逆民心。”[60]“民心是最大的政治,正义是最强的力量。”[61]“法治的根基在人民。”[62]“全面依法治国最广泛、最深厚的基础是人民。”“推进全面依法治国,根本目的是依法保障人民权益。”[63]习近平法治思想的这些论述和引论深刻阐明了法治的人民性法理。

坚持法治的人民性法理,就是要坚持人民至上,以人民为中心的根本立场,秉持法治建设为了人民、依靠人民、造福人民、保护人民的核心价值观,始终把体现人民利益、反映人民愿望、维护人民权益、增进人民福祉落实到全面依法治国各领域全过程,把实现好、维护好、发展好最广大人民根本利益作为法治建设的出发点和落脚点。就是要把人民作为全面依法治国最广泛、最深厚的基础,坚持人民主体地位,把人民作为法治建设的主体,作为推动法治文明的根本力量,充分调动人民群众的积极性和创造性,大力弘扬人民权益靠法律保障、法律权威靠人民维护的社会主义法治精神,做到法律为人民所掌握、所遵守、所运用。就是要把维护和发展人民权利作为全面依法治国的根本目的,全面落实尊重和保障人权的宪法原则,健全人权法治保障机制,实现尊重和保障人权在立法、执法、司法、守法全链条、全过程、全方位覆盖,加强人权法治保障,以切实有效保护公民人身权、人格权、财产权为基点,努力促进经济、社会、文化权利和公民、政治权利全面协调发展。就是要促进全过程人民民主,发展更加广泛、更加充分、更加健全的人民民主,“扩大人民有序政治参与,保证人民依法实行民主选举、民主协商、民主决策、民主管理、民主监督”。[64]通过制度化法治化的全过程人民民主,实现全体人民当家作主。

“古之为政,爱人为大。”[65]“治政之要在于安民,安民之道在于察其疾苦。”[66]“天视自我民视，天听自我民听。”[67]习近平法治思想始终把人民摆到最高位置，把实现人民对美好生活的向往作为奋斗目标，矢志不渝地为实现人民对美好生活的向往提供良法善治，积极回应人民群众新要求新期待，不断满足人民对民主、法治、公平、正义、安全、环境等方面日益增长的需要，不断增强人民的获得感、幸福感、安全感、公平感。

（二）公正是法治的生命线

“大道之行也，天下为公。”[68]“公正是法治的生命线。”[69]“公平正义是我们党追求的一个非常崇高的价值，全心全意为人民服务的宗旨决定了我们必须追求公平正义，保护人民权益、伸张正义。”[70]“公平正义是司法的灵魂和生命。”[71]“法，国之权衡也，时之准绳也。权衡所以定轻重，准绳所以正曲直。”[72]习近平法治思想的这些论述和引论充分说明，“法治”是一个价值概念，它既是人类法治文明的普遍价值，更是社会主义法治的核心价值。

“治天下也，必先公，公则天下平矣。”[73]全面依法治国必须紧紧围绕保障和促进社会公平正义来进行。在立法层面，“要把公正、公平、公开原则贯穿立法全过程”。[74]“加快完善体现权利公平、机会公平、规则公平的法律制度，保障公民人身权、财产权、基本政治权利等各项权利不受侵犯，保障公民经济、文化、社会等各方面权利得到落实，实现公民权利保障法治化。”[75]在法律实施层面，严格规范公正文明执法，坚持法律面前人人平等，“努力让人民群众在每一项法律制度、每一个执法决定、每一宗司法案件中都感受到公平正义”，[76]“让人民群众真正感受到公平正义就在身边”，[77]可触、可感、可信。在公正链条中，司法公正具有特殊的意义。“司法是维护社会公平正义的最后一道防线。……司法公正对社会公正具有重要引领作用，司法不公对社会公正具有致命破坏作用。”[78]正所谓“赃吏犯法，法在；奸吏坏法，法亡。”[79]习近平总书记曾经引用英国哲学家培根的一段话说明这一深刻道理，培根说："一次不公正的审判，其恶果甚至超过十次犯罪。因为犯罪虽是无视法律——好比污染了水流，而不公正的审判则毁坏法律——好比污染了水源。"[80]

（三）法律是治国之重器，良法是善治之前提

世界上有各种各样的法治模式，习近平法治思想在系统考察和深度反思古今中外各种法治模式的基础上确立了"良法善治"理念，开创了"良法善治"的法治现代化新道路。

党的十八届四中全会提出"法律是治国之重器，良法是善治之前提"，[81]党的十九大报告提出"推进科学立法、民主立法、依法立法，以良法促进发展、保障善治。"[82]"要推动把社会主义核心价值观贯穿立法、执法、司法、守法各环节，使社会主义法治成为良法善治。"[83]习近平总书记还多次引用商鞅"为国也，观俗立法则治，察国事本则宜；不观时俗，不察国本，则其法立而民乱，事剧而功寡"[84]和王安石"立善法于天下，则天下治；立善法于一国，则一国治"[85]的名言来论证良法善治。这些论述和引论使"良法善治"理念更加明确、内涵更加清晰。

所谓"良法"，在中国古代社会，就是体现讲仁爱、重民本、守诚信、崇正义、尚和合、求大同等传统美德的法律；在现代社会，就是体现民主、人权、自由、平等、公正等当代核心价值、共同价值和传统美德的法律。具体而言，就是反映人民意志、尊重保障人权、维护公平正义、促进和谐稳定、保障改革发展、引领社会风尚、得到人民拥护的法律，就是符合人性、人文、自然、经济、政治、社会的客观规律、体现民意民智民利、符合宪法精神和法治基本原则、维护国家法制统一的法律，就是"法约而易行"，[86]行为标准适度，权利、义务、责任对等，非溯及既往，不互相冲突，从而便于全体人民遵守和执行。

所谓“善治”，既指方法意义上的“善于治理”，又指价值意义上的“良善治理”。习近平法治思想把“良法”注入法治体系和治理体系，推进法律的科学性与有效性相一致，法律的内在良善性与外在执行力相统一，法律的制度优势与党政的治理优势相结合，依法治理与系统治理、综合治理、源头治理相辅成，自治、法治、德治融合，创造了国家和社会既安定有序又充满活力的善治局面。我国“经济快速发展、社会长期稳定”以及社会公平正义、人民幸福安宁、“风景这边独好”的局面生动展现出把社会主义制度优势转化为国家治理效能的“中国奇迹”，科学诠释了以良法善治为本质特征的中国法治现代化新道路。

（四）市场经济就是法治经济

在当今世界，市场经济是最有效率的经济。市场经济的高效率就在于价值规律、竞争规律、供求规律的作用，但发挥市场经济固有规律的作用和维护公平竞争、等价交换、诚实守信的市场经济基本法则，需要法治的保障。如果缺乏维护市场秩序的法治保障，市场行为就会失当，市场信息就会失真，公平竞争就会失序。如果缺乏对不正当市场行为进行惩防的法治体系，守信者利益得不到保护，违法行为得不到惩治，市场经济就不能建立起来。从这个意义上说，“市场经济就是法治经济”[87]“法治是最好的营商环境”[88]“把经济社会发展纳入法治轨道”[89]。习近平法治思想的这三个理论命题深刻揭示了市场经济与法治保障的辩证关系和内在法理。

形成市场化、法治化营商环境，必须坚持和发展公有制为主体、多种所有制经济共同发展，按劳分配为主体、多种分配方式并存，社会主义市场经济体制等社会主义基本经济制度，充分发挥市场在资源配置中的决定性作用，更好发挥政府作用，全面贯彻新发展理念，加快建设现代化经济体系。必须用法治来规范政府和市场的边界，用法律和制度遏制一些政府部门简单依靠行政命令和手段不当干预经济的惯性和冲动,解决好政府职能越位、缺位、错位的问题,为市场主体尤其是民营企业创造宽松环境。必须在尊重市场规律、社会规律、自然规律的前提下,通过市场化手段,在法治框架内调整各类市场主体的利益关系;推进社会治理现代化,依法预防和化解各类风险和矛盾,营造规范有序的社会环境;必须把平等保护贯彻到立法、执法、司法、守法等各个环节,加强对各种所有制经济组织和自然人财产权和经营权的保护,给各类市场主体合理预期;必须建立有利于公平竞争的法律秩序,健全维护公平竞争的执法司法体制机制,推进反垄断、反不正当竞争执法和司法,完善经营者竞争合规机制,引导经营者树立法治意识、契约精神、守约观念;完善公开透明的涉外法律体系,强化知识产权保护,维护外资企业合法权益,健全涉外经贸法律规则,完善市场准入和监管、产权保护、信用体系等方面的法律制度,持续打造市场化、法治化、国际化营商环境。

(五)法律的生命在于实施

“盖天下之事,不难于立法,而难于法之必行。”[90]基于这一经典论语,习近平法治思想进一步强调指出:“法律的生命力在于实施”[91]“制度的生命力在执行”[92]“宪法的生命在于实施,宪法的权威也在于实施”[93]“如果有了法律而不实施、束之高阁,或者实施不力、做表面文章,那制定再多法律也无济于事。全面推进依法治国的重点应该是保证法律严格实施,做到‘法立,有犯而必施;令出,唯行而不返’”。[94]

当然,法律要实施得好,首先是法律制定得好。正如亚里士多德所言:“法治应包含两重意义:已成立的法律获得普遍的服从,而大家所服从的法律又应该本身是制定得良好的法律。”[95]习近平法治思想特别强调道德对于法律实施的支持作用,指出:“法律有效实施有赖于道德支持。”[96]人们认同法律、遵守法律、维护法律,最根本的是基于人们对法律所蕴含的道德是非观念和核心价值观的认同和信仰。因此,必须以道德和核心价值观滋养法治精神、强化道德和核心价值对法律实施的支撑作用,为法律体系运行和发挥作用夯实道德基础。

法律的生命在于实施,法律的权威也在于实施。“法必明、令必行。”[97]“法令行则国治,法令弛则国乱。”[98]各级国家行政机关、监察机关、审判机关、检察机关是法律实施的重要主体,必须担负法律实施的法定职责,坚决纠正有法不依、执法不严、违法不究现象,禁止执法“作选择、搞变通、打折扣”,维护社会主义法制的统一、尊严、权威,形成人们不愿违法、不能违法、不敢违法的法治环境。

“法律的生命力在于实施,法律的实施在于人。”[99]古人说:“徒善不足以为政,徒法不能以自行。”[100]“人法兼资,而天下之治成。”[101]“纵有良法美意,非其人而行之,反成弊政。”[102]基于此理,习近平法治思想强调坚持建设德才兼备的高素质法治工作队伍,坚持抓住在全面依法治国中起着关键作用的“关键少数”,要求各级领导干部做尊法学法守法用法的模范,发挥“以吏为师”的表率作用。

(六)法定职责必须为、法无授权不可为

“法定职责必须为、法无授权不可为”,[103]这一法理命题创造性地发展了法治政府的思想理论。其核心是把政府活动全面纳入法治轨道,“建设职能科学、权责法定、执法严明、公开公正、廉洁高效、守法诚信的法治政府”。[104]各级政府及其工作人员,应牢固树立宪法法律至上、权由法定、权依法使等基本法治观念,依照法定权限和程序行使职权、履行职责,依法决策,保护人民,接受监督。与西方固有的“法无授权不可为”法理思想比较,习近平法治思想首先强调“法定职责必须为”,政府等国家机关既不能乱作为也不可不作为,该做的必须做好,不该做的绝对不能做。

从“法定职责必须为、法无授权不可为”，合乎逻辑地形成另外两个法理命题，即“有权不可任性”，“有权必有责、用权受监督、违法必追究”。宪法法律为政府建立了权力清单制度，确立了行政权力的边界，行政机关需恪守“有限政府”的理念，不要去行使依法不该由自己行使的权力，也不要去干预依法自己不能干预的事情。恪守“权责统一”理念，坚决消除权力设租寻租空间。

“法无授权不可为”，本质上也是一种权利本位的法理思想，对应的是公民“法不禁止则自由”“法不禁止即可为”的普遍法理。这两个“法不”实质上就是公民的“权利负面清单”，意味着凡是法律没有禁止的，都是合法或准许的；每个人只要其行为不侵犯别人的权利和公认的公共利益，就有权利（自由）按照自己的意志活动。正如马克思一百多年前所说：“在法律上既未明文规定，也未加以禁止，这仅仅是一个妥当与否的问题。”[105]

从实践层面，对于国家机关来说，“法无授权不可为”“法不禁止则自由”，是一条不可逾越的红线，即“行政机关不得法外设定权力，没有法律法规依据不得作出减损公民、法人和其他组织合法权益或者增加其义务的决定”。[106]

（七）司法权是对案件事实和法律的判断权和裁决权

习近平法治思想立足中国国情和中国法治话语体系，提出“司法权是对案件事实和法律的判断权和裁决权”[107]“司法权从根本上说是中央事权”[108]等法理命题，破解了长期困惑中国法学的理论难题，创新发展了马克思主义司法理论。

“司法权是对案件事实和法律的判断权和裁决权”这一法理命题把司法普遍原理与中国司法体制、司法传统有机结合，提炼出包括侦查、检察、审判、司法行政等国家专门活动在内的“大司法”概念。故司法权不仅仅是裁判权（审判权），而是对案件事实和法律的判断权和裁决权。这个命题一方面给予司法权一个开放的结构,无论是公安机关行使侦查权、检察机关行使追诉权、审判机关行使审判权,还是司法行政机构行使裁判执行权,都包含着对事实、法律的判断;另一方面,又强调了在司法权力体系当中具有决定意义的是裁决权,即审判权。所谓裁决、裁判、审判,就是法院在查明事实真相的基础上,依据法律的内在准则以及事理、情理、法理、道德、政策等审判理据做出裁决。特别是通过以审判为中心的诉讼制度改革,使庭审在“查明事实、认定证据、保护诉权、公正裁判中发挥决定性作用”。[109]所以,审判才是本真意义上的司法,司法体制改革的一项重点任务,就是确立以审判为中心的诉讼制度。正是这样,我们可以得出三个理论命题,即人民法院是维护社会公平正义的最后一道防线,法院是定分止争的最后一道防线,法院是维护法律尊严和权威的最后一道防线。

“司法权从根本上说是中央事权”这一命题的法理意涵在于:第一,司法审判权具有国家统一性,最能代表审判权统一性、表征“中央事权”的是最高人民法院。第二,像我国这样的单一制国家,各地法院不是地方的法院,而是国家设在地方代表国家行使审判权的法院。第三,司法权是司法机关专属权,法官办案“只服从事实、只服从法律”,[110]不受任何国家机关、社会团体和个人的非法干涉,恰如马克思所说:“法官除了法律就没有别的上司。”[111]第四,司法权运行必须接受监督,确保执法司法各环节、全过程在有效制约监督下进行。第五,司法机关人财物应该由中央统一管理和保障,但在一定时期可先由省级统管。

(八)没有法律是万万不能的,但法律也不是万能的

古今中外思想家对法律价值和作用作过林林总总的阐述,诸如,“法者,治之端也。”[112]“法者,所以兴功惧暴也;律者,所以定分止争也;令者,所以令人知事也。法律政令者,吏民规矩绳墨也。”[113]“法者,天下之准绳也。”[114]“法律是人类最伟大的发明。别

的发明让人类学会驾驭自然，而法律的发明则令人类学会如何驾驭自己。”[115]习近平法治思想在分析借鉴古今中外法律观的基础上，对法律的作用做过一系列科学论述，例如“法律是什么？最形象的说法就是准绳。用法律的准绳去衡量、规范、引导社会生活，这就是法治”。[116]“现代政治文明发展的一个重要成果就是法治，就是用法律来规范各个社会主体的行为。”[117]“用明确的法律规范来调节社会生活、维护社会秩序，是古今中外的通用手段。”[118]这些论述和引论说明，法律具有定分止争、惩恶扬善、引领风尚、凝聚共识、保障发展、维护稳定、应对风险等作用，因此，“没有法律是万万不能的”。

但是，我们也要看到“法律也不是万能的”。法律有其固有的局限性：(1)由于社会关系的多元性和复杂性，法律只是许多社会调整方法中的一种，尽管是最重要的方法。(2)法律的调整机制是设定权利、义务、责任，在许多社会关系和社会生活领域，无法也不宜采用这种调整机制。(3)面对千姿百态、瞬息万变的社会生活，法律不可避免地存在滞后性、不适应性。(4)人、财、物执法成本以及执法司法的人文环境和社会基础等在不同程度上制约了法律作用的充分发挥。法律的这些局限和缺陷正需要由其他社会规范发挥优势，形成全面依法治国的合力。

习近平法治思想提出的“没有法律是万万不能的，但法律也不是万能的”[119]这一富于辩证思维的法理命题，为统筹推进依法治国和以德治国相结合、国家法律和党内法规有机衔接、法律规范与社会规范形成合力、自律和他律紧密结合提供了科学论证。

（九）法律不应该是冷冰冰的

“法律不应该是冷冰冰的”，[120]习近平总书记用生动的语言表达了丰富的法理。这个法理命题传承了中华法系的优良传统，借鉴了人类法治文明的思想精华，为我们正确认识法、理、情的关系提供了科学指引。法律应该是温暖的，有温度、含情理。

法律应该有温度，让人民感受到立法为民、惠民、护民。法律的温度首先应当体现在立法活动中和宪法法律中。古人说："法非从天下，非从地出，发于人间，合乎人心而已。"[121]"法不察民之情而立之，则不成。"[122]马克思说："只有当法律是人民意志的自觉表现，因而是同人民的意志一起产生并由人民的意志所创立的时候，才会有确实的把握。"[123]新时代立法应当深耕于中华文化的沃土，把那些有温度的中国精神挖掘出来、释放出来，使宪法法律真正成为"全体人民的权利宝典""人民自由的圣经"，坚强地守护人民的权利和自由。孟德斯鸠曾把民法比喻母亲，说道："在民法的慈母般的眼里，每一个个人就是整个的国家。"[124]这句话亲切表达了对法律温度的体验。

法律应该有温度，让人民感受到执法的人性、柔性、理性。习近平总书记指出，我们"强调严格执法，让违法者敬法畏法，但绝不是暴力执法、过激执法，要让执法既有力度又有温度"。[125]"涉及群众的问题，要准确把握社会心态和群众情绪，充分考虑执法对象的切身感受，规范执法言行，推行人性化执法、柔性执法、阳光执法，不要搞粗暴执法、'委托暴力'那一套。"[126]

法律应该有温度，让人民感受到司法裁判的法理、事理、情理。法谚云："法律之内，应有天理人情在。""一纸判决，或许能够给当事人正义，却不一定能解开当事人的'心结'，'心结'没有解开，案件也就没有真正了结。"[127]法官释法说理正是解开当事人的"心结"的法宝。习近平总书记指示司法人员，要坚持以法为据，以理服人、以情感人，既要义正词严讲清"法理"，又要循循善诱讲明"事理"，感同身受讲透"情理"，让当事人胜负皆明、心服口服。法理、事理、情理不是孤立存在的，而是息息相通、彼此交融，其中，法理是根本理据，事理是科学判定，情理是道义基准，事理求"真"、法理尚"善"、情理通"美"。它们共同演绎出司法维护公平正义的和谐韵律,归结于“让人民群众在每一个司法案件中感受到公平正义”的终极目标。

(十)宪法法律的权威源自人民的内心拥护和真诚信仰

“法律是治国之重器。”法律要在治国理政中发挥应有的作用,就必须有极大的权威。倘若法律失去权威,规则形同虚设,法律不仅无用,而且不成其为法律,“法将不法”必然导致“国将不国”。

那么,法律权威从何而来?法律是国家制定、认可或批准的规则体系,法律的权威自然离不开国家行政机关、司法机关以至武装力量等保证法律有效实施的强制力。但是,从根本上说,“宪法法律的权威源自人民的内心拥护和真诚信仰”,[128]而这又取决于宪法法律必须是“良法”,人民对宪法法律拥有安全、公平的合理预期。正如习近平总书记精辟分析的那样:“宪法的根基在于人民发自内心的拥护,宪法的伟力在于人民出自真诚的信仰。只有保证公民在法律面前一律平等,尊重和保障人权,保证人民依法享有广泛的权利和自由,宪法才能深入人心,走入人民群众,宪法实施才能真正成为全体人民的自觉行动。”[129]

习近平总书记进一步指出,人们对宪法法律的拥护和信仰,不光看宪法法律怎么规定,更是看宪法法律怎么实施。如果执法、司法案件在审理过程中,当事人不得不到处找门路、托关系、请客送礼,不打点打点,不融通融通,不意思意思,就办不成事,那谁还相信法律、信仰法治呢?如果人们合理合法的诉求,通过法定程序解决不了,还是要靠上访、信访,甚至采取聚众闹事等极端行为,大闹大解决、小闹小解决、不闹不解决,还有什么法治可言呢?

由此而论,法律要发挥作用,需要全社会信仰法律。正如法国思想家卢梭所说:“一切法律中最重要的法律,既不是刻在大理石上,也不是刻在铜表上,而是铭刻在公民的内心里。”[130]法治信仰不是天生的。为了增进人民对法治的信仰,在提高法律良善品质的同时,要持续深入开展普法和法治宣传教育,让人民群众充分认识到人民权益靠法律保障、法律权威靠人民维护。改革开放以来,我国连续实施了八个普法和法治宣传教育“五年规划”。经过普法和法治宣传教育,现代法治所包含的权利义务观念、自由平等观念、民主法治观念、公平正义观念、诚实信用观念、法德共治观念等先进的思想观念逐渐深入人心,理性行使权利、忠实履行义务、平等友好协商、和平理性化解纠纷等法治信仰正在蔚然成风。

三、习近平法治思想的哲理

哲理,比较普遍的理解是关于宇宙的根本原理和道理,是世界观的最高理论形式,是人们在长期实践基础上形成的对自然、社会、人生、思维等领域的基本规律的理性认识,亦即各门学科总结提炼出来的反映事物存在和发展一般规律的学理。按照马克思主义哲学的观点,哲理不是凭空想象出来的,而是对现实实践的理性认识的产物。法治领域的哲理主要指法律、法治、法文化中相对抽象的基本原理,是人们在长期法治实践中形成的对法治之本质属性、发展规律、运行机制等的科学认识,是关于法治的基本立场、观点和方法的一般理论。法治哲理在理论上是各种具体的法治命题、法治观点、法治理论的逻辑起点;在实践中是法治方略、法治模式、法治运行的理论向导。与政理和法理比较,法治哲理是最基础最基本最普遍的原理,同时也是法治的认识论、方法论和科学思维。

习近平法治思想科学运用历史唯物主义和辩证唯物主义的观点和方法,深层汲取中华法治文明的思想精华和世界法治文明的优秀成果,不断深化对共产党依法执政规律、社会主义法治建设规律、人类法治文明发展规律的认识,完成了从感性到理性再到实践的认识升华,形成了不可多得的哲理成果。习近平法治思想的哲理体现了我们党在革命、建设、改革、复兴的历史进程中对法治的本质特征、功能作用、发展规律的理性认识，反映了我们党在深化、丰富、拓展法治哲理上的洞察力、批判力、创造力，为我们深刻认识法治现象构建了科学的解释系统，为我们研究法治、践行法治、布局法治提供了哲学思维和方法。习近平法治思想提出了一系列原创性哲理命题。

（一）法治是人类政治文明的重要成果

在习近平法治思想中，法治不是一个抽象的概念，不能作形而上学的理解，而必须将其放到人类政治文明发展历史中把握。文明是人类社会发展到一定历史阶段的产物，是人类所创造的物质成果、精神成果和制度成果的总和。政治文明是人类文明的一种重要表现形态。“政治文明”通常被界定为“人们改造社会所获得的政治成果的总和”。[131]马克思、恩格斯是较早论述“政治文明”的思想家。1844 年，马克思在《关于现代国家的著作的计划草稿》中就明确使用了“政治文明”的概念。恩格斯在《家庭、私有制和国家的起源》中提出了“国家是文明社会的概括”的论断。习近平法治思想把法治视为政治文明的重要成果和重要标志。习近平总书记指出：“法制文明是人类文明的重要内容。”[132]“现代政治文明发展的一个重要成果就是法治，就是用法律来规范各个社会主体的行为。”[133]“法治是人类政治文明的重要成果，是现代社会治理的基本手段。”[134]“法治进步是社会文明进步的重要标志。”[135]这些重要论述深刻揭示了法治与政治文明和社会文明内在联系的哲理，表明法治文明内含于政治文明之中，既是物质文明、政治文明、精神文明、社会文明、生态文明、网络文明的制度表征，又是保障其他文明协调发展、共同进步的必要条件。

现代政治文明的实践证明，没有法治，人类的政治文明便如彩虹般易散而难以持久。法治对于政治文明的意义集中表现为对人民民主的确认、规范和保障,对人权和公民权利的依法保护、平等保护、全面保护;对立法权、行政权、司法权等国家权力和公共权力的制约与防范;对国家机关运行设定法治原则,诸如人民民主原则、公平正义原则、程序正当原则、迅捷高效原则等。在当代中国,社会主义政治文明的基石是民主、法治、人权,建设社会主义政治文明,就是要"扩大社会主义民主""健全社会主义法制""尊重和保障人权"。

(二)法治的精髓和要旨具有普遍意义

法治是全人类的共同价值,"法治的精髓和要旨对于各国国家治理和社会治理具有普遍意义"。[136]中国法治传承了中华优秀法治文化,借鉴了人类法治文明的优秀成果,既蕴涵着中华文化、中国精神和社会主义核心价值观,也蕴涵着全人类共同价值,这使其有能力通向良法善治最高境界,有资格引领人类法治文明的发展方向。

当今世界,五彩缤纷的文明系统虽处在不同时空条件下,但无疑都存在某些相通相近的价值因素。习近平总书记以构建人类命运共同体的博大情怀和远见卓识,对人类文明发展进程所积淀下来的共同价值进行了提炼和概括,精辟阐述了人类社会的共同价值。2015 年,他在联合国大会上首次明确提出:"和平、发展、公平、正义、民主、自由,是全人类的共同价值,也是联合国的崇高目标。"[137]此后,在一系列重大场合,习近平总书记重申并进一步阐述了全人类共同价值,强调和平与发展是我们的共同事业,公平正义是我们的共同理想,民主自由是我们的共同追求。习近平总书记所主张的"全人类共同价值"是基于文明互鉴而形成的价值共识,而非西方少数人立足于文明冲突而强加于人类社会的所谓"普世价值",这是"共同价值"与"普世价值"根本区别所在。习近平总书记锤炼的全人类共同价值是对人类社会交往活动的理性总结,顺应了人类文明进步的历史趋向,体现了全人类的共同价值关切。

“全人类共同价值”集中体现了21世纪法治文明的精髓和要旨,法治是为保卫和平、振兴发展、促进公平、伸张正义、发扬民主、保障自由而存在。具体展开,包括丰富的价值要素,例如,切实尊重和保障人权,促进公平正义,坚持法律面前人人平等,构建包容性、共享性法律秩序,推进共商共建共享的全球治理,推动构建人类命运共同体等。全人类共同价值引领法治文明新方向,创造法治现代化新道路。

(三)法治和人治是人类政治文明史上的基本问题

法治和人治作为对立的治理思维、治理模式和治国方略,在人类政治文明的长河中跌宕起伏,在不同的文化语境和时代背景下变幻多姿。在古代中国,法家强调“以法治国”“治国用重典”,而儒家则强调“为政在人”“治国靠贤臣”。他们所说的“法治”或“人治”都是蜗居在君权之下的“手段之治”而已。在古希腊,“法治论”强调法律的理性及其一般指引作用,“人治论”则强调圣贤的智慧及其对解决具体问题的个别指引作用,体现为普遍理性与特殊理性的差异。在现代社会,法治与人治的对立集中表现为“法大”还是“权大”,是“法律说了算”还是“权力说了算”,是“法依人”还是“人依法”。在相当长的一段时间内,法治和人治的关系处于忽左忽右、时明时暗、众说纷纭、莫衷一是的“混沌态”。习近平法治思想在历史上第一次从哲理的高度把法治和人治问题作为人类政治文明史上的基本问题和现代化过程中的重大现实问题,习近平总书记指出:“法治和人治问题是人类政治文明史上的一个基本问题,也是各国在实现现代化过程中必须面对和解决的一个重大问题。综观世界近现代史,凡是顺利实现现代化的国家,没有一个不是较好解决了法治和人治问题的。相反,一些国家虽然也一度实现快速发展,但并没有顺利迈进现代化的门槛,而是陷入这样或那样的'陷阱',出现经济社会发展停滞甚至倒退的局面。后一种情况很大程度上与法治不彰有关。"[138]习近平总书记这一科学论断不仅从历史维度揭示出法治与人治的优与劣、利与弊、得与失、进与退的规律,也从哲理上强化了全党和全国人民"要坚持法治、反对人治"的坚定信念。[139]

要法治还是要人治,不是一个任意的选择题,而是回顾历史必须反思、面对现实不能逃避的实践问题。习近平法治思想在法治与人治问题上的科学论断和鲜明立场,为我们认识法治与人治的对立关系、把握法治真谛、坚定奉法强国提供了强大的思想武器和理论向导,对于矢志不渝地坚持全面依法治国具有重大而深远的意义,必将指引全党和全国各族人民彻底告别人治传统而步入法治的光明大道。

(四)一个现代化国家必然是法治国家

"一个现代化国家必然是法治国家",[140]习近平法治思想的这个哲理命题深刻揭示了法治与现代化的必然逻辑。我们可以从这个命题合乎逻辑地推导出另一个论断,即一个现代化强国必然是法治强国。习近平总书记多次引用"明法者强,慢法者弱"[141]"国无常强,无常弱;奉法者强则国强,奉法者弱则国弱"[142]的法家经典,教育全党和全国人民要坚定不移走奉法强国之路,要着眼长远,筑法治之基、行法治之力、积法治之势,更好发挥法治对经济发展、政治清明、文化昌盛、社会公正、生态良好、国泰民安的引领、规范和保障作用,发挥法治固根本、稳预期、利长远的作用,为建设社会主义现代化强国提供坚强法治保障。

法治促成了国家现代化,这体现在:法治是国家强盛的条件、标志和保障,法治成为国家和社会的核心价值,成为国家和社会治理的基本方式,成为支撑国家兴旺发达的强大力量;全社会尊重法治、信仰法治、坚守法治;宪法具有极大权威,法律具有普遍实效,任何组织和个人都自觉在宪法法律范围内活动；人权和公民权利得到切实尊重和保障，公权力受到有效制约和监督；在国际关系和全球治理中拥有公认的法治话语权、规则制定权和法律适用权。

同时，法治现代化与民族复兴的中国梦也一脉相承。从历史上看，人类对现代化的追求是持续的，但世界各国通向现代化法治化的道路却不尽相同。习近平总书记指出："从已经实现现代化国家的发展历程看，像英国、美国、法国等西方国家，呈现出来的主要是自下而上社会演进模式，即适应市场经济和现代化发展需要，经过一二百年乃至二三百年内生演化，逐步实现法治化，政府对法治的推动作用相对较小。像新加坡、韩国、日本等，呈现出来的主要是政府自上而下在几十年时间快速推动法治化，政府对法治的推动作用很大。就我国而言，我们要在短短几十年时间内在十三亿多人口的大国实现社会主义现代化，就必须自上而下、自下而上双向互动地推进法治化。"[143]党的十八大以来，以习近平同志为核心的党中央明确提出全面依法治国、建设中国特色社会主义法治体系、建设社会主义法治国家、建设法治中国等，正是按照"双向推动"的模式促成我国法治现代化，意气风发地迈向建设社会主义现代化法治强国的新征程。

（五）法治兴则国兴，法治强则国强

习近平法治思想以历史唯物主义对人类社会数千年风雨沧桑、兴衰交替的历史进行回观和反思，以史为鉴、察古知今，揭示出"法治兴则国兴，法治强则国强"[144]"法治兴则民族兴，法治强则国家强"[145]的历史规律。习近平总书记指出："历史是最好的老师。经验和教训使我们党深刻认识到，法治是治国理政不可或缺的重要手段。法治兴则国家兴，法治衰则国家乱。什么时候重视法治、法治昌明，什么时候就国泰民安；什么时候忽视法治、法治松弛，什么时候就国乱民怨。"[146]从我国古代看，凡属盛世都是法制相对健

全的时期;从世界历史看,国家强盛往往同法治相伴而生;从当今世界看,法治逐渐成为国家和社会治理的共同选择,是人类政治文明的重要成果;从人类政治文明史看,依法治理是最可靠、最稳定的治理。近代以后,我国仁人志士也认识到了这个问题,自戊戌变法和清末修律起,中国人一直在呼吁法制、变法图强。中国共产党自成立之日起,就着手探索建立新型法治,在革命、建设、改革、复兴的百年奋斗中,党越来越深刻认识到,治国理政须臾离不开法治。无论是实现"两个一百年"奋斗目标,还是实现中华民族伟大复兴的中国梦,法治既是本质要求、重要内容,又是强大动力、重要保障。习近平法治思想正是从历史逻辑中抽离出法治作为国家治理之道的根本原因,事实上也为当下和未来提供了实践理据。

当前,我国正处在实现中华民族伟大复兴的关键时期,世界百年未有之大变局加速演进,改革发展稳定任务艰巨繁重,对外开放深入推进,需要更好树立法治兴则民族兴、法治强则国家强的理念,充分发挥法治在社会主义现代化强国建设中固根本、稳预期、利长远的作用。

(六)法治固根本、稳预期、利长远的保障作用

"法度者,正之至也。"[147]法律、法治的作用是法学的基本原理问题。古往今来,思想家、政治家、法学家等对此有过很多概括,且不乏极有深意的名言金句。在新时代,习近平总书记用"固根本、稳预期、利长远"九个字来概括法律法治的作用,指出:"在'四个全面'中,全面依法治国具有基础性、保障性作用。在统筹推进伟大斗争、伟大工程、伟大事业、伟大梦想,全面建设社会主义现代化国家的新征程上,我们要更好发挥法治固根本、稳预期、利长远的保障作用。"[148]"我们要更加重视法治、厉行法治,更好发挥法治固根本、稳预期、利长远的保障作用,坚持依法应对重大挑战、抵御重大风险、克服重大阻力、解决重大矛盾。"[149]"固根本、稳预期、利长远"

这九个字虽短，但哲理深邃，是历史上法学思想的集成性结晶，也是中国法治建设经验的哲理性提炼。

固根本，核心是固中国共产党长期执政之根本，人民民主专政国体和人民代表大会制度政体之根本，马克思主义对意识形态指导地位之根本，固社会主义基本政治制度、基本经济制度之根本，确保国家安全、社会安定、人民安宁，党和国家长治久安。

稳预期，核心是把经济、政治、文化、社会、生态、网络生活和事务纳入法治轨道，形成稳定、可靠、巩固的法治秩序，借以稳经济发展、政治清明、文化昌盛、社会公正、生态良好、网络清朗之预期，稳实现全体人民共同富裕、美好生活之预期；稳全面建成社会主义现代化强国、实现中华民族伟大复兴中国梦之预期。

利长远，核心是把法治作为长远之策、根本之策坚持下去，让法治成为我们面向未来的底气。习近平总书记指出："我们提出全面推进依法治国，坚定不移厉行法治，一个重要意图就是为子孙万代计、为长远发展谋。"[150]"建设法治中国，……关系中国特色社会主义事业长远发展。"[151]我们"要着眼长远，筑法治之基、行法治之力、积法治之势，促进各方面制度更加成熟更加定型，为党和国家事业发展提供长期性的制度保障。"[152]由此可见，利长远，就是利中国特色社会主义事业之长远，利中华民族千秋万代之长远，合乎逻辑地也包括利人类和平发展、世界大同之长远。

（七）全面依法治国是一个系统工程

习近平法治思想是立场、观点和方法的有机统一体，系统观念始终是贯穿其中的科学方法。习近平总书记指出："系统观念是具有基础性的思想和工作方法。"[153]其精髓在于"加强前瞻性思考、全局性谋划、战略性布局、整体性推进"。[154]

习近平法治思想把马克思主义哲学的系统观念创造性运用于法治领域，强调指出："全面依法治国是一个系统工程，必须统筹兼顾、把握重点、整体谋划,更加注重系统性、整体性、协同性。”[155]“制定法治中国建设规划,要统筹考虑我国经济社会发展状况、法治建设总体进程、人民群众需求变化等综合因素,使规划更科学、更符合实际。”[156]“建设中国特色社会主义法治体系,要顺应事业发展需要,坚持系统观念,全面加以推进。”[157]在全面推进依法治国进程中,要注重法治规划的前瞻性、全局性、集成性,法治建设的系统性、整体性、协同性,法治改革的关联性、耦合性、可行性。具体体现为:坚持在中国特色社会主义新的历史方位和“五位一体”总体布局中定位法治中国建设;在“四个全面”战略布局中推进全面依法治国;在“两个大局”时空背景中统筹推进国内法治和涉外法治;在法治中国建设的系统工程中坚持依法治国、依法执政、依法行政共同推进,法治国家、法治政府、法治社会一体建设;在中国特色社会主义法治体系总体框架下全面推进规范体系、实施体系、监督体系、保障体系、党内法规体系建设;以建设社会主义法治国家为总体目标导向统筹推进科学立法、严格执法、公正司法、全民守法;在依法治国和依规治党有机统一中坚持依法治国与制度治党、依规治党统筹推进、一体建设;在全面深化改革和全面依法治国的双轮驱动下统筹推进法治领域各项改革;加强党对全面依法治国的集中统一领导,确保全面依法治国战略布局和系统工程顺利推进、落地落实。

(八)坚持处理好全面依法治国的辩证关系

“事必有法,然后可成。”[158]唯物辩证法是马克思主义哲学方法论,是方法之方法、思维之方法。习近平总书记把唯物辩证法娴熟地运用于治国理政,强调指出,复杂的国际国内环境要求我们善于处理局部和全局、当前和长远、重点和非重点的关系,在权衡利弊中趋利避害、作出最为有利的战略抉择。要反对形而上学的思想方法,看形势做工作不能盲人摸象、坐井观天、揠苗助长、削足适履、画蛇添足。要加强调查研究,坚持发展地而不是静止地、全面地而不是片面地、系统地而不是零散地、普遍联系地而不是单一孤立地观察事物,准确把握客观实际,真正掌握规律,妥善处理各种重大关系。具体到法治领域,习近平总书记强调要坚持唯物辩证法,树立辩证思维,正确认识和处理关乎全面依法治国前进方向、发展道路、路径方法的重大关系,诸如政治和法治、改革和法治、发展和安全、依法治国和以德治国、依法治国和依规治党、国内法治和国际法治等。

在全面依法治国实践中,习近平法治思想提出了许多饱含辩证思维的哲理命题,诸如:社会主义法治必须坚持党的领导,党的领导必须依靠社会主义法治;"党大还是法大"是个伪命题,"权大还是法大"是个真问题;在法治下推进改革,在改革中完善法治;人民权益要靠法律保障,法律权威要靠人民维护;法治兴则国家兴,法治衰则国家乱;权力是一把"双刃剑",依法依规行使可以造福人民,违法违规行使必然祸害国家和人民;自由是秩序的目的,秩序是自由的保障;安全是发展的前提,发展是安全的保障;法安天下,德润人心;法律是成文的道德,道德是内心的法律;依规治党深入党心,依法治国才能深入民心;全面依法治国,要坚持加强顶层设计与摸着石头过河相结合;社会治理是一门科学,管得太死,一潭死水不行,管得太松,波涛汹涌也不行;文明没有优劣之分,只有特色之别;坚持对外开放、文明互鉴,但不能机械临摹、全面移植;新闻媒体要加强对执法司法工作的监督,但要防止形成"舆论审判";等等。这些都是习近平法治思想精准练达的辩证方法和理论思维的鲜活例证,彰显出富有鲜明时代精神和实践导向的科学思维方法,实现了法治认识论、方法论、价值论的历史性飞跃。

(九)中华法系在世界法制史上独树一帜

法治不是一个国家或民族的专利,而是人类共同创造的文明成果,是人类学会驾驭自己的重要发明。而中华法系在璀璨的人类法治发展史上,始终闪耀着文明之光。习近平总书记指出:“我们的先人们早就开始探索如何驾驭人类自身这个重大课题,春秋战国时期就有了自成体系的成文法典,汉唐时期形成了比较完备的法典。我国古代法制蕴含着十分丰富的智慧和资源,中华法系在世界几大法系中独树一帜。”[159]“自古以来,我国形成了世界法制史上独树一帜的中华法系,积淀了深厚的法律文化。”[160]这是我们保持和增强中国法治历史自信和文化自信的“资本”和“资源”。

中华法系之所以“独树一帜”,其原由在于:第一,中华法系有悠久的历史。中华法系形成于秦朝,到隋唐时期逐步成熟,《唐律疏议》是代表性的法典,并成为东亚各国“母法”。第二,与大陆法系、英美法系、伊斯兰法系等不同,中华法系是在我国特定历史条件下形成的,显示了中华民族的伟大创造力和中华法制文明的深厚底蕴。中华法系凝聚了中华民族的精神和智慧,有很多优秀的思想和理念值得我们传承。诸如,“出礼入刑、隆礼重法的治国策略,民惟邦本、本固邦宁的民本理念,天下无讼、以和为贵的价值追求,德主刑辅、明德慎罚的慎刑思想,援法断罪、罚当其罪的平等观念,保护鳏寡孤独、老幼妇残的恤刑原则,等等”。[161]第三,与其他法系不同,中华法系不是着眼于立法、审判这样的法律技术操作,而是着眼于整个文明秩序的建构,例如,主张“道法自然”“移风易俗”“社会和合”,坚持“礼法合一”“德法并济”“明德慎罚”“大德小刑”“克己复礼”,奉行“理天下者,以人为本”,[162]坚持法制统一,坚持法德共治,因此具有强大的生命力。第四,中华法系形成于中国本土,但其影响力遍及东方相邻国家,并对世界上其他国家的法律文化和法律制度产生了深远影响。

近代以来,虽然中华法系受到西方法律文化的强烈冲击,但其所体现的民族精神、智慧与理性一直延续至今,其文化根基仍然具有强大生命力。我们要全面准确地认识和理解中华法系,研究中华法系传统的成败得失，挖掘和传承中华法系之精华，汲取营养、择善而用。实现中华民族伟大复兴，必然离不开法治文明的复兴。要实现法治文明的复兴，就必须重建具有中国特色和世界意义的中华法系。中华法系的重建绝不是历史传统的简单再现，更不是为了复古寻旧，而是在新时代的历史条件下找到与中国特色社会主义法治的契合点、与人类法治文明的连接点，推动中华法系的创造性转化、创新性发展，催生中国法系（新中华法系）的形成与成熟。

（十）推进马克思主义法治思想中国化时代化

“中国共产党为什么能，中国特色社会主义为什么好，归根到底是因为马克思主义行！”[163]“马克思主义之所以行，就在于党不断推进马克思主义中国化时代化并用以指导实践。”[164]习近平总书记的这些重要论述解开了马克思主义在中国大地落地生根、开花结果、生生不息的“密码”——不断推进马克思主义中国化时代化。在法治领域，推进马克思主义法治思想中国化时代化，关键是做到“两个结合”。

一是马克思主义法治思想同我国法治建设具体实际相结合。我国法治建设最大的实际，就是我们的法治国情和现状。第一，我国是世界上最大的发展中国家，我国仍处于并将长期处于社会主义初级阶段，但是，我们已经进入中国特色社会主义新时代。第二，中国共产党是由历史决定、人民选择、宪法确立的中华人民共和国唯一且长期执政的执政党，坚持党的领导是我国法治同西方资本主义国家法治最大的区别。第三，我们是在世界进入百年未有之变革动荡期，“国际竞争越来越体现为制度、规则、法律之争”[165]的历史条件下建设社会主义法治国家。第四，经过一百年的探索和努力，特别是党的十八大以来全面推进依法治国，我国的法治建设取得历史性成就，同时我国法治建设特别是法治体系建设还存在一些短板和不足。习近平法治思想正是在精准把脉上述国情和实际的基础上提出了“全面依法治国”“建设中国特色社会主义法治体系”“坚持依法治国和依规治党有机统一”“统筹推进国内法治和涉外法治”“在法治轨道上推进国家治理体系和治理能力现代化”等一系列科学命题,实现了马克思主义法治思想中国化新的飞跃。

二是马克思主义法治思想同中华优秀传统法律文化相结合。我国古代法治与法学有许多超越时空、普遍有益、饱含精华、可为今用的概念、命题、论语等思想资源,这是马克思主义法治思想中国化得天独厚的文化优势。习近平法治思想一方面用马克思主义法治思想的真理力量激活了中华民族历经几千年创造的伟大文明,使中华法治文明再次焕发出蓬勃生机和魅力;另一方面,以中华优秀法律文化创造性转化、创新性发展的新成果赋予马克思主义法治思想以丰厚的中国文化和民族精神。

在新的历史条件下,我们要遵循马克思主义中国化的历史规律和宝贵经验,以习近平法治思想为指导,系统总结中国法治建设的实践规律,深入挖掘中华优秀传统法律文化精华,充分汲取世界法治文明有益成果,解放思想、守正创新,提炼更多具有时代性、原创性、标识性、融通性的新概念、新命题、新话语,打造具有中国特色和国际视野的法治话语体系,继续推进马克思主义法治思想中国化时代化,不断发展当代中国马克思主义法治思想、21 世纪马克思主义法治思想。

余　论

习近平法治思想是博大精深、内在融贯的理论体系,可采取不同路径和方法进行研究。本文首先从其思想体系中抽象出政理、法理、哲理并撷取其命题,进而作出学理性阐释。这是习近平法治思想研究工作中一个新路径新方法，对此有必要作出若干说明。第一，习近平法治思想的政理、法理、哲理丰富而深邃，其经典命题数以百计，本文只是撷取最具原创性、标志性的30个命题进行专题性研究，其他命题有待后续研究。第二，习近平法治思想的每一个政理、法理、哲理命题的意涵都很丰富，由于论文篇幅所限仅能就其核心要义作出阐释。第三，对这些命题的阐释，坚持以习近平总书记的原著原文原义为根本依据，同时兼顾论著中的肯定性引论[166]为参照。第四，习近平法治思想的政理、法理、哲理的划分和归类是相对的，本文撷取的政理、法理、哲理命题中，有的命题实际上既可以归于政理也可以归于法理抑或可以归于哲理，本文根据每个命题的语境和主旨进行分类，着重阐释其所归类别内的思想精华。第五，习近平法治思想的政理、法理、哲理尤其是其命题，不是孤立存在而是有机统一、彼此交融、相互涵射的，其中，政理揭示法治的政治逻辑，明确法治的政治本质属性；法理揭示法治的价值精神，明确法治的良法善治定位；哲理揭示法治的基本原理，明确法治的哲学基础和思维范式。“三理”犹如“三原色”，描绘出习近平法治思想科学而隽永的理论图景，展现出“中国之理”崇高且优美的思想境界。

注　释

1　(明)冯梦龙，(清)蔡元放编：《东周列国志》，中华书局2009年版，第79页。

2　习近平：《在联合国教科文组织总部的演讲》(2014年3月27日)，载《人民日报》2014年3月28日，第3版。

3　习近平：《在哲学社会科学工作座谈会上的讲话》(2016年5月17日)，人民出版社2016年版，第17页。

4　黎翔凤撰：《管子校注》卷五《重令》，梁运华整理，中华书局2004年版，第289页。

5　(汉)刘向撰：《说苑校证》卷七《政理》，向宗鲁校证，中华书局1987年版，第143页。

6 (唐)韩愈:《应所在典贴良人男女状》,载《韩愈文集汇校笺注》卷三〇,刘真伦、岳珍校注,中华书局2010年版,第3008页。

7 (宋)陈亮:《书欧阳文粹后》,载《陈亮集》卷二三,邓广铭点校,中华书局1987年版,第245页。

8 (唐)柳宗元撰:《答元饶州论政理书》,载《柳宗元集校注》卷三二,尹占华、韩文奇校注,中华书局2013年版,第2087页。

9 (南朝宋)范晔撰,(唐)李贤等注:《后汉书》卷五九《张衡列传》,中华书局1965年版,第1939页。

10 (明)黄绾:《明道编》卷四,中华书局1959年版,第47页。

11 (晋)陈寿撰:《三国志》卷三五《蜀书五·诸葛亮传》,中华书局1982年版,第913-931页。

12 (三国)诸葛亮:《诸葛亮集》卷三《便宜十六策》,段熙仲、闻旭初编校,中华书局1960年版,第71页。

13 (宋)李攸:《宋朝事实》卷一六《兵刑》,中华书局1955年版,第241页。

14 习近平:《在省部级主要领导干部学习贯彻党的十八届四中全会精神全面推进依法治国专题研讨班上的讲话》(2015年2月2日),载中共中央文献研究室编:《习近平关于全面依法治国论述摘编》,中央文献出版社2015年版,第34页。

15 习近平:《在省部级主要领导干部学习贯彻党的十八届四中全会精神全面推进依法治国专题研讨班上的讲话》(2015年2月2日),载中共中央文献研究室编:《习近平关于全面依法治国论述摘编》,中央文献出版社2015年版,第35页。

16 习近平:《关于〈中共中央关于全面推进依法治国若干重大问题的决定〉的说明》(2014年10月20日),载习近平:《论坚持全面依法治国》,中央文献出版社2020年版,第92页。

17 习近平:《加快建设社会主义法治国家》(2014年10月23日),载习近平:《论坚持全面依法治国》,中央文献出版社2020年版,第107页。

18 习近平:《在省部级主要领导干部学习贯彻党的十八届四中全会精神全面推进依法治国专题研讨班上的讲话》(2015年2月2日),载中共中央文献研究室编:《习近平关于全面依法治国论述摘编》,中央文献出版社2015年版,第34页。

19 习近平:《在省部级主要领导干部学习贯彻党的十八届四中全会精神全面推进依法治国专题研讨班上的讲话》(2015年2月2日),载中共中央文献研究室编:《习近平关于全面依法治国论述摘编》,中央文献出版社2015年版,第33页。

20 习近平:《关于〈中共中央关于全面推进依法治国若干重大问题的决定〉的说明》

(2014 年 10 月 20 日),载习近平:《论坚持全面依法治国》,中央文献出版社 2020 年版,第 92 页。

21　习近平:《坚定不移走中国特色社会主义法治道路　为全面建设社会主义现代化国家提供有力法治保障》,载《求是》2021 年第 5 期。

22　习近平:《加快建设社会主义法治国家》(2014 年 10 月 23 日),载习近平:《论坚持全面依法治国》,中央文献出版社 2020 年版,第 105 页。

23　习近平:《关于〈中共中央关于全面推进依法治国若干重大问题的决定〉的说明》(2014 年 10 月 20 日),载习近平:《论坚持全面依法治国》,中央文献出版社 2020 年版,第 93 页。

24　习近平:《在庆祝全国人民代表大会成立六十周年大会上的讲话》(2014 年 9 月 5 日),载习近平:《论坚持全面依法治国》,中央文献出版社 2020 年版,第 70 页。

25　习近平:《关于〈中共中央关于全面推进依法治国若干重大问题的决定〉的说明》(2014 年 10 月 20 日),载习近平:《论坚持全面依法治国》,中央文献出版社 2020 年版,第 92 页。

26　习近平:《在中央政法工作会议上的讲话》(2014 年 1 月 7 日),载中共中央文献研究室编:《习近平关于全面依法治国论述摘编》,中央文献出版社 2015 年版,第 19 页。

27　习近平:《在庆祝全国人民代表大会成立六十周年大会上的讲话》(2014 年 9 月 5 日),载习近平:《论坚持全面依法治国》,中央文献出版社 2020 年版,第 71 页。

28　梁启雄撰:《荀子简释·君道》,中华书局 1983 年版,第 158 页。

29　习近平:《深化依法治国实践》(2017 年 10 月 18 日),载习近平:《论坚持全面依法治国》,中央文献出版社 2020 年版,第 186 页。

30　习近平:《全面推进依法治国是一项长期而重大的历史任务》(2017 年 5 月 3 日),载习近平:《论坚持全面依法治国》,中央文献出版社 2020 年版,第 173 页。

31　习近平:《坚持依法治国和以德治国相结合》(2016 年 12 月 9 日),载习近平:《论坚持全面依法治国》,中央文献出版社 2020 年版,第 165－166 页。

32　习近平:《中国共产党是中国特色社会主义最本质的特征》,载《求是》2020 年第 14 期。

33　习近平:《在庆祝全国人民代表大会成立六十周年大会上的讲话》(2014 年 9 月 5 日),载习近平:《论坚持全面依法治国》,中央文献出版社 2020 年版,第 71 页。

34　习近平:《加快建设社会主义法治国家》(2014 年 10 月 23 日),载习近平:《论坚持全面依法治国》,中央文献出版社 2020 年版,第 113 页。

35 习近平:《在庆祝全国人民代表大会成立六十周年大会上的讲话》(2014 年 9 月 5 日),载习近平:《论坚持全面依法治国》,中央文献出版社 2020 年版,第 72 页。

36 中共中央文献研究室编:《毛泽东文集》(第 6 卷),人民出版社 1999 年版,第 328 页。

37 习近平:《切实尊崇宪法,严格实施宪法》(2018 年 1 月 19 日),载习近平:《论坚持全面依法治国》,中央文献出版社 2020 年版,第 201 页。

38 (唐)吴兢撰:《贞观政要集校》卷五《论公平》,谢保成集校,中华书局 2009 年版,第 281 页。

39 习近平:《切实尊崇宪法,严格实施宪法》(2018 年 1 月 19 日),载习近平:《论坚持全面依法治国》,中央文献出版社 2020 年版,第 198 页。

40 习近平:《切实尊崇宪法,严格实施宪法》(2018 年 1 月 19 日),载习近平:《论坚持全面依法治国》,中央文献出版社 2020 年版,第 208 页。

41 习近平:《切实尊崇宪法,严格实施宪法》(2018 年 1 月 19 日),载习近平:《论坚持全面依法治国》,中央文献出版社 2020 年版,第 201 页。

42 习近平:《在省部级主要领导干部学习贯彻党的十八届四中全会精神全面推进依法治国专题研讨班上的讲话》(2015 年 2 月 2 日),载中共中央文献研究室编:《习近平关于全面依法治国论述摘编》,中央文献出版社 2015 年版,第 37 - 38 页。

43 习近平:《在第十八届中央纪律检查委员会第三次全体会议上的讲话》(2014 年 1 月 14 日),载中共中央文献研究室编:《习近平关于全面依法治国论述摘编》,中央文献出版社 2015 年版,第 59 页。

44 习近平:《在全国组织工作会议上的讲话》(2013 年 6 月 28 日),载中共中央文献研究室编:《十八大以来重要文献选编》(上),中央文献出版社 2014 年版,第 342 页。

45 习近平:《在中央军委改革工作会议上的讲话》(2015 年 11 月 24 日),载习近平:《论坚持全面依法治国》,中央文献出版社 2020 年版,第 158 页。

46 习近平:《在庆祝全国人民代表大会成立六十周年大会上的讲话》(2014 年 9 月 5 日),载习近平:《论坚持全面依法治国》,中央文献出版社 2020 年版,第 75 页。

47 习近平:《在省部级主要领导干部学习贯彻党的十八届四中全会精神全面推进依法治国专题研讨班上的讲话》(2015 年 2 月 2 日),载中共中央文献研究室编:《习近平关于全面依法治国论述摘编》,中央文献出版社 2015 年版,第 128 页。

48 (汉)荀悦撰:《汉纪》卷一〇,张烈点校,中华书局 2002 年版,第 159 页。

49 《商君书》,石磊译注,中华书局 2011 年版,第 76 页。

50 习近平:《在中央人大工作会议上的讲话》(2021 年 10 月 13 日),载《求是》2022 年第 5 期。

51 习近平:《关于〈中共中央关于全面推进依法治国若干重大问题的决定〉的说明》(2014 年 10 月 20 日),载习近平:《论坚持全面依法治国》,中央文献出版社 2020 年版,第 93 页。

52 习近平:《关于〈中共中央关于全面推进依法治国若干重大问题的决定〉的说明》(2014 年 10 月 20 日),载习近平:《论坚持全面依法治国》,中央文献出版社 2020 年版,第 93 页。

53 (梁)萧子显:《南齐书》卷四八《孔稚珪传》,中华书局 2000 年版,第 567 页。

54 (唐)杜佑:《通典》卷一七《选人条例》,王文锦、王永兴点校,中华书局 1988 年版,第 425 页。

55 (宋)郑克:《折狱龟鉴译注》卷八《何武夺财》,刘俊文译注,上海古籍出版社 1988 年版,第 461 页。

56 关于法理概念的详细阐释,可参见张文显:《法理泛在:法理主题致辞集》,法律出版社 2020 年版,第 9 – 19 页。

57 何宁撰:《淮南子集释》卷二〇《泰族训》,中华书局 1998 年版,第 1401 页。

58 (清)王韬:《弢园文录外编》,上海书店出版社 2002 年版,第 17 页。

59 何宁撰:《淮南子集释》卷一三《泛论训》,中华书局 1998 年版,第 921 页。

60 黎翔凤撰:《管子校注》,梁运华整理,中华书局 2004 年版,第 22 页。

61 《中共中央关于党的百年奋斗重大成就和历史经验的决议》,人民出版社 2021 年版,第 66 页。

62 习近平:《推进全面依法治国,发挥法治在国家治理体系和治理能力现代化中的积极作用》(2020 年 2 月 5 日),载习近平:《论坚持全面依法治国》,中央文献出版社 2020 年版,第 276 页。

63 习近平:《坚定不移走中国特色社会主义法治道路　为全面建设社会主义现代化国家提供有力法治保障》,载《求是》2021 年第 5 期。

64 习近平:《决胜全面建成小康社会　夺取新时代中国特色社会主义伟大胜利——在中国共产党第十九次全国代表大会上的报告》(2017 年 10 月 18 日),人民出版社 2017 年版,第 37 页。

65 (清)孙希旦撰:《礼记集解》卷四八《哀公问》,沈啸寰、王星贤点校,中华书局 1989 年版,第 1260 页。

66 (明)张居正,(明)张嗣修、张懋修编撰:《张太岳集·请蠲积逋以安民生疏》,中国书店2019年版,第240页。

67 (明)王夫之:《尚书稗疏·尚书引义》卷四《泰誓中》,岳麓书社2011年版,第327页。

68 (清)孙希旦撰:《礼记集解》卷二一《礼运》,沈啸寰、王星贤点校,中华书局1989年版,第582页。

69 习近平:《关于〈中共中央关于全面推进依法治国若干重大问题的决定〉的说明》,载《求是》2014年第21期。

70 习近平:《领导干部要做尊法学法守法用法的模范》(2015年2月2日),载《习近平谈治国理政》(第2卷),外文出版社2017年版,第129页。

71 习近平:《坚定不移走中国特色社会主义法治道路 为全面建设社会主义现代化国家提供有力法治保障》,载《求是》2021年第5期。

72 (唐)吴兢撰:《贞观政要集校》卷五《论诚信》,谢保成集校,中华书局2009年版,第297页。

73 张双棣等译注:《吕氏春秋》,中华书局2007年版,第21页。

74 《中共中央关于全面推进依法治国若干重大问题的决定》,载《〈中共中央关于全面推进依法治国若干重大问题的决定〉辅导读本》,人民出版社2014年版,第8页。

75 《中共中央关于全面推进依法治国若干重大问题的决定》,载《〈中共中央关于全面推进依法治国若干重大问题的决定〉辅导读本》,人民出版社2014年版,第11-12页。

76 习近平:《在中央全面依法治国委员会第一次会议上的讲话》(2018年8月24日),载习近平:《论坚持全面依法治国》,中央文献出版社2020年版,第229页。

77 习近平:《在中央全面依法治国委员会第一次会议上的讲话》(2018年8月24日),载习近平:《论坚持全面依法治国》,中央文献出版社2020年版,第225页。

78 习近平:《关于〈中共中央关于全面推进依法治国若干重大问题的决定〉的说明》(2014年10月20日),载习近平:《论坚持全面依法治国》,中央文献出版社2020年版,第98页。

79 (后晋)刘昫等撰:《旧唐书》卷一六五《柳公绰》,中华书局1975年版,第4303页。

80 习近平:《严格执法,公正司法》(2014年1月7日),载习近平:《论坚持全面依法治国》,中央文献出版社2020年版,第46页。

81　《中共十八届四中全会在京举行》,载《人民日报》2014 年 10 月 24 日,第 1 版。

82　习近平:《深化依法治国实践》(2017 年 10 月 18 日),载习近平:《论坚持全面依法治国》,中央文献出版社 2020 年版,第 186 页。

83　习近平:《在中央全面依法治国委员会第一次会议上的讲话》(2018 年 8 月 24 日),载习近平:《论坚持全面依法治国》,中央文献出版社 2020 年版,第 236 页。

84　《商君书》,石磊译注,中华书局 2011 年版,第 64 页。

85　(宋)王安石:《王文公文集》卷二六《周公》,上海人民出版社 1974 年版,第 302 页。

86　(汉)桓宽:《盐铁论》卷一〇《刑德》,陈桐生译注,中华书局 2015 年版,第 519 页。

87　习近平:《市场经济必然是法治经济》(2006 年 5 月 12 日),载习近平:《之江新语》,浙江人民出版社 2007 年版,第 203 页。

88　习近平:《为做好党和国家各项工作营造良好法治环境》(2019 年 2 月 25 日),载习近平:《论坚持全面依法治国》,中央文献出版社 2020 年版,第 254 页。

89　《中共中央关于制定国民经济和社会发展第十三个五年规划的建议》,人民出版社 2015 年版,第 6 页。

90　(明)张居正,(明)张嗣修、张懋修编撰:《张太岳集·请稽查章奏随事考成以修实政疏》,中国书店 2019 年版,第 54 页。

91　习近平:《全面推进科学立法、严格执法、公正司法、全民守法》(2013 年 2 月 23 日),载习近平:《论坚持全面依法治国》,中央文献出版社 2020 年版,第 20－21 页。

92　习近平:《严格执法,公正司法》(2014 年 1 月 7 日),载习近平:《论坚持全面依法治国》,中央文献出版社 2020 年版,第 48 页。

93　习近平:《在首都各界纪念现行宪法公布施行三十周年大会上的讲话》(2012 年 12 月 4 日),载习近平:《论坚持全面依法治国》,中央文献出版社 2020 年版,第 11 页。

94　习近平:《关于〈中共中央关于全面推进依法治国若干重大问题的决定〉的说明》(2014 年 10 月 20 日),载习近平:《论坚持全面依法治国》,中央文献出版社 2020 年版,第 96－97 页。

95　[古希腊]亚里士多德:《政治学》,吴寿彭译,商务印书馆 1965 年版,第 199 页。

96　习近平:《坚持依法治国和以德治国相结合》(2016 年 12 月 9 日),载习近平:《论坚持全面依法治国》,中央文献出版社 2020 年版,第 165 页。

97 《商君书》,石磊译注,中华书局2011年版,第138页。

98 (汉)王符:《潜夫论笺校正》卷四《述赦》,(清)汪继培笺,彭铎校正,中华书局1985年版,第190页。

99 习近平:《全面做好法治人才培养工作》(2017年5月3日),载习近平:《论坚持全面依法治国》,中央文献出版社2020年版,第174页。

100 《孟子·离娄上》,方勇译注,中华书局2015年版,第128页。

101 (明)海瑞:《海瑞集》卷二《治黎策》,李锦全、陈宪猷点校,海南出版社2003年版,第157页。

102 (明)胡居仁撰:《居业录》卷五《古今》,清文渊阁四库全书本。

103 习近平:《在庆祝全国人民代表大会成立六十周年大会上的讲话》(2014年9月5日),载习近平:《论坚持全面依法治国》,中央文献出版社2020年版,第74页。

104 习近平:《关于〈中共中央关于全面推进依法治国若干重大问题的决定〉的说明》(2014年10月20日),载习近平:《论坚持全面依法治国》,中央文献出版社2020年版,第97页。

105 《马克思恩格斯全集》(第1卷),人民出版社1956年版,第214页。

106 习近平:《关于〈中共中央关于全面推进依法治国若干重大问题的决定〉的说明》(2014年10月20日),载习近平:《论坚持全面依法治国》,中央文献出版社2020年版,第97页。

107 习近平:《在中央政法工作会议上的讲话》(2014年1月7日),载中共中央文献研究室编:《习近平关于全面依法治国论述摘编》,中央文献出版社2015年版,第102页。

108 习近平:《加快建设公正高效权威的社会主义司法制度》(2014年1月7日),载习近平:《论坚持全面依法治国》,中央文献出版社2020年版,第62页。

109 习近平:《关于〈中共中央关于全面推进依法治国若干重大问题的决定〉的说明》(2014年10月20日),载习近平:《论坚持全面依法治国》,中央文献出版社2020年版,第102页。

110 习近平:《严格执法,公正司法》(2014年1月7日),载习近平:《论坚持全面依法治国》,中央文献出版社2020年版,第48页。

111 《马克思恩格斯全集》(第1卷),人民出版社1956年版,第76页。

112 梁启雄撰:《荀子简释·君道》,中华书局1983年版,第158页。

113 黎翔凤撰:《管子校注》卷一七《七臣七主》,梁运华整理,中华书局2004年版,第998页。

114 王利器撰:《文子疏义》卷一—《上义》,中华书局2009年版,第476页。

115 Lyndon B. Johnson, *Remarks to the Delegates to the Conference on World Peace through Law, September 16, 1965*, http://www.presidency.ucsb.edu/ws/?pid=27259, December 5, 2020.

116 习近平:《在中共十八届四中全会第二次全体会议上的讲话》(2014年10月23日),载中共中央文献研究室编:《习近平关于全面依法治国论述摘编》,中央文献出版社2015年版,第8-9页。

117 习近平:《干在实处 走在前列——推进浙江新发展的思考与实践》,中共中央党校出版社2006年版,第65页。

118 习近平:《全面推进科学立法、严格执法、公正司法、全民守法》(2013年2月23日),载习近平:《论坚持全面依法治国》,中央文献出版社2020年版,第19页。

119 习近平:《全面推进科学立法、严格执法、公正司法、全民守法》(2013年2月23日),载习近平:《论坚持全面依法治国》,中央文献出版社2020年版,第24页。

120 习近平:《在十八届中央政治局第四次集体学习时的讲话》(2013年2月23日),载中共中央文献研究室编:《习近平关于全面依法治国论述摘编》,中央文献出版社2015年版,第69页。

121 《慎子集校集注》,许富宏校注,中华书局2013年版,第102页。

122 《商君书》,石磊译注,中华书局2011年版,第79页。

123 《马克思恩格斯全集》(第1卷),人民出版社1995年版,第349页。

124 [法]孟德斯鸠:《论法的精神》,张雁深译,商务印书馆1961年版,第212页。

125 习近平:《坚定不移走中国特色社会主义法治道路 为全面建设社会主义现代化国家提供有力法治保障》,载《求是》2021年第5期。

126 习近平:《严格执法,公正司法》(2014年1月7日),载习近平:《论坚持全面依法治国》,中央文献出版社2020年版,第52页。

127 习近平:《全面推进科学立法、严格执法、公正司法、全民守法》(2013年2月23日),载习近平:《论坚持全面依法治国》,中央文献出版社2020年版,第23页。

128 习近平:《关于我国宪法和推进全面依法治国》(2018年2月24日),载习近平:《论坚持全面依法治国》,中央文献出版社2020年版,第218页。

129 习近平:《在首都各界纪念现行宪法公布施行三十周年大会上的讲话》(2012年12月4日),载习近平:《论坚持全面依法治国》,中央文献出版社2020年版,第13-14页。

130 习近平:《全面做好法治人才培养工作》(2017 年 5 月 3 日),载习近平:《论坚持全面依法治国》,中央文献出版社 2020 年版,第 180 页。

131 《中国大百科全书·政治学》,中国大百科全书出版社 2002 年版,第 504 页。

132 习近平:《弘扬宪法精神建设法治社会——写在第四个全国法制宣传日》(2004 年 12 月 4 日),载《浙江日报》2004 年 12 月 4 日,第 1 版。

133 习近平:《干在实处 走在前列——推进浙江新发展的思考与实践》,中共中央党校出版社 2006 年版,第 65 页。

134 习近平:《坚持法治精神,实现公平正义》(2017 年 9 月 26 日),载习近平:《论坚持全面依法治国》,中央文献出版社 2020 年版,第 183 页。

135 李晓鹏:《省十届人大常委会第二十五次会议闭会》,载《浙江日报》2006 年 5 月 25 日,第 1 版。

136 习近平:《加快建设社会主义法治国家》(2014 年 10 月 23 日),载习近平:《论坚持全面依法治国》,中央文献出版社 2020 年版,第 111 页。

137 习近平:《携手构建合作共赢新伙伴,同心打造人类命运共同体》(2015 年 9 月 28 日),载习近平:《论坚持推动构建人类命运共同体》,中央文献出版社 2018 年版,第 253 - 254 页。

138 习近平:《在中共十八届四中全会第二次全体会议上的讲话》(2014 年 10 月 23 日),载中共中央文献研究室编:《习近平关于全面依法治国论述摘编》,中央文献出版社 2015 年版,第 12 页。

139 《习近平李克强栗战书赵乐际分别参加全国人大会议一些代表团审议》,载《人民日报》2018 年 3 月 11 日,第 1 版。

140 习近平:《提高国防和军队建设法治化水平》(2014 年 12 月 26 日),载习近平:《论坚持全面依法治国》,中央文献出版社 2020 年版,第 130 页。

141 (清)王先慎撰:《韩非子集解》卷五《饰邪》,钟哲点校,中华书局 1998 年版,第 126 页。

142 (清)王先慎撰:《韩非子集解》卷五《饰邪》,钟哲点校,中华书局 1998 年版,第 31 页。

143 习近平:《各级领导干部要做尊法学法守法用法的模范》(2015 年 2 月 2 日),载习近平:《论坚持全面依法治国》,中央文献出版社 2020 年版,第 135 - 136 页。

144 习近平:《在中央全面依法治国委员会第一次会议上的讲话》(2018 年 8 月 24 日),载习近平:《论坚持全面依法治国》,中央文献出版社 2020 年版,第 225 页。

145 习近平:《坚持走中国特色社会主义法治道路 更好推进中国特色社会主义法

治体系建设》,载《求是》2022 年第 4 期。

146 习近平:《在中共十八届四中全会第二次全体会议上的讲话》(2014 年 10 月 23 日),载中共中央文献研究室编:《习近平关于全面依法治国论述摘编》,中央文献出版社 2015 年版,第 8 页。

147 《黄帝四经 · 经法 · 君正》,载陈鼓应注译:《黄帝四经今注今译》,商务印书馆 2016 年版,第 71 页。

148 习近平:《加强党对全面依法治国的领导》,载《求是》2019 年第 4 期。

149 习近平:《坚定不移走中国特色社会主义法治道路 为全面建设社会主义现代化国家提供有力法治保障》,载《求是》2021 年第 5 期。

150 习近平:《在中共十八届四中全会第二次全体会议上的讲话》(2014 年 10 月 23 日),载中共中央文献研究室编:《习近平关于全面依法治国论述摘编》,中央文献出版社 2015 年版,第 12 – 13 页。

151 习近平:《关于〈中共中央关于全面推进依法治国若干重大问题的决定〉的说明》(2014 年 10 月 20 日),载习近平:《论坚持全面依法治国》,中央文献出版社 2020 年版,第 85 页。

152 习近平:《坚定不移走中国特色社会主义法治道路 为全面建设社会主义现代化国家提供有力法治保障》,载《求是》2021 年第 5 期。

153 习近平:《关于〈中共中央关于制定国民经济和社会发展第十四个五年规划和二〇三五年远景目标的建议〉的说明》,载《人民日报》2020 年 11 月 4 日,第 2 版。

154 《完整准确全面贯彻新发展理念 确保“十四五”时期我国发展开好局起好步》,载《人民日报》2021 年 1 月 30 日,第 1 版。

155 习近平:《在中央全面依法治国委员会第一次会议上的讲话》(2018 年 8 月 24 日),载习近平:《论坚持全面依法治国》,中央文献出版社 2020 年版,第 229 页。

156 习近平:《在中央全面依法治国委员会第一次会议上的讲话》(2018 年 8 月 24 日),载习近平:《论坚持全面依法治国》,中央文献出版社 2020 年版,第 232 页。

157 习近平:《坚持走中国特色社会主义法治道路 更好推进中国特色社会主义法治体系建设》,载《求是》2022 年第 4 期。

158 (宋)朱熹撰:《四书章句集注》,中华书局 1983 年版,第 337 页。

159 习近平:《加快建设社会主义法治国家》(2014 年 10 月 23 日),载习近平:《论坚持全面依法治国》,中央文献出版社 2020 年版,第 110 – 111 页。

160 习近平:《坚定不移走中国特色社会主义法治道路 为全面建设社会主义现代

化国家提供有力法治保障》，载《求是》2021 年第 5 期。

161　习近平：《坚定不移走中国特色社会主义法治道路　为全面建设社会主义现代化国家提供有力法治保障》，载《求是》2021 年第 5 期。

162　（唐）吴兢撰，谢保成集校：《贞观政要集校》卷三《论择官》，中华书局 2009 年版，第 161 页。

163　习近平：《在庆祝中国共产党成立 100 周年大会上的讲话》（2021 年 7 月 1 日），人民出版社 2021 年版，第 13 页。

164　《继续把党史总结学习教育宣传引向深入　更好把握和运用党的百年奋斗历史经验》，载《人民日报》2022 年 1 月 12 日，第 1 版。

165　习近平：《坚持走中国特色社会主义法治道路　更好推进中国特色社会主义法治体系建设》，载《求是》2022 年第 4 期。

166　此处所说“引论”是指习近平著作中引用他人的论述论语，如引述王安石“立善法于天下，则天下治；立善法于一国，则一国治”等。

论习近平法治思想的鲜明特色*

习近平法治思想是新时代中国特色社会主义法治思想、当代中国马克思主义法治思想、21 世纪马克思主义法治思想。习近平法治思想立足党情、国情和世情，以科学的理论思维、深邃的历史眼光和宽广的世界视野，探索中国式法治现代化新道路、把握人类法治发展的规律和方向，科学回答了为何和如何全面依法治国的“时代之问”，诠释了“中国之治”的“中国之理”，传递着“人类文明”的“法治之道”，蕴含着深邃的政理、法理、哲理，彰显出党全面领导的政治定力、以人民为中心的根本立场、奉法强国的坚定信念、求真务实的实践理性、全面推进的系统观念、精准练达的辩证方法、融通古今的文化底蕴、统筹内外的法治布局、尊法循理的法治思维、守正创新的理论品格等鲜明特色。深刻理解和科学阐释习近平法治思想的鲜明特色，领悟其深厚的人民情怀，领略其崇高的正义力量，领会其精深的实践逻辑、理论逻辑、制度逻辑、历史逻辑，必将增强我们对习近平法治思想原创性理论贡献和划时代实践贡献的学理认知，增强对习近平法治思想的政治认同、理论认同、情感认同和实践认同，并不断提高法律思维、法治思维、法理思维的能力和水平。

---

* 本文发表于《法制与社会发展》2022 年第 4 期。

一、党全面领导的政治定力

政治逻辑是法治的内核。在马克思主义的政治逻辑中，党的领导是无产阶级实现其历史使命的重要保证。中国共产党的领导是中国人民站起来、富起来、强起来的核心力量。“中国特色社会主义最本质的特征是中国共产党领导，中国特色社会主义制度的最大优势是中国共产党领导，党是最高政治领导力量。”[1]习近平法治思想把坚持党的全面领导作为决定全面依法治国政治方向的首要问题、坚持中国特色社会主义法治道路的核心要义、释放全面依法治国显著优势的决定性因素。习近平总书记语重心长地指出：“全党同志必须牢记，党的领导是我国社会主义法治之魂，是我国法治同西方资本主义国家法治最大的区别。离开了党的领导，全面依法治国就难以有效推进，社会主义法治国家就建不起来。”[2]他一以贯之地强调：“在坚持和拓展中国特色社会主义法治道路这个根本问题上，我们要树立自信、保持定力。”[3]“在坚持党的全面领导、保证人民当家作主等重大问题上做到头脑特别清晰、立场特别坚定。”[4]

习近平法治思想深刻回答了全面依法治国为什么要坚持党的领导，强调指出：坚持党的领导是确保法治建设正确方向的根本政治保证，只有在党的领导下才能确保我国法治建设的社会主义旗帜不动摇、人民本色不变色；坚持党的领导是法治建设的根本思想保证，只有在马克思主义法治思想、中国特色社会主义法治理论、新时代中国特色社会主义法治思想的指导下，全面依法治国、建设法治中国才有不竭的思想动力和可靠的科学支撑；坚持党的领导是法治建设的根本行动指南，只有坚持党的集中统一领导，遵循党中央的顶层设计，全面依法治国才有明确的总目标、总抓手、战略布局、重大任务、重要保障，才能够全面科学有序推进；坚持党的领导为新时代我国社会主义法治建设发生的历史性变革、取得的历史性成就所证明,为中国共产党带领中国人民创造的法治奇迹、开辟的法治现代化新道路所验证。

习近平法治思想深刻回答了全面依法治国怎样坚持党的领导,明确要求把党的领导贯彻落实到全面依法治国全过程各方面,具体体现在党领导立法、保证执法、支持司法、带头守法上。第一,坚持党领导立法。完善党对立法工作中重大问题决策的程序,凡立法涉及重大体制和重大政策调整的,必须报党中央讨论决定;党中央向全国人大提出宪法修改建议,依照宪法规定的程序进行宪法修改;法律制定和修改的重大问题由全国人大常委会党组向党中央报告等。有立法权的地方的党委要建立健全立法工作责任制,党委主要负责同志要履行领导立法工作第一责任人职责。第二,坚持党保证执法。支持和保证国家政权机关依照宪法法律积极主动、独立负责、协调一致开展工作。习近平总书记指出:"对执法机关严格执法,只要符合法律和程序的,各级党委和政府都要给予支持和保护,不要认为执法机关给自己找了麻烦,也不要担心会给自己的形象和政绩带来什么不利影响。我们说要敢于担当,严格执法就是很重要的担当。"[5]"该严格执法的没有严格执法,该支持和保护严格执法的没有支持和保护,就是失职,那也是要追究责任的。"[6]第三,坚持党支持司法。各级党政机关和领导干部要支持司法机关依法独立行使职权,任何党政机关和领导干部都不得让司法机关做违反法定职责、有碍司法公正的事情。对干预司法机关办案的,给予党纪政纪处分;造成冤假错案或者其他严重后果的,依法追究刑事责任。第四,坚持党带头守法。党既要坚持依法治国、依法执政、自觉在宪法法律范围内活动,又要发挥好各级党组织和广大党员、干部在依法治国中的政治核心作用和先锋模范作用。各级党组织和全体党员带头尊法学法守法用法,带动全社会形成办事依法、遇事找法、解决问题用法、化解矛盾靠法的良好法治环境。

习近平法治思想科学阐释了党的领导和社会主义法治的辩证关系，强调指出："党和法的关系是政治和法治关系的集中反映。"[7]"党和法的关系是一个根本问题，处理得好，则法治兴、党兴、国家兴；处理得不好，则法治衰、党衰、国家衰。"[8]"党的领导和社会主义法治是一致的，社会主义法治必须坚持党的领导，党的领导必须依靠社会主义法治。"[9]针对有的人抛出所谓"党大还是法大"的问题，习近平总书记一针见血地指出："'党大还是法大'是一个政治陷阱，是一个伪命题。对这个问题，我们不能含糊其辞、语焉不详，要明确予以回答。"[10]党的十九届六中全会通过的《中共中央关于党的百年奋斗重大成就和历史经验的决议》也明确指出："必须警惕和防范西方所谓'宪政'、多党轮流执政、'三权鼎立'等政治思潮的侵蚀影响。"[11]

习近平法治思想还强调健全党领导全面依法治国的制度和工作机制，推进党的领导制度化、法治化，不断提高党领导全面依法治国的能力和水平，夯实加强党对全面依法治国领导的理论基础、制度基础和实践基础，增强各级领导干部等"关键少数"在法治领域的政治判断力、政治领悟力、政治执行力，坚定中国特色社会主义法治的道路自信、理论自信、制度自信、文化自信。

二、以人民为中心的根本立场

任何经得起历史检验的法治理论都必须回答"为了什么人、依靠什么人"这一根本立场问题。习近平法治思想本质上是人民的理论，人民性是其最鲜明的特征，人民立场是其根本立场。坚持人民至上、以人民为中心，是中国特色社会主义法治区别于资本主义法治的根本所在，也是习近平法治思想区别于资产阶级法治理论的根本标志。人类历史上出现过的形形色色的法治理论，大多都是为其代表的那个阶级、政党、利益集团服务的，当今世界西方资产阶级法治理论同样是资本逻辑的理论形态和资本家利益的辩护者。作为中国共产党推进社会主义民主法治建设的理论旗帜，习近平法治思想不是为了某一部分人或集团的利益而存在，而是以为中国人民谋幸福、为中华民族谋复兴作为其初心使命、核心理念和价值根基。这是由中国共产党的性质和宗旨所决定的。

习近平法治思想始终奉行以人民为中心的理念，把人民作为全面依法治国最广泛、最深厚的基础，把为人民谋幸福作为根本使命，饱含亲民、爱民、为民的深厚情怀。习近平总书记始终把人民放在心中最高的位置，反复强调"必须坚持法治为了人民、依靠人民、造福人民、保护人民"，[12]要把体现人民利益、反映人民愿望、维护人民权益、增进人民福祉贯彻到依法治国全过程，把实现好、维护好、发展好最广大人民根本利益作为法治建设的核心价值，使法律及其实施充分体现人民意志、尊重和保障人权、促进人的全面发展、推动社会全面进步。

从人民立场出发，就必须坚持人民主体地位。一方面，要把人民作为法治建设的主体，创造性地实践马克思主义关于人民民主的思想，在坚持党的领导、人民当家作主、依法治国有机统一中推进社会主义民主政治建设，促进全过程人民民主，不断加强人民当家作主的制度保障，加快推进国家治理体系和治理能力现代化，充分调动人民的积极性、主动性、创造性，更加切实、更有成效地实施人民民主。另一方面，要大力弘扬法律权威靠人民维护的社会主义法治精神，做到法律为人民所掌握、所遵守、所运用，增强全社会尊法学法守法用法护法的自觉意识。

从人民立场出发，必须把尊重和保障人权、维护和发展人民权利、实现人民对美好生活的向往作为全面依法治国的根本目的。尊重和保障人权是中国共产党人的崇高理念和不懈追求，是习近平法治思想的根本原则。党的十八大以来，以习近平同志为核心的党中央坚持把尊重和保障人权作为治国理政的一项重要工作，把人权法治保障作为人权事业发展的重要主题，强调把人权保障贯彻到立法、执法、司法、守法各个环节，不断提高生存权、发展权水平，切实有效保护人身权、人格权、财产权、环境权利、数字权利等，努力促进经济、社会、文化权利和公民、政治权利全面协调发展，着力增强人民的获得感、幸福感、安全感、尊严感，人权法治保障取得历史性成就。

从人民立场出发，必须秉持公正是法治的生命线这一崇高价值理念，切实维护和发展社会公平正义。全面依法治国、建设法治中国，必须紧紧围绕保障和促进社会公平正义来进行，持续不断地完善权利平等、机会平等、规则平等的制度体系，使法治建设和法治改革成果更多更公平地惠及全体人民。坚持法律面前人人平等，任何组织和个人都必须尊重宪法法律权威，都必须在宪法法律范围内活动，都必须依照宪法法律行使权力或权利、履行职责或义务，都不得有超越宪法法律的特权。任何人违反宪法法律都要受到追究，绝不允许任何人以任何借口任何形式以言代法、以权压法、徇私枉法。习近平总书记强调指出："必须牢牢把握社会公平正义这一法治价值追求，努力让人民群众在每一项法律制度、每一个执法决定、每一宗司法案件中都感受到公平正义。"[13]

三、奉法强国的坚定信念

习近平法治思想以历史唯物主义对人类社会数千年风雨沧桑、兴衰交替的历史进行回观和反思，揭示了"法治兴则国兴，法治强则国强"[14]的历史规律，传承了"奉法者强则国强，奉法者弱则国弱"[15]的治理智慧，提出了奉法强国的新理念，指明了法治现代化的新道路。

奉法强国的坚定信念缘于习近平法治思想对法治发展历史规

律的本质性把握。习近平总书记指出："历史是最好的老师。在漫长的历史进程中，中华民族创造了独树一帜的灿烂文化，积累了丰富的治国理政经验，其中既包括升平之世社会发展进步的成功经验，也有衰乱之世社会动荡的深刻教训。"[16]"我们深刻认识到，法治是治国理政不可或缺的重要手段。什么时候重视法治、法治昌明，什么时候就国泰民安；什么时候忽视法治、法治松弛，什么时候就国乱民怨。"[17]从我国古代看，凡属盛世都是法制相对健全的时期；从世界历史看，国家强盛往往同法治相伴而生；从当今世界看，法治作为人类政治文明的重要成果，已经成为绝大多数国家和民族治国安邦的共同选择。习近平总书记强调指出，全面依法治国对全面建成社会主义现代化强国、实现中华民族伟大复兴的中国梦具有十分重大的意义。"我们既要立足当前，运用法治思维和法治方式解决经济社会发展面临的深层次问题；又要着眼长远，筑法治之基、行法治之力、积法治之势，促进各方面制度更加成熟更加定型，为党和国家事业发展提供长期性的制度保障。"[18]

奉法强国的坚定信念也体现在习近平法治思想对法治功能和价值的系统性阐明中。习近平总书记通观全局地指出："无论是实现'两个一百年'奋斗目标，还是实现中华民族伟大复兴的中国梦，全面依法治国既是重要内容，又是重要保障。"[19]"在统筹推进伟大斗争、伟大工程、伟大事业、伟大梦想，全面建设社会主义现代化国家的新征程上，我们要更好发挥法治固根本、稳预期、利长远的保障作用。"[20]"固根本、稳预期、利长远"短短九个字道出了深邃的法治哲理，是历史上法学思想的集成性结晶，也是中国法治建设经验的哲理性提炼。"固根本"，核心是固中国共产党长期执政之根本，固人民民主专政国体和人民代表大会制度政体之根本，固马克思主义在意识形态领域指导地位之根本，固社会主义基本政治制度、基本经济制度之根本，以确保国家安全、社会安定、人民安宁，实现党和国家长治久安。"稳预期"，核心是把经济、政治、文化、社会、生态、网络生活和事务纳入法治轨道,形成稳定、可靠、巩固的法治秩序,借以稳经济发展、政治清明、文化昌盛、社会公正、生态良好、网络清朗之预期,稳实现全体人民共同富裕、美好生活之预期,稳全面建成社会主义现代化强国、实现中华民族伟大复兴中国梦之预期。“利长远”,核心是通过法治将长远之策、根本之策坚持下去,让法治成为我们面向未来的底气。习近平总书记指出:“我们提出全面推进依法治国,坚定不移厉行法治,一个重要意图就是为子孙万代计、为长远发展谋。”[21]概括而言,利长远,就是利中国特色社会主义事业之长远,利中华民族千秋万代之长远,合乎逻辑地包括利人类和平发展、世界大同之长远。

习近平法治思想关于奉法强国的新理念新方略强化了全党和全国人民坚持法治、反对人治的坚定意志,指引党和人民在全面建成社会主义现代化强国的新征程上加快推进法治中国建设,以法治有力保障政治稳定、经济发展、文化繁荣、社会和谐、生态优美、民族团结、人民幸福、社会安宁、国家统一。

四、求真务实的实践理性

求真务实是马克思主义哲学的实践理性,是我们党解放思想、实事求是、与时俱进思想路线的生动体现。习近平法治思想把求真务实的实践理性运用于法治建设,不断深化对法治规律和法治国情的认识,强化全面依法治国的问题导向、目标导向和结果导向,释放出无比磅礴的实践变革力量。

一是坚持实事求是。“实事求是,是马克思主义的根本观点,是中国共产党人认识世界、改造世界的根本要求,是我们党的基本思想方法、工作方法、领导方法。”[22]习近平法治思想践行实事求是的精神,不断深化对法治内在本质和发展规律的认识,引领党和人民遵循法治规律推进全面依法治国,科学有效地发挥法治固根本、稳预期、利长远的保障作用。

二是坚持从实际出发。建设什么样的法治体系、法治国家,是由一个国家的基本国情决定的。世界上不存在完全相同的政治制度,也不存在适用于一切国家的法治模式。全面推进依法治国,必须从我国实际出发,综合考量我国的历史传承、文化传统、经济社会发展水平等因素,既不能罔顾国情、超越阶段,也不能因循守旧、墨守成规;从实际出发,必须突出法治的中国特色、实践特色、时代特色,必须立足中华民族伟大复兴的战略全局和世界百年未有之大变局,坚定不移走中国特色社会主义法治道路,建设中国特色社会主义法治体系,建设社会主义法治国家。

三是坚持问题导向。习近平总书记指出,问题是事物矛盾的表现形式,问题是工作的导向,也是改革的突破口。习近平法治思想善于发现问题真相、解析问题根源、破解问题症结,以解决突出问题为着力点,全面深化法治领域改革。无论是党的十八届三中全会通过的《中共中央关于全面深化改革若干重大问题的决定》、党的十八届四中全会通过的《中共中央关于全面推进依法治国若干重大问题的决定》,还是中共中央印发的《法治中国建设规划(2020—2025 年)》《法治社会建设实施纲要(2020—2025 年)》,中共中央、国务院印发的《法治政府建设实施纲要(2020—2025 年)》等决策部署,都直面法治建设不适应、不符合党和国家事业发展要求、人民群众期待、国家治理体系和治理能力现代化目标等突出矛盾和关键问题,提出了具有针对性、可操作性、实效性的改革举措,推动全面依法治国不断取得突破性进展。

四是坚持理论联系实际。理论上清醒,政治上才能坚定。推进全面依法治国,既不能从某些脱离实际的抽象的法治理论出发空谈误事,也不能忽视科学理论的指导而违背规律蛮干盲干胡为。在中央全面依法治国工作会议上,习近平总书记进一步指出:“推进全面依法治国是国家治理的一场深刻变革,必须以科学理论为指导，加强理论思维，从理论上回答为什么要全面依法治国、怎样全面依法治国这个重大时代课题，不断从理论和实践的结合上取得新成果，总结好、运用好党关于新时代加强法治建设的思想理论成果，更好指导全面依法治国各项工作。”[23]其科学的理论思维体现在把握客观实际、掌握客观规律上，从宏观上深化对党依法执政规律、全面依法治国规律、社会主义法治建设规律、人类法治文明发展规律的认识，微观上认真研究和运用法治建设和改革各个领域的具体规律。例如，习近平总书记强调，“宪法修改，既要顺应党和人民事业发展要求，又要遵循宪法法律发展规律”；[24]“完善司法制度、深化司法体制改革，要遵循司法活动的客观规律，体现权责统一、权力制约、公开公正、尊重程序的要求”；[25]等等。习近平法治思想因为深耕于中国法治实践的沃土，理论才是彻底的，才能成为广大人民群众的真理武器；习近平法治思想因为抓住了法治的本质和规律，全面依法治国实践才能目标明、抓手准、力度大、成效好，才能创造出令国人振奋、世人瞩目的中国法治奇迹。

五、全面推进的系统观念

系统观念是马克思主义哲学的基本观念，是具有基础性的思想和工作方法，其精髓在于用系统思维分析事物的本质和联系、从整体上把握事物的发展规律，也就是习近平总书记所强调的“加强对各领域发展的前瞻性思考、全局性谋划、战略性布局、整体性推进”。[26]习近平总书记历来注重运用马克思主义哲学的系统观念来指导实践、推动工作。党的十八大以来，以习近平同志为核心的党中央“坚持系统谋划、统筹推进党和国家各项事业，根据新的实践需要，形成一系列新布局和新方略，带领全党全国各族人民取得了历史性成就。在这个过程中，系统观念是具有基础性的思想和工作方法”。[27]习近平总书记把系统观念运用于治国理政各领域各方面,强调指出:“全面深化改革是一项复杂的系统工程,需要加强顶层设计和整体谋划,加强各项改革关联性、系统性、可行性研究。我们要在基本确定主要改革举措的基础上,深入研究各领域改革关联性和各项改革举措耦合性,深入论证改革举措可行性,把握好全面深化改革的重大关系,使各项改革举措在政策取向上相互配合、在实施过程中相互促进、在实际成效上相得益彰。”[28]深化党和国家机构改革是一个系统工程,“每一项改革既会对其他改革产生影响,又需要相关改革配合,这就要求我们在优化机构设置和职能配置的同时,更加注重各项改革协同推进,加强党政军群各方面改革配合,使各项改革相互促进、相得益彰,形成总体效应,提高各类机构效率”。[29]“构建推动经济高质量发展的体制机制是一个系统工程,要通盘考虑、着眼长远,突出重点、抓住关键。”“增强发展环境的吸引力和竞争力。”[30]

习近平法治思想创造性地运用系统观念推进新时代中国特色社会主义法治建设,最鲜明的体现就是,明确提出“全面推进依法治国”“全面依法治国”“深入推进全面依法治国”,强调全领域全过程依法治国,形成全面依法治国总体格局。党的十八届四中全会以“全面推进依法治国”为主题,对新时代的法治建设作出了整体谋划、全面部署;十九大报告把“全面依法治国”作为新时代坚持和发展中国特色社会主义的基本方略;中央全面依法治国工作会议进一步提出“深入推进全面依法治国”。从“依法治国”到“全面推进依法治国”“全面依法治国”再到“深入推进全面依法治国”,提法的变化和命题的创新表明法治领域的系统观念更加明确、更加精准、更加坚实。习近平法治思想把法治纳入“五位一体”总体布局中来定位和布局,把经济建设、政治建设、文化建设、社会建设、生态文明建设与法治建设相统筹,物质文明、政治文明、精神文明、社会文明、生态文明与法治文明相同步,富强中国、民主中国、文明中国、和谐中国、美丽中国与法治中国相交融。

习近平法治思想提出“全面依法治国是一个系统工程”的科学命题，强调“必须统筹兼顾、把握重点、整体谋划，更加注重系统性、整体性、协同性”。[31]坚持以系统观念、系统思维、系统方法推进法治建设，具体表现为：在“四个全面”战略布局中推进全面依法治国；在“两个大局”时空背景中统筹推进国内法治和涉外法治；坚持依法治国、依法执政、依法行政共同推进，法治国家、法治政府、法治社会一体建设；坚持建设中国特色社会主义法治体系，统筹推进法律规范体系、法治实施体系、法治监督体系、法治保障体系和党内法规体系建设；全面推进科学立法、严格执法、公正司法、全民守法；坚持依法治国与制度治党、依规治党统筹推进、一体建设；统筹推进法治领域各项改革；正确处理全面依法治国的重大辩证关系；中国特色社会主义实践向前推进一步，法治建设就要跟进一步；等等。

六、精准练达的辩证方法

“事必有法，然后可成。”[32]习近平总书记指出：“我们的事业越是向纵深发展，就越要不断增强辩证思维能力。”[33]辩证思维是我们党在革命、建设、改革中不断取得胜利的诀窍，是对马克思主义辩证法的传承和发展。辩证法说到底，就是客观地而不是主观地、发展地而不是静止地、全面地而不是片面地、系统地而不是零散地、普遍联系地而不是孤立地观察事物、分析问题、解决问题；要敢于承认矛盾、正确分析矛盾、着力解决矛盾，准确识变、科学应变、主动求变，在对立中把握统一、在统一中把握对立，转危为机、化险为夷，“在危机中育新机、于变局中开新局”；[34]善于处理局部和全局、当前和长远、重点和非重点的关系，在权衡利弊中趋利避害、作出最为有利的战略抉择。习近平总书记指出：“学习和运用唯物辩证法，就要反对形而上学的思想方法。我们的先人早就认识到了这个问题，很多典故都是批评和讽刺形而上学的，如盲人摸象、郑人买履、坐井观天、掩耳盗铃、揠苗助长、削足适履、画蛇添足，等等。”“任何主观主义、形式主义、机械主义、教条主义、经验主义的观点都是形而上学的思想方法，在实际工作中不可能有好的效果。”[35]

习近平总书记把唯物辩证法娴熟地运用于依法治国、依法执政实践，强调要坚持唯物辩证法，树立辩证思维，正确认识和处理关乎全面依法治国前进方向、发展道路、路径方法的重大关系问题，诸如政治和法治、民主和专政、改革和法治、发展和安全、秩序和活力、法律和政策、依法治国和以德治国、依法治国和依规治党、国内法治和国际法治等。因此，习近平法治思想中有许多饱含辩证思维的政理、法理和哲理命题，诸如：社会主义法治必须坚持党的领导，党的领导必须依靠社会主义法治；“党大还是法大”是个伪命题，“权大还是法大”是个真命题；在法治下推进改革，在改革中完善法治；人民权益要靠法律保障，法律权威要靠人民维护；法治兴则国家兴，法治衰则国家乱；权力是一把“双刃剑”，依法依规行使可以造福人民，违法违规行使必然祸害国家和人民；自由是秩序的目的，秩序是自由的保障；安全是发展的前提，发展是安全的保障；法律是成文的道德，道德是内心的法律；法安天下，德润人心；依规治党深入党心，依法治国才能深入民心；全面依法治国，要坚持加强顶层设计与摸着石头过河相结合；社会治理是一门科学，管得太死，一潭死水不行，管得太松，波涛汹涌也不行；坚持在法治轨道上统筹社会力量、平衡社会利益、调节社会关系、规范社会行为，依靠法治解决各种社会矛盾和问题，确保我国社会在深刻变革中既生机勃勃又井然有序；文明没有优劣之分，只有特色之别；坚持对外开放、文明互鉴，但不能机械临摹、全面移植；新闻媒体要加强对执法司法工作的监督，但要防止形成“舆论审判”；等等。这些都是习近平法治思想精准练达的辩证思维和方法的鲜活例证，是对马克思主义辩证法的传承和创新，是唯物主义辩证法与活生生的法治实践相结合的理论结晶。

七、融通古今的文化底蕴

习近平法治思想重视对古今中外优秀法治文化特别是中华优秀传统法治文化(法律文化)的创造性转化、创新性发展,使之与现代法治理论“交汇”“融通”,彰显跨越古今的通透性。习近平总书记指出:“只有坚持从历史走向未来,从延续民族文化血脉中开拓前进,我们才能做好今天的事业”。[36]“治理国家和社会,今天遇到的很多事情都可以在历史上找到影子,历史上发生过的很多事情也都可以作为今天的镜鉴。”[37]具体到法治领域,习近平总书记强调指出:“历史和现实告诉我们,只有传承中华优秀传统法律文化,从我国革命、建设、改革的实践中探索适合自己的法治道路,同时借鉴国外法治有益成果,才能为全面建设社会主义现代化国家、实现中华民族伟大复兴夯实法治基础。”[38]“我们要建设的中国特色社会主义法治体系,必须是扎根中国文化、立足中国国情、解决中国问题的法治体系,不能被西方错误思潮所误导。”[39]“要注意研究我国古代法制传统和成败得失,挖掘和传承中华法律文化精华,汲取营养、择善而用。”[40]“我们有我们的历史文化,有我们的体制机制,有我们的国情,我们的国家治理有其他国家不可比拟的特殊性和复杂性,也有我们自己长期积累的经验和优势,不能妄自菲薄,也不能数典忘祖。”[41]在习近平法治思想体系中,中华民族绵延数千年的治理大智慧、社会主义法治建设波澜壮阔的治理大变革、马克思主义战无不胜的治理大学问,相辅相成、交相辉映,展现出别具匠心的理论风景。

这汩汩而出的历史清泉让习近平法治思想始终富有生命的灵动,我们研读习近平总书记的法治论著、论述、论语,如同翻开一幅幅深情动人的历史画卷。从先秦思想家管子、孔子、荀子、韩非子、商鞅的儒法智慧到近代思想家沈家本、孙中山、严复、梁启超的法律思想，从商鞅变法、贞观之治、王安石变法、张居正变法的变法传奇到清末变法图强运动，从法经、秦律、汉律、唐律直到清末修律，习近平总书记都不同程度地进行过研究。对中国古代经典文献和法典律令中的思想精华、法理格言、精辟论语，他旁征博引、取精用宏，将其有机融入习近平法治思想体系和新时代中国法治话语体系之中，使古老的中华优秀传统法律文化继续在社会主义法治现代化的图谱中发出光亮。对中华优秀传统法律文化进行创造性转化、创新性发展，推动了马克思主义法治思想同中华优秀传统法律文化相结合，推动了古代法理精华与现代法学理论相融合，生成了习近平法治思想这一当代中国马克思主义法治思想的厚重历史文化底蕴和鲜明民族特色。当中华法律文化精华深层次、全链条、多样化灌溉于新时代全面依法治国实践时，中国特色社会主义法治体系植根于中华法治文明沃土，绽放出中华法理的绚丽之光，立法、执法、司法、守法各环节都荡漾着“讲仁爱、重民本、守诚信、崇正义、尚和合、求大同”的人文精神，发扬着“当人情、合法理”“要酌理、要揆情”“融天理、国法、人情为一体”的法治文明传统，追求着“以法为据、以理服人、以情感人”和“实现最佳的法律效果、政治效果、社会效果”的至善境界。

中华法系是中华优秀传统法律文化的结晶。习近平法治思想对中华法系满怀历史深情和文化自信，不断释放出振兴中华法系（中华法治文明）的理论抱负和文化创造。习近平总书记指出：“我们的先人们早就开始探索如何驾驭人类自身这个重大课题，春秋战国时期就有了自成体系的成文法典，汉唐时期形成了比较完备的法典。我国古代法制蕴含着十分丰富的智慧和资源，中华法系在世界几大法系中独树一帜。”[42]“自古以来，我国形成了世界法制史上独树一帜的中华法系，积淀了深厚的法律文化。……中华法系是在我国特定历史条件下形成的，显示了中华民族的伟大创造力和中华法制文明的深厚底蕴。中华法系凝聚了中华民族的精神和智慧,有很多优秀的思想和理念值得我们传承。"[43]虽然近代以来中华法系受到西方法律文化的强烈冲击,但其所体现的民族精神、治理智慧与法理精华一直延续至今。怎样重新点燃中华优秀法治文化的火炬、怎样重焕中华法系的荣光、怎样在中华民族伟大复兴的新征程上实现中华法治文明的复兴,这些追问必然是当代中国共产党人和法治职业共同体在建设社会主义现代化法治强国道路上要郑重回答的。

八、统筹内外的法治布局

统筹推进国内和国际两个大局是我们党治国理政的基本理念,是中国特色社会主义行稳致远的基本经验。党的十八大以来,以习近平同志为核心的党中央更加强调统筹"两个大局",坚定不移维护国家主权、安全、发展利益,坚定不移维护世界和平、促进共同发展。习近平总书记指出:"我国已经进入了实现中华民族伟大复兴的关键阶段。中国与世界的关系在发生深刻变化,我国同国际社会的互联互动也已变得空前紧密,我国对世界的依靠、对国际事务的参与在不断加深,世界对我国的依靠、对我国的影响也在不断加深。我们观察和规划改革发展,必须统筹考虑和综合运用国际国内两个市场、国际国内两种资源、国际国内两类规则。"[44]以此全球视野和全球思维,习近平法治思想强调"统筹推进国内法治和涉外法治","协调推进国内治理和国际治理",[45]依法维护国家主权、安全、发展利益,坚决维护国家主权、尊严和核心利益,为中国的繁荣富强、持续稳定发展构建一个良好的外部环境,同时,推动建设相互尊重、公平正义、合作共赢的新型国际关系,共同建设美好世界。

统筹推进国内法治和涉外法治,展示出习近平法治思想的全球视野和战略思维。当今世界正经历百年未有之大变局,全球化和逆全球化针锋相对,在和平与发展的主题下各种风险和挑战层出不穷。“东升西降”是大变局发展的主要方向,新冠疫情全球大流行加剧了大变局演进的节奏;世界进入动荡变革期是大变局的基本特征,局部战争此起彼伏,贸易战争断断续续;国际环境日趋复杂、不稳定性和不确定性因素明显增加是大变局之下难以避免的“乱局”。大国博弈的历史轮廓日渐清晰,中国日益走近世界舞台中央,和平崛起势不可当,但守成大国绝不甘心,它们将中国臆想成“威胁”,极尽“围追堵截”之能事。在法治方面,全球治理体系发生深刻调整,制度竞争成为国家间最核心的竞争,法治是国家综合实力的重要组成部分。运用法治思维和法治方式更好维护国家主权、安全、发展利益,更好维护和发展世界和平,成为我们势在必行的战略抉择。习近平法治思想坚持共商共建共享的全球治理观,提出要主动参与并努力引领国际规则制定,善于在国际规则制定中清晰地表达中国立场,发出更多中国声音、注入更多中国元素,积极参与和支持国际执法、国际司法、国际仲裁,参与国际法律服务,积极开展法律外交,使国内法治、涉外法治和国际法治形成合力,推进国际关系民主化法治化公正化。要秉持共商共建共享的全球治理观,促进法治文明交流互鉴,深化法治领域的国际合作。

习近平法治思想不仅从战略上强调了统筹推进国内法治和涉外法治的重要性,而且指出了其重点任务,包括:一要加快涉外法治工作战略布局,加快形成系统完备的涉外法律法规体系,提升涉外执法司法效能,完善涉外法律服务体系。二要强化法治斗争观念和意识,提高对外法治斗争能力,善于运用法治思维和法治方式,有效应对挑战、防范风险。三要坚定维护以联合国为核心的国际体系,坚定维护以国际法为基础的国际秩序,坚定维护以联合国宪章宗旨和原则为基础的国际法基本原则和国际关系基本准则。

坚持和平共处五项原则，以法治方式和平理性解决国家间的分歧和争端。四要推动全球治理变革，推动国际社会从伙伴关系、安全格局、经济发展、文明交流、生态建设等方面作出努力，构建人类命运共同体。这些布局不仅体现了全球治理背景下的策略抉择，而且也体现出习近平法治思想胸怀天下、关怀人类的深远意境。

九、尊法循理的法治思维

法治既是一种制度和治理范式，也是一种思维范式，它反映在习近平法治思想体系中，就是尊法循理的法治思维。"尊法"和"循理"是法治思维的两个决定性要素。"尊法"，就是尊崇法律、信仰法治，其要义是"把对法治的尊崇、对法律的敬畏转化成思维方式和行为方式，做到在法治之下、而不是法治之外、更不是法治之上想问题、作决策、办事情"，[46]具体包括依法治国、依法执政、依法行政、依法治军、依法办事、依法维权、执法必严、违法必究等。"循理"，就是尊重和遵循"法之理"。宋代哲学家朱熹曾作出过"法者，天下之理"[47]的论断。中国共产党的主要创始人之一、马克思主义理论家李大钊立足秩序与进步的辩证法，揭示了法理之于政治文明和社会发展的内在力量，提出："必以理之力著为法之力，而后秩序乃可安；必以理之力摧其法之力，而后进步乃可图。是秩序者，法力之所守，进步者，理力之所摧也。"[48]习近平总书记曾引用"理者，物之固然，事之所以然"[49]"一时之强弱在力，千古之胜负在理"[50]"有理走遍天下"等哲理名言，说明"理"的重要性和生命力。"法之理"内涵丰富，习近平法治思想中的"法之理"集中体现为其蕴含的政理、法理、哲理。习近平法治思想深刻揭示了法治领域的政理、法理和哲理，并将它们有机地融入法治思维之中。

"政理"，多指厉行法治、依法治国的"政治之道""政治逻辑""政治理念""政治事理"等。习近平法治思想遵循马克思主义法治思想原理,坚持政治和法治的辩证逻辑,深刻揭示了全面依法治国之政理,如“每一种法治形态背后都有一套政治理论,每一种法治模式当中都有一种政治逻辑,每一种法治道路底下都有一种政治立场”;“社会主义法治必须坚持党的领导,党的领导必须依靠社会主义法治”;“坚定不移走中国特色社会主义法治道路”;“人民代表大会制度是党的领导、人民当家作主、依法治国有机统一的根本制度安排”;“全面依法治国是国家治理的一场深刻革命”;“全面推进依法治国总目标是建设中国特色社会主义法治体系、建设社会主义法治国家”;“发展全过程人民民主”;“找到全社会意愿和要求的最大公约数,是人民民主的真谛”;“制度稳则国家稳,制度强则国家强”;等等。

“法理”,多指法律生活和法治实践中的美德和公理、法律和法治实践的正当性理据等,核心要义是“良法善治”。习近平法治思想深刻阐述了全面依法治国的诸多法理,如“法治的根基在人民”;“法治为了人民、依靠人民、造福人民、保护人民”;“公正是法治的生命线”;“人民幸福生活是最大的人权”;“法律是治国之重器,良法是善治之前提”;“宪法法律的权威源自人民的内心拥护和真诚信仰”;“法律的生命在于实施”;“法定职责必须为、法无授权不可为”;“公正是司法的生命和灵魂”;“没有法律是万万不能的,但法律也不是万能的”;“法律不应该是冷冰冰的”;“要坚持以法为据,以理服人、以情感人,既要义正辞严讲清‘法理’,又要循循善诱讲明‘事理’,感同身受讲透‘情理’,让当事人胜负皆明、心服口服”;“中国外交有原则、重情谊、讲道义、谋公正”;等等。

哲理,是人们在长期实践基础上形成的对自然、社会、人生、思维等领域的基本规律的理性认识。法治领域的哲理主要指法律、法治、法文化中相对抽象的基本原理、共同价值,是人们在长期法治实践中形成的对法治之本质属性、发展规律、运行机制等的科学认识,是关于法治的基本立场、观点和方法的一般理论。习近平法治思想提炼出了丰富的哲理命题,如“法治和人治是人类政治文明史上的基本问题”;“法治是人类政治文明的重要成果”;“法治的精髓和要旨具有普遍意义”;“法治兴则国兴,法治强则国强”;“一个现代化国家必然是法治国家”;“一个现代化的社会,应该既充满活力又拥有良好秩序,呈现出活力和秩序有机统一”;“和平、发展、公平、正义、民主、自由是全人类的共同价值”;等等。

习近平法治思想关于政理、法理、哲理的深邃思想和科学理性升华了涉法思维的品格,创造了“尊法循理”的法治思维,成就了“道法相依”“义理相随”“理力相成”“知行合一”,提升了运用法治思维深化改革、推动发展、化解矛盾、维护稳定、应对风险的能力。尊法和循理的有机结合,既讲法律又讲法理,既讲法理又讲政理,既讲规则又讲原则,既重实体又重程序,在思想和行动两个层面把形式法治和实质法治统一起来,以良法善治的思维模式引领法律思维和法治思维发生了历史性变革,并催生法理思维的诞生。

十、守正创新的理论品格

守正创新是习近平法治思想具有强大理论优势和生机活力的奥妙所在。习近平总书记指出,马克思主义是不断发展的开放的理论。“一部马克思主义发展史就是马克思、恩格斯以及他们的后继者们不断根据时代、实践、认识发展而发展的历史,是不断吸收人类历史上一切优秀思想文化成果丰富自己的历史。因此,马克思主义能够永葆其美妙之青春,不断探索时代发展提出的新课题、回应人类社会面临的新挑战。”[51]在长期的实践中,特别是党的十八大以来,习近平总书记不断深入推进中国特色社会主义法治理论创新、实践创新、制度创新,为全党和全国人民树立了守正创新的光辉典范。他所发表的一系列堪称经典的法治专题讲话文章批示，他所锤炼的一系列义理精深的法治新概念新命题新话语，他所提出的一系列原创性的治国理政新理念新思想新战略，充分展示了守正创新的伟大理论成果，集中反映了我们党在法治领域的辉煌理论成就。

2021 年 7 月 1 日，在庆祝中国共产党成立 100 周年大会上，习近平总书记指出："中国共产党为什么能，中国特色社会主义为什么好，归根到底是因为马克思主义行！"[52]2022 年 1 月，习近平总书记在省部级主要领导干部学习贯彻党的十九届六中全会精神专题研讨班开幕式上的讲话中又进一步指出："马克思主义之所以行，就在于党不断推进马克思主义中国化时代化并用以指导实践。"[53]这些论述揭开了马克思主义在中国大地落地生根、开花结果、生生不息的"密码"——守正创新，不断推进马克思主义中国化时代化。在法学领域，推进马克思主义法治思想中国化时代化，就是要做到"两个结合"。

一是马克思主义法治思想同我国法治建设具体实际相结合，这是将工业革命以来最成熟最科学的思想体系与数字革命时代最有生命力的法治变革结合起来。从国情来看，我国是世界上最大的发展中国家，我国仍处于并将长期处于社会主义初级阶段。但是，我们已经进入中国特色社会主义新时代，社会主要矛盾发生深刻变化，人民对美好生活的向往对我国发展提出了新的要求，我们的法治建设必须要满足国家、市场、社会的多方面需求。而从我国的制度优势来看，中国共产党是由历史决定、人民选择、宪法确立的中华人民共和国唯一且长期执政的执政党，坚持党的领导是我国法治同西方资本主义国家法治最大的区别，我们的法治建设离不开党的领导。从世情来看，我们是在世界进入百年未有之变革动荡期、"国际竞争越来越体现为制度、规则、法律之争"的历史条件下全面依法治国、建设法治中国，这是我们必须正视的外部环境和历史方位。习近平法治思想正是在精准把脉上述国情、世情和具体实践的基础上提出了“坚持全面依法治国”“坚持中国特色社会主义法治道路”“建设中国特色社会主义法治体系”“在法治轨道上推进国家治理体系和治理能力现代化”“坚持依法治国和依规治党有机统一”“统筹推进国内法治和涉外法治”等一系列新论断，为马克思主义法治思想注入了时代精神，开辟了马克思主义法治思想中国化新境界。

二是马克思主义法治思想同中华优秀传统法律文化相结合，这是将世界历史发展的真理逻辑和中华民族的历史宝藏结合起来。我国古代法治法学中有许多超越时空、普遍有益、饱含精华、可为今用的概念、命题、论语等思想资源，这是马克思主义法治思想中国化得天独厚的文化优势。习近平法治思想一方面用马克思主义法治思想的真理力量激活了中华法系，使中华法治文明再次焕发出蓬勃生机和魅力；另一方面以中华优秀传统法律文化创造性转化、创新性发展的新成果赋予马克思主义法治思想以丰厚的中国文化和民族精神。

这“两个结合”不是孤立的，而是全面依法治国的实践逻辑、马克思主义法治思想的理论逻辑、中华法治文明发展的历史逻辑的有机统一，这使得习近平法治思想呈现出过去、现在、未来的历史维度，更呈现出实践—具体—抽象的思想深度。

在新的历史条件下，我们学习研究习近平法治思想，也要以“两个结合”为路径，遵循马克思主义中国化的历史规律，系统总结中国法治建设的实践经验，深入挖掘中华优秀传统法律文化的思想精华，充分汲取世界法治文明有益成果，继续解放思想、守正创新，用马克思主义观察时代、把握时代、引领时代，提炼更多具有时代性、原创性、标识性、融通性的新概念新命题新话语，建构中国自主的法学知识体系，打造具有中国特色、国际视野的法治话语体系，在更高起点上推进马克思主义法治思想中国化时代化，不断发展新时代中国特色社会主义法治思想、当代中国马克思主义法治思想、21 世纪马克思主义法治思想。

注　释

1 习近平:《决胜全面建成小康社会　夺取新时代中国特色社会主义伟大胜利——在中国共产党第十九次全国代表大会上的报告》(2017 年 10 月 18 日),人民出版社 2017 年版,第 20 页。

2 习近平:《坚定不移走中国特色社会主义法治道路　为全面建设社会主义现代化国家提供有力法治保障》,载《求是》2021 年第 5 期。

3 习近平:《加快建设社会主义法治国家》(2014 年 10 月 23 日),载习近平:《论坚持全面依法治国》,中央文献出版社 2020 年版,第 106 页。

4 习近平:《坚持走中国特色社会主义法治道路　更好推进中国特色社会主义法治体系建设》,载《求是》2022 年第 4 期。

5 习近平:《严格执法,公正司法》(2014 年 1 月 7 日),载习近平:《论坚持全面依法治国》,中央文献出版社 2020 年版,第 52 页。

6 习近平:《严格执法,公正司法》(2014 年 1 月 7 日),载习近平:《论坚持全面依法治国》,中央文献出版社 2020 年版,第 53 页。

7 习近平:《在省部级主要领导干部学习贯彻党的十八届四中全会精神全面推进依法治国专题研讨班上的讲话》(2015 年 2 月 2 日),载中共中央文献研究室编:《习近平关于全面依法治国论述摘编》,中央文献出版社 2015 年版,第 34 页。

8 习近平:《在省部级主要领导干部学习贯彻党的十八届四中全会精神全面推进依法治国专题研讨班上的讲话》(2015 年 2 月 2 日),载中共中央文献研究室编:《习近平关于全面依法治国论述摘编》,中央文献出版社 2015 年版,第 33 页。

9 习近平:《关于〈中共中央关于全面推进依法治国若干重大问题的决定〉的说明》(2014 年 10 月 20 日),载习近平:《论坚持全面依法治国》,中央文献出版社 2020 年版,第 92 页。

10 习近平:《在省部级主要领导干部学习贯彻党的十八届四中全会精神全面推进依法治国专题研讨班上的讲话》(2015 年 2 月 2 日),载中共中央文献研究室编:《习近平关于全面依法治国论述摘编》,中央文献出版社 2015 年版,第 34 页。

11 《中共中央关于党的百年奋斗重大成就和历史经验的决议》,人民出版社 2021 年版,第 39 页。

12 习近平:《加快建设社会主义法治国家》(2014 年 10 月 23 日),载习近平:《论坚持全面依法治国》,中央文献出版社 2020 年版,第 107 页。

13 习近平:《加强党对全面依法治国的领导》,载《求是》2019 年第 4 期。

14 习近平:《在中央全面依法治国委员会第一次会议上的讲话》(2018 年 8 月 24 日),载习近平:《论坚持全面依法治国》,中央文献出版社 2020 年版,第 225 页。

15 (清)王先慎撰,钟哲点校:《韩非子集解》卷二《有度第六》,中华书局 1998 年版,第 31 页。

16 习近平:《中华优秀传统文化是中国特色社会主义植根的文化沃土》(2014 年 10 月 13 日),载习近平:《论党的宣传思想工作》,中央文献出版社 2020 年版,第 88 页。

17 习近平:《全面推进依法治国是一项长期而重大的历史任务》(2017 年 5 月 3 日),载习近平:《论坚持全面依法治国》,中央文献出版社 2020 年版,第 170 - 171 页。

18 习近平:《坚定不移走中国特色社会主义法治道路 为全面建设社会主义现代化国家提供有力法治保障》,载《求是》2021 年第 5 期。

19 习近平:《在中央全面依法治国委员会第一次会议上的讲话》(2018 年 8 月 24 日),载习近平:《论坚持全面依法治国》,中央文献出版社 2020 年版,第 227 页。

20 习近平:《在中央全面依法治国委员会第一次会议上的讲话》(2018 年 8 月 24 日),载习近平:《论坚持全面依法治国》,中央文献出版社 2020 年版,第 227 页。

21 习近平:《在中共十八届四中全会第二次全体会议上的讲话》(2014 年 10 月 23 日),载中共中央文献研究室编:《习近平关于全面依法治国论述摘编》,中央文献出版社 2015 年版,第 12 - 13 页。

22 习近平:《在纪念毛泽东同志诞辰 120 周年座谈会上的讲话》(2013 年 12 月 26 日),人民出版社 2013 年版,第 15 页。

23 习近平:《坚定不移走中国特色社会主义法治道路 为全面建设社会主义现代化国家提供有力法治保障》,载《求是》2021 年第 5 期。

24 习近平:《宪法修改要充分体现人民的意志》(2017 年 12 月 15 日),载习近平:《论坚持全面依法治国》,中央文献出版社 2020 年版,第 188 页。

25 习近平:《深化司法体制改革》(2015 年 3 月 24 日),载习近平:《论坚持全面依法治国》,中央文献出版社 2020 年版,第 148 页。

26 习近平:《新发展阶段贯彻新发展理念必然要求构建新发展格局》(2020 年 10 月 29 日),载习近平:《论把握新发展阶段、贯彻新发展理念、构建新发展格局》,中央文献出版社 2021 年版,第 13 页。

27 习近平:《关于〈中共中央关于制定国民经济和社会发展第十四个五年规划和二〇三五年远景目标的建议〉的说明》(2020 年 10 月 26 日),载习近平:《论把握新发展阶段、贯彻新发展理念、构建新发展格局》,中央文献出版社 2021 年版,第 425 页。

28 习近平:《在中共中央召开的党外人士座谈会上的讲话》(2013 年 9 月 17 日),载中共中央文献研究室编:《习近平关于全面深化改革论述摘编》,中央文献出版社 2014 年版,第 38 – 39 页。

29 习近平:《切实把思想统一到党的十九届三中全会精神上来》(2018 年 2 月 28 日),载《习近平谈治国理政》(第 3 卷),外文出版社 2020 年版,第 171 页。

30 《习近平李克强栗战书汪洋王沪宁赵乐际韩正分别参加全国人大会议一些代表团审议》,载《人民日报》2018 年 3 月 8 日,第 1 版。

31 习近平:《在中央全面依法治国委员会第一次会议上的讲话》(2018 年 8 月 24 日),载习近平:《论坚持全面依法治国》,中央文献出版社 2020 年版,第 229 页。

32 (宋)朱熹撰:《四书章句集注 · 孟子集注 · 卷十一 · 告子章句上》,中华书局 1983 年版,第 337 页。

33 习近平:《辩证唯物主义是中国共产党人的世界观和方法论》,载《求是》2019 年第 1 期。

34 习近平:《在全国抗击新冠肺炎疫情表彰大会上的讲话》(2020 年 9 月 8 日),载《人民日报》2020 年 9 月 9 日,第 2 版。

35 习近平:《辩证唯物主义是中国共产党人的世界观和方法论》,载《求是》2019 年第 1 期。

36 习近平:《在纪念孔子诞辰 2565 周年国际学术研讨会暨国际儒学联合会第五届会员大会开幕会上的讲话》(2014 年 9 月 24 日),人民出版社 2014 年版,第 14 页。

37 习近平:《中华优秀传统文化是中国特色社会主义植根的文化沃土》(2014 年 10 月 13 日),载习近平:《论党的宣传思想工作》,中央文献出版社 2020 年版,第 88 – 89 页。

38 习近平:《坚定不移走中国特色社会主义法治道路　为全面建设社会主义现代化国家提供有力法治保障》,载《求是》2021 年第 5 期。

39 习近平:《坚持走中国特色社会主义法治道路　更好推进中国特色社会主义法治体系建设》,载《求是》2022 年第 4 期。

40 习近平:《加快建设社会主义法治国家》(2014 年 10 月 23 日),载习近平:《论坚持全面依法治国》,中央文献出版社 2020 年版,第 111 页。

41 习近平:《全面做好法治人才培养工作》(2017 年 5 月 3 日),载习近平:《论坚持全面依法治国》,中央文献出版社 2020 年版,第 176 页。

42 习近平:《加快建设社会主义法治国家》(2014 年 10 月 23 日),载习近平:《论坚持全面依法治国》,中央文献出版社 2020 年版,第 110 - 111 页。

43 习近平:《坚定不移走中国特色社会主义法治道路　为全面建设社会主义现代化国家提供有力法治保障》,载《求是》2021 年第 5 期。

44 习近平:《中国必须有自己特色的大国外交》(2014 年 11 月 28 日),载习近平:《论坚持推动构建人类命运共同体》,中央文献出版社 2018 年版,第 200 页。

45 习近平:《坚定不移走中国特色社会主义法治道路　为全面建设社会主义现代化国家提供有力法治保障》,载《求是》2021 年第 5 期。

46 习近平:《各级领导干部要做尊法学法守法用法的模范》(2015 年 2 月 2 日),载习近平:《论坚持全面依法治国》,中央文献出版社 2020 年版,第 141 页。

47 (宋)朱熹撰:《晦庵先生朱文公文集 · 卷第六十九 · 学校贡举私议》,载朱杰人等主编:《朱子全书》(第二十三册),上海古籍出版社、安徽教育出版社 2002 年版,第 3360 页。

48 《李大钊文集》(上册),人民出版社 1984 年版,第 173 页。

49 (明)王夫之:《张子正蒙注》卷五,《至当篇》,中华书局 1975 年版,第 168 页。

50 (明)冯梦龙,(清)蔡元放改编:《东周列国志》第十四回,《卫侯朔抗王入国齐襄公出猎遇鬼》,中华书局 2009 年版,第 79 页。

51 习近平:《在纪念马克思诞辰二百周年大会上的讲话》(2018 年 5 月 4 日),载习近平:《论中国共产党历史》,中央文献出版社 2021 年版,第 199 页。

52 习近平:《在庆祝中国共产党成立 100 周年大会上的讲话》(2021 年 7 月 1 日),载《人民日报》2021 年 7 月 2 日,第 2 版。

53 《继续把党史总结学习教育宣传引向深入　更好把握和运用党的百年奋斗历史经验》,载《人民日报》2022 年 1 月 12 日,第 1 版。

习近平法治思想的理论体系*

在中央全面依法治国工作会议上，党中央正式明确提出“习近平法治思想”。习近平法治思想的提出，具有深刻的时代背景、充分的科学依据和重大的战略考量，是马克思主义法治理论发展史和社会主义法治建设史上具有里程碑意义的大事。

习近平法治思想是当代中国马克思主义法治理论、21 世纪马克思主义法治理论，与马克思主义法治理论、毛泽东思想的法治理论、邓小平理论以及“三个代表”重要思想和科学发展观的法治理论既一脉相承又创新发展，集中体现了我们党在法治领域的理论创新成果。习近平法治思想生动记载了我们党改革开放以来持续推进依法治国的丰厚实践经验，深刻蕴含着中华民族自古至今绵延不断的宝贵治理智慧，广泛吸纳了人类社会法治文明的璀璨思想精华，科学擘画了新时代全面依法治国的宏伟战略蓝图，是新时代全面依法治国的根本遵循和行动指南。

习近平法治思想内涵丰富、论述深刻、逻辑严密、系统完备，在概念上系统集成、在话语上自成一体、在逻辑上有机衔接，展现出鲜明的理论风格、深厚的历史底蕴、开放的全球思维和雄浑的实践伟力，蕴含着睿智的法律哲理、鲜活的法治道理、深刻的法学原理、

---

* 本文发表于《法制与社会发展》2021 年第 1 期。

隽永的法理情怀。基于学理化阐释、学术化表达、体系化构建的理论旨趣和学术动因,本文尝试把习近平法治思想的理论体系划分为三个层次三大板块,即法治的基本原理、中国特色社会主义法治的基本理论、全面依法治国的基本观点。其中,法治的基本原理是习近平法治思想的理论基石,中国特色社会主义法治的基本理论是习近平法治思想的理论内核,全面依法治国的基本观点是习近平法治思想的理论要素。

一、法治的基本原理

原理,是人们在长期实践基础上形成的对自然、社会、思维等领域具有普遍意义的基本规律的理性认识,亦即各门科学总结提炼出来的反映事物存在和发展一般规律的道理、学理、哲理。法治原理,就是人们在法治实践中形成的对法治之本质属性及其发展规律的科学认识,是关于法治的基本立场、观点和方法的一般法理。在理论上,法治原理是各种具体的法治命题、法治观点、法治理论的逻辑起点、法理来源、论证根据,具有传承法治文明、传播法学思想、传递法律智慧之功能;在实践中,法治原理是法治方略、法治模式、法治运行的理论向导,对全面依法治国具有长期性、全局性、战略性的指导作用。在习近平法治思想的理论体系中,法治基本原理是基座,回答时代之问、萃取时代精义、弘扬时代之魂,体现了我们党在长期法治建设、改革、发展实践中对法治的法理本质、根本特征、一般规律的科学把握和理性认识,反映了我们党在深化、丰富、拓展法治真理上的洞察力、批判力、创造力,为我们认识法治构建了科学的解释系统,为我们践行法治树立了鲜明的理论旗帜,为我们研究法治确立了先进的研究范式。就其内涵而言,法治基本原理主要包括法治概念论、法治关系论、法治发展论三个方面。

(一)法治概念论

法治概念关涉“法治是什么”,是法治理论的元问题。对法治概念的分析、阐释和论证,构成习近平法治思想的法理之端、立论之原、创新之基。

1. 法治的语义和意义

习近平总书记从四个方面对“法治”这一核心概念和基础范畴进行了分析,揭示了“法治”的基本语义和意义。

第一,法律之治。习近平总书记精辟指出:“法律是什么?最形象的说法就是准绳。用法律的准绳去衡量、规范、引导社会生活,这就是法治。”[1]“现代政治文明发展的一个重要成果就是法治,就是用法律来规范各个社会主体的行为。”[2]可见,法治不是一个抽象概念,而是与社会生活实践密切相关的概念。“法律之治”又包含三个层次:

首先是“规则治理”。规则是法律的形式,是法律概念的构成元素,也是法律体系的基本要件。从内容上看,法律规则是关于权利和义务的规定,即关于人们能够做什么、可以做什么、不能做什么、禁止做什么的规定,具有指引人们行为的社会功能。从形式上看,规则具有明确、肯定、清晰、适度、公开、非溯及既往、可操作、可预测等基本特质,具有有效性、强制性、权威性,“规则和信用是国际治理体系有效运转的基石”。[3]实现“规则之治”,不仅要建立完备的法律规则体系,而且要加强规则文化建设,引导全体民众养成认同规则的意识、形成遵守规则的习惯,做到自觉守法、遇事找法、解决问题靠法。“规则之治”更意味着执政党依法执政、领导人民依法治国,国家机关依法行使国家的立法权、行政权、监察权、司法权,依法立法、依法行政、依法监察、依法司法。

其次是“制度治理”。制度是法律规则的集成,是法律体系的凝结。制度之治是法律之治的高级形态,是一个国家依法治国、一个政党依法执政的优势所在。习近平总书记指出:制度是关系党和国家事业发展的根本性、全局性、稳定性、长期性问题,“制度稳则国家稳”。[4]真正实现社会和谐稳定、国家长治久安,还是要靠制度,靠我们在国家治理上的高超能力,靠高素质干部队伍。“规则治理”要真正产生实效、更加稳定、具有生命力,就必须升级为“制度治理”,“制度治理”是法治的题中应有之义。“我国社会主义法治凝聚着我们党治国理政的理论成果和实践经验,是制度之治最基本最稳定最可靠的保障。”[5]我国宪法、法律和党内法规是中国特色社会主义根本制度、基本制度、重要制度和各项具体制度的载体,是我国经济快速发展、社会长期稳定、实现“中国之治”的制度根基。“新中国成立70年来,中华民族之所以能迎来从站起来、富起来到强起来的伟大飞跃,最根本的是因为党领导人民建立和完善了中国特色社会主义制度,形成和发展了党的领导和经济、政治、文化、社会、生态文明、军事、外事等各方面制度,不断加强和完善国家治理。”[6]“制度治理”的现实要求在于,加快形成系统完备、科学规范、运行有效的制度体系,推动中国特色社会主义制度更加成熟更加定型,不断发挥和增强制度优势,完善治理体系,提高治理水平。

最后是“程序治理”。程序是法律规则的运行代码,是法律体系的内置算法,是法治与人治的显著区别。在某种意义上,法治就是程序之治,依法办事就是依程序办事,法治思维就是程序思维。习近平总书记指出,领导干部提高法治思维和依法办事能力,“要守法律、重程序,这是法治的第一位要求”。[7]从依法执政、依法行政的角度来说,程序是划定权力界限、规范权力行使、防止权力任性的伟大发明。把权力关进制度的笼子,首先是把权力关进程序(包括决策程序、执行程序、监督程序等)的笼子。可以说,“程序治理”抓住了“规则治理”和“制度治理”的关键,是法治思维和法治方式的本质要求。习近平总书记在关于法治的论述中,反复强调要增强程序意识、树立程序思维、切实按程序办事，多次提及法定程序、立法程序、执法程序、司法程序、决策程序、议事程序、组织程序、工作程序、民主程序、协商程序、程序化、程序制度、制度化程序、程序合理等，形成了“程序泛在”的法治话语风格。

第二，良法善治。法律之治只是法治的形式表征，法治的实质内涵在于“法理之治”，也就是形式法治与实质法治相结合的“良法善治”。习近平总书记指出：“法律是治国之重器，良法是善治之前提”，要“以良法促进发展、保障善治”，“立法、执法、司法都要体现社会主义道德要求，都要把社会主义核心价值观贯穿其中，使社会主义法治成为良法善治”。[8]“良法善治”是新时代我们党提出的新型法治模式，也是中国特色社会主义法治的内在要求。

“良法善治”蕴含着“以人民为中心”的法治理念，即法治建设为了人民、法治发展依靠人民、法治成果由人民共享，满足人民对法治的美好需要。这首要地表现为坚持科学立法、民主立法、依法立法，不断提高立法质量和效率，制定“良法”。习近平总书记指出：“人民群众对立法的期盼，已经不是有没有，而是好不好、管用不管用、能不能解决实际问题；不是什么法都能治国，不是什么法都能治好国；越是强调法治，越是要提高立法质量。”[9]提高立法质量，意在使“每一项立法都符合宪法精神、反映人民意愿、得到人民拥护”。[10]一方面，“科学立法的核心在于尊重和体现客观规律”，[11]“良法”必须真实反映自然、人性、经济、政治、社会、文化等方面的规律；另一方面，良法也必须制定得良好，例如，法律所规定的行为标准适度、不强人所难，可遵守、可执行、可适用，权利、义务、责任衡平对等，公开透明，标准统一，普遍适用，连续稳定，非溯及既往，规则与规则、法律与法律、法律部门与法律部门、实体法与程序法之间协调一致等。

“良法善治”还蕴含着“以公正为生命线”的法治精神。习近平总书记指出：公平正义是司法的灵魂和生命，“要坚持公正司法，发挥司法断案惩恶扬善功能”。[12]“公正是法治的生命线。”[13]“全面依法治国,必须紧紧围绕保障和促进社会公平正义来进行。公平正义是我们党追求的一个非常崇高的价值,全心全意为人民服务的宗旨决定了我们必须追求公平正义,保护人民权益、伸张正义。”[14]“加快完善体现权利公平、机会公平、规则公平的法律制度,保障公民人身权、财产权、基本政治权利等各项权利不受侵犯,保障公民经济、文化、社会等各方面权利得到落实”。[15]“要形成有效的社会治理、良好的社会秩序,促进社会公平正义,让人民群众安居乐业,获得感、幸福感、安全感更加充实、更有保障、更可持续。”[16]这些论述表明,习近平法治思想中的“法治”是一个有价值意蕴的概念,它既是社会主义核心价值观的重要因素之一,又是实现其他社会主义核心价值的重要途径和方式。

第三,和谐秩序。无论是作为治国的基本方略,还是作为依法办事的原则,法治最终要表现为一种秩序状态。达到某种秩序状态,既是法治的目标和结果,也是检验法治的终极指标。它不是单纯的仅指向法律实效的法律秩序,而是习近平总书记提出的“法治秩序”。法治秩序是高于和优于法律秩序的秩序状态。“法治秩序”包括经济、政治、文化、社会、生态法治化而形成的市场经济秩序、民主政治秩序、先进文化秩序、安定有序的社会秩序、“天人合一”“人与自然和谐相处”的生态环境秩序等,即符合经济社会发展要求的、以宪法为基石的理性社会秩序。这是一个多面向、多层次、多领域相交融的秩序状态,包括“形成统一开放、竞争有序的市场秩序”,[17]“维护公开、公平、公正的市场秩序”,[18]“确保网络信息传播秩序和国家安全、社会稳定”,[19]“构建和平安宁、合作共赢的海洋秩序”,[20]“推动国际秩序朝着更加公正合理的方向发展”。[21]在习近平法治思想中,“法治秩序”内涵着“秩序”与“活力”的辩证思维,包含着和谐秩序的一般法理。习近平总书记通过阐述网络治理规律,指出了法治秩序构建的一般原理:“网络空间同现实社会一样,既要提倡自由,也要保持秩序。自由是秩序的目的,秩序是自由的保障。我们既要尊重网民交流思想、表达意愿的权利,也要依法构建良好网络秩序,这有利于保障广大网民合法权益。"[22]他更明确指出:"一个现代化的社会,应该既充满活力又拥有良好秩序,呈现出活力和秩序有机统一。"[23]而处理好活力与秩序的关系,就要坚持法治思维和法治方式,在法治轨道上统筹社会力量、平衡社会利益、调节社会关系、规范社会行为,依靠法治解决各种社会矛盾和问题,确保我国社会在深刻变革中既生机勃勃又井然有序。可见,法治正是达致社会和谐秩序的制胜法宝,这也是"法治秩序"的价值所指。

第四,文明表征。"法治"不仅对一个社会、一个国家、一个民族有意义,而且是整个人类值得骄傲的文明成果。习近平总书记指出:"法治是人类政治文明的重要成果,是现代社会治理的基本手段";[24]"法制文明是人类文明的重要内容";[25]"法治进步是社会文明进步的重要标志"。[26]法治文明内含于政治文明之中,既是物质文明、政治文明、精神文明、社会文明、生态文明的制度表征,又是保障其他"四个文明"协调发展、共同进步的必要条件,没有法治文明,人类的一切文明便如彩虹般易散而难以持久。从某种程度上说,法治本身就是人类文明史上具有里程碑意义的文明标识。习近平总书记指出:"法治和人治问题是人类政治文明史上的一个基本问题"。[27]他还曾引用一位外国政要的名言指出:"法律是人类最伟大的发明。别的发明让人类学会驾驭自然,而法律的发明则令人类学会如何驾驭自己。"[28]法治的文明意涵正在于,让人类实现自己对自己的"自治"。其在现代社会具体体现为:对权力(包括立法权、行政权、司法权)的限制,对权力滥用的防范;对人权、公民权利的平等保护和有效保护;立法、行政、司法以及其他机构的活动必须服从法治的一些基本原则,诸如人民主权原则、人权原则、正义的原则、公平合理且迅捷的程序保障原则等;政府维护和保障法律秩序，且政府必须首先服从法律的约束；人民服从法律，且人民服从的法律必须建立在尊重和保障人权的基础之上；经济社会活动纳入法治轨道，经济社会体制运行制度化、法治化；等等。

2.“法治”与“法制”

我们在理解习近平法治思想中的“法治”概念时，需要同时理解与之相关联的另一个核心概念，即“法制”。只有弄清“法制”和“法治”这两个概念的科学内涵，释明从“法制”到“法治”的历史演进和逻辑升级关系，才能更深刻认识到“法治”概念在习近平法治思想体系中的重要地位，更好地把握习近平法治思想在马克思主义法治理论中国化进程中的理论逻辑。

在学界和政界，对“法制”的理解，一是指法律制度，二是指法律体系和体制。正如马克思主义法学家董必武同志所言：“现在世界上对于法制的定义，还没有统一的确切的解释。我们望文思义，国家的法律和制度，就是法制。”[29]而对于“法治”的理解，一般是指依法办事、依法而治、依据法律治国理政，诸如依法治国、依法执政、依法行政、依法治军、依法治理（经济社会）等。“文化大革命”结束之后，面对当时法制几乎“荡然无存”的局面，党中央作出了“健全社会主义法制”的决策，其重心是加快立法步伐、重建法律制度、构建法律体系，尽快做到“有法可依”。1982 年修改宪法时，沿用了“健全社会主义法制”的提法。从那以后，我们使用较多的是“法制”一词，如“加强社会主义法制”“健全社会主义法制”“使民主制度化法律化”“维护社会主义法制的统一和尊严”等。直到 1996 年，我们仍然提的是“依法治国，建设社会主义法制国家”。1997 年，党的十五大正式提出“依法治国，建设社会主义法治国家”，[30]用“法治国家”代替了“法制国家”，“法治”才逐渐成为主流、主导概念。

党的十八大以来，习近平总书记高举中国特色社会主义法治旗帜，旗帜鲜明反对人治，坚定不移厉行法治，“法治”成为新时代治国理政实践中的"热词"。2018 年,第五次修改宪法时,将原序言中的"健全社会主义法制"修改为"健全社会主义法治"。这"一字千钧"之变,在宪法法律制度上完成了从"法制"到"法治"的根本转型,反映出我国社会主义法治建设的历史性跨越和进步,对推进全面依法治国、建设中国特色社会主义法治体系、建设社会主义法治国家、加快实现国家治理体系和治理能力现代化,具有极为深刻的现实价值和极其深远的历史意义。习近平总书记深刻指出:"从'社会主义法制'到'社会主义法治',从'有法可依、有法必依、执法必严、违法必究'到'科学立法、严格执法、公正司法、全民守法',我们党越来越深刻认识到,治国理政须臾离不开法治。"[31]

"法治"与"法制"相比,仅一字之差,却有"质"的飞跃。第一,"法治"的指向更鲜明,突出了厉行法治、摒弃人治的定力和决心,针对性、目标性更强。第二,"法治"的价值更凸显,意味着宪法法律至上,依法而治、依法治权。第三,"法治"的内涵更丰富,意味着不仅要有完备的法律体系和法律制度,而且要树立法律的权威,确保法律的实施,切实依照法律治理国家和社会。第四,"法治"的外延更宽广。"法制"是相对静态的;"法治"则是动态的,包含了立法、执法、司法、守法各个环节的运行。从二者的关系来看,"法制"是"法治"的基础,"法治"是"法制"的深化。从"法制"到"法治",以"法治国家"代替"法制国家",这不仅是提法上的变化,更是一次又一次的思想解放,标志着我们党在法治认识上的飞跃。习近平总书记的领导实践经历了新时期社会主义法制建设和新时代社会主义法治建设,其法治话语体系也经历了从"法制观念"到"法治观念"、从"法制环境"到"法治环境"、从"法制化"到"法治化"、从"法制经济"到"法治经济"、从"法制浙江"到"法治浙江"、从"社会主义法制"到"社会主义法治"的演进与深化。因此,在习近平法治思想中,"法制"和"法治"不是孤立的两个概念,而是在历史逻辑上相承接、在实践逻辑中相交叠、在理论逻辑上相递进,展现出中国法治实践和法治理论在中国特色社会主义道路上的完美蜕变。

3. 法治与人治

"法治和人治问题是人类政治文明史上的一个基本问题,也是各国在实现现代化过程中必须面对和解决的一个重大问题。综观世界近现代史,凡是顺利实现现代化的国家,没有一个不是较好解决了法治和人治问题的。相反,一些国家虽然也一度实现快速发展,但并没有顺利迈进现代化的门槛,而是陷入这样或那样的'陷阱',出现经济社会发展停滞甚至倒退的局面。后一种情况很大程度上与法治不彰有关。"[32]这是习近平总书记站在人类文明史的高度对法治与人治关系作出的科学论断,为我们认识法治与人治的对立关系、把握法治真谛提供了理论向导。

在习近平法治思想中,法治与人治的对立关系不是一个纯粹的理论问题,而是对人类数千年政治文明史的抽象提炼,是对新中国数十年经验教训的理性反思。古往今来,法治与人治作为对立的治国方略,在人类政治文明的长河中跌宕起伏,在不同的文化语境和时代背景下变幻多姿。在古代中国,"法治论"强调"治国用重典",用权威性的强制规范甚或严刑峻法治理社会;而"人治论"强调"治国靠贤臣",主张"为政在人"[33]"权大于法",注重发挥"贤人""精英"在治国理政中的作用。"法治"或"人治"都是蜗居在君权之下的"手段之治"。在古希腊,"法治论"强调法律的理性及其一般指引作用,"人治论"则强调圣贤的智慧及其对解决具体问题的个别指引作用。"法治"与"人治"分别是普遍理性与特殊理性的代表。而在现代社会,法治与人治的对立集中表现为"法大"还是"权大",是"法律说了算"还是"权力说了算"。习近平总书记将法治和人治问题视为人类政治文明史上的基本问题和现代化过程中的重大现实问题,是对该问题最精辟最深刻的定位。要法治还是要人治,不是一个任意的选择题,而是回顾历史必须慎重、面对现实不能逃避的实践难题。

法治和人治问题投射在新中国历史上,经历了一段极其艰苦的探索过程,也凝结下极其惨痛的教训。新中国成立初期,我们党高度重视法制。20 世纪 50 年代后期,领导人的看法和注意力改变了,不再那么重视宪法和法律,把法律作为办事的参考,甚至直截了当地提出“要人治不要法治”。在错误思想指导下,社会主义法制建设跌入低谷,宪法和法律在全党全民中得不到应有的重视,宪法被虚置,成为一纸空文,法制的衰败最终导致了“文化大革命”的悲剧。改革开放初期,邓小平同志就强调:“要通过改革,处理好法治和人治的关系”。[34]后来,他又指出,要保持党和国家长治久安,避免“文化大革命”那样的历史悲剧重演,必须从制度上解决问题,搞人治危险得很,“还是要靠法制,搞法制靠得住些”。[35]在推进从人治型治理到法治型治理的历史变革进程中,江泽民同志十分鲜明地指出:“我们绝不能以党代政,也绝不能以党代法。这也是新闻界讲的究竟是人治还是法治的问题。我想我们一定要遵循法治的方针。”[36]正是在反复摸索、吸取沉痛教训、深入反思的基础上,我们党的法治意识逐渐成熟、法治定力不断增强、法治自信更加壮大。尤其是进入新时代以来,随着法治建设经验的快速积累,中国特色社会主义法治的优势得到突显,全面依法治国新理念新思想新战略深入人心。

法治和人治问题不仅是历史上的难题,而且依然是我们走向法治现代化要面对和解决的现实问题。受数千年法治虚无主义的历史影响和极左思潮的暗流涌动,无论是在实际工作中还是在法学研究中,一部分人在人治与法治问题上还存在着一些模糊认识和错误行为。习近平总书记有的放矢地分析了新的历史条件下人治的表现形式、存在原因,指出了克服人治思维、树立法治思维的重要性。他指出,一些党员、干部仍然存在人治思想和长官意识,认为依法办事条条框框多、束缚手脚,凡事都要自己说了算,根本不知道有法律存在,大搞以言代法、以权压法。这种现象不改变,依法治国就难以真正落实。我们必须认认真真讲法治、老老实实抓法治。各级领导干部要对法律怀有敬畏之心,带头依法办事,带头遵守法律,不断提高运用法治思维和法治方式深化改革、推动发展、化解矛盾、维护稳定、应对风险的能力。要把法治建设成效作为衡量各级领导班子和领导干部工作实绩的重要内容,把能不能遵守法律、依法办事作为考察干部的重要依据。他还强调了依法治军、建设法治军队的重要性。在建军治军中,继承和发扬军队建设中的好经验好传统十分重要,但是任何经验都是既往的,都是在特定条件下形成的,如果过分依赖经验就会陷入经验主义、主观主义,甚至导致人治思维和人治习惯,进而影响决策和行动的科学性。而制度和法规则是在认识和遵循客观规律的基础上总结经验、吸取教训形成的,更具科学性和合理性。深入推进依法治军、从严治军,就要强调带兵备战打仗的科学性,强调依据体现规律的法律法规和制度开展工作,树立法律法规制度的权威性和执行力。

在习近平法治思想中,关于法治与人治关系的理解正是在对治国理政规律的科学认识和对人治教训的深刻反思的基础上确立的,法治概念也正是在摒弃人治这个对立面的前提下提出的。习近平总书记强调,各级领导干部"要坚持法治、反对人治,对宪法法律始终保持敬畏之心,带头在宪法法律范围内活动,严格依照法定权限、规则、程序行使权力、履行职责,做到心中高悬法纪明镜、手中紧握法纪戒尺,知晓为官做事尺度"。[37]以习近平同志为核心的党中央采取一系列重大举措,推动党、国家和社会告别人治窠臼而步入法治的光明大道,开辟了法治文明的崭新局面。

(二)法治关系论

在法治领域,有许多重大关系,诸如法治和政治的关系、法治和德治的关系、法治和民主的关系等。习近平总书记以精准练达的辩证思维,对这些关系作出了科学阐释,形成了法治关系论,创造性地发展了法治原理。

1. 法治和政治的关系

法治和政治的关系是法治关系论中的根本问题、首要问题和重点问题。习近平总书记对法治和政治的关系作出了科学判断和深刻阐述,展示出其高超的理论阐释力和敏锐的实践洞察力,体现了马克思主义法学的理论优势。

首先,政治是法治的根基和理据。习近平总书记指出:“法治当中有政治,没有脱离政治的法治……每一种法治形态背后都有一套政治理论,每一种法治模式当中都有一种政治逻辑,每一条法治道路底下都有一种政治立场。”[38]现实表明,在现代国家的政治体制中,政治理论、政治逻辑、政治立场对法治的影响是内在的、持久的、根深蒂固的。特别是,宪法和政治法是从事政治活动和实现政治目标的基本规则。有什么样的政治就有什么样的法治,政治制度和政治模式的差异必然反映在以宪法为统领的法律体系上,体现在立法、执法、司法、守法等法治实践中。

其次,政治和法治的关系集中反映为党和法的关系。现代政治是政党政治,政党是政治力量的代表,国家政权掌握在执政党手中,执政党的基本理论、基本路线、基本政策深刻影响着法律制度、法治体系及其运行。所以,政治和法治的关系说到底就是党和法的关系,正确处理好党和法的关系是正确处理好政治和法治关系的关键。正如习近平总书记所指出的:“党和法的关系是政治和法治关系的集中反映。”[39]“党和法的关系是一个根本问题,处理得好,则法治兴、党兴、国家兴;处理得不好,则法治衰、党衰、国家衰”。[40]“全面推进依法治国,要有利于加强和改善党的领导,有利于巩固党的执政地位、完成党的执政使命,决不是要削弱党的领导。”[41]

那么,就当代中国而言,如何处理好党和法的关系?习近平总书记以一个逻辑严整、内涵深邃、立场鲜明的理论命题作出了科学回答,即社会主义法治必须坚持党的领导,党的领导必须依靠社会主义法治。一方面,坚持党的领导是社会主义法治的根本要求,是全面依法治国的题中应有之义,其关键是充分发挥党总揽全局、协调各方的领导核心作用,通过领导立法、保证执法、支持司法、带头守法,把党的领导贯穿于依法治国全过程、各领域、各方面。另一方面,党的领导必须依靠社会主义法治,法治有利于巩固党的执政地位、完成党的执政使命、改善党的执政方式、提高党的执政能力。要坚持依法执政,推进依法执政制度化、规范化、程序化,要坚持以法治的理念、法治的体制、法治的程序,实行党的领导。

习近平总书记以敏锐的洞察力揭露党法关系上的谬误和阴谋,义正词严地指出,党与法的关系不能转换为"党大还是法大"问题,"'党大还是法大'是一个政治陷阱,是一个伪命题"。[42]同时,他也明确指出:"如果说'党大还是法大'是一个伪命题,那么对各级党政组织、各级领导干部来说,权大还是法大则是一个真命题。"[43]"我们说不存在'党大还是法大'的问题,是把党作为一个执政整体而言的,是指党的执政地位和领导地位而言的,具体到每个党政组织、每个领导干部,就必须服从和遵守宪法法律,就不能以党自居,就不能把党的领导作为个人以言代法、以权压法、徇私枉法的挡箭牌。"[44]

最后,政策是国家法律的先导和指引。政治和法治的关系,在具体层面上通过执政党的政策(简称政策)与国家法律的关系体现出来。受历史和现实多重因素的影响,实践中时常出现重政策轻法律、用政策取代法律,或者忽视或否定政策等错误倾向。而在原理上,党的政策和国家法律是两种最重要的社会调整机制,具有融通性、兼容性和互补性。习近平总书记强调,必须正确认识和处理政策和法律的关系,他指出:"我们党的政策和国家法律都是人民根本意志的反映,在本质上是一致的。党的政策是国家法律的先导和指引,是立法的依据和执法司法的重要指导。要善于通过法定程序使党的主张成为国家意志、形成法律,通过法律保障党的政策有效实施,确保党发挥总揽全局、协调各方的领导核心作用。党的政策成为国家法律后,实施法律就是贯彻党的意志,依法办事就是执行党的政策。”[45]当然,由于政策具有因地制宜、因时制宜、侧重指导的特点,而法律具有普遍性、统一性、连续性、稳定性、规范性等特点,二者在实践中不可避免地会出现矛盾、发生冲突;但是,有矛盾和冲突并不意味着二者就是不相容的,要及时调整政策或修改法律,使之协调一致,同时要努力确保法律和政策一体实施。

2. 法治和德治的关系

法律和道德的关系、法治和德治的关系,是法理学上旷日持久的热点问题,也是历朝历代治国理政的基本问题。在中国古代历史上,法家和儒家围绕这一基本问题进行过长期而激烈的争论,最终达成“德主刑辅”“德法相济”“德治和法治互补”等共识,这不仅是理论论辩的结果,更是历史实践的智慧结晶。

进入21世纪以来,中国共产党的领导人重提法治和德治的关系问题,强调依法治国和以德治国相结合、政治文明和精神文明相共进。习近平总书记以“法安天下、德润人心”精辟指明了二者的辩证关系,夯实了坚持依法治国基本方略和以德治国基本方式相结合的理论基础。他指出:“法律是准绳,任何时候都必须遵循;道德是基石,任何时候都不可忽视。”[46]“法律是成文的道德,道德是内心的法律。法律和道德都具有规范社会行为、调节社会关系、维护社会秩序的作用,在国家治理中都有其地位和功能。”[47]“治理国家、治理社会必须一手抓法治、一手抓德治,既重视发挥法律的规范作用,又重视发挥道德的教化作用,实现法律和道德相辅相成、法治和德治相得益彰。”[48]“发挥好法律的规范作用,必须以法治体现道德理念、强化法律对道德建设的促进作用。一方面,道德是法律的基础,只有那些合乎道德、具有深厚道德基础的法律才能为更多人所自觉遵行。另一方面,法律是道德的保障,可以通过强制性规范人们行为、惩罚违法行为来引领道德风尚。要注意把一些基本道德规范转化为法律规范，使法律法规更多体现道德理念和人文关怀，通过法律的强制力来强化道德作用、确保道德底线，推动全社会道德素质提升。”[49]“发挥好道德的教化作用，必须以道德滋养法治精神、强化道德对法治文化的支撑作用。再多再好的法律，必须转化为人们内心自觉才能真正为人们所遵行。‘不知耻者，无所不为。’没有道德滋养，法治文化就缺乏源头活水，法律实施就缺乏坚实社会基础。在推进依法治国过程中，必须大力弘扬社会主义核心价值观，弘扬中华传统美德，培育社会公德、职业道德、家庭美德、个人品德，提高全民族思想道德水平，为依法治国创造良好人文环境。”[50]他还着重强调：“法律有效实施有赖于道德支持，道德践行也离不开法律约束。法治和德治不可分离、不可偏废，国家治理需要法律和道德协同发力。”[51]要把道德要求贯彻到法治建设中，以法治承载道德理念，道德才有可靠制度支撑。法律法规要树立鲜明道德导向，弘扬美德义行，立法、执法、司法都要体现社会主义道德要求，都要把社会主义核心价值观贯穿其中，使社会主义法治成为良法善治。“要把实践中广泛认同、较为成熟、操作性强的道德要求及时上升为法律规范，引导全社会崇德向善。要坚持严格执法，弘扬真善美、打击假恶丑。要坚持公正司法，发挥司法断案惩恶扬善功能。”[52]“要运用法治手段解决道德领域突出问题。法律是底线的道德，也是道德的保障。要加强相关立法工作，明确对失德行为的惩戒措施。要依法加强对群众反映强烈的失德行为的整治。对突出的诚信缺失问题，既要抓紧建立覆盖全社会的征信系统，又要完善守法诚信褒奖机制和违法失信惩戒机制，使人不敢失信、不能失信。对见利忘义、制假售假的违法行为，要加大执法力度，让败德违法者受到惩治、付出代价。”[53]“从一定意义上说，依法治国是维护社会秩序的刚性手段，以德治国是维护社会秩序的柔性手段，只有把二者有机地结合起来，才能有效地维护社会的和谐，保障社会健康协调地发展。”[54]

以上论述突破了认为法律和道德水火不容、法治和德治漠不相关的传统思维定式，阐明了一种现代法治和新型德治相结合的治国新理念，揭示出“融德于法”的法治之理和“法德共治”的实践之道。习近平法治思想中的法德共治、德法互补理论既是对中国古代治国理政智慧的汲取和传承，又是对国家治理现代化理论的丰富和发展，极大地深化、拓展和创新了法治基本原理。

3. 法治和民主的关系

法治和民主是人类政治思想史上具有广泛共识的两个核心范畴，是近代以来文明国家孜孜以求的两种理想，是现代制度文明的两大支柱。法治和民主的关系属于法治原理中具有根本性、全局性的问题，习近平总书记对二者的关系作出了精辟论述。

民主和法治是“政治文明”的本质规定。“政治文明”通常被界定为“人们改造社会所获得的政治成果的总和”。[55]马克思主义经典作家是较早论述“政治文明”的思想家。1844 年，马克思在《关于现代国家的著作的计划草稿》中就明确使用了“政治文明”[56]的概念。恩格斯在《家庭、私有制和国家的起源》中提出了“国家是文明社会的概括”[57]的论断。我们党高度重视政治文明建设，党的十六大报告明确提出“社会主义政治文明”命题，其后，历次党的全国代表大会报告都把“建设社会主义政治文明”作为党的重大任务。2004 年宪法修正案把“政治文明”写入宪法。2018 年宪法修正案进一步把“推动物质文明、政治文明、精神文明、社会文明、生态文明协调发展”写入宪法。由此，建设社会主义政治文明成为国家发展纲领和根本任务。习近平总书记不仅高度重视政治文明建设，而且创造性地发展了政治文明理论。在他看来，民主和法治的有机统一是“政治文明”的本质规定，文明政治必然是以民主和法治为标志的政治，而建设社会主义政治文明，就是要“扩大社会主义民主，健全社会主义法制，建设社会主义法治国家”。[58]“发展社会主义民主政治，保证人民当家作主，保证国家政治生活既充满活力又安定有序，关键是要坚持党的领导、人民当家作主、依法治国有机统一。”[59]因此，民主和法治是政治文明的双生花，并蒂而生，相和而妍。

民主和法治相互依存、相互制约、相辅相成。习近平总书记指出，我们“不仅需要民主与科学，更需要法制，民主与法制是相应依存、相互制约，二者不可偏废”。[60]首先，民主和法治相互依存、密不可分。一方面，民主是法治的前提，没有民主就没有法治。人民只有在争得民主、掌握国家政权之后，才能把自己的意志通过国家政权上升为宪法法律，才能够长期而稳定地实行法治，民主为法治确立了政治前提和政治环境。另一方面，法治是民主的保障，有了法治，民主才更加成熟。人民当家作主的政治地位需要宪法法律加以确认和维护，公民行使政治权利和自由、管理国家和公共事务，必须在法治的轨道上和平理性、依法有序地进行。法治为民主生活和民主发展提供制度之源。[61]其次，民主和法治相互制约、相辅相成。一方面，没有民主的法治不是真正的法治，可能导致专制独裁的严刑峻法，甚至造成权力的滥用，最终法治也荡然无存；另一方面，没有法治的民主也不会是理性的、有效的民主，失去了法治，民主容易与迷信、愚昧、暴力相结合，甚至导致无政府主义，产生大动乱、大破坏，最终民主沦为暴政。所以，民主和法治不能孤立存在，必须一体建设，同步推进民主法治化和法治民主化。

民主和法治统一于“人民主体性”的法理理念和“以人民为主体”的制度实践。习近平总书记曾经引述马克思和恩格斯的“民主之问”：“民主是什么呢？它必须具备一定的意义，否则它就不能存在。因此全部问题在于确定民主的真正意义。”[62]在他看来，民主的真正意义就在于人民主权、人民当家作主，“找到全社会意愿和要求的最大公约数，是人民民主的真谛”。[63]“我国社会主义制度保证了人民当家作主的主体地位，也保证了人民在全面推进依法治国中的主体地位。这是我们的制度优势，也是中国特色社会主义法治区别于资本主义法治的根本所在。”[64]总体上,法治的性质和内容由民主政治决定,由民主的真正意义决定。法治的真正意义也在于人民获得主体地位,即法治体现人民利益、反映人民愿望、维护人民权益、增进人民福祉、依靠人民维护,法律是社会利益和意愿的最大公约数。民主和法治共同的主体性来源于共同的价值追求,取决于共同的经济基础和政治制度。

(三)法治发展论

“法治”既不是一个固化的概念,不同国家和民族有不同的法治模式;“法治”也不是一个静止的概念,不同时代和阶段有不同的法治发展样态。“法治发展”是法治原理的题中之义。从理论上看,“发展”不纯粹是一个经济现象,而是“包括整个经济和社会体制的重组和重整在内的多维互动过程”。“我们必须把发展看成是涉及到社会结构、人的态度和国家制度以及加速经济增长、减少不平等和根除绝对贫困等主要变化的多方面过程。”[65]“法治发展”也必然被包含在这个具有广泛意涵的“发展”概念中。“法治发展”在习近平法治思想中具有特殊意义,表达了社会主义法治向现代化不断迈进的过程和愿景。

1. 法治发展以现代化为目标

“一个现代化国家必然是法治国家”,[66]习近平总书记的这个论断揭示了法治与现代化之间的必然联系,为法治发展指明了前进方向和道路。法治是国家强盛的标志,是走向现代化强国的必由之路。习近平总书记多次引用法家代表人物韩非的名言“奉法者强则国强,奉法者弱则国弱”[67]来说明“奉法强国”的规律和道理,号召全党和全国人民坚定不移走奉法强国之路,更好发挥法治对经济发展、政治清明、文化昌盛、社会公正、生态良好、国泰民安的引领和规范作用,发挥法治固根本、稳预期、利长远的作用。他坚持历史唯物主义理论和方法,以史为鉴、察古知今,指出:“历史是最好的老师。经验和教训使我们党深刻认识到,法治是治国理政不可或缺的重要手段。法治兴则国家兴,法治衰则国家乱。什么时候重视法治、法治昌明,什么时候就国泰民安;什么时候忽视法治、法治松弛,什么时候就国乱民怨。”[68]“人类社会发展的事实证明,依法治理是最可靠、最稳定的治理。”[69]“历史和现实都告诉我们,法治兴则国兴,法治强则国强。”[70]中华人民共和国成立以来的法治建设实践是现代世界法治发展的范例。70 多年来,新中国的社会主义法治发展经历了“开启社会主义法治新纪元”“开启依法治国新时期”“开启全面依法治国新时代”三个历史阶段,每一个阶段都有标志性的发展成果,每一个阶段也都是向现代化前进的一大步。[71]

法治发展和法治现代化是等值的概念,既指从传统人治社会到现代法治社会的历史性变革,又指法治(法制)由传统型到现代型的历史性转型。法治现代化是包括法律制度、法律价值和法治文化变革在内的意义深远的变革过程。世界范围内的法治现代化肇始于欧洲资本主义的兴起,资本主义市场经济、民主政治和理性文化极大地推动了欧洲法治的现代化进程。中国社会的法治现代化发轫于清末民初,先后经历了清末法制改革、辛亥革命的法制实践、北洋军阀时期的法律发展、中华民国南京国民政府的法制活动,特别是中国共产党领导的新民主主义法制革命和社会主义法制建设等发展阶段。进入 20 世纪 80 年代后,在经济体制改革、政治体制改革、社会文化变革以及全球化浪潮的推动下,中国法治现代化发生了伟大的历史性变革。世界范围内的法治现代化有各种各样的目标定位和发展道路,如西方国家的自然权利主义、政治自由主义、文化理性主义、民主社会主义等。“从已经实现现代化国家的发展历程来看,像英国、美国、法国等西方国家,呈现出来的主要是自下而上社会演进模式,即适应市场经济和现代化发展需要,经过一二百年乃至二三百年内生演化,逐步实现法治化,政府对法治的推动作用相对较小。像新加坡、韩国、日本等,呈现出来的主要是政府自上而下在几十年时间快速推动法治化,政府对法治的推动作用很大。就我国而言,我们要在短短几十年时间内在十三亿多人口的大国实现社会主义现代化,就必须自上而下、自下而上双向互动地推进法治化。"[72]推进法治现代化,必须从国情出发、从实际出发。习近平总书记指出:"各国国情不同,每个国家的政治制度都是独特的。"[73]"走什么样的法治道路、建设什么样的法治体系,是由一个国家的基本国情决定的。"[74]我们不能脱离中国社会经济、政治、文化、历史、地理环境等方面的条件和因素,而盲目地提出这样或那样的"理想图景"。推进法治现代化,必须"同推进国家治理体系和治理能力现代化相适应,既不能罔顾国情、超越阶段,也不能因循守旧、墨守成规"。[75]我们走的是一条具有鲜明中国特色、实践特色、时代特色的社会主义法治发展道路,是与社会主义市场经济、民主政治、先进文化、和谐社会、生态文明相适应的法治现代化道路。我国法治现代化的战略任务是全面依法治国、建设法治中国,在国家治理体系和治理能力现代化的背景下实现法治强国梦。

2. 法治发展以文化传承、文明互鉴为规律

习近平总书记将法治发展放在人类文明镜像中去考察,指出法治现代化也是政治文明的现代化,法治发展也要遵循文明进步的基本规律,即不忘本来、吸收外来、面向未来。

对古代法治文明在批判性继承的基础上进行创造性转化、创造性发展,是法治发展的普遍规律之一。习近平总书记指出:"不忘历史才能开辟未来,善于继承才能善于创新。"[76]"只有坚持从历史走向未来,从延续民族文化血脉中开拓前进,我们才能做好今天的事业。"[77]"治理国家和社会,今天遇到的很多事情都可以在历史上找到影子,历史上发生过的很多事情也都可以作为今天的镜鉴。"[78]这些论述深刻揭示出法治发展的客观规律。法治文明是中国古代文明的重要构成和明显标志,中华法系在世界几大法系中

独树一帜。中国古代法治蕴含着十分丰富的智慧和资源，拥有许多超越时空的价值基因，例如，讲仁爱、重民本、守诚信、崇正义、尚和合、求大同，注重法律的人文精神，强调以人为本、民为邦本、社会和合；善于通过人文精神对社会成员心理和观念世界的整合与引领，来维系和范导整个社会；主张"礼法合一""德法并济""明德慎罚"；注重法律的教育功能，主张以法为教，既"禁暴惩奸"又"弘风阐化"；注重治国者、执法者的道德品质以及对国家的责任感和使命感，主张为官者、执法者要清正廉洁，光明正大，发挥以吏为师的榜样作用；注重法律的综合意义，主张对法律条文和典籍从天理、国法、人情的有机结合上予以解释和注释，法律的实施不能就事论事；强调"不习经史，无以立身；不习法理，无以效职"，[79]"匠万物者以绳墨为准，驭大国者以法理为本"；[80]注重变法促进，强调通过变法革新来解决社会深层次矛盾，保持社会稳定，推动社会发展。在数千年的文明演进中，我国古代社会逐渐形成了包括朝廷制度、君臣共治制度、郡县制度、盐铁专卖制度、科举制度、监察制度、军事制度等在内的一整套行之有效的国家制度和国家治理体系。这套制度总体上有效地保障了国家统一、民族融合和社会发展，使国家能够集中国力和民力治水、屯田、戍边、治乱。开辟大运河、建设都江堰、构筑万里长城、无数次成功抵御大规模外敌入侵，都体现出大国体制的优势。中华民族的历史证明：凡是中央集中统一的国家体制顺畅运行，就一定是天下大治、国泰民安；凡是中央集中统一的国家体制遭到破坏，就一定是天下大乱、民不聊生。这些珍贵的文明传统为当代中国法治奠定了深厚的历史基础，奠定了中国法治的民族性底色。习近平总书记强调："要注意研究我国古代法制传统和成败得失，挖掘和传承中华法律文化精华，汲取营养、择善而用。"[81]改革开放40多年来，正是在对中华法治文明传统和丰富资源进行梳理和甄别的基础上进行现代化的改造和扬弃，使中国特色社会主义法治的民族精神和时代精神浑然一体。

对其他国家和民族的法治文明在包容互鉴的基础上择善而用，是法治发展的又一普遍规律。习近平总书记指出："人类文明多样性是世界的基本特征，也是人类进步的源泉。……每种文明都有其独特魅力和深厚底蕴，都是人类的精神瑰宝。不同文明要取长补短、共同进步，让文明交流互鉴成为推动人类社会进步的动力、维护世界和平的纽带。"[82]"文化因交流而多彩，文明因互鉴而丰富。"[83]"我们要加强文明对话、理念交流、文化互动。"[84]"我们要促进和而不同、兼收并蓄的文明交流。人类文明多样性赋予这个世界姹紫嫣红的色彩，多样带来交流，交流孕育融合，融合产生进步。""我们要尊重各种文明，平等相待，互学互鉴，兼收并蓄，推动人类文明实现创造性发展。"[85]就法治来说，习近平总书记指出："法治是人类文明的重要成果之一，法治的精髓和要旨对于各国国家治理和社会治理具有普遍意义。"[86]世界上的许多国家在文明演进过程中都积累了丰富的法治文明成果，值得互相借鉴和博采。"中华民族是一个兼容并蓄、海纳百川的民族，在漫长历史进程中，不断学习他人的好东西，把他人的好东西化成自己的东西，这才形成我们的民族特色。"[87]"我们有符合国情的一套理论、一套制度，同时我们也抱着开放的态度，无论是传统的还是外来的，都要取其精华、去其糟粕。"[88]习近平总书记强调，法治建设坚持从我国实际出发，不等于关起门来搞法治。"我们要学习借鉴世界上优秀的法治文明成果。"[89]改革开放以来，在中国法治恢复重建、创新发展的过程中，我们始终秉持开放思维，坚持以我为主、为我所用，广泛研究并借鉴了世界各国的法治文明成果，例如人民主权、依法治国、宪法法律至上、法律面前人人平等、保障人权和公民权利、保护财产权和知识产权、国家机关职权法定、依照宪法法律监督和制约权力、契约自由、正当程序、无罪推定、疑罪从无等法治理念、法理学说和法律制度，使中国特色社会主义法律制度博采众长、显示出明显的比较优势，既体现出中国特色社会主义法治的客观规律，也体现着法治真理发展的一般规律和法治文明进步的共同规律。

3. 法治发展以变法革新为动力

法治改革是法治发展和法治转型的强大动力。前述文化传承和文明互鉴的着眼点在于健全或完善，属于外在输入；而法治改革的着眼点在于创新和重构，属于内在成长。对处在大转型大变革大变迁时代的中国社会来说，法治发展仅靠外在的继承和借鉴是不够的，而必须进行深刻的法治改革和伟大的法治革命，以激发法治发展的内生动力，并通过法治革命引领和保障社会进步。我国历史上，许多杰出的政治家都高度重视“变法”。商鞅变法助秦统一六国，汉初变法促成“文景之治”，唐初变法成就“贞观之治”，这些改革都有效化解了社会矛盾，有力推动了国家和社会制度的革新，确保了经济发展和社会稳定。外国历史上，古希腊梭伦领导的法制改革、日本的明治变法维新运动等，都适应了迅速变化的社会结构转型需要，加速了各国法治现代化进程。今天，我们要推进国家治理体系和治理能力现代化，实现中华民族伟大复兴，同样需要法治改革来助推法治发展、经济繁荣、社会进步。

习近平总书记立足于“新时代我国社会主要矛盾是人民日益增长的美好生活需要和不平衡不充分的发展之间的矛盾”的科学判断，深刻阐述了新时代法治改革的重大意义。新时代社会主要矛盾的深刻变化折射到法治领域，表现为人民对法治的美好需要与法治发展不平衡不充分的矛盾，也可以说是法治的需求侧和供给侧之间的矛盾。人民对人身权、人格权、财产权和其他权利保障提出了更高要求，但法治发展的速度和质量却不足以充分满足人民对美好生活的权利需求。解决法治领域的主要矛盾，必须深入推进法治改革，以改革求发展、促进步、谋创新。在某种意义上，可以说，社会主要矛盾的深刻变化催生了新时代的法治改革，为法治改革确立了前进方向、注入了强大动力、拨动了行动指针。党的十八大以来，习近平总书记提出“全面依法治国是国家治理的一场深刻革命”的理论命题,并以非凡勇气和高超智慧推进法治改革。党中央把全面依法治国作为全面深化改革的重要方面和重大任务而强力推进,我国相继推出了200多项重大法治改革举措,改革实现了历史性突破、取得了历史性成就,推动了国家治理体系和治理能力现代化。实践也充分证明,法治改革是加快推进法治中国建设和法治现代化的强大动力和必由之路。

二、中国特色社会主义法治的基本理论

理论,是在感性认识的基础上,经过归纳、抽象、演绎、推理、论证等逻辑方法加工而形成的概念化、命题化、系统化的理性判断和论述。基本理论是一门学科或知识领域中具有立柱架梁作用的理论。中国特色社会主义法治基本理论是习近平法治思想的理论内核。习近平总书记在依法治县、依法治市、依法治省、依法治国、全面依法治国的领导实践中,坚持把握法治时代脉搏、提炼法治民族精神、绘制法治中国图谱,继承发展了马克思主义、毛泽东思想、邓小平理论、“三个代表”重要思想、科学发展观的法治理论,全面总结和深刻反思我国法治建设正反两方面的经验教训,汲取古今中外法治思想精华,注重对新时代全面依法治国、建设法治中国新实践予以概念化命题化系统化,推进了马克思主义法治理论中国化当代化,创新发展了中国特色社会主义法治基本理论,系统阐释了中国特色社会主义法治的本质特征、发展道路、战略布局、重点任务、基本原则,科学回答了为什么要厉行法治、如何实行全面依法治国。如果说法治基本原理是关于法治的一般理论,那么,中国特色社会主义法治基本理论则是关于中国法治的特殊理论,即法治的中国理论。

（一）全面依法治国是坚持和发展中国特色社会主义的基本方略

这是对全面依法治国重大意义的最高定位。党的十五大把依法治国确立为党领导人民治理国家的基本方略，党的十八大把法治确定为治国理政的基本方式，党的十九大进一步把坚持全面依法治国上升为新时代坚持和发展中国特色社会主义的基本方略，体现了我们党在中国特色社会主义法治基本理论上的创新发展。

新时代坚持和发展中国特色社会主义的基本方略包括十四个“坚持”，它们围绕全面准确贯彻落实习近平新时代中国特色社会主义思想、共同推进新时代中国特色社会主义的伟大实践，形成了一个内在协调的整体，“坚持全面依法治国”既是其中之一，又对其他十三个“坚持”起到支撑和保障作用。

习近平总书记深刻论述了把“坚持全面依法治国”作为坚持和发展中国特色社会主义基本方略的理论基础、现实依据和实践需要，指出：“无论是实现‘两个一百年’奋斗目标，还是实现中华民族伟大复兴的中国梦，全面依法治国既是重要内容，又是重要保障。我们把全面依法治国纳入‘四个全面’战略布局，就是要为全面建成小康社会、全面深化改革、全面从严治党提供长期稳定的法治保障。”[90]他多次强调：“在‘四个全面’中，全面依法治国具有基础性、保障性作用。在统筹推进伟大斗争、伟大工程、伟大事业、伟大梦想，全面建设社会主义现代化国家的新征程上，我们要更好发挥法治固根本、稳预期、利长远的保障作用。”[91]

他还指出，在新时代社会主要矛盾发生深刻变化的背景下，人民更加渴望党和国家厉行法治、依法执政、依法行政，并对法治的内涵和标准提出了更高的要求，这就促使我们“要把依法治国摆在突出位置，把党和国家工作纳入法治化轨道，坚持在法治轨道上统筹社会力量、平衡社会利益、调节社会关系、规范社会行为，依靠法治解决各种社会矛盾和问题，确保我国社会在深刻变革中既生机勃勃又井然有序”。[92]

把全面依法治国作为坚持和发展中国特色社会主义的基本方略，也是国情和世情使然。习近平总书记指出："我国是一个有十三亿多人口的大国，地域辽阔，民族众多，国情复杂。我们党在这样一个大国执政，要保证国家统一、法制统一、政令统一、市场统一，要实现经济发展、政治清明、文化昌盛、社会公正、生态良好，都需要秉持法律这个准绳、用好法治这个方式。"[93]"当今世界正经历百年未有之大变局，国际形势复杂多变，改革发展稳定、内政外交国防、治党治国治军各方面任务之繁重前所未有，我们面临的风险挑战之严峻前所未有。这些风险挑战，有的来自国内，有的来自国际，有的来自经济社会领域，有的来自自然界。我们要打赢防范化解重大风险攻坚战，必须坚持和完善中国特色社会主义制度、推进国家治理体系和治理能力现代化，运用制度威力应对风险挑战的冲击。"[94]"我们面对的改革发展稳定任务之重前所未有，矛盾风险挑战之多前所未有，依法治国地位更加突出、作用更加重大。我们必须坚定不移贯彻依法治国基本方略和依法执政基本方式，坚定不移领导人民建设社会主义法治国家。"[95]

从治国理政的领域性基本方略到坚持和发展中国特色社会主义的全局性基本方略，提升了法治在中国特色社会主义事业和社会主义现代化强国建设中的重要地位，凸显了法治在"五位一体"总体布局和"四个全面"战略布局中的基础性、支撑性作用，彰显了全面依法治国在国家发展中的固根本、稳预期、利长远价值。

（二）坚持党的领导、人民当家作主、依法治国有机统一

这是对中国特色社会主义法治本质特征的科学概括。党的领导、人民当家作主、依法治国有机统一（以下简称"三统一"）是我国社会主义民主法治建设经验的理论升华，是对中国特色社会主义

民主法治发展规律的本质把握，是社会主义政治文明的基本标志，也是中国特色社会主义法治理论的基本原理。党的十八大以来，习近平总书记在一系列重大场合和重要讲话中深刻阐述了“三统一”的重要思想。

首先，他把“三统一”凝练为我国社会主义民主法治建设的基本经验，指出：“把坚持党的领导、人民当家作主、依法治国有机统一起来是我国社会主义法治建设的一条基本经验。”[96]“在中国，发展社会主义民主政治，保证人民当家作主，保证国家政治生活既充满活力又安定有序，关键是要坚持党的领导、人民当家作主、依法治国有机统一。”[97]这条基本经验也是百余年来中国人民探索政治发展道路的基本结论，是中国社会历经激越变革、激荡发展的历史结果，是中国人民翻身作主、掌握自己命运的必然选择。为此，要“紧紧围绕坚持党的领导、人民当家作主、依法治国有机统一深化政治体制改革，加快推进社会主义民主政治制度化、规范化、程序化，建设社会主义法治国家，发展更加广泛、更加充分、更加健全的人民民主”。[98]

其次，他强调“三统一”的根本与核心是坚持党的领导，指出：“我们强调坚持党的领导、人民当家作主、依法治国有机统一，最根本的是坚持党的领导。坚持党的领导，就是要支持人民当家作主，实施好依法治国这个党领导人民治理国家的基本方略。党的领导和社会主义法治是一致的，只有坚持党的领导，人民当家作主才能充分实现，国家和社会生活制度化、法治化才能有序推进。不能把坚持党的领导同人民当家作主、依法治国对立起来，更不能用人民当家作主、依法治国来动摇和否定党的领导。那样做在思想上是错误的，在政治上是十分危险的。”[99]

最后，他提出人民代表大会制度是“三统一”的根本制度安排，指出：“人民代表大会制度是坚持党的领导、人民当家作主、依法治国有机统一的根本制度安排。”[100]其逻辑理路在于：第一，人民代表大会制度是实现党的领导权和执政权的制度载体,有利于发挥党在国家政治和公共事务中总揽全局、协调各方的领导核心作用,保证党的路线方针政策和决策部署在国家各项工作中得到全面贯彻和有效执行。第二,人民当家作主是社会主义民主政治的本质,人民民主是社会主义的生命。人民代表大会制度是人民当家作主的根本途径和最高实现形式。第三,人民代表大会制度是实现依法治国的基础和前提,有助于弘扬社会主义法治精神,"依照人民代表大会及其常委会制定的法律法规来展开和推进国家各项事业和各项工作,保证人民平等参与、平等发展权利,维护社会公平正义,尊重和保障人权,实现国家各项工作法治化"。[101]第四,人民代表大会制度是贯彻实行民主集中制的制度平台,有利于发挥民主集中制的政治优势。它保证党领导人民有效治理国家,切实防止出现群龙无首、一盘散沙的现象;保证人民依法实行民主选举、民主决策、民主管理、民主监督;促使各类国家机关提高能力和效率、增进协调和配合,形成治国理政的强大合力,切实防止出现相互掣肘、内耗严重的现象。

习近平总书记关于"三统一"的科学阐述和逻辑论证,是对马克思主义国家与法的理论和中国特色社会主义民主法治理论的重大发展,是对中国共产党治国理政理论体系的独创性贡献,续写了马克思主义法治基本理论中国化、当代化的新篇章。

(三)坚持党对全面依法治国的领导

这是对中国特色社会主义法治的政治本色和全面依法治国的政治方向的精准提炼。习近平总书记指出:"党的领导是中国特色社会主义法治之魂,是我们的法治同西方资本主义国家的法治最大的区别。"[102]"坚持中国特色社会主义法治道路,最根本的是坚持中国共产党的领导。"[103]加强党对全面依法治国的领导,就是要健全党领导全面依法治国的制度和工作机制,把党的领导贯彻到依法治国全过程和各方面,更好落实全面依法治国基本方略。这既是我国社会主义法治建设的一条基本经验,又是全党全国人民的广泛共识,更是中国共产党行使领导权和执政权的必然要求。"党的领导"和"全面依法治国"不是历史的偶遇,而是实践必然性、时代现实性和法理正当性的逻辑连接,在任何时候都不能否认、不能放弃、不能置疑。

在中央全面依法治国委员会第一次会议上的讲话中,习近平总书记明确提出"全面依法治国新理念新思想新战略"的科学命题,并将其科学内涵和核心要义概括为"十个坚持",其中第一条就是"坚持加强党对依法治国的领导"。这篇讲话在《求是》2019 年第 4 期发表时,确定的标题是《加强党对全面依法治国的领导》。这充分表明,加强党对全面依法治国的集中统一领导,既是习近平总书记这篇讲话的总基调,也是全面依法治国这项历史任务的总前提,表明党的领导在全面依法治国事业中具有统领性、全局性、决定性地位和作用。

加强党对全面依法治国的领导,是由全面依法治国的性质和任务决定的。习近平总书记多次指出:"全面推进依法治国是一个系统工程,是国家治理领域一场广泛而深刻的革命。"[104]"深刻革命"意味着许多改革事项都是难啃的"硬骨头",迫切需要从党中央层面加强顶层设计、统筹协调,需要加强各级党委对法治工作的组织领导和政治引领。"系统工程"意味着全面依法治国具有复杂性、长期性、艰巨性,不仅涉及经济建设、政治建设、文化建设、社会建设、生态文明建设、国防军队建设、党的建设等各领域,涉及改革发展稳定、内政外交国防、治党治国治军等各个方面,而且意味着全面依法治国是长期历史任务,只有发挥党总揽全局、协调各方、总体设计、统一布局的领导作用,才能完成全面依法治国这一"系统工程"的总规划,才有希望实现全面依法治国、建设法治中国的总目标。

加强党对全面依法治国的领导，是一条意涵丰富的法理命题。党对全面依法治国的领导首先是目标方向、发展道路、战略决策上的领导，即确立全面依法治国的总目标、总路线、总抓手，体现为对全面依法治国的战略谋划和顶层设计。党的十八大以来，以习近平同志为核心的党中央在每一个历史节点都为依法治国提出了基本理论，指明了前进方向，确定了任务书、路线图、时间表。党的十八大强调法治是治国理政的基本方式，作出了“全面推进依法治国”的战略决策，提出了“科学立法、严格执法、公正司法、全民守法”的“新十六字”方针。党的十八届四中全会制定了推进全面依法治国的顶层设计、路线图、施工图。2015 年，中共中央、国务院发布了法治政府建设实施纲要。党的十九大对新时代深化全面依法治国实践提出了新任务新要求，明确到 2035 年要基本建成法治国家、法治政府、法治社会。党的十九大之后，党中央出台了法治中国建设规划、法治社会建设实施纲要，出台了推进全面依法治国的许多新举措。2020 年 11 月 16 日至 17 日召开的中央全面依法治国工作会议全面总结了党的十八大以来法治建设取得的成就，科学回答了中国特色社会主义法治建设一系列重大理论和实践问题，对当前和今后一个时期全面依法治国工作作出了新的战略部署和要求。党的十八大以来的实践证明，我国法治建设之所以能够取得一系列重大成就，根本原因就在于，始终坚持以习近平同志为核心的党中央的集中统一领导，遵循了习近平法治思想。

加强党对全面依法治国的领导，要有实实在在的抓手。习近平总书记指出：“坚持党的领导，不是一句空的口号，必须具体体现在党领导立法、保证执法、支持司法、带头守法上。”[105] 必须健全党领导全面依法治国的制度和工作机制，加强党对法治工作的组织领导，强化党中央在科学立法、严格执法、公正司法、全民守法、法治改革等方面的领导。党通过领导立法，把党的主张通过法定程序转变为国家意志，从制度上、法律上保证党的路线方针政策的贯彻实施；通过保证执法，建立权责统一、权威高效的依法行政体制，建设职能科学、权责法定、执法严明、公开公正、廉洁高效、守法诚信的法治政府，维护法律的权威、尊严和统一；通过支持司法，确保司法权依法独立公正行使，优化司法职权配置，规范司法行为，保证公正司法，维护社会公平正义；通过带头守法，引领全民守法，监督各级领导干部做尊法学法守法用法的模范，营造全社会尊法学法守法用法护法的良好风尚；通过统筹推进法治领域的重大改革，实现从人治到法治、从法制到法治、从形式法治到良法善治的革命性变革。加强党对全面依法治国的领导，要求全党和全国人民增强“四个意识”，即政治意识、大局意识、核心意识、看齐意识；坚定“四个自信”，即中国特色社会主义道路自信、理论自信、制度自信、文化自信；做到“两个维护”，即坚决维护习近平总书记党中央的核心、全党的核心地位，坚决维护党中央权威和集中统一领导。

（四）构建以人民为中心、以公正为生命线的社会主义法治核心价值体系

这是对中国特色社会主义法治内在品质和时代精神的精确表达。社会主义法治核心价值体系是社会主义核心价值观和价值体系在法治领域的具体化，体现了以人民为中心的法治理念。以习近平同志为核心的党中央强调，“要把社会主义核心价值观贯彻到依法治国、依法执政、依法行政实践中，落实到立法、执法、司法、普法和依法治理各个方面，用法律的权威来增强人们培育和践行社会主义核心价值观的自觉性”。[106]习近平总书记指出：“要注意把一些基本道德规范转化为法律规范，使法律法规更多体现道德理念和人文关怀，通过法律的强制力来强化道德作用、确保道德底线，推动全社会道德素质提升。”[107]“要按照社会主义核心价值观的基本要求，健全各行各业规章制度，完善市民公约、乡规民约、学生

守则等行为准则。”[108]这些重要论述和要求，为推进社会主义核心价值观融入法治建设，提供了根本遵循和方法路径。

把社会主义核心价值观融入法治，将社会主义核心价值观转化为刚性的法律约束和柔性的法理指引，是建设社会主义法治的题中之义，有利于充分发挥法治在弘扬社会主义核心价值观中的重要作用，维护社会主义意识形态安全和中华民族精神体系，发挥社会主义法治在凝魂聚气、强基固本中的独特作用；是坚持依法治国和以德治国相结合的内在需要，有助于用道德涵养法律，用德治润泽法治，可以为全面依法治国创造良好的人文环境，让法治更加深入人心；是实现良法善治的必由之路，有助于以道德理念锤炼良法，以美德义行催生善治；是加强社会主义核心价值体系建设的重要途径，有助于形成培育和践行社会主义核心价值观的法治环境，更好地构筑中国精神、彰显中国价值、凝聚中国力量；是巩固全党全国各族人民团结奋斗的共同思想道德基础的文化工程，有助于为实现“两个一百年”奋斗目标、实现中华民族伟大复兴的中国梦提供强大的价值引导力、文化凝聚力和精神推动力。

从法理上看，社会主义法治核心价值体系是“以人民为中心”“以公正为生命线”的价值体系。

“以人民为中心”，就是坚持人民在法治中的主体价值和中心地位，坚持法治为了人民、依靠人民、造福人民、保护人民，把实现好、维护好、发展好最广大人民根本利益作为法治的根本目的，把体现人民利益、反映人民意愿、维护人民权益、增进人民福祉、促进人的全面发展作为法治建设的出发点和落脚点；保证人民在党的领导下，依照宪法法律规定，通过各种途径和形式管理国家事务，管理经济和文化事业，管理社会事务；保证人民依法享有广泛的权利和自由、承担应尽的义务，维护社会公平正义，保障人民平等参与、平等发展权利；以法治来激励和保护人民的积极性、主动性、创造性，增强社会发展活力，确保人民安居乐业、社会安定有序；恪守以民为本、立法为民理念，使每一项立法都贯彻社会主义核心价值观、符合宪法精神、反映人民意志、得到人民拥护；坚持执法司法为人民，依靠人民推进公正执法司法，通过公正执法司法维护人民权益；做到法律为人民所掌握、所遵守、所运用，增强全社会尊法学法守法用法护法的自觉意识。

"以公正为生命线"，就是把公平正义作为融贯法治实践的重要价值。习近平总书记指出："全面依法治国，必须紧紧围绕保障和促进社会公平正义来进行。公平正义是我们党追求的一个非常崇高的价值，全心全意为人民服务的宗旨决定了我们必须追求公平正义，保护人民权益、伸张正义。"[109]"全面深化改革必须着眼创造更加公平正义的社会环境，不断克服各种有违公平正义的现象，使改革发展成果更多更公平惠及全体人民。"[110]党的十九届四中全会明确将"切实保障社会公平正义和人民权利"作为中国特色社会主义国家制度和国家治理体系的显著优势，并把健全社会公平正义法治保障制度作为坚持和发展中国特色社会主义法治体系的根本任务。公平正义的法律价值在立法层面主要体现为权利平等、机会平等、规则平等，在法律实施层面集中体现为法律面前人人平等，其最终目标是努力让人民群众在每一项法律制度、每一个执法决定、每一宗司法案件中都感受到公平正义。

构建"以人民为中心""以公正为生命线"的社会主义法治核心价值体系，表明我们党是"真搞法治、搞真法治"。可以预见，一个以人民为中心、以公正为生命线，以保障和发展人民利益为出发点和落脚点，并由人民所掌握、所遵守、所运用的法治，必将得到全体人民的高度认同、广泛参与和全力支持，必将彰显出中国特色社会主义法治无与伦比的优越性和强大生命力。

在推动构建人类命运共同体的背景下，社会主义法治核心价值体系是开放的，是与人类社会的共同价值兼容的。在联合国峰会上，习近平总书记十分鲜明地提出："和平、发展、公平、正义、民主、自由，是全人类的共同价值，也是联合国的崇高目标。”[111]这一“共同价值”“崇高目标”的提出和传播，使我们站在了国际社会价值和道德的制高点，也极大地丰富和升华了社会主义法治核心价值体系。

（五）坚持和拓展中国特色社会主义法治道路

这是中国特色社会主义法治的实践要义。习近平总书记指出：“方向决定道路，道路决定命运。我们自己的路，就是中国特色社会主义道路。这条道路，是中国共产党带领中国人民历经千辛万苦、付出巨大代价开辟出来的，是被实践证明了的符合中国国情、适合时代发展要求的正确道路。”[112]“我们要坚持的中国特色社会主义法治道路，本质上是中国特色社会主义道路在法治领域的具体体现。”[113]“中国特色社会主义法治道路，是社会主义法治建设成就和经验的集中体现，是建设社会主义法治国家的唯一正确道路。”[114]“具体讲我国法治建设的成就，大大小小可以列举出十几条、几十条，但归结起来就是开辟了中国特色社会主义法治道路这一条。”[115]“全面推进依法治国，必须走对路。如果路走错了，南辕北辙了，那再提什么要求和举措也都没有意义了。全会[116]决定有一条贯穿全篇的红线，这就是坚持和拓展中国特色社会主义法治道路。”[117]这些关于中国特色社会主义法治道路的重要论述，对于统一全党全国人民的认识和行动具有十分重要的意义。

怎样去坚持中国特色社会主义法治道路呢？习近平总书记指出：“走中国特色社会主义法治道路是一个重大课题，有许多东西需要深入探索，但基本的东西必须长期坚持。”[118]这些“基本的东西”就是他在党的十八届四中全会上提出、并在一系列重要讲话中深入阐述的三个“核心要义”和五个“基本原则”。

三个“核心要义”是坚持党的领导、坚持中国特色社会主义制度、贯彻中国特色社会主义法治理论，它们“规定和确保了中国特色社会主义法治体系的制度属性和前进方向”。[119]其中,党的领导是根本,中国特色社会主义制度是基础,中国特色社会主义法治理论是理论指导和学理支撑。

坚持中国共产党的领导是中国特色社会主义法治道路的根本保证。习近平总书记指出:“依法治国是我们党提出来的,把依法治国上升为党领导人民治理国家的基本方略也是我们党提出来的,而且党一直带领人民在实践中推进依法治国。”[120]“只有在党的领导下依法治国、厉行法治,人民当家作主才能充分实现,国家和社会生活法治化才能有序推进。”[121]

中国特色社会主义制度铺就了中国特色社会主义法治道路的制度之基。中国特色社会主义制度是在中国共产党领导人民不断探索和实践的基础上形成和发展起来的。中国共产党自成立之日起就致力于建设人民当家作主的新社会新政权新制度。1954 年宪法确立了工人阶级(经过共产党)领导的、以工农联盟为基础的人民民主专政的社会主义国家的国体,以民主集中制为根本原则的人民代表大会制度的政体,共产党领导的多党合作和政治协商制度、民族区域自治制度等基本政治制度,铸就了新中国社会主义制度的“四梁八柱”。经过社会主义革命和对生产资料私有制的社会主义改造,我国确立了以公有制为基础的社会主义基本经济制度。改革开放以来,我们党奋力推进经济体制改革、政治体制改革、思想文化领域变革,发展了中国特色社会主义制度。党的十八大以来,党中央提出全面深化改革的总目标是完善和发展中国特色社会主义制度、推进国家治理体系和治理能力现代化,全面深化党的建设制度改革和经济、政治、文化、社会、生态文明体制改革,使中国特色社会主义制度更加成熟和完善。中国特色社会主义根本制度、基本制度和重要制度,是中国特色社会主义法治道路的现实依托和重要支撑。中国特色社会主义法治理论是中国特色社会主义法治的指导思想和学理支撑。中国特色社会主义法治理论是对中国特色社会主义法治实践的经验总结和理论表达,是中国特色社会主义理论体系的重要组成部分,是中国特色社会主义理论在法治问题上的理论成果。在近百年的革命、建设、改革伟大实践中,我们党把马克思主义基本原理与中国实际相结合,创立了毛泽东思想,创立了邓小平理论,形成了“三个代表”重要思想,形成了科学发展观,创立了习近平新时代中国特色社会主义思想。这五大理论成果中都包含着丰富的法治理论,特别是习近平法治思想构成了习近平新时代中国特色社会主义思想的重要组成部分。习近平法治思想是党和人民处理新时代法治问题的基本立场、观点和方法,为全面依法治国、建设法治中国提供了科学的理论指导和根本的行动遵循,必须认真贯彻、长期坚持,将其创造性地转化为做好全面依法治国各项工作的强大动力,转化为推进法治建设的思路举措,转化为全面建设社会主义法治国家的生动实践,不断开创法治中国建设新局面。

除了上述三个“核心要义”,还必须坚持五个“基本原则”,即坚持人民主体地位,坚持法律面前人人平等,坚持依法治国和以德治国相结合,坚持依法治国和依规治党有机统一,坚持从中国国情和实际出发。

在坚持中国特色社会主义法治道路的同时,还要与时俱进,不断推进理论创新、制度创新、实践创新,不断丰富三个“核心要义”和五个“基本原则”的时代内涵,不断拓展中国特色社会主义法治道路。党的十八大以来,习近平总书记领导党和人民全面依法治国、建设法治中国,以新的理论和实践拓展了中国特色社会主义法治道路,使我国法治建设实现了从依法治国到全面依法治国、从建设中国特色社会主义法律体系到建设中国特色社会主义法治体系、从建设法治国家到建设法治中国、从“法律之治”到“良法善治”、从推进依法治国到统筹推进依法治国和依规治党、从国内法治到统筹国内法治和国际法治的拓展,使这条道路越走越宽、前途越来越光明。

（六）全面依法治国是国家治理的一场深刻革命

这是对全面依法治国之革命意义的科学洞悉。党的十八大以来，习近平总书记多次指出："全面推进依法治国是一个系统工程，是国家治理领域一场广泛而深刻的革命。"[122]"全面推进依法治国是一项长期而重大的历史任务，也必然是一场深刻的社会变革和历史变迁。"[123]在党的十九大报告中，他将上述两个命题更科学地凝练为："全面依法治国是国家治理的一场深刻革命"。[124]

全面依法治国之所以是一场"深刻革命"，是因为它将彻底实现从封建制到民主制、从人治到法治的革命性转型，完成新民主主义革命和社会主义革命应当完成而没有彻底完成的历史任务，彻底改变僵化的人治思维定式和落后的国家治理模式，开辟社会主义国家的法治化道路，实现国家各项工作的科学化民主化法治化，以此"解放和增强社会活力、促进社会公平正义、维护社会和谐稳定、确保党和国家长治久安"。[125]这对全面建设社会主义现代化强国、实现中华民族伟大复兴，无疑具有历史性革命性意义。

全面依法治国要真正实现它的革命意义，就必须以革命的勇气和革命的思维，大刀阔斧地推进法治领域的改革，坚决破除一切妨碍依法执政、依法治国、依法行政、依法治军、依法办事的体制机制弊端和思想观念。党的十八大以来，党中央直面法治领域的突出问题，回应人民群众期待，坚持改革方向，提出对依法治国具有重要意义的一系列制度性重构的改革举措；把对依法治国具有重要意义的改革举措，纳入改革任务总台账，一体部署、一体落实、一体督办。党的十八届三中全会出台了 20 多项重大法治改革举措，党的十八届四中全会出台了 180 多项重大法治改革举措，包括法治领导体制机制改革、宪法实施体制机制改革、立法体制机制改革、行政执法体制机制改革、司法体制机制改革、政法领域综合改革、法学教育体制改革、国家治理体系变革等。其中,许多改革举措涉及利益关系和权力格局调整的“硬骨头”,是多年来想都不敢想、想了也不敢做、做了也未做成的“老难题”。党中央以革命勇气、法治思维和法治方式推进法治改革,大力解决立法不良、有法不依、执法不严、司法不公、监督疲软、权力腐败、人权保障不力、财产保护缺位、新兴法治滞后、涉外法治薄弱等突出问题,取得了一系列重大突破和历史性成就。

(七)在法治轨道上推进国家治理现代化

这是对法治与国家治理现代化内在关联的科学认识。“现代化”一词通常指从传统社会向现代社会转变的历史过程与结果状态。新中国成立后,我们党就提出了建设现代化国家的历史任务,现代化进程不断加快。但当时的“现代化”概念主要指经济的或物质的现代化,如工业、农业、交通、科技、国防现代化等。党的十八大以来,习近平总书记把国家治理也纳入现代化的范畴,致力于推进国家治理体系和治理能力现代化,中国由此进入了全面现代化的新时代。在党的十八届三中全会上,习近平总书记原创性地提出“完善和发展中国特色社会主义制度、推进国家治理体系和治理能力现代化”命题,将其作为全面深化改革的总目标。[126]他指出:“新时代改革开放具有许多新的内涵和特点,其中很重要的一点就是制度建设分量更重,改革更多面对的是深层次体制机制问题,对改革顶层设计的要求更高,对改革的系统性、整体性、协同性要求更强,相应地建章立制、构建体系的任务更重。新时代谋划全面深化改革,必须以坚持和完善中国特色社会主义制度、推进国家治理体系和治理能力现代化为主轴,深刻把握我国发展要求和时代潮流,把制度建设和治理能力建设摆到更加突出的位置,继续深化各领域各方面体制机制改革,推动各方面制度更加成熟更加定型,推进国家治理体系和治理能力现代化。”[127]

在党的十九大报告中，他又强调："必须坚持和完善中国特色社会主义制度，不断推进国家治理体系和治理能力现代化，坚决破除一切不合时宜的思想观念和体制机制弊端，突破利益固化的藩篱，吸收人类文明有益成果，构建系统完备、科学规范、运行有效的制度体系，充分发挥我国社会主义制度优越性。"[128]党的十九届四中全会专题研究国家制度建设和国家治理现代化问题，明确提出了坚持和完善中国特色社会主义制度、推进国家治理体系和治理能力现代化的总体目标，即"到我们党成立一百年时，在各方面制度更加成熟更加定型上取得明显成效；到二〇三五年，各方面制度更加完善，基本实现国家治理体系和治理能力现代化；到新中国成立一百年时，全面实现国家治理体系和治理能力现代化，使中国特色社会主义制度更加巩固、优越性充分展现"。这些重要论述和部署，既是对社会主义现代化理论的重大创新，又是对法治理论和国家治理理论的重大发展。

习近平总书记对国家治理体系和治理能力作了深入分析，指出："国家治理体系和治理能力是一个国家制度和制度执行能力的集中体现。国家治理体系是在党领导下管理国家的制度体系，包括经济、政治、文化、社会、生态文明和党的建设等各领域体制机制、法律法规安排，也就是一整套紧密相连、相互协调的国家制度；国家治理能力则是运用国家制度管理社会各方面事务的能力，包括改革发展稳定、内政外交国防、治党治国治军等各个方面。国家治理体系和治理能力是一个有机整体，相辅相成，有了好的国家治理体系才能提高治理能力，提高国家治理能力才能充分发挥国家治理体系的效能。"[129]而无论是国家治理体系的完善，还是国家治理能力的提升，法治都是不可或缺的要件，在法治轨道上推进国家治理体系和治理能力现代化，是国家治理现代化的必由之路。

习近平总书记指出，法治体系是国家治理体系和治理能力的重要依托。法治是"中国之治的制度根基"。"我国社会主义法治凝聚着我们党治国理政的理论成果和实践经验,是制度之治最基本最稳定最可靠的保障。”[130]“实践证明,通过宪法法律确认和巩固国家根本制度、基本制度、重要制度,并运用国家强制力保证实施,保障了国家治理体系的系统性、规范性、协调性、稳定性。”[131]国家治理现代化的核心标志之一是法治化,目标是“实现党、国家、社会各项事务治理制度化、规范化、程序化,不断提高运用中国特色社会主义制度有效治理国家的能力”。[132]

(八)建设中国特色社会主义法治体系

这是全面依法治国的总目标总抓手。2012 年,党的十八大提出“全面推进依法治国”。那么,如何全面推进依法治国呢?这就需要确定一个总目标总抓手,以明确方向、保持定力、扎实推进。习近平总书记在深入调研、充分论证、凝聚共识的基础上,提出了“建设中国特色社会主义法治体系”,这是“具有原创性、时代性的概念和理论”。[133]

习近平总书记深刻论述了建设中国特色社会主义法治体系的重大意义,指出:提出建设中国特色社会主义法治体系,一是明确了全面推进依法治国的性质和方向,向国内外鲜明宣示我们将坚定不移走中国特色社会主义法治道路;二是明确了全面推进依法治国的总抓手,全面推进依法治国涉及很多方面,在实际工作中必须有一个总揽全局、牵引各方、纲举目张的总抓手,这个总抓手就是建设中国特色社会主义法治体系。依法治国各项工作都要围绕这个总目标来部署、来展开,围绕这个总抓手来谋划、来推进。

他还明确了建设中国特色社会主义法治体系的科学内涵和主要任务,指出:“我们要建设的中国特色社会主义法治体系,本质上是中国特色社会主义制度的法律表现形式。”[134]建设中国特色社会主义法治体系,就是“在中国共产党领导下,坚持中国特色社会主义制度,贯彻中国特色社会主义法治理论,形成完备的法律规范体系、高效的法治实施体系、严密的法治监督体系、有力的法治保障体系,形成完善的党内法规体系”。[135]

1. 形成完备的法律规范体系。坚持立法先行,发挥立法的引领和推动作用;坚持科学立法、民主立法、依法立法,提高立法质量和效率,让法律法规立得住、行得通、真管用;加强重点领域、新兴领域、涉外领域立法,积极推进国家安全、科技创新、公共卫生、生物安全、生态文明、风险防控、涉外斗争等方面的立法修法工作;加快完善体现权利公平、机会公平、规则公平的法律制度,保障公民人身权、财产权、基本政治权利等各项权利不受侵犯,保障公民经济、文化、社会等各方面权利得到落实;实现立法和改革决策相衔接,做到重大改革于法有据、立法主动适应改革和经济社会发展需要。中国民法典的颁布实施填补了中国特色社会主义法律体系的空白,结束了我国法律体系“无法典”的历史,是“形成完备的法律规范体系”的重大成果。

2. 形成高效的法治实施体系。习近平总书记指出:“宪法的生命在于实施,宪法的权威也在于实施。”[136]为了保证法律有效实施,必须建立高效的法治实施体系。在法治实施当中,首要的是宪法实施。“宪法是国家的根本法。法治权威能不能树立起来,首先要看宪法有没有权威。必须把宣传和树立宪法权威作为全面推进依法治国的重大事项抓紧抓好,切实在宪法实施和监督上下功夫。”[137]在法治实施体系中,严格执法、公正司法是核心环节。习近平总书记不仅强调了严格执法、公正司法的重要性,而且也指出了二者的重点所在:“推进严格执法,重点是解决执法不规范、不严格、不透明、不文明以及不作为、乱作为等突出问题。”[138]“我们提出要努力让人民群众在每一个司法案件中都感受到公平正义,所有司法机关都要紧紧围绕这个目标来改进工作,重点解决影响司法公正和制约司法能力的深层次问题。”[139]“要从确保依法独立公正行使审判权检察权、健全司法权力运行机制、完善人权司法保障制度三个方面,着力解决影响司法公正、制约司法能力的深层次问题。”[140]

3. 形成严密的法治监督体系。法治监督是指对法律实施情况的监督。针对法治监督方面存在的监督目的不清晰、监督范围不明确、监督程序不健全、监督机制不完善、各种监督方式之间缺乏协同性、监督权威性不高、监督执行力和公信力弱等突出问题,习近平总书记提出建立由党内监督、人大监督、民主监督、行政监督、司法监督、审计监督、统计监督、群众监督、舆论监督构成的更加严密的监督体系,形成强大的监督合力,同时要着力推进监督工作规范化、程序化、制度化,形成对法治运行全过程全方位的法治化监督体系,督促科学立法、严格执法、公正司法、全民守法的实现,确保党和国家机关及其工作人员按照法定权限和程序正确行使权力,真正做到法定职责必须为、法无授权不可为。

4. 形成有力的法治保障体系。法治保障体系包括政治保障、制度保障、思想保障、组织保障、运行保障、科技保障等。坚持党的领导是法治的政治保障,坚持中国特色社会主义制度是法治的制度保障,贯彻中国特色社会主义法治理论是法治的思想保障,建设素质过硬的法治工作队伍是法治的组织和人才保障,建立科学的法治建设指标体系和考核标准并有效实施是法治的运行保障,运用互联网、大数据、人工智能等智能科技手段是法治的科技保障。这些方面形成合力,必将增强法治保障体系及其运行能力。

5. 形成完善的党内法规体系。依法执政、依法治国,不仅要有完善的国家法律体系,而且必须有完善的党内法规体系,特别是中央层面的党内法规体系。“党内法规既是管党治党的重要依据,也是建设社会主义法治国家的有力保障。党章是最根本的党内法规,全党必须一体严格遵行。完善党内法规制定体制机制,加大党内法规备案审查和解释力度,形成配套完备的党内法规制度体系。

注重党内法规同国家法律的衔接和协调,提高党内法规执行力,运用党内法规把党要管党、从严治党落到实处,促进党员、干部带头遵守国家法律法规。”[141]党的十八大以来,根据全面推进依法治国和依规管党治党的总体部署,党中央加快推进党内法规制度建设,形成了以党章为根本、以条例为主干、覆盖党的领导和党的建设各方面的党内法规制度体系,并保证了内容科学、程序严密、配套完备、运行有效,提高了制度的整体效能。

(九)建设良法善治的法治中国

这是全面依法治国的总规划总蓝图。21 世纪之初,习近平同志在担任浙江省委书记时把全面推进依法治省的目标任务凝练为“建设法治浙江”,并主持制定了《中共浙江省委关于建设“法治浙江”的决定》(2006 年 4 月 26 日)。党的十八大闭幕之后,习近平总书记从实现“两个一百年”奋斗目标、实现中华民族伟大复兴的“中国梦”的战略出发,合乎逻辑地提出了“建设法治中国”。法治中国概念的提出和建设法治中国理论的形成,旨在解决法治建设方面各自为政的问题,增强法治建设的整体性、系统性、协同性。党的十八届三中全会通过的《中共中央关于全面深化改革若干重大问题的决定》确认了“法治中国”这一概念,并将法治领域改革的目标任务概括为“推进法治中国建设”。党的十八届四中全会向全党和全国各族人民发出了“向着建设法治中国不断前进”“为建设法治中国而奋斗”的号召。

“法治中国”概念是习近平总书记对法治理论的重大创新,具有深厚的历史文化底蕴、丰富的实践经验基础和强大的现实导向功能,是对新时代中国法治建设的科学定位,是推进全面依法治国的工作布局,构成新时代法治建设的总主题总基调。“法治中国”以其无可比拟的包容性、凝聚力、感召力而成为中国特色社会主义法治理论体系和话语体系中具有统领性的概念之一。

建设法治中国是一个系统工程,“必须坚持依法治国、依法执政、依法行政共同推进,坚持法治国家、法治政府、法治社会一体建设”;[142]必须“在共同推进上着力,在一体建设上用劲”。[143]

习近平总书记对“共同推进”和“一体建设”作出了精要阐释,指出:“依法治国、依法执政、依法行政是一个有机整体,关键在于党要坚持依法执政、各级政府要坚持依法行政。”[144]“我们要增强依法执政意识,坚持以法治的理念、法治的体制、法治的程序开展工作,改进党的领导方式和执政方式,推进依法执政制度化、规范化、程序化。执法是行政机关履行政府职能、管理经济社会事务的主要方式,各级政府必须依法全面履行职能,坚持法定职责必须为、法无授权不可为,健全依法决策机制,完善执法程序,严格执法责任,做到严格规范公正文明执法。”[145]“法治国家、法治政府、法治社会三者各有侧重、相辅相成,法治国家是法治建设的目标,法治政府是建设法治国家的主体,法治社会是构筑法治国家的基础。”[146]法治政府建设要率先突破,“加快建设职能科学、权责法定、执法严明、公开公正、廉洁高效、守法诚信的法治政府”。[147]

如果说健全社会主义法制,做到有法可依、有法必依、执法必严、违法必究是中国特色社会主义法治建设的1.0版,依法治国、建设社会主义法治国家是中国特色社会主义法治建设的2.0版,那么,全面依法治国、建设法治中国则是中国特色社会主义法治建设的3.0版。根据习近平总书记在党的十九大报告中提出的战略目标、党的十九届四中全会通过的《中共中央关于坚持和完善中国特色社会主义制度、推进国家治理体系和治理能力现代化若干重大问题的决定》和党的十九届五中全会通过的《中共中央关于制定国民经济和社会发展第十四个五年规划和二〇三五年远景目标的建议》的战略部署,“十四五”期间,社会主义民主法治更加健全,社会公平正义进一步彰显,国家治理效能得到新提升;到2035年,人民平等参与、平等发展权利得到充分保障,法治国家、法治政府、法治社会基本建成，法治中国建设目标基本实现，各方面制度更加完善，国家治理体系和治理能力现代化基本实现。到那时，法治将成为现代化强国的显著标志，成为国家、社会和公民的核心价值，成为国家治理和社会治理最常态的基本方式，成为支撑国家兴旺发达的强大力量；全社会尊重法治、信仰法治、坚守法治；宪法具有极大权威，法律具有普遍的实效，任何个人和组织都自觉地在宪法和法律的范围内活动；公民权利得到切实尊重和保障，国家公权受到有效的约束和监督；在国际社会和全球治理体系中，我国拥有与自己的经济、政治、文化、科技、军事、外交实力相当的话语权、决定权和规则制定权。到那时，"全面依法治国"的总目标才圆满完成，"法治中国"的美好景象才彻底化为现实。

（十）坚持依法治国和依规治党有机统一

这是全面依法治国和全面从严治党的必然要求。党的十八大以来，习近平总书记高瞻远瞩地提出了"坚持依规治党"命题并作出了深刻阐释，创造性地发展了马克思主义政党理论和法治理论。其基本内涵包括：

1. 依规治党具有内在逻辑和重大意义。首先，依规治党是管党治党的必然选择。中国共产党是中国特色社会主义事业的领导核心，是中国国家和社会的最高政治领导力量，是世界上历史悠久、规模庞大的政党，有 9000 多万名党员、460 多万个党组织。要保证各级各类党组织和全体党员的行为规范有序，党内关系有条不紊，全党团结统一、行动一致，要维护习近平总书记党中央的核心、全党的核心地位，维护党中央权威和集中统一领导，实现"两个一百年"奋斗目标和中华民族伟大复兴的中国梦，实行制度治党、依规治党是必然选择。其次，依规治党是依法执政的题中之义。"依法执政，既要求党依据宪法法律治国理政，也要求党依据党内法规管党治党。"[148]领导十四亿人的社会主义大国，我们党既要政治过硬,也要本领高强。加快形成覆盖党的领导和党的建设各方面的党内法规制度体系,以科学完备的制度规范改进党的领导方式和执政方式,实现执政方式的根本转型和变革,是增强党依法执政本领的关键措施。再次,依规治党是全面从严治党的长远之策和根本之策。习近平总书记指出,从严治党靠教育,也靠制度,既要解决思想问题,也要解决制度问题,"要使加强制度治党的过程成为加强思想建党的过程,也要使加强思想建党的过程成为加强制度治党的过程"。[149]依规治党主要是用制度管权管事管人,只有建制度、明法度、严约束,各级党组织和全体党员才能行止有度、步调一致,党的建设各项工作才能有规可依、有章可循,才能持续有效推进。最后,依规治党也是推进国家治理体系和治理能力现代化的必由之路。国家治理体系和治理能力现代化,核心是党的执政体系和执政能力现代化。推进党的建设制度改革,加强党内法规建设,为科学执政、民主执政、依法执政提供更加成熟、更加定型的制度,既是国家治理体系和治理能力现代化的重要方面,又是推进国家治理体系和治理能力现代化的重要保障。因此,推进国家治理体系和治理能力现代化,就必然要求依规治党,不断提高中国共产党依据党内法规管党治党的水平。

2. 依规治党和依法治国有机统一、相辅相成。党内法规和国家法律同属于中国特色社会主义法治体系,同属于国家治理体系,治党与治国相辅相成,缺一不可。而且,依规治党也是依法治国的重要前提。正如习近平总书记所说,治国必先治党,"纲纪不彰,党将不党,国将不国"。[150]"依规治党深入党心,依法治国才能深入民心。"[151]

3. 坚持依规治党和以德治党相统一。坚持依规治党和以德治党相统一是依法治国和以德治国相结合原则在管党治党方面的体现。习近平总书记强调,要"坚持依规治党和以德治党相统一,坚持高标准和守底线相结合,把从严治党实践成果转化为道德规范和纪律要求”。[152]这一论述深刻揭示了依规治党和以德治党的科学内涵以及二者相统一的必然性和必要性。推进依规治党和以德治党相统一，一要坚持思想建党和制度治党相结合，二要坚持内外兼修、标本兼治，三要坚持依规治党底线与以德治党高标相照应，四要坚持以党内法规促进道德和以道德滋养党内法规，五要坚持以党性培养为总抓手推进依规治党和以德治党相统一。

三、全面依法治国的基本观点

观点，是从特定立场或视点出发形成的关于某个实践领域或理论问题的见解、看法、想法、解释、论断。如果说基本原理和基本理论是某一领域或某一学科的“一族”或“一组”理论集合，那么，基本观点则是一系列彼此相对独立而又相互关联的理论要素。习近平法治思想关于法治的基本原理和中国特色社会主义法治的基本理论，运用到新时代全面依法治国的具体实践中，形成了覆盖全面依法治国各领域各方面各环节的一系列具有时代性、原创性、标识性的基本观点。这些基本观点是理论与实践紧密结合的思想结晶，是法治与法理交融相汇的生动呈现，富于话语魅力、富有生命活力、富含科学伟力。

（一）发展完善中国特色社会主义法律体系

2011 年 3 月 10 日，在第十一届全国人大第四次会议上，时任全国人大常委会委员长吴邦国宣布：“中国特色社会主义法律体系已经形成”。中国特色社会主义法律体系的形成，是我国依法治国、建设社会主义法治国家历史进程中的重要里程碑，也是世界法制史上的标志性重大事件。但是，法律体系的形成并不意味着法律规范体系的完备，更不意味着法律体系的质量完美和切实管用。正如习近平总书记所指出的：“实践是法律的基础，法律要随着实践发展而发展。”[153]“实践发展永无止境，立法工作也永无止境，完善中国特色社会主义法律体系任务依然很重。”[154]

关于发展完善中国特色社会主义法律体系，习近平总书记提出并阐述了一系列重要理论观点。一要切实加强党对立法工作的领导，把党的领导贯彻到立法工作全过程，确保立法反映党和国家事业发展要求、体现社会主义核心价值观、回应人民群众的关切和期待。二要优化立法职权配置，发挥人大及其常委会在立法工作中的主导作用；明确立法权力边界，从体制机制和工作程序上有效防止部门利益和地方保护主义法律化；赋予设区的市地方立法权，发挥地方立法的积极性。三要“立法先行，立改废释并举”，全面改进和全方位推动立法工作。四要“抓住提高立法质量这个关键”。推进科学立法、民主立法、依法立法，是提高立法质量的根本途径和保证。科学立法的核心在于尊重和体现客观规律，民主立法的核心在于为了人民、依靠人民，依法立法的核心在于维护国家法制统一。五要把社会主义核心价值观融入法律法规，使社会主义法治成为良法善治。六要加强重点领域、新兴领域、涉外领域立法，对涉及全面深化改革、贯彻新发展理念、构建新发展格局、推动经济发展、完善社会治理、保障人民生活、维护国家安全的法律抓紧制定、及时修改，推动新兴领域治理规则和数字治理规则制定，加快我国法域外适用的法律体系建设。这些观点表明，中国特色社会主义法律体系的构建是一个不断发展、永无止境的实践过程，必然要随着全面依法治国实践的展开而臻于至善。

（二）法律的生命在于实施

法律的生命在于实施，法律的权威在于实施，法律的伟力也在于实施。历代政治家、思想家、法学家对此均有过精辟论述。先秦法家代表人物韩非认为：“世不患无法，而患无必行之法。”[155]汉代政论家、思想家王符说过：“法令行则国治，法令弛则国乱。”[156]明代政治家、改革家张居正指出:“天下之事,不难于立法,而难于法之必行。”[157]清末法学家沈家本认为:“法立而不行,与无法等。”[158]近代思想家梁启超提出:“立法非以为观美也,期于行焉。法立而必施,令出而必行。”[159]新中国成立以后,我们党高度重视法律的实施,在20世纪50年代就提出“有法可依、有法必依”的法制原则。党的十一届三中全会进一步明确提出“有法可依、有法必依、执法必严、违法必究”的“十六字”方针。党的十八大提出“科学立法、严格执法、公正司法、全民守法”的“新十六字”方针。党的十八大以来,习近平总书记把确保法律实施作为全面依法治国的重点任务,指出,中国特色社会主义法律体系形成之后,法治工作的重点是保证法律实施。他针对有法不依、执法不严、司法不公等突出问题严厉指出:“法律的生命力在于实施。”[160]“如果有了法律而不实施、束之高阁,或者实施不力、做表面文章,那制定再多法律也无济于事。全面推进依法治国的重点应该是保证法律严格实施,做到‘法立,有犯而必施;令出,唯行而不返’。”[161]“各级国家行政机关、审判机关、检察机关是法律实施的重要主体,必须担负法律实施的法定职责,坚决纠正有法不依、执法不严、违法不究现象,坚决整治以权谋私、以权压法、徇私枉法问题,严禁侵犯群众合法权益。”[162]

确保法律实施,必须创新法律实施体系。建设中国特色社会主义法治体系就包括形成高效的法治实施体系。法律实施的重要环节包括法律的立法实施、执法实施、司法实施、监督实施,特别是要健全宪法实施监督机制和程序,切实增强宪法监督实效。

确保法律实施,必须坚持“严”字当头,严格执法、严格司法、严格监督,维护社会主义法制的统一、尊严、权威,形成人们不愿违法、不能违法、不敢违法的法治环境,做到有法必依、执法必严、违法必究。

确保法律实施,从根本上不在于国家强制力,而在于法律的品质和质量,在于人民发自内心的拥护和自觉行动。“人民是依法治国的主体和力量源泉”。[163]因此,法律实施各环节均应秉持以人为本的基本理念,以尊重人民主体地位、增进人民利益福祉、促进人的全面发展、保障和改善民生、坚持法律面前人人平等、维护和促进公平正义、确保改革成果公平分享为价值取向,以赢得人民群众发自内心的拥护和自觉自愿的支持。此外,法律应具有一般性、公开性、可遵守性、可预测性、稳定性、连续性、一致性等鲜明品质和特征,有利于人民认知、理解和遵守。

(三)依宪治国、依宪执政,加强宪法实施

在习近平法治思想的理论体系中,“宪法”是一个高频词。习近平总书记关于依宪治国、依宪执政、宪法实施的论述内容十分丰富,特色非常鲜明,观点富含创新。

习近平总书记创新发展了马克思主义宪法观。什么是宪法?毛泽东同志曾经指出,宪法是国家的总章程、根本法。习近平总书记赋予这一宪法经典定义以新的时代内涵。关于“总章程”,他指出:宪法是治国安邦的总章程,“宪法是治国理政的总章程”,[164]强调了宪法在党的领导和国家治理中的重要地位和作用。关于“根本法”,他指出:“我国宪法以国家根本法的形式,确认了中国共产党领导人民进行革命、建设、改革的伟大斗争和根本成就,确立了人民民主专政的国体和人民代表大会制度的政体,确立了国家的根本任务、指导思想、领导核心、发展道路、奋斗目标,规定了一系列基本政治制度和重要原则,规定了国家一系列大政方针。”[165]“宪法是国家的根本法,……具有最高的法律地位、法律权威、法律效力,具有根本性、全局性、稳定性、长期性。”[166]同时,习近平总书记更强调了宪法的法理特质,指出:“宪法……是国家各种制度和法律法规的总依据。”[167]“宪法是全面依法治国的根本依据。”[168]“宪法是我们党长期执政的根本法律依据。”[169]习近平总书记对宪法作为“总依据”“根本依据”“根本法律依据”的法理阐释,是对宪法作为

"总章程""根本法"的新发展,更深化了宪法认知,更增强了宪法信念,更创新了宪法法理。

正是基于对宪法作为"总章程""根本法""总依据""根本依据""根本法律依据"的法理认知,习近平总书记高度重视宪法在治国理政中的重要地位和作用,深刻论述了依宪治国、依宪执政。既然宪法是国家的总章程、根本法,是党长期执政的根本法律依据和治国理政的总依据,那么,依法治国首先要依宪治国,依法执政首先要依宪执政。习近平总书记指出:"新形势下,我们党要履行好执政兴国的重大职责,必须依据党章从严治党、依据宪法治国理政"。[170]党领导人民制定宪法和法律,党领导人民执行宪法和法律,党自身必须在宪法和法律范围内活动,真正做到党领导立法、保证执法、支持司法、带头守法,把领导人民制定和实施宪法法律同党坚持在宪法法律范围内活动统一起来。

无论是依宪治国还是依宪执政,都对宪法实施提出了要求。习近平总书记指出,"宪法的生命在于实施,宪法的权威也在于实施"。[171]法治权威能不能树立起来,首先要看宪法有没有权威。维护宪法权威,就是维护党和人民共同意志的权威;捍卫宪法尊严,就是捍卫党和人民共同意志的尊严;保证宪法实施,就是保证人民根本利益的实现。要把实施宪法摆在全面依法治国的突出位置,采取一系列有力措施加强宪法实施和监督工作,为保证宪法实施提供科学有效、系统完备的制度体系和制度保障,把实施宪法提高到新水平。要在全党全社会深入开展尊崇宪法、学习宪法、遵守宪法、维护宪法、运用宪法的宣传教育活动,弘扬宪法精神,树立宪法权威。党的十八大以来,在习近平法治思想的指引下,现行宪法第五次修改时健全了宪法实施机制,加强了对法规、司法解释的合宪性审查,完善了宪法法律解释程序,设立了国家宪法日、宪法宣誓制度等,为宪法的高水平实施完善了诸多制度机制。

(四)坚定不移走中国特色人权发展道路

习近平总书记关于人权的观点是习近平法治思想的重要内容,是马克思主义人权理论中国化当代化的最新成果,是新时代中国人权事业发展的指导思想和根本遵循。这些观点集中体现为:

1. 走中国特色人权发展道路。习近平总书记指出,中国共产党和中国政府始终尊重和保障人权,坚持把人权的普遍性原则同本国实际相结合,走出了一条符合国情实际、符合人民需要、符合时代发展的人权发展道路。这条道路的鲜明特色在于:一是坚持中国共产党的领导;二是坚持以人民为中心;三是坚持把人权的普遍性原则同中国实际相结合;四是坚持把生存权、发展权作为首要的基本人权;五是坚持各项人权全面协调发展;六是坚持人权法治保障、促进社会公平正义。

2. 树立以人民为中心的人权发展新思想。“以人民为中心”是习近平总书记提出的富有时代精神的执政理念,也是统领整个发展的新思想。将“以人民为中心”的发展思想贯彻到人权和法治领域,就要牢固树立法律的真谛在于保障人权、中国人权制度的显著优势在于人权的普遍性和普惠性、全面依法治国的根本目的是保障人民权益等理念,要切实把体现人民利益、反映人民愿望、维护人民权益、增进人民福祉落实到全面依法治国各领域全过程。

3. 生存权和发展权是首要的基本人权。这是中国共产党人一贯的人权观念和主张。在新时代,习近平总书记赋予这一命题以新的科学内涵和人文精神,强调新时代的生存权更加追求生存的品质和生活的质量,新时代的发展权更加注重人的全面发展;强调生存权是发展权的前提和根基,发展权是生存权的高级形态,二者统一于“发展”、依存于“发展”。

4. 人民幸福生活是最大的人权。中国国家主席习近平在致纪念《世界人权宣言》发表70周年座谈会的贺信中,提出一个铿锵有力的命题——“人民幸福生活是最大的人权”。[172]幸福生活是一个与时俱进的概念，其另一种表达话语就是“美好生活”。人民幸福生活、美好生活，表明人民“不仅对物质文化生活提出了更高要求，而且在民主、法治、公平、正义、安全、环境等方面的要求日益增长”。[173]“期盼有更好的教育、更稳定的工作、更满意的收入、更可靠的社会保障、更高水平的医疗卫生服务、更舒适的居住条件、更优美的环境、更丰富的精神文化生活。”[174]

5. 加强人权法治保障。人权是法治的目标，法治是人权的保障。习近平总书记把切实尊重和保障人权作为全面依法治国的根本目的和重点任务，明确提出“加强人权法治保障”，并指出立法保护是前提、司法保障是关键。

6. 推进人权发展是永恒的主题。时代在发展，人权在进步。习近平总书记强调，在人权问题上没有完成时，只有进行时；没有最好，只有更好。我们要矢志不渝地推进人权事业发展，在更高水平上保障中国人民享有人权，在更高站位上推动世界人民共享人权。

7. 构建人类命运共同体，推进全球人权事业共同进步。民主和人权是人类共同追求。人人充分享有人权，是人类社会的伟大梦想。习近平总书记提出的“构建人类命运共同体”的理念为世界人权发展指明了人间正道，让各国人民都能有平等机会参与人权建设、人权治理，形成共建共治共享的人权事业共同体。

（五）把权力关进制度的笼子

保障人权、制约权力是法治的双重使命，关于人权的观点和关于权力的观点均是习近平法治思想的重要组成部分。习近平总书记揭示了权力运行规律，指出：“纵观人类政治文明史，权力是一把双刃剑，在法治轨道上行使可以造福人民，在法律之外行使则必然祸害国家和人民。”[175]“权力不论大小，只要不受制约和监督，都可能被滥用。”[176]“没有监督的权力必然导致腐败，这是一条铁律。”[177]基于这些科学认识，他强调，必须加强对权力的制约和监督，坚持用制度管权管事管人，“把权力关进制度的笼子里”，[178]“依法设定权力、规范权力、制约权力、监督权力”，[179]防止权力任性。

依法设定权力，关键是推行权力清单制度、权力运行流程制度，推进机构、职能、权限、程序、责任的法定化。不得在法外设定权力，没有法律法规依据不得作出减损自然人、法人和非法人组织的合法权益或者增加其义务的决定。坚决消除权力设租寻租空间，严禁公权私用。

依法规范权力，核心是给权力立规矩、划界线，明确权力的属性、内涵、边界，权力和责任的关系，自由裁量权的基准等。关键是让各级党政机关、各级领导干部明白，手中的权力是党和人民赋予的，是上下左右有界受控的，不是可以为所欲为、随心所欲的。

依法制约权力，就是要通过精细的制度设计，合理分解权力，科学配置权力，不同性质的权力由不同部门、单位、个人行使，形成科学的权力结构和运行机制。在宏观层面，按照结构合理、配置科学、程序严密、制约有效的原则，逐步建立健全决策权、执行权、监督权既相互制约又相互协调的权力结构和运行机制，确保国家机关按照法定权限和程序行使权力，最大限度减少权力出轨、官员寻租的机会。

依法监督权力，一要建立健全监督体系，强化自上而下的组织监督，改进自下而上的民主监督，发挥同级相互监督作用，加强对党员领导干部的日常管理监督，“构建党统一指挥、全面覆盖、权威高效的监督体系，把党内监督同国家机关监督、民主监督、司法监督、群众监督、舆论监督贯通起来，增强监督合力”。[180]二要切实保证人民直接监督的权利，畅通人民监督的渠道，丰富人民监督的形式。三要实施严格监督。各方面监督要严起来、实起来，使各种监督更加规范、更加有力、更加有效。四要依纪依法监督，增强监督的权威性和公信力。五要强化公开。公开是有效监督的前提，坚持以公开为常态、不公开为例外的原则，推进决策公开、执行公开、管理公开、服务公开、结果公开，提高权力运行的透明度，让权力在阳光下运行，以公开促公正、以透明保廉洁。

（六）依法治军、从严治军，建设法治军队

依法治军是全面依法治国的应有之义和逻辑必然。党的十八大以来，习近平总书记提出要坚定不移坚持政治建军、改革强军、科技兴军、依法治军，把依法治军、从严治军作为强军之基、建军治军的基本方略。他深刻阐明了新的历史条件下依法治军、建设法治军队的战略地位、根本原则和目标任务，科学回答了中国特色军事法治建设的一系列重大理论和现实问题，丰富发展了中国特色社会主义法治理论和军事理论。其基本观点包括：

1. 坚持和完善党对人民军队的绝对领导制度。党对人民军队的绝对领导是人民军队的建军之本、强军之魂，是依法治军的根本原则和绝对原则。首先，要坚持人民军队最高领导权和指挥权属于党中央。中央军委实行主席负责制，坚持全国武装力量由中央军委主席统一领导和指挥。其次，要健全人民军队党的建设制度体系，把党对人民军队的绝对领导通过制度贯彻到军队建设各领域全过程，永葆人民军队的性质、宗旨、本色。

2. 坚持依法治军基本方略。习近平总书记指出："一个现代化国家必然是法治国家，一支现代化军队必然是法治军队。深入推进依法治军、从严治军，是全面推进依法治国总体布局的重要组成部分，是实现强军目标的必然要求。"[181] 厉行法治、严肃军纪，是治军带兵的铁律，也是建设强大军队的基本规律。要紧紧扭住依法治军不放松，提高国防和军队建设法治化水平。

3. 以法治促进军队治理方式"根本性转变"。习近平总书记要求全军"要按照法治要求转变治军方式，努力实现从单纯依靠行政命令的做法向依法行政的根本性转变，从单纯依靠习惯和经验开

展工作的方式向依靠法规和制度开展工作的根本性转变，从突击式、运动式抓工作的方式向按条令条例办事的根本性转变，在全军形成党委依法决策、机关依法指导、部队依法行动、官兵依法履职的良好局面”。[182]这三个“根本性转变”阐明了我军现代化战略转型对变革治军方式的内在要求，明确了新形势下深入推进依法治军、从严治军的着力点，必将推进我军制度性重构，开辟依法治军新局面。

4. 坚持构建完善的军事法治体系。习近平总书记把构建完善的中国特色军事法治体系作为全面依法治军的总目标，强调指出：“创新发展依法治军理论和实践，着力构建系统完备、严密高效的军事法规制度体系、军事法治实施体系、军事法治监督体系、军事法治保障体系，提高国防和军队建设法治化水平，为推进强军事业提供重要引领和保障。”[183]习近平总书记亲自决策起草、亲自审定、亲自批准印发了《关于新形势下深入推进依法治军从严治军的决定》，为新形势下深入推进依法治军，提高国防和军队建设法治化水平，提供了科学指南和根本遵循，标志着我军法治建设站在了新起点，人民军队法治化进入了“快车道”。

5. 坚持加强军队法治文化建设，让法治精神深入军心。把法治教育训练纳入部队教育训练体系，把培育法治精神作为强军文化建设的重要内容，将法治内化为政治信念和道德修养，外化为行为准则和自觉行动，使法治思维融入依法治军实践。领导干部要做依法治军带头人，自觉培养法治思维，尊法学法守法用法，做到心有所畏、言有所戒、行有所止，按规则正确用权、谨慎用权、干净用权。

（七）深化司法体制改革，构建以司法责任制为核心的司法权运行体制机制

党的十八大以来，习近平总书记把深化司法体制改革作为全

面推进依法治国的突破口，以建设公正高效权威的社会主义司法制度为目标，以提高司法公信力为根本尺度，以让人民群众在每一个司法案件中感受到公平正义为检验标准，对一些长期困扰法学界法律界的司法理论问题给出了合乎客观规律、符合中国实际、具有中国优势的深刻阐述，提出“司法权从根本上说是中央事权”“司法权是对案件事实和法律的判断权和裁决权”“司法权应有权利救济、定分止争、制约公权的功能”等科学论断，为司法改革提供了正确的指导思想和丰富的理论资源。

在习近平法治思想中，“司法”通常是包括侦查、检察、审判、司法行政等国家专门活动在内的一个统合概念。习近平总书记指出：在我国，司法机关包括公安机关、检察机关、审判机关、司法行政机关等在内；优化司法职权配置，就是“健全公安机关、检察机关、审判机关、司法行政机关各司其职，侦查权、检察权、审判权、执行权相互配合、相互制约的体制机制”。[184]在某些特定语境中，习近平总书记也把司法机关限定于审判机关，指出：“司法活动具有特殊的性质和规律，司法权是对案件事实和法律的判断权和裁决权。”[185]

习近平总书记提出了司法改革的重大理论，指引司法改革在符合司法本质和司法规律的轨道上全面有序推进。他指出，新一轮司法改革是体制性改革，司法体制改革是政治体制改革的重要组成部分，是全面推进依法治国、加快建设法治中国、推进国家治理体系和治理能力现代化的重要内容。司法体制改革的核心是坚持与完善中国特色社会主义司法制度，目标是“加快建设公正高效权威的社会主义司法制度”，[186]“努力让人民群众在每一个司法案件中感受到公平正义”。[187]我国司法制度总体上是适应我国国情和发展要求的，必须增强对中国特色社会主义司法制度的自信，增强政治定力。同时，也要看到，我国的司法制度及其运行中也存在着许多突出问题。“这些问题不仅影响司法应有的权利救济、定分止争、制约公权的功能发挥，而且影响社会公平正义的实现。”[188]

新一轮司法体制改革要坚持问题导向，聚焦阻碍实现司法公正、增强司法能力、树立司法权威、提高司法公信的突出问题，遵循“权责统一、权力制约、公开公正、尊重程序”的司法权运行规律，抓住完善司法制度、深化司法体制改革的“牛鼻子”，即以“让审理者裁判、由裁判者负责”为目标的司法责任制。

（八）建设法治社会，推进社会治理现代化

在福建工作期间，习近平同志就提出了“法治社会”的概念。在浙江工作期间，他提出“和谐社会本质上是法治社会”的命题，指出：“在推进和谐社会建设中，无论是人与社会的和谐关系、人与人的和谐关系、人与自然的和谐关系，还是公共权力与个人权利的和谐关系，都必然会表现为一定的法律关系。从这一意义上说，和谐社会本质上是法治社会。”“法治也为社会和谐提供重要保证。法治通过调节社会各种利益关系来维护和实现公平正义，法治为人们之间的诚信友爱创造良好的社会环境，法治为激发社会活力创造条件，法治为维护社会安定有序提供保障，法治为人与自然的和谐提供制度支持。”[189]“全面推进法治社会建设，……努力建设办事有法可依、公民知法守法、各方依法办事的法治社会。”[190]党的十八大之后，习近平总书记进一步强调法治国家、法治政府、法治社会一体建设，揭示出现代法治的普遍规律，即不仅要建设一个法治国家，还要建设一个法治社会，建设法治中国。法治国家与法治社会是互为依存、相辅相成的，法治国家引领法治社会，法治社会为法治国家构筑坚实的社会基础。建设法治社会，必须大力推进社会主义法治文化建设，培育和践行社会主义核心价值观，深入开展法治宣传教育，在全社会弘扬法治精神、增强法治观念、厚植法治信仰，使尊法信法学法守法用法成为全体人民的共同追求和自觉行动。必须建设完备的法律服务体系，积极推进公共法律服务体系

建设,满足人民群众日益增长的法律服务需求。必须依靠和动员社会力量共同参与法治社会建设,推进基层和社会组织依法参与社会治理,深化多层次多领域法治创建活动,引导和保证城乡基层群众依法自治,推动社会组织依法自律。必须创新社会治理机制,坚持共建共治共享,坚持自治法治德治有机结合,坚持系统治理、依法治理、综合治理、源头治理,依法防范风险、化解矛盾、维护权益,为人民群众创造安居乐业的法治环境。

学习推广新时代"枫桥经验"是建设法治社会、推进社会治理现代化的有效抓手。新时代"枫桥经验"是在习近平新时代中国特色社会主义思想指引下,由枫桥等地人民创造和发展起来的化解矛盾、促进和谐、引领风尚、保障发展的一整套行之有效且具有典型意义和示范作用的基层社会治理范式:以人民为中心是"枫桥经验"的政治本质,发动和依靠群众就地解决矛盾是"枫桥经验"的精髓"真经",共建共治共享相统一是"枫桥经验"的基本原理,党组织领导的自治法治德治相结合是"枫桥经验"的制度创新,保平安、促和谐是"枫桥经验"的根本价值,与时俱进、创新发展是"枫桥经验"的强大生命力所在。习近平总书记强调,要把"枫桥经验"坚持好、发展好,把党的群众路线坚持好、贯彻好。要结合新的形势创新和推广"枫桥经验",加快形成共建共治共享的现代基层社会治理新格局,完善群众参与基层社会治理的制度化渠道,健全党组织领导的自治法治德治相结合的城乡基层治理体系。

(九)统筹发展和安全,建设更高水平的平安中国

建设"平安中国"是习近平总书记一以贯之的战略思想。习近平同志在浙江工作期间就明确提出建设"平安浙江",且指出:"我们提出的'平安',不是仅指社会治安或安全生产的狭义的'平安',而是涵盖了经济、政治、文化和社会各方面宽领域、大范围、多层面的广义'平安'。"[191]党的十八大以来,习近平总书记于2013

年、2014年多次作出重要批示，要求“着力建设平安中国”，[192]“深入推进平安中国建设”，[193]“全力推进平安中国、法治中国、过硬队伍建设，……保证中国特色社会主义事业在和谐稳定的社会环境中顺利推进”。[194]2016年，他进一步提出：“要继续加强和创新社会治理，完善中国特色社会主义社会治理体系，努力建设更高水平的平安中国，进一步增强人民群众安全感。”[195]2017年，他在党的十九大报告中再次提出“建设平安中国”。之后，党的十九届四中全会和五中全会更加明确、更为深刻地提出“建设更高水平的平安中国”。平安中国建设不是一个一劳永逸的事情，而是一个动态发展、不断升级的过程。当前，我国正处于“两个一百年”奋斗目标的历史交汇期，面临的国内国际环境发生深刻变化，建设更高水平的平安中国具有更加重大而深远的战略意义。在这次全球抗击新冠疫情斗争中，我国在短时间内夺取了抗疫斗争重大战略成果，与“西方之乱”形成鲜明对比，“中国之治”优势更加凸显。目前，我国是世界上最平安的国家之一。在这个基础上强调“建设更高水平的平安中国”，体现了以习近平同志为核心的党中央对新时代和新发展阶段平安中国建设的战略眼光和敏锐判断。

建设更高水平的平安中国，指导思想是坚持总体国家安全观，走中国特色国家安全道路。总体国家安全观是习近平总书记提出的重大战略思想，其核心要义是以人民安全为宗旨，以政治安全为根本，以经济安全为基础，以促进国际安全为依托，统筹传统安全和非传统安全，把安全发展贯穿到国家发展各领域各环节，涵盖政治、军事、国土、经济、文化、社会、科技、网络、生态、资源、核、海外利益、太空、深海、极地、生物等诸多领域，构建集政治安全、国土安全、军事安全、经济安全、文化安全、社会安全、科技安全、信息安全、生态安全、资源安全、核安全、生物安全等于一体的国家安全体系，筑牢国家安全屏障。

建设更高水平的平安中国，重要抓手是统筹发展和安全，办好发展和安全两件大事。安全是发展的前提,发展是安全的保障。发展和安全是辩证统一的,要同步推进。只有坚持发展中国家定位,继续贯彻发展是第一要务的方针,坚定不移贯彻新发展理念,保持经济发展强劲动力,不断增强国力、军力、民力和国际竞争力,使发展成果更好惠及全体人民,才能有效消解民生保障不充分、贫富差距过大、城乡发展不平衡等严重影响社会和谐稳定的因素;只有防范化解各类风险隐患,运用发展成果夯实安全的实力基础,才能有效应对外部环境变化带来的冲击挑战,胜利抵御外部极限施压和武力威胁;只有坚持底线思维,增强忧患意识,把发展建立在安全的基点上,塑造有利于经济社会发展的安全环境,才能实现安全平稳、可持续的发展。"十四五"期间,要继续扎实做好"六稳"工作、全面落实"六保"任务,确保不发生系统性风险,提高捍卫国家主权、安全、发展利益的战略能力,努力实现更高质量、更有效率、更加公平、更可持续、更为安全的发展,努力构建整个社会既安定有序又充满活力的新秩序。

建设更高水平的平安中国,法治是根本保障。习近平总书记多次引用"法者,治之端也"来说明法律是治国之重器,具有固根本、稳预期、利长远的基础性作用。法治兴则国家兴,法治衰则国家乱。无论是促进发展还是保障安全,法治都发挥着积极作用,建设平安中国同样离不开法治。法律制度是国家和社会治理的制度依托和保障,只有加大制度供给侧改革、提高制度供给质量,加强平安中国法治体系建设,强化平安中国建设的制度优势,以"中国之制"支撑"中国之治",才能巩固和发展人民安居乐业、社会安定有序、国家长治久安的良好局面。从这个意义上说,"平安中国"也是"法治中国"的一个侧面。

(十)坚持和完善社会主义基本经济制度,推进法治经济建设

习近平同志在地方工作期间就提出了"市场经济是法制经济"

“市场经济必然是法治经济”“市场经济本质上是法治经济”等科学命题，指出：“市场经济的高效率就在于价值规律、竞争规律、供求规律的作用，但发挥市场经济固有规律的作用和维护公平竞争、等价交换、诚实守信的市场经济基本法则，需要法治上的保障。”[196]党的十八大以来，习近平总书记围绕中国社会主义经济建设提出了一系列新的重大战略思想和重要理论观点，创立了习近平经济思想，为法治经济建设培植了更加深厚、更加科学的理论基础。

习近平总书记关于建设法治经济的思想观点十分丰富，其要点包括：

1. 坚持和完善社会主义基本经济制度，即坚持公有制为主体、多种所有制经济共同发展，坚持按劳分配为主体、多种分配方式并存，坚持社会主义市场经济体制，把社会主义制度和市场经济有机结合起来，不断解放和发展社会生产力。

2. 完善社会主义市场经济法律制度。坚持社会主义市场经济改革方向，遵循社会主义基本制度与市场经济有机结合的经济规律，充分发挥市场在资源配置中的决定性作用并更好地发挥政府的作用。加快构建以保护产权、维护契约、统一市场、平等交换、公平竞争、有效监管为基本导向的社会主义市场经济法律制度。

3. 大力营造公平竞争、规范有序的经济发展法治环境。“法治是最好的营商环境”。[197]要打破各种各样的“卷帘门”“玻璃门”“旋转门”，在市场准入、审批许可、经营运行、招投标、军民融合等方面，为民营企业打造公平竞争环境，给民营企业发展创造充足市场空间，用透明的法治环境稳定企业家的合理预期，给他们吃“定心丸”。要推进产业政策由差异化、选择性向普惠化、功能性转变，清理违反公平、开放、透明市场规则的政策文件，推进反垄断、反不正当竞争执法。在制度上、政策上营造宽松的市场经营和投资环境，营造商品自由流动、平等交换的市场环境，形成公平竞争的发展环境。

4. 坚持改革开放,建设更高水平开放型经济新体制,着力营造市场化、法治化、国际化、便利化的营商环境。坚决破除一切阻碍对外开放的体制机制障碍,加快形成有利于培育新的比较优势和竞争优势的制度安排,从制度和规则层面进行改革,完善市场准入和监管、产权保护、信用体系等方面的法律制度。要把制度集成创新摆在自由贸易试验区和自由贸易港建设的突出位置,对接国际高水平经贸规则,促进生产要素自由便利流动。

5. 以法治为引领,促进经济高质量发展。我国经济已经由高速度增长阶段转向高质量发展阶段,贯彻新发展理念、构建新发展格局、实现高质量发展,必须坚持以法治为引领。发展要高质量,立法、执法、司法也要高质量,要以高质量法治引领和保障新发展阶段的高质量发展。

6. 坚持和完善党领导经济发展的体制机制,提高党领导经济工作法治化水平,为实现高质量发展提供根本保证。在我国经济社会发展进入高质量发展的新阶段,必须全面贯彻创新、协调、绿色、开放、共享的新发展理念,构建以国内大循环为主体、国内国际双循环相互促进的新发展格局,以深化供给侧结构性改革为主线,推动质量变革、效率变革、动力变革,使发展成果更好惠及全体人民,不断实现人民对美好生活的向往。

(十一)完善科技法治,规范科技伦理

进入21世纪以来,科学技术前所未有地深刻影响着国家前途命运,前所未有地深刻影响着人民生活福祉,也前所未有地深刻改变着经济社会发展轨迹、全球治理体系、人类文明进程。以信息科技和生命科技为代表的新兴科技在推动社会现代化的同时,也给伦理和法治带来新的挑战,引发人们对科技伦理和科技法治的关注。随着世界多极化、经济全球化、文化多样化、社会信息化深入发展,数字科技对人类文明进步将发挥更大促进作用。同时,数字

科技发展不平衡、规则不健全、秩序不合理等问题也日益凸显。不同国家和地区间的数字鸿沟不断拉大,现有网络空间治理规则难以反映大多数国家的意愿和利益;世界范围内侵害个人隐私、侵犯知识产权、网络犯罪等时有发生,网络监听、网络攻击、网络恐怖主义活动等成为全球公害。这些问题和挑战越来越引起人们对数字治理体系的关注。

习近平总书记高度重视知识产权保护,将其置于科技法治突出位置,强调提高知识产权保护工作法治化水平。他指出,知识产权保护工作关系国家治理体系和治理能力现代化,关系高质量发展,关系人民生活幸福,关系国家对外开放大局,关系国家安全。全面建设社会主义现代化国家,必须从国家战略高度和进入新发展阶段要求出发,全面加强知识产权保护工作,促进建设现代化经济体系,激发全社会创新活力,推动构建新发展格局。要强化知识产权全链条保护。要综合运用法律、行政、经济、技术、社会治理等多种手段,从审查授权、行政执法、司法保护、仲裁调解、行业自律、公民诚信等环节完善保护体系,加强协同配合,构建大保护工作格局。要打通知识产权创造、运用、保护、管理、服务全链条,健全知识产权综合管理体制,增强系统保护能力。要统筹做好知识产权保护、反垄断、公平竞争审查等工作,促进创新要素自主有序流动、高效配置。要形成便民利民的知识产权公共服务体系,让创新成果更好惠及人民。要加强知识产权信息化、智能化基础设施建设,推动知识产权保护线上线下融合发展。要鼓励建立知识产权保护自律机制,推动诚信体系建设。“要加强知识产权保护宣传教育,增强全社会尊重和保护知识产权的意识。”[198]完善知识产权运用和保护机制,让全社会各类人才的创新智慧竞相迸发。加大对技术专利、数字版权、数字内容产品及个人隐私等的保护力度,加快新兴领域和业态知识产权保护制度建设,加强知识产权审判领域改革创新,充分发挥知识产权司法保护主导作用,优化科技创新法治环境。

习近平总书记提出，要把新兴科技领域的法治建设和伦理制度建设结合起来，使法理与伦理相互交融、协同发力。一方面，要推进前沿领域的依法治理，“围绕人工智能、基因编辑、医疗诊断、自动驾驶、无人机、服务机器人等领域，加快推进相关立法工作”。[199]“要共同完善数据治理规则，确保数据的安全有序利用；要促进数字经济和实体经济融合发展，加强数字基础设施建设，促进互联互通；要提升数字经济包容性，弥合数字鸿沟”。[200]“要加强对区块链技术的引导和规范”。[201]“把依法治网落实到区块链管理中，推动区块链安全有序发展”。[202]另一方面，要尊重科技伦理，把科技伦理制度作为基础性制度来建设，“处理好人工智能在法律、安全、就业、道德伦理和政府治理等方面提出的新课题”。[203]“要整合多学科力量，加强人工智能相关法律、伦理、社会问题研究，建立健全保障人工智能健康发展的法律法规、制度体系、伦理道德”。[204]党中央推动组建国家科技伦理委员会，目的就是加强统筹规范和指导协调，推动构建覆盖全面、导向明确、规范有序、协调一致的科技伦理治理体系。

习近平总书记关于科技法治和科技伦理的深刻论述和明确指示，指引我们以促进科技创新、保障科技普惠向善发展为主题，以社会多元共治、动态风险防控为理念，适应当代社会科技发展速度带来的治理需求，形成包含伦理道德、政策、法律、技术在内的多层次伦理和法律治理框架。只有在完善科技法治、优化科技伦理的前提下，我们才能前瞻性地防控科技异化带来的社会风险，推进科技和产业在法治和德治的轨道上安全可信地创新发展，提升我国高科技产业在国际竞争中的优势地位，推动我国在新科技革命时代抓住机遇、阔步前行。

（十二）用最严格的制度、最严密的法治保护生态环境

推进生态文明法治建设，是习近平法治思想的组成部分，也是

习近平生态文明思想的重要内容。在长期的生态治理实践和理论探索中,习近平同志形成了完整系统、科学严密的生态文明思想,诸如坚持天人合一、道法自然、人与自然和谐共生的科学自然观,绿水青山就是金山银山的绿色发展观,良好生态环境是最普惠的民生福祉的民生环境观,山水林田湖草系统维护的整体治理观,共建清洁世界的全球生态文明观,最严格制度最严密法治保护生态环境的法治思维观等,为推进生态文明法治建设阐明了指导思想和根本遵循。

党的十八大以来,习近平总书记围绕生态文明法治建设发表了一系列重要讲话,推出了一系列重大举措。2013 年,习近平总书记强调:“只有实行最严格的制度、最严密的法治,才能为生态文明建设提供可靠保障。”[205]2014 年,他提出组织修订与环境保护有关的法律法规,在环境保护、环境监管、环境执法上添一些硬招,稳步推进健全自然资源资产产权制度和用途管制制度、划定生态保护红线、实行资源有偿使用制度和生态补偿制度、改革生态环境保护体制等工作。2015 年,他亲自主持审定的《生态文明体制改革总体方案》确立了生态文明基本法律制度,构建了产权清晰、多元参与、激励约束并重、系统完整的生态文明制度体系。2016 年,他提出要深化生态文明体制改革,尽快把生态文明制度的“四梁八柱”建立起来,把生态文明建设纳入制度化、法治化轨道。推动绿色发展,建设生态文明,重在建章立制,用最严格的制度、最严密的法治保护生态环境。要完善法律体系,以法治理念、法治方式推动生态文明建设。特别是在党的十九大报告中,他把坚持人与自然和谐共生、建设生态文明和美丽中国作为党必须长期坚持并不断发展的基本方略之一,指出“建设生态文明是中华民族永续发展的千年大计”,[206]必须“实行最严格的生态环境保护制度,形成绿色发展方式和生活方式,坚定走生产发展、生活富裕、生态良好的文明发展道路,建设美丽中国,为人民创造良好生产生活环境,为全球生态安全作出贡献”。[207]在习近平总书记的生态文明法治建设新理念新思想新战略的指引下，我国通过修改宪法、修改环境保护法、编纂民法典、修改刑法、制定和修改相关行政法规等立改废释工作，确立了生态文明法律保护制度的“四梁八柱”，把生态文明和美丽中国建设纳入了制度化、法治化的轨道，有效地推进了生态治理和生态文明建设的现代化。

（十三）统筹推进国内法治和涉外法治

统筹推进国内和国际两个大局是以习近平同志为核心的党中央治国理政的基本理念和基本方略。习近平总书记指出：“我国已经进入了实现中华民族伟大复兴的关键阶段。中国与世界的关系在发生深刻变化，我国同国际社会的互联互动也已变得空前紧密，我国对世界的依靠、对国际事务的参与在不断加深，世界对我国的依靠、对我国的影响也在不断加深。我们观察和规划改革发展，必须统筹考虑和综合运用国际国内两个市场、国际国内两种资源、国际国内两类规则。”[208]

当前，世界正处于百年未有之大变局中，全球治理体系正在发生深刻调整，制度竞争成为核心竞争。在这个关键时刻，习近平总书记审时度势，及时提出“要坚持统筹推进国内法治和涉外法治”，“协调推进国内治理和国际治理”，[209]使国内法治和涉外法治、国家治理和全球治理相互促进、相得益彰，坚定不移依法维护国家主权、安全、尊严、发展等核心利益，坚定不移维护世界和平、促进共同发展。在国内法治和涉外法治的格局中，涉外法治一直是短板、是弱项，所以要加快涉外法治工作战略布局，强化法治思维，运用法治方式，综合利用立法、执法、司法等手段开展斗争，有效应对挑战、防范风险。

统筹推进国内法治和涉外法治，要秉持共商共建共享的全球治理观，推进国际关系民主化法治化公正化。坚决维护《联合国宪章》，推动各方在国际关系中遵守国际法和公认的国际关系基本原则，用统一适用的规则来明是非、促和平、谋发展，维护国际法和国际秩序的权威性和严肃性，反对歪曲国际法，反对以“法治”之名行侵害他国正当权益、破坏和平稳定之实。要积极参与国际规则制定、有效主导国际立法，善于在国际规则制定中发出更多中国声音、注入更多中国元素，努力在经济全球化中抢占先机、赢得主动。积极参与和支持国际执法、国际司法、国际仲裁，参与国际法律服务，积极开展法律外交，使国内法治、涉外法治与国际法治形成合力，为全面建设社会主义现代化国家、实现中华民族伟大复兴的中国梦创造更加良好的法治环境。要抓住“东升西降”的历史机遇，奋力推进全球治理体系变革，以法治思维和法治方式促进我国全球治理的理念和主张转化为各方共识和公共法理，形塑民主法治、公正合理的治理格局，构建人类命运共同体。

（十四）建设德才兼备的高素质法治工作队伍

推进全面依法治国，建设一支德才兼备的高素质法治队伍至关重要。习近平总书记指出：“建设法治国家、法治政府、法治社会，实现科学立法、严格执法、公正司法、全民守法，都离不开一支高素质的法治工作队伍。法治人才培养上不去，法治领域不能人才辈出，全面依法治国就不可能做好。”[210]

建设法治工作队伍，首先要把法治专门队伍建设好。法治专门队伍主要包括在人大和政府从事立法工作的人员、在行政机关从事执法工作的人员、在司法机关从事司法工作的人员。习近平总书记指出，立法、执法、司法这三支队伍既有共性又有个性。立法是为国家定规矩、为社会定方圆的神圣工作，立法人员必须具有很高的思想政治素质，具备遵循规律、发扬民主、加强协调、凝聚共识的能力。执法是把纸面上的法律变为现实生活中活的法律的关键环节，执法人员必须忠于法律、捍卫法律，严格执法、敢于担当。司法是社会公平正义的最后一道防线，司法人员必须信仰法律、坚守法治，端稳天平、握牢法槌，铁面无私、秉公司法。“法治工作是政治性很强的业务工作，也是业务性很强的政治工作”，[211]所以法治专门队伍要德才兼备。要按照政治过硬、业务过硬、责任过硬、纪律过硬、作风过硬的要求，加强思想淬炼、政治历练、实践锻炼、专业训练，推进法治专门队伍革命化、正规化、专业化、职业化，确保做到忠于党、忠于国家、忠于人民、忠于法律。

律师队伍是依法治国的一支重要力量。要大力加强律师队伍思想政治建设，把拥护中国共产党领导、拥护社会主义法治作为律师从业的基本要求，教育引导律师等法律服务工作者坚持正确政治方向，依法依规诚信执业，认真履行社会责任。

法学教育在全面依法治国中具有基础性先导性作用。要重点打造一支政治立场坚定、理论功底深厚、熟悉中国国情的高水平法学家和专家团队，建设高素质学术带头人、骨干教师、专兼职教师队伍。要坚持立德树人、德法兼修、德才兼备的原则，创新法治人才培养机制，培养造就熟悉和坚持中国特色社会主义法治体系的法治人才及后备力量。同时，在统筹国内法治和涉外法治的背景下，更加注重培养通晓国际法律规则、敢于开展对外法律斗争、善于处理涉外法律事务的涉外法治人才队伍。

（十五）抓住领导干部这个“关键少数”

“全面依法治国，必须抓住领导干部这个‘关键少数’。”[212]习近平总书记指出，之所以要抓住“关键少数”，乃是因为“各级领导干部作为具体行使党的执政权和国家立法权、行政权、司法权的人，在很大程度上决定着全面依法治国的方向、道路、进度。党领导立法、保证执法、支持司法、带头守法，主要是通过各级领导干部的具体行动和工作来体现、来实现”。[213]

抓住“关键少数”，就是要让各级领导干部在全面依法治国中发挥关键作用。第一，领导干部要带头学习、精准把握习近平法治思想，坚决贯彻落实党中央关于全面依法治国的重大决策部署，做法治建设和法治改革的促进者。第二，领导干部要尊崇法治、敬畏法律，牢固确立法律红线不能触碰、法律底线不能逾越的观念，“对各种危害法治、破坏法治、践踏法治的行为，领导干部要挺身而出、坚决斗争”，[214]做社会主义法治的捍卫者。第三，领导干部要运用法治思维和法治方式治国理政，把对法治的尊崇、对法律的敬畏转化成思维方式和行为方式，谋划工作要运用法治思维，处理问题要运用法治方式，做到在法治之下，而不是在法治之外，更不是在法治之上想问题、做决策、办事情。要不断提高运用法治思维和法治方式深化改革、推动发展、化解矛盾、维护稳定、应对风险的能力。第四，领导干部要带头尊法学法守法用法，不能行使依法不该由自己行使的权力，也不能干预依法自己不能干预的事情，更不能以言代法、以权压法、徇私枉法。以自己的实际行动积极营造办事依法、遇事找法、解决问题用法、化解矛盾靠法的法治环境，在全社会形成尊法学法守法用法的良好风尚。

（十六）坚持和发展中国特色社会主义法治理论

“全面推进依法治国，法治理论是重要引领。没有正确的法治理论引领，就不可能有正确的法治实践”。[215]坚持和发展中国特色社会主义法治理论是全面依法治国、建设法治中国的应有之义。习近平总书记对坚持和发展中国特色社会主义法治理论进行了深刻论述，指出中国特色社会主义法治理论是“我们党处理法治问题的基本立场”，[216]必须始终坚持中国特色社会主义法治理论的指导。在这个前提下，还要创新发展中国特色社会主义法治理论，注重从我国基本国情出发，同改革开放不断深化相适应，总结和运用党领导人民实行法治的成功经验，围绕社会主义法治建设重大理论和实践问题，推进法治理论创新，发展符合中国实际、具有中国特色、合乎社会发展规律的社会主义法治理论，为全面依法治国提供理论指导和学理支撑。要加强法学基础理论研究，形成完善的中国特色社会主义法学理论体系、学科体系、课程体系。要加强法治及其相关领域基础性问题的研究，对复杂现实进行深入分析、作出科学总结，提炼规律性认识，凝练为创新理论和法理思维，总结好、运用好党关于新时代加强法治建设的思想理论成果。要注意吸收中华法律文化的精华，借鉴西方法治文明成果，既立足当代又继承传统，既立足本国又借鉴外国，大力推进学术观点创新、学科体系创新和科研方法创新。打造具有中国特色和国际视野的法学理论体系和法治话语体系，做中国法学的创造者、世界法学的贡献者。

结　语

以上，本文从三个学理维度，即“法治的基本原理”“中国特色社会主义法治的基本理论”“全面依法治国的基本观点”，把习近平法治思想的理论体系全面系统地呈现出来。“三基本”既内在地蕴含在习近平法治思想完备而严谨的理论体系之中，又合理地表现为研究习近平法治思想的一种学术新范式。“三基本”范式释放出习近平法治思想鲜明的科学品格和强大的真理力量，使我们深切体悟到，这一思想体系不仅集中体现了马克思主义法治理论中国化的光辉成果和我们党在全面依法治国实践中的理论创新，而且深刻蕴含着中华民族自古至今绵延不断的治国理政智慧和人类社会法治文明的思想精华，更驱散了削弱法治定力、影响法治进程的意识阴霾，照亮了新时代坚持和发展中国特色社会主义的法治征程。“三基本”范式仅仅是初步的探索，对习近平法治思想的学习、解读和研究仍将处在进行时。我们将用心感悟和不断探寻习近平法治思想的内在理论逻辑，着力对其中丰富的法治概念、命题、论语等进行系统化梳理、学理化阐释、体系化构建，使之彰显出更强的解释力、穿透力、感染力。我们将紧跟习近平法治思想的创新发展步履，持续做好深化拓展、转化应用工作，把科学思想转化为推动法治工作质量变革、效率变革、动力变革的强大力量。

注　释

1　习近平：《在中共十八届四中全会第二次全体会议上的讲话》（2014年10月23日），载中共中央文献研究室编：《习近平关于全面依法治国论述摘编》，中央文献出版社2015年版，第8－9页。

2　习近平：《干在实处　走在前列——推进浙江新发展的思考与实践》，中共中央党校出版社2006年版，第65页。

3　习近平：《齐心开创共建"一带一路"美好未来——在第二届"一带一路"国际合作高峰论坛开幕式上的主旨演讲》（2019年4月26日），载《人民日报》2019年4月27日，第3版。

4　习近平：《坚持和完善中国特色社会主义制度　推进国家治理体系和治理能力现代化》，载《求是》2020年第1期。

5　习近平：《推进全面依法治国，发挥法治在国家治理体系和治理能力现代化中的积极作用》（2020年2月5日），载习近平：《论坚持全面依法治国》，中央文献出版社2020年版，第272－273页。

6　习近平：《坚持和完善中国特色社会主义制度　推进国家治理体系和治理能力现代化》，载《求是》2020年第1期。

7　习近平：《各级领导干部要做尊法学法守法用法的模范》（2015年2月2日），载习近平：《论坚持全面依法治国》，中央文献出版社2020年版，第141页。

8　习近平：《坚持依法治国和以德治国相结合》（2016年12月9日），载习近平：《论坚持全面依法治国》，中央文献出版社2020年版，第166页。

9　习近平：《在十八届中央政治局第四次集体学习时的讲话》（2013年2月23日），载中共中央文献研究室编：《习近平关于全面依法治国论述摘编》，中央文献出版社2015年版，第43页。

10　习近平：《在庆祝全国人民代表大会成立六十周年大会上的讲话》，载《求是》2019年第18期。

11　习近平：《关于〈中共中央关于全面推进依法治国若干重大问题的决定〉的说明》，载《人民日报》2014年10月29日，第2版。

12 习近平:《坚持依法治国和以德治国相结合》(2016 年 12 月 9 日),载习近平:《论坚持全面依法治国》,中央文献出版社 2020 年版,第 166 页。

13 习近平:《关于〈中共中央关于全面推进依法治国若干重大问题的决定〉的说明》,载《人民日报》2014 年 10 月 29 日,第 2 版。

14 习近平:《领导干部要做尊法学法守法用法的模范》(2015 年 2 月 2 日),载《习近平谈治国理政》(第 2 卷),外文出版社 2017 年版,第 129 页。

15 《中共中央关于全面推进依法治国若干重大问题的决定》,载《求是》2014 年第 21 期。

16 《习近平李克强栗战书汪洋王沪宁赵乐际韩正分别参加全国人大会议一些代表团审议》,载《人民日报》2018 年 3 月 8 日,第 1 版。

17 习近平:《关于〈中共中央关于全面推进依法治国若干重大问题的决定〉的说明》,载《人民日报》2014 年 10 月 29 日,第 2 版。

18 《习近平出席华盛顿州当地政府和美国友好团体联合欢迎宴会并发表演讲》,载《人民日报》2015 年 9 月 24 日,第 1 版。

19 习近平:《关于〈中共中央关于全面深化改革若干重大问题的决定〉的说明》,载《求是》2013 年 11 月 16 日,第 1 版。

20 习近平:《携手追寻中澳发展梦想　并肩实现地区繁荣稳定》(2014 年 11 月 17 日),载《人民日报》2014 年 11 月 18 日,第 2 版。

21 习近平:《携手合作,共同发展》(2013 年 3 月 27 日),载《习近平谈治国理政》,外文出版社 2014 年版,第 324 页。

22 习近平:《在第二届世界互联网大会开幕式上的讲话》(2015 年 12 月 16 日),载《人民日报》2015 年 12 月 17 日,第 2 版。

23 习近平:《在经济社会领域专家座谈会上的讲话》(2020 年 8 月 24 日),载《人民日报》2020 年 8 月 25 日,第 2 版。

24 习近平:《坚持合作创新法治共赢　携手开展全球安全治理》(2017 年 9 月 26 日),载《人民日报》2017 年 9 月 27 日,第 2 版。

25 习近平:《弘扬宪法精神　建设法治社会——写在第四个全国法制宣传日》(2004 年 12 月 4 日),载《浙江日报》2004 年 12 月 4 日,第 1 版。

26 《省十届人大常委会第二十五次会议闭会》,载《浙江日报》2006 年 5 月 25 日,第 1 版。

27 习近平:《在中共十八届四中全会第二次全体会议上的讲话》(2014 年 10 月 23 日),载中共中央文献研究室编:《习近平关于全面依法治国论述摘编》,中央文献出版社 2015 年版,第 12 页。

28 Lyndon B. Johnson, *Remarks to the Delegates to the Conference on World Peace Through Law*, Gerhard Peters and John T. Woolley, The American Presidency Project, (Sept. 16, 1965), http://www.presidency.ucsb.edu/ws/? pid = 27259.

29 《董必武选集》,人民出版社 1985 年版,第 450 页。

30 江泽民:《高举邓小平理论伟大旗帜,把建设有中国特色社会主义事业全面推向二十一世纪》,人民出版社 1997 年版,第 28 页。

31 习近平:《加强党对全面依法治国的领导》,载《求是》2019 年第 4 期。

32 习近平:《在中共十八届四中全会第二次全体会议上的讲话》(2014 年 10 月 23 日),载中共中央文献研究室编:《习近平关于全面依法治国论述摘编》,中央文献出版社 2015 年版,第 12 页。

33 《论语 · 为政》。

34 《邓小平文选》(第 3 卷),人民出版社 1993 年版,第 177 页。

35 《邓小平文选》(第 3 卷),人民出版社 1993 年版,第 379 页。

36 《江泽民答记者问》,载《人民日报》1989 年 9 月 27 日,第 1 版。

37 《习近平李克强栗战书赵乐际分别参加全国人大会议一些代表团审议》,载《人民日报》2018 年 3 月 11 日,第 1 版。

38 习近平:《在省部级主要领导干部学习贯彻党的十八届四中全会精神全面推进依法治国专题研讨班上的讲话》(2015 年 2 月 2 日),载中共中央文献研究室编:《习近平关于全面依法治国论述摘编》,中央文献出版社 2015 年版,第 34 页。

39 习近平:《在省部级主要领导干部学习贯彻党的十八届四中全会精神全面推进依法治国专题研讨班上的讲话》(2015 年 2 月 2 日),载中共中央文献研究室编:《习近平关于全面依法治国论述摘编》,中央文献出版社 2015 年版,第 34 页。

40 习近平:《在省部级主要领导干部学习贯彻党的十八届四中全会精神全面推进依法治国专题研讨班上的讲话》(2015 年 2 月 2 日),载中共中央文献研究室编:《习近平关于全面依法治国论述摘编》,中央文献出版社 2015 年版,第 33 页。

41 习近平:《加快建设社会主义法治国家》,载《求是》2015 年第 1 期。

42 习近平:《在省部级主要领导干部学习贯彻党的十八届四中全会精神全面推进依法治国专题研讨班上的讲话》(2015 年 2 月 2 日),载中共中央文献研究室编:《习近平关于全面依法治国论述摘编》,中央文献出版社 2015 年版,第 34 页。

43 习近平:《在省部级主要领导干部学习贯彻党的十八届四中全会精神全面推进依法治国专题研讨班上的讲话》(2015 年 2 月 2 日),载中共中央文献研究室编:

《习近平关于全面依法治国论述摘编》,中央文献出版社2015年版,第37页。

44 习近平:《在省部级主要领导干部学习贯彻党的十八届四中全会精神全面推进依法治国专题研讨班上的讲话》(2015年2月2日),载中共中央文献研究室编:《习近平关于全面依法治国论述摘编》,中央文献出版社2015年版,第37页。

45 习近平:《在中央政法工作会议上的讲话》(2014年1月7日),载中共中央文献研究室编:《习近平关于全面依法治国论述摘编》,中央文献出版社2015年版,第20页。

46 习近平:《坚持依法治国和以德治国相结合》(2016年12月9日),载《习近平谈治国理政》(第二卷),外文出版社2017年版,第133页。

47 习近平:《坚持依法治国和以德治国相结合》(2016年12月9日),载《习近平谈治国理政》(第二卷),外文出版社2017年版,第133页。

48 习近平:《加快建设社会主义法治国家》,载《求是》2015年第1期。

49 习近平:《加快建设社会主义法治国家》,载《求是》2015年第1期。

50 习近平:《加快建设社会主义法治国家》,载《求是》2015年第1期。

51 习近平:《坚持依法治国和以德治国相结合》(2016年12月9日),载《习近平谈治国理政》(第二卷),外文出版社2017年版,第133页。

52 习近平:《坚持依法治国和以德治国相结合》(2016年12月9日),载《习近平谈治国理政》(第二卷),外文出版社2017年版,第134页。

53 习近平:《坚持依法治国和以德治国相结合》(2016年12月9日),载《习近平谈治国理政》(第二卷),外文出版社2017年版,第134－135页。

54 《坚持法治与德治并举》,载《浙江日报》2006年5月19日,第1版。

55 《中国大百科全书·政治学》,中国大百科全书出版社2002年版,第504页。

56 《马克思恩格斯全集》(第42卷),人民出版社1979年版,第238页。

57 《马克思恩格斯文集》(第4卷),人民出版社2009年版,第195页。

58 习近平:《提高公民法律素质 促进政治文明建设——写在"一二·四"全国法制宣传日》(2003年12月4日),载《浙江日报》2003年12月4日,第1版。

59 习近平:《在庆祝全国人民代表大会成立60周年大会上的讲话》(2014年9月5日),载《人民日报》2014年9月6日,第2版。

60 《深刻认识民主法制的内涵、切实加强人大工作》(1989年4月),宁地委办[1989]24号。

61 《认真学习研究社会主义法治 不断推进"法治浙江"建设》,载《浙江日报》2006年2月6日,第1版。

62 《马克思恩格斯全集》(第 7 卷),人民出版社 1959 年版,第 304 页。

63 习近平:《在中央政协工作会议暨庆祝中国人民政治协商会议成立 70 周年大会上的讲话》,载《人民日报》2022 年 3 月 16 日,第 1 版。

64 习近平:《加快建设社会主义法治国家》,载《求是》2015 年第 1 期。

65 [美]迈克尔·P. 托达罗:《经济发展与第三世界》,印金强、赵荣美等译,中国经济出版社 1992 年版,第 50 - 51、79 页。

66 习近平:《提高国防和军队建设法治化水平》(2014 年 12 月 26 日),载习近平:《论坚持全面依法治国》,中央文献出版社 2020 年版,第 130 页。

67 《韩非子·有度》。

68 习近平:《在中共十八届四中全会第二次全体会议上的讲话》(2014 年 10 月 23 日),载中共中央文献研究室编:《习近平关于全面依法治国论述摘编》,中央文献出版社 2015 年版,第 8 页。

69 习近平:《在庆祝澳门回归祖国十五周年大会暨澳门特别行政区第四届政府就职典礼上的讲话》(2014 年 11 月—2019 年 12 月),载习近平:《论坚持全面依法治国》,中央文献出版社 2020 年版,第 120 - 121 页。

70 习近平:《加强党对全面依法治国的领导》,载《求是》2019 年第 4 期。

71 张文显:《70 载法治建设铺就法治强国道路》,载《法制日报》2019 年 10 月 1 日,第 8 版;张文显:《中国法治 40 年:历程、轨迹和经验》,载《吉林大学社会科学学报》2018 年第 5 期。

72 习近平:《各级领导干部要做尊法学法守法用法的模范》(2015 年 2 月 2 日),载习近平:《论坚持全面依法治国》,中央文献出版社 2020 年版,第 135 - 136 页。

73 习近平:《在庆祝全国人民代表大会成立六十周年大会上的讲话》,载《求是》2019 年第 18 期。

74 习近平:《加快建设社会主义法治国家》,载《求是》2015 年第 1 期。

75 习近平:《加快建设社会主义法治国家》,载《求是》2015 年第 1 期。

76 习近平:《在纪念孔子诞辰 2565 周年国际学术研讨会暨国际儒学联合会第五届会员大会开幕会上的讲话》(2014 年 9 月 24 日),人民出版社 2014 年版,第 11 页。

77 习近平:《在纪念孔子诞辰 2565 周年国际学术研讨会暨国际儒学联合会第五届会员大会开幕会上的讲话》(2014 年 9 月 24 日),人民出版社 2014 年版,第 14 页。

78 中共中央党校组织编写、何毅亭主编:《以习近平同志为核心的党中央治国理政新理念新思想新战略》,人民出版社 2017 年版,第 74 页。

79 (唐)杜佑撰:《通典》,卷第十七,“尚书刑部”,陈仲夫点校,中华书局 1992 年版,第 180 页。

80 (梁)萧子显撰:《南齐书》(简体字本),卷四十八,“列传第二十九·孔稚珪”,中华书局 2000 年版,第 567 页。

81 习近平:《加快建设社会主义法治国家》,载《求是》2015 年第 1 期。

82 习近平:《共同构建人类命运共同体》(2017 年 1 月 18 日),载《人民日报》2017 年 1 月 20 日,第 2 版。

83 习近平:《在第二届世界互联网大会开幕式上的讲话》(2015 年 12 月 16 日),载《人民日报》2015 年 12 月 17 日,第 2 版。

84 习近平:《在中非合作论坛约翰内斯堡峰会上的总结讲话》(2015 年 12 月 5 日),载《人民日报》2015 年 12 月 6 日,第 2 版。

85 习近平:《携手构建合作共赢新伙伴　同心打造人类命运共同体》(2015 年 9 月 28 日),载《人民日报》2015 年 9 月 29 日,第 2 版。

86 习近平:《加快建设社会主义法治国家》,载《求是》2015 年第 1 期。

87 中共中央宣传部编:《习近平总书记系列重要讲话读本》(2016 年版),学习出版社、人民出版社 2016 年版,第 203－204 页。

88 习近平:《在省部级主要领导干部学习贯彻党的十八届四中全会精神全面推进依法治国专题研讨班上的讲话》(2015 年 2 月 2 日),载中共中央文献研究室编:《习近平关于全面依法治国论述摘编》,中央文献出版社 2015 年版,第 35 页。

89 习近平:《加快建设社会主义法治国家》,载《求是》2015 年第 1 期。

90 习近平:《加强党对全面依法治国的领导》,载《求是》2019 年第 4 期。

91 习近平:《加强党对全面依法治国的领导》,载《求是》2019 年第 4 期。

92 中共中央宣传部编:《习近平总书记系列重要讲话读本》(2016 年版),学习出版社、人民出版社 2016 年版,第 87 页。

93 习近平:《在中共十八届四中全会第二次全体会议上的讲话》(2014 年 10 月 23 日),载中共中央文献研究室编:《习近平关于全面依法治国论述摘编》,中央文献出版社 2015 年版,第 9 页。

94 习近平:《关于〈中共中央关于坚持和完善中国特色社会主义制度　推进国家治理体系和治理能力现代化若干重大问题的决定〉的说明》,载《人民日报》2019 年 11 月 6 日,第 4 版。

95 习近平:《在中共中央召开的党外人士座谈会上的讲话》(2014 年 8 月 19 日),载中共中央文献研究室编:《习近平关于全面依法治国论述摘编》,中央文献出版社 2015 年版,第 4 页。

96 习近平:《关于〈中共中央关于全面推进依法治国若干重大问题的决定〉的说明》,载《求是》2014 年第 21 期。

97 习近平:《在庆祝全国人民代表大会成立 60 周年大会上的讲话》(2014 年 9 月 5 日),载《人民日报》2014 年 9 月 6 日,第 2 版。

98 《中共中央关于全面深化改革若干重大问题的决定》,载《求是》2013 年第 22 期。

99 习近平:《在中央政法工作会议上的讲话》(2014 年 1 月 7 日),载中共中央文献研究室编:《习近平关于全面依法治国论述摘编》,中央文献出版社 2015 年版,第 19 页。

100 习近平:《在庆祝全国人民代表大会成立 60 周年大会上的讲话》(2014 年 9 月 5 日),载《人民日报》2014 年 9 月 6 日,第 2 版。

101 习近平:《在庆祝全国人民代表大会成立 60 周年大会上的讲话》(2014 年 9 月 5 日),载《人民日报》2014 年 9 月 6 日,第 2 版。

102 习近平:《在省部级主要领导干部学习贯彻党的十八届四中全会精神全面推进依法治国专题研讨班上的讲话》(2015 年 2 月 2 日),载中共中央文献研究室编:《习近平关于全面依法治国论述摘编》,中央文献出版社 2015 年版,第 35 页。

103 习近平:《加快建设社会主义法治国家》,载《求是》2015 年第 1 期。

104 习近平:《加快建设社会主义法治国家》,载《求是》2015 年第 1 期。

105 习近平:《加快建设社会主义法治国家》,载《求是》2015 年第 1 期。

106 《中共中央办公厅印发〈关于培育和践行社会主义核心价值观的意见〉》,载《人民日报》2013 年 12 月 24 日,第 1 版。

107 习近平:《加快建设社会主义法治国家》,载《求是》2015 年第 1 期。

108 习近平:《培育和弘扬社会主义核心价值观》(2014 年 2 月 24 日),载《习近平谈治国理政》,外文出版社 2014 年版,第 165 页。

109 习近平:《领导干部要做尊法学法守法用法的模范》(2015 年 2 月 2 日),载《习近平谈治国理政》(第二卷),外文出版社 2017 年版,第 129 页。

110 习近平:《切实把思想统一到党的十八届三中全会精神上来》,载《人民日报》2014 年 1 月 1 日,第 2 版。

111 习近平:《携手构建合作共赢新伙伴　同心打造人类命运共同体》(2015 年 9 月 28 日),载《人民日报》2015 年 9 月 29 日,第 2 版。

112 习近平:《在庆祝中华人民共和国成立 65 周年招待会上的讲话》(2014 年 9 月 30 日),载《人民日报》2014 年 10 月 1 日,第 2 版。

113 习近平:《在省部级主要领导干部学习贯彻党的十八届四中全会精神全面推进依法治国专题研讨班上的讲话》(2015 年 2 月 2 日),载中共中央文献研究室编:《习近平关于全面依法治国论述摘编》,中央文献出版社 2015 年版,第 34 - 35 页。

114 习近平:《关于〈中共中央关于全面推进依法治国若干重大问题的决定〉的说明》,载《求是》2014 年第 21 期。

115 习近平:《加快建设社会主义法治国家》,载《求是》2015 年第 1 期。

116 这里所说的"全会"指中国共产党第十八届中央委员会第四次全体会议。

117 习近平:《加快建设社会主义法治国家》,载《求是》2015 年第 1 期。

118 习近平:《加快建设社会主义法治国家》,载《求是》2015 年第 1 期。

119 习近平:《关于〈中共中央关于全面推进依法治国若干重大问题的决定〉的说明》,载《求是》2014 年第 21 期。

120 习近平:《加快建设社会主义法治国家》,载《求是》2015 年第 1 期。

121 习近平:《加快建设社会主义法治国家》,载《求是》2015 年第 1 期。

122 习近平:《关于〈中共中央关于全面推进依法治国若干重大问题的决定〉的说明》,载《求是》2014 年第 21 期。

123 习近平:《全面推进依法治国是一项长期而重大的历史任务》(2017 年 5 月 3 日),载习近平:《论坚持全面依法治国》,中央文献出版社 2020 年版,第 173 页。

124 习近平:《决胜全面建成小康社会　夺取新时代中国特色社会主义伟大胜利——在中国共产党第十九次全国代表大会上的报告》(2017 年 10 月 18 日),人民出版社 2017 年版,第 38 页。

125 习近平:《坚持、完善和发展中国特色社会主义国家制度与法律制度》(2019 年 9 月 24 日),载习近平:《论坚持全面依法治国》,中央文献出版社 2020 年版,第 265 页。

126 《中共中央关于全面深化改革若干重大问题的决定》,载《求是》2013 年第 22 期。

127 习近平:《关于〈中共中央关于坚持和完善中国特色社会主义制度　推进国家治理体系和治理能力现代化若干重大问题的决定〉的说明》,载《人民日报》2019 年 11 月 6 日,第 4 版。

128 习近平:《决胜全面建成小康社会　夺取新时代中国特色社会主义伟大胜

利——在中国共产党第十九次全国代表大会上的报告》(2017 年 10 月 18 日),人民出版社 2017 年版,第 21 页。

129 习近平:《切实把思想统一到党的十八届三中全会精神上来》,载《人民日报》2014 年 1 月 1 日,第 2 版。

130 习近平:《推进全面依法治国,发挥法治在国家治理体系和治理能力现代化中的积极作用》(2020 年 2 月 5 日),载习近平:《论坚持全面依法治国》,中央文献出版社 2020 年版,第 272 - 273 页。

131 习近平:《推进全面依法治国,发挥法治在国家治理体系和治理能力现代化中的积极作用》(2020 年 2 月 5 日),载习近平:《论坚持全面依法治国》,中央文献出版社 2020 年版,第 272 页。

132 《完善和发展中国特色社会主义制度　推进国家治理体系和治理能力现代化》,载《人民日报》2014 年 2 月 18 日,第 1 版。

133 习近平:《在哲学社会科学工作座谈会上的讲话》(2016 年 5 月 17 日),载《人民日报》2016 年 5 月 19 日,第 2 版。

134 习近平:《在省部级主要领导干部学习贯彻党的十八届四中全会精神全面推进依法治国专题研讨班上的讲话》(2015 年 2 月 2 日),载中共中央文献研究室编:《习近平关于全面依法治国论述摘编》,中央文献出版社 2015 年版,第 35 页。

135 习近平:《关于〈中共中央关于全面推进依法治国若干重大问题的决定〉的说明》,载《求是》2014 年第 21 期。

136 习近平:《在首都各界纪念现行宪法公布施行 30 周年大会上的讲话》(2012 年 12 月 4 日),载《人民日报》2012 年 12 月 5 日,第 2 版。

137 习近平:《关于〈中共中央关于全面推进依法治国若干重大问题的决定〉的说明》,载《求是》2014 年第 21 期。

138 习近平:《加快建设社会主义法治国家》,载《求是》2015 年第 1 期。

139 习近平:《在十八届中央政治局第四次集体学习时的讲话》(2013 年 2 月 23 日),载中共中央文献研究室编:《习近平关于全面依法治国论述摘编》,中央文献出版社 2015 年版,第 67 - 68 页。

140 习近平:《在中央政法工作会议上的讲话》(2014 年 1 月 7 日),载中共中央文献研究室编:《习近平关于全面依法治国论述摘编》,中央文献出版社 2015 年版,第 78 页。

141 《中共中央关于全面推进依法治国若干重大问题的决定》,载《求是》2014 年第

21 期。

142 习近平:《关于〈中共中央关于全面推进依法治国若干重大问题的决定〉的说明》,载《求是》2014 年第 21 期。

143 习近平:《加快建设社会主义法治国家》,载《求是》2015 年第 1 期。

144 习近平:《加强党对全面依法治国的领导》,载《求是》2019 年第 4 期。

145 习近平:《加快建设社会主义法治国家》,载《求是》2015 年第 1 期。

146 习近平:《加强党对全面依法治国的领导》,载《求是》2019 年第 4 期。

147 习近平:《关于〈中共中央关于全面推进依法治国若干重大问题的决定〉的说明》,载《求是》2014 年第 21 期。

148 《中共中央关于全面推进依法治国若干重大问题的决定》,载《求是》2014 年第 21 期。

149 习近平:《在党的群众路线教育实践活动总结大会上的讲话》(2014 年 10 月 8 日),载中共中央文献研究室编:《十八大以来重要文献选编》(中),中央文献出版社 2016 年版,第 95 页。

150 习近平:《在省部级主要领导干部学习贯彻党的十八届四中全会精神全面推进依法治国专题研讨班上的讲话》(2015 年 2 月 2 日),载中共中央文献研究室编:《习近平关于全面依法治国论述摘编》,中央文献出版社 2015 年版,第 119 页。

151 习近平:《加强党对全面依法治国的领导》,载《求是》2019 年第 4 期。

152 习近平:《在第十八届中央纪律检查委员会第六次全体会议上的讲话》(2016 年 1 月 12 日),人民出版社 2016 年版,第 3 页。

153 习近平:《在十八届中央政治局第四次集体学习时的讲话》(2013 年 2 月 23 日),载中共中央文献研究室编:《习近平关于全面依法治国论述摘编》,中央文献出版社 2015 年版,第 43 页。

154 习近平:《关于〈中共中央关于全面推进依法治国若干重大问题的决定〉的说明》,载《求是》2014 年第 21 期。

155 《盐铁论·申韩》。

156 《潜夫论·述赦》。

157 (明)张居正:《请稽查章奏随事考成以修实政疏》。

158 (清)沈家本:《历代刑法考·附寄簃文存》(全四册),邓经元、骈宇骞点校,中华书局 1985 年版,第 34 页。

159 (清)梁启超:《梁启超全集》(第四册),北京出版社 1999 年版,第 2468 页。

160 习近平:《关于〈中共中央关于全面推进依法治国若干重大问题的决定〉的说明》,载《求是》2014 年第 21 期。

161 习近平:《关于〈中共中央关于全面推进依法治国若干重大问题的决定〉的说明》,载《求是》2014 年第 21 期。

162 习近平:《在庆祝全国人民代表大会成立 60 周年大会上的讲话》(2014 年 9 月 5 日),载《人民日报》2014 年 9 月 6 日,第 2 版。

163 《中共中央关于全面推进依法治国若干重大问题的决定》,载《求是》2014 年第 21 期。

164 习近平:《关于我国宪法和推进全面依法治国》(2018 年 2 月 24 日),载习近平:《论坚持全面依法治国》,中央文献出版社 2020 年版,第 213 页。

165 习近平:《关于我国宪法和推进全面依法治国》(2018 年 2 月 24 日),载习近平:《论坚持全面依法治国》,中央文献出版社 2020 年版,第 214 页。

166 习近平:《在首都各界纪念现行宪法公布施行三十周年大会上的讲话》(2012 年 12 月 4 日),载习近平:《论坚持全面依法治国》,中央文献出版社 2020 年版,第 10 页。

167 习近平:《关于我国宪法和推进全面依法治国》(2018 年 2 月 24 日),载习近平:《论坚持全面依法治国》,中央文献出版社 2020 年版,第 215 页。

168 习近平:《切实尊崇宪法,严格实施宪法》(2018 年 1 月 19 日),载习近平:《论坚持全面依法治国》,中央文献出版社 2020 年版,第 201 页。

169 习近平:《切实尊崇宪法,严格实施宪法》(2018 年 1 月 19 日),载习近平:《论坚持全面依法治国》,中央文献出版社 2020 年版,第 201 页。

170 习近平:《在首都各界纪念现行宪法公布施行 30 周年大会上的讲话》(2012 年 12 月 4 日),载《习近平谈治国理政》,外文出版社 2014 年版,第 142 页。

171 习近平:《关于我国宪法和推进全面依法治国》(2018 年 2 月 24 日),载习近平:《论坚持全面依法治国》,中央文献出版社 2020 年版,第 216 页。

172 《坚持走符合国情的人权发展道路　促进人的全面发展》,载《人民日报》2018 年 12 月 11 日,第 1 版。

173 习近平:《决胜全面建成小康社会　夺取新时代中国特色社会主义伟大胜利——在中国共产党第十九次全国代表大会上的报告》(2017 年 10 月 18 日),人民出版社 2017 年版,第 11 页。

174 习近平:《高举中国特色社会主义伟大旗帜,为决胜全面小康社会实现中国梦而奋斗》(2017 年 7 月 26 日),载《习近平谈治国理政》(第二卷),外文出版社

2017 年版，第 61 页。

175 习近平：《在省部级主要领导干部学习贯彻党的十八届四中全会精神全面推进依法治国专题研讨班上的讲话》（2015 年 2 月 2 日），载中共中央文献研究室编：《习近平关于全面依法治国论述摘编》，中央文献出版社 2015 年版，第 37－38 页。

176 习近平：《在第十八届中央纪律检查委员会第三次全体会议上的讲话》（2014 年 1 月 14 日），载中共中央文献研究室编：《习近平关于全面依法治国论述摘编》，中央文献出版社 2015 年版，第 59 页。

177 习近平：《在全国组织工作会议上的讲话》（2013 年 6 月 28 日），载中共中央文献研究室编：《十八大以来重要文献选编》（上），中央文献出版社 2014 年版，第 342 页。

178 习近平：《在省部级主要领导干部学习贯彻党的十八届四中全会精神全面推进依法治国专题研讨班上的讲话》（2015 年 2 月 2 日），载中共中央文献研究室编：《习近平关于全面依法治国论述摘编》，中央文献出版社 2015 年版，第 127－128 页。

179 习近平：《在省部级主要领导干部学习贯彻党的十八届四中全会精神全面推进依法治国专题研讨班上的讲话》（2015 年 2 月 2 日），载中共中央文献研究室编：《习近平关于全面依法治国论述摘编》，中央文献出版社 2015 年版，第 128 页。

180 习近平：《决胜全面建成小康社会　夺取新时代中国特色社会主义伟大胜利——在中国共产党第十九次全国代表大会上的报告》（2017 年 10 月 18 日），人民出版社 2017 年版，第 68 页。

181 习近平：《提高国防和军队建设法治化水平》（2014 年 12 月 26 日），载习近平：《论坚持全面依法治国》，中央文献出版社 2020 年版，第 130 页。

182 中共中央宣传部编：《习近平总书记系列重要讲话读本》（2016 年版），学习出版社、人民出版社 2016 年版，第 259 页。

183 中共中央宣传部编：《习近平总书记系列重要讲话读本》（2016 年版），学习出版社、人民出版社 2016 年版，第 258 页。

184 《中共中央关于全面推进依法治国若干重大问题的决定》，载《求是》2014 年第 21 期。

185 习近平：《在中央政法工作会议上的讲话》（2014 年 1 月 7 日），载中共中央文献研究室编：《习近平关于全面依法治国论述摘编》，中央文献出版社 2015 年版，第 102 页。

186 习近平:《加快建设公正高效权威的社会主义司法制度》(2014 年 1 月 7 日),载习近平:《论坚持全面依法治国》,中央文献出版社 2020 年版,第 59 页。

187 《中共中央关于全面推进依法治国若干重大问题的决定》,载《求是》2014 年第 21 期。

188 习近平:《在中央政法工作会议上的讲话》(2014 年 1 月 7 日),载中共中央文献研究室编:《习近平关于全面依法治国论述摘编》,中央文献出版社 2015 年版,第 77 页。

189 习近平:《和谐社会本质上是法治社会》(2016 年 5 月 15 日),载习近平:《之江新语》,浙江人民出版社 2007 年版,第 204 页。

190 习近平:《干在实处　走在前列——推进浙江新发展的思考与实践》,中共中央党校出版社 2006 年版,第 392 页。

191 习近平:《平安和谐是落实科学发展观题中之义》(2005 年 2 月 25 日),载习近平:《之江新语》,浙江人民出版社 2007 年版,第 119 页。

192 《把人民群众对平安中国建设的要求作为努力方向　确保人民安居乐业社会安定有序国家长治久安》,载《人民日报》2013 年 6 月 1 日,第 1 版。

193 《发挥法治的引领和保障作用　提高平安建设现代化水平》,载《人民日报》2014 年 11 月 4 日,第 1 版。

194 《顺应人民对公共安全司法公正权益保障的新期待　全力推进平安中国法治中国过硬队伍建设》,载《人民日报》2013 年 1 月 8 日,第 1 版。

195 《完善中国特色社会主义社会治理体系　努力建设更高水平的平安中国》,载《人民日报》2016 年 10 月 13 日,第 1 版。

196 习近平:《市场经济必然是法治经济》(2006 年 5 月 12 日),载习近平:《之江新语》,浙江人民出版社 2007 年版,第 203 页。

198 习近平:《为做好党和国家各项工作营造良好法治环境》(2019 年 2 月 25 日),载习近平:《论坚持全面依法治国》,中央文献出版社 2020 年版,第 254 页。

198 《全面加强知识产权保护工作　激发创新活力推动构建新发展格局》,载《人民日报》2020 年 12 月 2 日,第 1 版。

199 《提高防控能力着力防范化解重大风险　保持经济持续健康发展社会大局稳定》,载《人民日报》2019 年 1 月 22 日,第 1 版。

200 《习近平出席二十国集团领导人第十四次峰会并发表重要讲话》,载《人民日报》2019 年 6 月 29 日,第 1 版。

201 《把区块链作为核心技术自主创新重要突破口　加快推动区块链技术和产业创新发展》,载《人民日报》2019 年 10 月 26 日,第 1 版。

202 《把区块链作为核心技术自主创新重要突破口　加快推动区块链技术和产业创新发展》,载《人民日报》2019 年 10 月 26 日,第 1 版。

203 《共享数字经济发展机遇　共同推动人工智能造福人类》,载《人民日报》2018 年 9 月 18 日,第 1 版。

204 《加强领导做好规划明确任务夯实基础　推动我国新一代人工智能健康发展》,载《人民日报》2018 年 11 月 1 日,第 1 版。

205 习近平:《努力走向社会主义生态文明新时代》(2013 年 5 月 24 日),载《习近平谈治国理政》,外文出版社 2014 年版,第 210 页。

206 习近平:《决胜全面建成小康社会　夺取新时代中国特色社会主义伟大胜利——在中国共产党第十九次全国代表大会上的报告》(2017 年 10 月 18 日),人民出版社 2017 年版,第 23 页。

207 习近平:《决胜全面建成小康社会　夺取新时代中国特色社会主义伟大胜利——在中国共产党第十九次全国代表大会上的报告》(2017 年 10 月 18 日),人民出版社 2017 年版,第 24 页。

208 习近平:《中国必须有自己特色的大国外交》(2014 年 11 月 28 日),载《习近平谈治国理政》(第二卷),外文出版社 2017 年版,第 442 – 443 页。

209 《坚定不移走中国特色社会主义法治道路　为全面建设社会主义现代化国家提供有力法治保障》,载《人民日报》2020 年 11 月 18 日,第 1 版。

210 习近平:《全面做好法治人才培养工作》(2017 年 5 月 3 日),载习近平:《论坚持全面依法治国》,中央文献出版社 2020 年版,第 174 页。

211 习近平:《在中央全面依法治国委员会第一次会议上的讲话》(2018 年 8 月 24 日),载习近平:《论坚持全面依法治国》,中央文献出版社 2020 年版,第 235 页。

212 习近平:《在省部级主要领导干部学习贯彻党的十八届四中全会精神全面推进依法治国专题研讨上的讲话》(2015 年 2 月 2 日),载中共中央文献研究室编:《习近平关于全面依法治国论述摘编》,中央文献出版社 2015 年版,第 118 页。

213 习近平:《在省部级主要领导干部学习贯彻党的十八届四中全会精神全面推进依法治国专题研讨上的讲话》(2015 年 2 月 2 日),载中共中央文献研究室编:《习近平关于全面依法治国论述摘编》,中央文献出版社 2015 年版,第 120 页。

214 习近平:《在省部级主要领导干部学习贯彻党的十八届四中全会精神全面推进依法治国专题研讨上的讲话》(2015 年 2 月 2 日),载中共中央文献研究室编:

《习近平关于全面依法治国论述摘编》,中央文献出版社 2015 年版,第 121 页。

215 习近平:《全面做好法治人才培养工作》(2017 年 5 月 3 日),载习近平:《论坚持全面依法治国》,中央文献出版社 2020 年版,第 175 页。

216 习近平:《在省部级主要领导干部学习贯彻党的十八届四中全会精神全面推进依法治国专题研讨上的讲话》(2015 年 2 月 2 日),载中共中央文献研究室编:《习近平关于全面依法治国论述摘编》,中央文献出版社 2015 年版,第 123 页。

习近平法治思想的基本精神和核心要义*

近百年来，在中国革命、改革、建设的各个历史时期，我们党都矢志不渝地推进民主法治建设，把马克思主义法治理论与中国法治实践相结合，创立和发展了中国化的马克思主义法治理论。改革开放以来，我们党倍加重视法治建设和法治理论创新，把马克思主义法治理论与中国特色社会主义法治建设实践相结合，形成了中国特色社会主义法治理论。党的十八大以来，以习近平同志为核心的党中央在全面依法治国、建设中国特色社会主义法治体系、建设社会主义法治国家、推进国家治理体系和治理能力现代化新的伟大实践中，创造性地发展了中国特色社会主义法治理论，创立了习近平法治思想。

习近平总书记是习近平法治思想的创立者和主要贡献者。习近平总书记是从改革开放和社会主义现代化建设实践中走出来的卓越领导者、伟大政治家、杰出思想家，是新时期中国特色社会主义法治建设的实践者、推动者，是新时代全面依法治国的开创者、引领者。在数十年的领导实践中，他一以贯之地关注法治、钻研法治、践行法治，在推进依法治县、依法治市、依法治省、依法治

---

* 本文发表于《东方法学》2021 年第 1 期，中国人民大学复印报刊资料《中国特色社会主义理论》2021 年第 4 期转载。

国、全面依法治国的非凡实践中,从历史和现实相贯通、国际和国内相关联、理论和实践相结合上,科学回答了中国特色社会主义法治建设的一系列重大理论、制度和实践问题,为习近平法治思想的创立和发展作出了独创性、集成性、原创性贡献。

习近平法治思想集中体现了我们党在法治领域的理论创新、制度创新、实践创新、文化创新,具有深厚的历史底蕴、崇高的思想品位、鲜明的实践品格,彰显出至深的人民情怀、饱满的时代精神、恢宏的中国气派。习近平法治思想是中国特色社会主义法治实践和成就的科学总结,是马克思主义法治理论中国化最新成果,是习近平新时代中国特色社会主义思想的重要组成部分,是全面依法治国的根本遵循和行动指南,是引领法治中国建设在新时代实现更大发展的思想旗帜,是21世纪马克思主义法治理论。

习近平法治思想是内涵丰富、论述深刻、逻辑严密、系统完备的法治理论体系。近年来,对习近平法治思想的阐释和解读逐渐深入,形成了“三新”“三基”“六论”等学理范式。“三新”,即全面依法治国新理念、新思想、新战略;“三基”,即关于法治的基本原理、中国特色社会主义法治基本理论、全面依法治国基本观点;“六论”,即关于全面依法治国的政治方向、重要地位、工作布局、重大任务、重大关系、重要保障等六个方面的重要论述。笔者以习近平总书记在中央全面依法治国工作会议上提出的“十一个坚持”和其他场合的重要论述为基本依据,以中央全面依法治国工作会议精神和中央领导同志对习近平法治思想的科学阐释为学理范式,从六个方面对习近平法治思想的基本精神和核心要义作出学理型解读。

一、关于全面依法治国重大意义的论述

习近平总书记用三个理论命题精辟论述了全面依法治国的重大意义、重要地位,深刻回答了新时代为什么实行全面依法治国这

一重大认识问题,释明了全面依法治国的实践前提。

(一)全面依法治国是新时代坚持和发展中国特色社会主义的基本方略

1997 年,党的十五大首次把依法治国确立为党领导人民治理国家的基本方略。2012 年,党的十八大把法治确定为治国理政的基本方式。2017 年,党的十九大进一步把坚持全面依法治国上升为新时代坚持和发展中国特色社会主义的基本方略之一,体现了我们党在法治理论和实践上与时俱进、创新发展。习近平总书记在党的十九大报告中将党在新时代坚持和发展中国特色社会主义的基本方略概括为“十四个坚持”。“十四个坚持”是一个内在协调的整体,它们一起围绕着全面准确贯彻落实习近平新时代中国特色社会主义思想、共同推进新时代中国特色社会主义的伟大实践。在坚持和发展中国特色社会主义基本方略体系中,“坚持全面依法治国”既是基本方略之一,又是实施其他十三个基本方略的支撑和保障。

把“坚持全面依法治国”作为坚持和发展中国特色社会主义基本方略,是站在中国特色社会主义新时代的历史方位上作出的重大政治决断,具有深厚的理论基础。习近平总书记指出:“无论是实现‘两个一百年’奋斗目标,还是实现中华民族伟大复兴的中国梦,全面依法治国既是重要内容,又是重要保障。我们把全面依法治国纳入‘四个全面’战略布局,就是要为全面建成小康社会、全面深化改革、全面从严治党提供长期稳定的法治保障。”[1]

把“坚持全面依法治国”作为坚持和发展中国特色社会主义基本方略,是对新时代社会主要矛盾深刻变化的精准把握,具有充分的现实依据。习近平总书记指出,中国特色社会主义进入新时代,我国社会主要矛盾发生深刻变化,经济发展和国民财富不断积累,信息化、智能化和大数据时代到来,人民对美好生活的需求越来越广泛，对人身权、人格权、财产权、信息权、安全权、环境权、健康权、发展权、参与权等各项权利的享有和保护越来越迫切，对党和国家厉行法治、依法执政、依法行政的渴望越来越显著，并对法治的内涵和标准提出了更高的要求：不仅要求有法可依，而且要求良法善治；不仅要求严格执法，而且要求规范文明执法；不仅要求公正司法，而且要求公开透明高效司法；等等。这就要求“把依法治国摆在突出位置，把党和国家工作纳入法治化轨道，坚持在法治轨道上统筹社会力量、平衡社会利益、调节社会关系、规范社会行为，依靠法治解决各种社会矛盾和问题，确保我国社会在深刻变革中既生机勃勃又井然有序”。[2]

把“坚持全面依法治国”作为坚持和发展中国特色社会主义的基本方略，是立足国情和世情、统筹国内和国际作出的实践定位，具有独到的战略眼光。习近平总书记指出：“全面推进依法治国是关系我们党执政兴国、关系人民幸福安康、关系党和国家长治久安的重大战略问题，是完善和发展中国特色社会主义制度、推进国家治理体系和治理能力现代化的重要方面。”[3]“我国是一个有十三亿多人口的大国，地域辽阔，民族众多，国情复杂。我们党在这样一个大国执政，要保证国家统一、法制统一、政令统一、市场统一，要实现经济发展、政治清明、文化昌盛、社会公正、生态良好，都需要秉持法律这个准绳、用好法治这个方式。”[4]“当今世界正经历百年未有之大变局，国际形势复杂多变，改革发展稳定、内政外交国防、治党治国治军各方面任务之繁重前所未有，我们面临的风险挑战之严峻前所未有。这些风险挑战，有的来自国内，有的来自国际，有的来自经济社会领域，有的来自自然界。我们要打赢防范化解重大风险攻坚战，必须坚持和完善中国特色社会主义制度、推进国家治理体系和治理能力现代化，运用制度威力应对风险挑战的冲击。”[5]

从治国理政的领域性基本方略到坚持和发展中国特色社会主

义的全局性基本方略，法治在中国特色社会主义事业和社会主义现代化强国建设中的重大意义更加突出、重要地位进一步提升，法治在“五位一体”总体布局和“四个全面”战略布局中的基础性、引领性、支撑性、驱动性作用进一步凸显，全面依法治国在党和国家发展中固根本、稳预期、利长远的价值得到进一步彰显。

（二）全面依法治国是国家治理的一场深刻革命

党的十八大以来，习近平总书记多次指出：“全面推进依法治国是一个系统工程，是国家治理领域一场广泛而深刻的革命。”[6]“全面推进依法治国是一项长期而重大的历史任务……”[7]在党的十九大报告中，习近平总书记更为精练地指出：“全面依法治国是国家治理的一场深刻革命。”[8]

全面依法治国之于国家治理和中华民族伟大复兴的革命性意义在于，它将彻底实现从封建制到民主制、从人治到法治的革命性转型，完成新民主主义革命和社会主义革命应当完成而没有彻底完成的历史任务，彻底改变政治思维定式和国家治理模式，开辟社会主义国家的法治化道路，实现国家各项工作的法治化。这场革命“事关我们党执政兴国，事关人民幸福安康，事关党和国家事业发展”。

全面依法治国体现出我们党革命的勇气、革命的思维和革命的精神。以习近平同志为核心的党中央始终把全面依法治国作为全面深化改革的重要方面和重大任务，坚持改革方向、直面突出问题、回应群众期待，提出“……对依法治国具有重要意义的改革举措，纳入改革任务总台账，一体部署、一体落实、一体督办”。[9]坚定不移且大刀阔斧地推进法治领域的改革，坚决破除一切妨碍依法执政、依法治国、依法行政、依法治军、依法办事的体制机制弊端和思想观念。党的十八届三中全会出台了20多项重大法治改革举措，党的十八届四中全会出台了180多项重大法治改革举措，包括法治领导体制改革、宪法实施体制改革、立法体制改革、行政执法体制改革、司法体制和政法改革、法学教育体制改革、诉讼制度改革等，并先后废止了劳动教养、收容教育制度，依法纠正一批历史上的重大错案。其中，许多改革举措都是制度性重构，是涉及利益关系和权力格局调整的"硬骨头"，是躲不开绕不过的"深水区"，是多年来想都不敢想、想了也不敢做、做了也未做成的"老难题"。党中央以革命勇气和改革思维发动改革，以法治思维和法治方式推进改革，重点解决立法不良、有法不依、执法不严、司法不公、监督疲软、权力腐败、人权保障不力、产权保护缺位等突出问题，许多改革实现了突破性进展、取得了历史性成就。

（三）全面依法治国是社会主义现代化建设的有力保障

全面依法治国是中国特色社会主义的本质要求和重要保障。在统筹推进伟大斗争、伟大工程、伟大事业、伟大梦想的实践中，在实现中华民族伟大复兴的中国梦的前进道路上，法治具有固根本、稳预期、利长远的重要作用；在建设富强民主文明和谐美丽的社会主义现代化强国中，全面依法治国具有基础性、保障性作用；在应对重大挑战、抵御重大风险、克服重大阻力、解决重大矛盾中，法治具有"国之重器"的威力。习近平总书记多次强调："我们面对的改革发展稳定任务之重前所未有，矛盾风险挑战之多前所未有，依法治国地位更加突出、作用更加重大。我们必须坚定不移贯彻依法治国基本方略和依法执政基本方式，坚定不移领导人民建设社会主义法治国家。"[10]在党的十九届五中全会上，习近平总书记要求紧紧围绕迈向新发展阶段、贯彻新发展理念、构建新发展格局，加强法治建设，打造市场化、法治化、国际化营商环境。面对世界百年未有之大变局和中华民族伟大复兴的战略全局，我们必须始终坚持发挥全面依法治国的制度优势和治理效能，解放和增强社会活力、促进社会公平正义、维护社会和谐稳定、确保党和国家长治久安。在中央全面依法治国工作会议上，他再次指出，要坚定不移走中国特色社会主义法治道路，为全面建设社会主义现代化国家、实现中华民族伟大复兴的中国梦提供有力法治保障。

二、关于全面依法治国政治方向的论述

方向决定道路，道路决定命运。全面依法治国的政治方向问题归结起来就是由谁领导、为了谁和依靠谁、走什么路。习近平总书记用“三个坚持”回答了这三个大是大非问题。

（一）坚持党对全面依法治国的领导

习近平总书记指出：“党的领导是中国特色社会主义法治之魂，是我们的法治同西方资本主义国家的法治最大的区别。”[11]“坚持中国特色社会主义法治道路，最根本的是坚持中国共产党的领导。”[12]加强党对全面依法治国的领导，就是要健全党领导全面依法治国的制度和工作机制，把党的领导贯彻到依法治国全过程和各方面，更好落实全面依法治国基本方略。这既是我国社会主义法治建设的一条基本经验，又是全党全民的广泛共识，也是中国共产党行使领导权和执政权的必然要求。“党的领导”和“全面依法治国”不是历史的偶遇，而是实践必然性、时代现实性和法理正当性的逻辑连接，我们在任何时候都不能否认、不能放弃、不能置疑。

加强党对全面依法治国的领导，也是全面依法治国的性质所决定的。习近平总书记多次指出，全面推进依法治国是一个系统工程，是国家治理领域一场广泛而深刻的革命。“系统工程”意味着全面依法治国的复杂性、长期性、艰巨性，不仅涉及经济建设、政治建设、文化建设、社会建设、生态文明建设、国防军队建设、党的建设等各领域，还涉及改革发展稳定、内政外交国防、治党治国治军等各个方面，而且是长期历史任务，只有发挥党总揽全局、协调

各方、总体设计、统一布局的领导作用，才能完成全面依法治国这一“系统工程”的总规划，才有希望实现全面依法治国、建设法治中国的总目标。“深刻革命”意味着许多改革事项都是难啃的硬骨头，迫切需要从党中央层面加强顶层设计、统筹协调，需要加强各级党委对法治工作的组织领导、政治引领和坚强保障。只有坚持党对全面依法治国的领导，才能使这个系统工程科学有序运转，才能使这场深刻革命持续深入推进。

加强党对全面依法治国的领导，不只是一个政治命题，也是一个意涵丰富的法理命题。党对全面依法治国的领导首先是战略上、道路上的领导，即确立全面依法治国的总目标、总抓手、总路线。改革开放以来，党中央在每一个历史节点都为依法治国奠定了理论基础，指明了前进方向，确定了任务书、路线图、时间表。党的十八大强调法治是治国理政的基本方式，作出“全面推进依法治国”的战略决策，提出“科学立法、严格执法、公正司法、全民守法”新十六字方针。党的十八届四中全会制定了推进全面依法治国的顶层设计图、路线图、施工图，四中全会后制定了法治政府建设实施纲要。党的十九大对新时代推进全面依法治国提出了新任务，明确到 2035 年，法治国家、法治政府、法治社会要基本建成。党的十九大之后，中央全面依法治国委员会抓紧制定法治中国建设规划和法治社会建设实施纲要，出台了深入推进全面依法治国的新举措、新抓手。中央全面依法治国工作会议全面规划了未来一个时期法治中国建设的目标、任务和指标体系。这些目标任务的落实，离不开健全党领导全面依法治国制度和机制，离不开强化党在立法、执法、司法、守法、法治改革等方面的系统领导。党的十八大以来的实践证明，我国法治建设之所以能够取得一系列重大成就，根本原因就在于坚持了以习近平同志为核心的党中央的集中统一领导，遵循了习近平法治思想。

坚持党对全面依法治国的领导，不是一句空的口号，必须具体体现在党领导立法、保证执法、支持司法、带头守法上。党领导立法，把党的主张通过法定程序转变为国家意志，在宪法法律上体现党的基本理论、基本路线、基本方略，从制度上保证党的路线方针政策的贯彻实施；党保证执法，建立权责统一、权威高效的依法行政体制，建设职能科学、权责法定、执法严明、公开公正、廉洁高效、守法诚信的法治政府，维护法律权威、尊严和统一；党支持司法，确保司法权依法独立公正行使，禁止领导干部非法干预司法活动，优化司法职权配置，规范司法行为，保证公正司法，维护社会公平正义；党带头守法，坚持依法治国、依法执政，自觉在宪法法律范围内活动，引领全民守法，监督各级领导干部尊法学法守法用法，营造全社会尊法学法守法用法护法的良好风尚。总体来看，“一方面，要坚持党总揽全局、协调各方的领导核心作用，统筹依法治国各领域工作，确保党的主张贯彻到依法治国全过程和各方面。另一方面，要改善党对依法治国的领导，不断提高党领导依法治国的能力和水平”。[13]

（二）坚持以人民为中心

习近平总书记在党的十八届四中全会上首次明确提出，建设中国特色社会主义法治体系、建设社会主义法治国家，必须“坚持人民主体地位”，指出“我国社会主义制度保证了人民当家作主的主体地位，也保证了人民在全面推进依法治国中的主体地位。这是我们的制度优势，也是中国特色社会主义法治区别于资本主义法治的根本所在”。[14]在中央全面依法治国工作会议上，他进一步提出全面依法治国必须坚持“以人民为中心”，强调全面依法治国最广泛、最深厚的基础是人民，必须坚持为了人民、依靠人民。要把体现人民利益、反映人民意愿、维护人民权益、增进人民福祉、促进人的全面发展作为法治建设的出发点和落脚点，落实到全面依法治国各领域全过程；保证人民在党的领导下，依照法律规定，通过各种途径和形式管理国家事务，管理经济和文化事业，管理社会事务；以法治来激励和保护人民的积极性、主动性、创造性，增强社会发展活力，确保人民安居乐业、社会安定有序；恪守以民为本、立法为民理念，使每一项立法都贯彻社会主义核心价值观、符合宪法精神、反映人民意志、得到人民拥护；坚持执法司法为人民，依靠人民推进公正执法司法，通过公正执法司法维护人民权益；做到法律为人民所掌握、所遵守、所运用，增强全社会尊法学法守法用法护法的自觉意识。

“以人民为中心”，主要体现为三条基本原则。一是以人民权利为本位，以保护和保障人权和公民权利为目的。法治的真谛在于对人权和公民权利的确认和保障，社会主义法治的根本宗旨在于尊重和保障人权和公民权利。这也是现代法治国家的本质特征，是建设法治中国的强大动力。习近平总书记指出：“推进全面依法治国，根本目的是依法保障人民权益。”[15]要保证人民依法享有人身权、人格权、财产权、信息权、婚姻自主权、继承权、诉讼权等广泛的权利和自由，保障人民平等参与、平等发展的权利。

二是以公平正义为法治的生命线，把公平正义作为融贯法治实践的核心价值。习近平总书记指出：“公平正义是我们党追求的一个非常崇高的价值，全心全意为人民服务的宗旨决定了我们必须追求公平正义，保护人民权益、伸张正义。全面依法治国，必须紧紧围绕保障和促进社会公平正义来进行。”[16]“全面深化改革必须着眼创造更加公平正义的社会环境，不断克服各种有违公平正义的现象，使改革发展成果更多更公平惠及全体人民。”[17]“必须牢牢把握社会公平正义这一法治价值追求，努力让人民群众在每一项法律制度、每一个执法决定、每一宗司法案件中都感受到公平正义。”[18]公平正义的法律价值在立法层面主要体现为权利平等、机会平等、规则平等，在法律实施层面集中体现为法律面前人人平等。

三是要积极回应人民群众新要求新期待，把不断满足人民对美好生活的需要、促进民生改善作为法治工作的着力点，倾听群众呼声，反映群众愿望，回应群众诉求，抓住民生领域实际问题做好法治应对和权利保障。要系统研究谋划和解决法治领域人民群众反映强烈的突出问题，不断增强人民群众主体感、获得感、幸福感、安全感、公平感。

（三）坚持中国特色社会主义法治道路

习近平总书记指出："我们要坚持的中国特色社会主义法治道路，本质上是中国特色社会主义道路在法治领域的具体体现"。[19]"中国特色社会主义法治道路，是社会主义法治建设成就和经验的集中体现，是建设社会主义法治国家的唯一正确道路。"[20]"具体讲我国法治建设的成就，大大小小可以列举出十几条、几十条，但归结起来就是开辟了中国特色社会主义法治道路这一条。"[21]以习近平同志为核心的党中央关于全面依法治国的一系列重大决定和决策部署都有一条一以贯之的红线，就是坚持和拓展中国特色社会主义法治道路，坚持在道路这个根本问题上树立自信、保持定力、毫不动摇。

习近平总书记指出："走中国特色社会主义法治道路是一个重大课题，有许多东西需要深入探索，但基本的东西必须长期坚持。"[22]这"基本的东西"就是习近平总书记在党的十八届四中全会上提出的三个"核心要义"和五个必须长期坚持的"基本原则"。三个"核心要义"，即坚持党的领导、坚持中国特色社会主义制度、贯彻中国特色社会主义法治理论，规定了中国特色社会主义法治体系的制度属性和鲜明特征，确定了中国特色社会主义法治道路的根本性质和根本要求，明示了中国特色社会主义法治道路的前进方向和理论标识。其中，党的领导是根本，中国特色社会主义制度是基础，中国特色社会主义法治理论是指导思想和学理支撑。五个必须长期坚持的“基本原则”是:坚持人民主体地位,坚持法律面前人人平等,坚持依法治国和以德治国相结合,坚持依法治国和依规治党有机统一,坚持从中国国情和实际出发。

在法治道路这个根本问题上,习近平总书记反复强调要从中国国情和实际出发,立足社会主义初级阶段的国情,注重总结社会主义法治建设的成功经验,注重对中华优秀法治文化传统进行创造性转化、创新性发展,注重借鉴世界法治文明有益成果,努力探索符合法治规律和中国国情的法治模式,突出中国特色、时代特色和实践特色,绝不能照搬别国模式,绝不能走西方“宪政”“三权鼎立”“司法独立”的路子。

坚持中国特色社会主义法治道路,不是故步自封,而是要与时俱进,不断推进理论创新、制度创新、实践创新,不断丰富三个核心要义、五项基本原则的具体内涵,不断拓展中国特色社会主义法治道路。党的十八大以来,习近平总书记领导党和人民全面依法治国、建设法治中国,以新的理论和实践全面拓展了中国特色社会主义法治道路,使我国法治建设实现了从依法治国到全面依法治国、从建设法治国家到建设法治中国、从建设中国特色社会主义法律体系到建设中国特色社会主义法治体系、从形式法治的“法律之治”到形式法治与实质法治有机融合的“良法善治”、从推进依法治国到统筹推进依法治国和依规治党、从国内法治到统筹国内法治和涉外法治(国际法治)的历史性跨越。党的十九届四中全会通过的《中共中央关于坚持和完善中国特色社会主义制度　推进国家治理体系和治理能力现代化若干重大问题的决定》把法治贯通于制度建设和国家治理的各个方面,充分体现了法治是治国理政的基本方式、依法治国是坚持和发展中国特色社会主义的基本方略、在法治的轨道上推进国家治理体系和治理能力现代化,进一步拓展了中国特色社会主义法治道路。

三、关于全面依法治国工作布局的论述

在科学阐明实行全面依法治国的重大意义(重要地位)和全面依法治国的政治方向之后,习近平总书记从全面依法治国的工作布局、重点任务、重大关系、重要保障等方面深刻论述了如何推进全面依法治国的重大战略和建设实践问题。其中,关于谋篇布局的重要论述具有战略性、统领性、全局性。

(一)坚持在法治轨道上推进国家治理体系和治理能力现代化

"现代化"是哲学社会科学的综合概念和广泛使用的公共话语,通常指从传统社会向现代社会转变的历史过程与结果状态。世界范围内的社会现代化肇始于欧洲资本主义的兴起,中国的社会现代化发轫于清末民初。新中国成立之后,现代化进程空前加快。不过,在很长一段时间内,在政治文献和公共话语中,"现代化"概念主要指农业、工业、国防、科技等物质层面的现代化。[23]党的十八大以来,习近平总书记把国家治理体系和治理能力现代化纳入现代化的范畴,推动中国进入了全面现代化的新时代。在党的十八届三中全会上,习近平总书记原创性地提出"完善和发展中国特色社会主义制度、推进国家治理体系和治理能力现代化"命题,并将其作为全面深化改革的总目标。[24]在党的十九大报告中,他进一步强调:"必须坚持和完善中国特色社会主义制度,不断推进国家治理体系和治理能力现代化,坚决破除一切不合时宜的思想观念和体制机制弊端,突破利益固化的藩篱,吸收人类文明有益成果,构建系统完备、科学规范、运行有效的制度体系,充分发挥我国社会主义制度优越性。"[25]党的十九届四中全会专题研究国家制度建设和国家治理现代化问题,明确提出了坚持和完善中国特色社

会主义制度、推进国家治理体系和治理能力现代化的总体目标，即“到我们党成立一百年时，在各方面制度更加成熟更加定型上取得明显成效；到二〇三五年，各方面制度更加完善，基本实现国家治理体系和治理能力现代化；到新中国成立一百年时，全面实现国家治理体系和治理能力现代化，使中国特色社会主义制度更加巩固、优越性充分展现。”[26]习近平总书记关于国家治理现代化的一系列重要论述和党中央的顶层设计既是对社会主义现代化理论的重大创新，也是对法治和国家治理理论的重大发展。

国家治理体系和治理能力是一个国家制度和制度执行能力的集中体现，而法治体系是国家治理体系和治理能力的重要依托。中国特色社会主义法治体系凝聚着我们党治国理政的理论成果和实践经验，凝聚着中华民族治理国家的智慧和人类制度文明的精髓，具有支撑国家治理的强大制度力量，是“中国之治”的制度根基。在法治轨道上推进国家治理体系和治理能力现代化，其核心要义在于，法治是国家治理现代化的重要标志、法治化是国家治理现代化的必由之路。习近平总书记指出：“建设中国特色社会主义法治体系、建设社会主义法治国家是实现国家治理体系和治理能力现代化的必然要求，也是全面深化改革的必然要求，有利于在法治轨道上推进国家治理体系和治理能力现代化，有利于在全面深化改革总体框架内全面推进依法治国各项工作，有利于在法治轨道上不断深化改革。”[27]全面推进依法治国是“完善和发展中国特色社会主义制度、推进国家治理体系和治理能力现代化的重要方面”。[28]这些重要论述科学回答了建设中国特色社会主义法治体系与推进国家治理体系和治理能力现代化的内在关联性，为促进法治与国家治理相辅相成、相得益彰格局的形成提供了理论指引。

就国家治理体系而言，“法治化”首先是国家治理制度的“法制化”。只有通过法制化，国家治理制度才能定型化、精细化，把国家治理制度的“分子结构”精细化为“原子结构”，从而增强其执行力和运行力。国家治理能力,既指各主体对国家治理体系的执行力,又指国家治理体系本身的运行力,还包括国家治理方式方法的效果,具体表现为执政党科学执政、民主执政、依法执政的能力,人大及其常委会科学立法、民主立法、依法立法和决定重大事项的能力,人民政府科学行政、民主行政、依法行政、严格执法的能力,司法机关公正司法、定分止争、惩恶扬善、救济权利、制约公权、维护法制权威和尊严的能力,广大人民群众、人民团体和社会组织依法管理国家事务、管理经济社会文化事务、依法自治和依法维权的能力,党和国家各级领导干部深化改革、推动发展、改善民生、化解矛盾、维护稳定、应对风险的能力。国家治理能力的现代化,突出表现为在国家治理现代化的进程中,“实现党、国家、社会各项事务治理制度化、规范化、程序化,不断提高运用中国特色社会主义制度有效治理国家的能力”。[29]推进国家治理体系和治理能力现代化,其要义还在于,以法治的制度优势、程序优势和法理优势,不断提高国家治理的适应性、规范性、系统性、协调性。

(二)坚持建设中国特色社会主义法治体系

“建设中国特色社会主义法治体系”,是习近平总书记提出的法治领域最具原创性、时代性的概念和理论。建设中国特色社会主义法治体系,既是全面依法治国的总目标,又是全面依法治国的总抓手,对推进全面依法治国具有纲举目张的意义。习近平总书记意味深长地指出:“全面推进依法治国涉及很多方面,在实际工作中必须有一个总揽全局、牵引各方的总抓手,这个总抓手就是建设中国特色社会主义法治体系。依法治国各项工作都要围绕这个总抓手来谋划、来推进。”[30]

建设中国特色社会主义法治体系,就是“在中国共产党领导下,坚持中国特色社会主义制度,贯彻中国特色社会主义法治理论,形成完备的法律规范体系、高效的法治实施体系、严密的法治监督体系、有力的法治保障体系,形成完善的党内法规体系”。[31]这五个方面构成了中国特色社会主义法治体系的核心要素,也明确了建设中国特色社会主义法治体系的主要任务。

形成完备的法律规范体系。坚持立法先行,发挥立法的引领和推动作用;坚持科学立法、民主立法、依法立法,提高立法质量和效率,让法律法规立得住、行得通、真管用;加强重点领域立法,加快完善体现权利公平、机会公平、规则公平的法律制度,保障公民人身权、财产权、基本政治权利等各项权利不受侵犯,保障公民经济、文化、社会等各方面权利得到落实;实现立法和改革决策相衔接,做到重大改革于法有据、立法主动适应改革和经济社会发展需要。民法典编纂便是“形成完备的法律规范体系”的重大举措,是完善中国特色社会主义法律体系的标志性成果。我们要总结民法典编纂的成功经验,推进法律制度建设的集成化、法典化,进一步完善中国特色社会主义法律体系。

形成高效的法治实施体系。法律的生命在于实施,为了保证法律有效实施,必须建立高效的法治实施体系,防止法律沦为一纸空文。法治实施当中,最重要的是宪法实施。“宪法是国家的根本法。法治权威能不能树立起来,首先要看宪法有没有权威。必须把宣传和树立宪法权威作为全面推进依法治国的重大事项抓紧抓好,切实在宪法实施和监督上下功夫。”[32]法治实施体系的常规力量是执法和司法,它们是将法律规范体系的效能发挥出来的关键。

形成严密的法治监督体系。法治监督是指对法律实施情况的监督。针对法治监督方面存在的监督目的不清晰、监督范围不明确、监督程序不健全、监督机制不完善、各种监督方式之间缺乏协同性、监督权威性、执行力公信力不高等突出问题,习近平总书记提出,建立由党内监督、人大监督、民主监督、行政监督、司法监督、审计监督、统计监督、群众监督、舆论监督构成的更加严密的监督体系,形成强大的监督合力,同时要着力推进监督工作规范化、程序化、制度化，形成对法治运行全过程全方位的法治化监督体系，督促科学立法、严格执法、公正司法、全民守法的实现，确保党和国家机关及其工作人员按照法定权限和程序正确行使权力。

形成有力的法治保障体系。就宏观目标而言，法治保障体系包括政治保障、制度保障、思想保障、组织保障、人才保障、运行保障、科技保障等。坚持党的领导是社会主义法治的政治保障，坚持中国特色社会主义制度是社会主义法治的制度保障，贯彻中国特色社会主义法治理论是社会主义法治的思想保障，坚持抓住领导干部这个“关键少数”是社会主义法治的组织保障，建设高素质的法治工作队伍是社会主义法治的人才保障，建立科学的法治建设指标体系和考核标准并有效实施是社会主义法治的运行保障，运用互联网、大数据、人工智能等智能科技手段是社会主义法治强大的科技保障，这些方面形成合力，能够保障法治体系科学有效的运行。

形成完善的党内法规体系。依法执政、依法治国，不仅要有完备的国家法律体系，而且必须有完善的党内法规体系，特别是中央层面的党内法规体系。习近平总书记指出：“党内法规既是管党治党的重要依据，也是建设社会主义法治国家的有力保障。党章是最根本的党内法规，全党必须一体严格遵行。完善党内法规制定体制机制，加大党内法规备案审查和解释力度，形成配套完备的党内法规制度体系。注重党内法规同国家法律的衔接和协调，提高党内法规执行力，运用党内法规把党要管党、从严治党落到实处，促进党员、干部带头遵守国家法律法规。”[33]党的十八大以来，根据全面推进依法治国和依规管党治党的总体部署，基本形成了内容科学、程序严密、配套完备、运行有效的党内法规制度体系。

除了上述五个方面，中国特色社会主义法治体系还包括形式多样、内容丰富的社会规范体系，诸如市民公约、乡规民约、行业规章、团体章程等，它们也是法治国家建设的重要遵循。如果按照分支领域划分，中国特色社会主义法治体系还可以细分为经济法治体系、政治法治体系、文化法治体系、社会法治体系、生态法治体系、国家安全法治体系、军事法治体系、“一国两制”法治体系、涉外法治体系等。建设中国特色社会主义法治体系应坚持各个子系统、各个领域、各个层面统筹推进、共同建设。

（三）坚持依法治国、依法执政、依法行政共同推进，坚持法治国家、法治政府、法治社会一体建设

依法治国、依法执政、依法行政共同推进，法治国家、法治政府、法治社会一体建设，既是全面依法治国的工作布局，也是法治中国建设的核心要义。习近平同志在任浙江省委书记时首次提出把“建设法治浙江”作为全面推进依法治省的纲领。党的十八大之后，习近平总书记从实现“两个一百年”奋斗目标、实现中华民族伟大复兴“中国梦”的战略出发，明确提出“建设法治中国”。“法治中国”概念的提出和建设法治中国战略布局的形成，旨在解决法治建设中“各自为政”的问题，增强法治建设的系统性、协同性。习近平总书记指出，建设法治中国，就是要“坚持依法治国、依法执政、依法行政共同推进，坚持法治国家、法治政府、法治社会一体建设”。[34]

科学把握习近平总书记的这个论断，必须深入理解他指出的在共同推进上着力，在一体建设上用劲的内涵，必须深入领会这其中的系统思维、辩证思维。习近平总书记强调“依法治国、依法执政、依法行政是一个有机整体，关键在于党要坚持依法执政、各级政府要坚持依法行政”。[35]党依法执政是关键，要增强依法执政意识，善于运用制度和法律治理国家，以法治的理念、法治的体制、法治的程序开展工作，改进党的领导方式和执政方式，推进依法执政制度化、规范化、程序化，提高党科学执政、民主执政、依法执政水平。政府依法行政是重点，要规范行政决策程序，加快转变政府职能，坚持法定职责必须为、法无授权不可为，健全依法决策机制，完

善执法程序，严格执法责任，用法治给行政权力定规矩、划界限，做到严格规范公正文明执法。依法执政和依法行政这两个方面构筑了全面依法治国的支点，确保全面依法治国有方向、有力量、有效能。

关于法治国家、法治政府、法治社会的关系，习近平总书记指出："法治国家、法治政府、法治社会三者各有侧重、相辅相成，法治国家是法治建设的目标，法治政府是建设法治国家的主体，法治社会是构筑法治国家的基础。"[36]他还强调指出："推进全面依法治国，要坚持法治国家、法治政府、法治社会一体建设，法治政府建设是重点任务，对法治国家、法治社会建设具有示范带动作用。"[37]作为法治中国建设的主体工程和重点任务，法治政府建设必须要率先突破。为此，在2015年12月，中共中央、国务院印发了《法治政府建设实施纲要（2015—2020年）》，明确提出了法治政府建设的指导思想、总体目标、基本原则、衡量标准、主要任务和具体举措。5年后，即2020年12月，中共中央印发了《法治社会建设实施纲要（2020—2025年）》，提出要建设信仰法治、公平正义、保障权利、守法诚信、充满活力、和谐有序的社会主义法治社会。两个实施纲要生动体现了坚持法治国家、法治政府、法治社会一体建设的指导思想和决策部署。

四、关于全面依法治国重点任务的论述

全面依法治国的工作布局确立了全面依法治国总体性长期性的工作规划，但要深入推进全面依法治国、加快建设中国特色社会主义法治体系、建设社会主义法治国家，在新发展阶段和新发展格局中更大更好地发挥法治的引领和保障作用，就不能不抓住当前和今后一个时期全面依法治国的重点任务，使全面依法治国的战略布局落地见效。习近平总书记在中央全面依法治国工作会议上

为全面依法治国明确了三项重点任务。

（一）坚持依宪治国、依宪执政

无论是在习近平总书记关于法治的一系列讲话中，还是在党中央关于全面依法治国的重大决定和重要决策文件中，“依宪治国、依宪执政”都是作为首要重点任务。习近平总书记针对宪法、宪法实施和依宪治国、依宪执政，提出了诸多原创性的理论观点，作出了一系列明确的实践要求，对于确保宪法确定的中国共产党领导地位不动摇，宪法确定的人民民主专政的国体和人民代表大会制度的政体不动摇，具有重大意义。

依宪治国、依宪执政的理论基础是马克思主义宪法观。习近平总书记创造性地发展了马克思主义宪法观。什么是宪法？毛泽东同志曾经给出宪法是国家的“总章程”“根本法”的经典定义。习近平总书记赋予“总章程”和“根本法”以新的时代内涵，并创造性提出了宪法是“总依据”“根本依据”等创新性概念，指出“宪法是国家各种制度和法律法规的总依据”“宪法是治国理政总依据”“全面依法治国的总依据”“宪法是我们党长期执政的根本法律依据”等。“总依据”和“根本依据”等原创性解释性概念，是对宪法本质特征认知的深化，是对马克思主义宪法观的重大发展。

习近平总书记的宪法观强化了依宪治国、依宪执政的法理依据。既然宪法是国家的总章程、根本法，是党长期执政的根本法律依据和治国理政的总依据，那么，依法治国首先就要依宪治国，依法执政首先就要依宪执政。习近平总书记指出：“我国现行宪法是在党的领导下，在深刻总结我国社会主义革命、建设、改革实践经验基础上制定和不断完善的，实现了党的主张和人民意志的高度统一，具有强大生命力，为改革开放和社会主义现代化建设提供了根本法治保障。党领导人民制定和完善宪法，就是要发挥宪法在治国理政中的重要作用。”[38]“新形势下，我们党要履行好执政兴国的重大职责,必须依据党章从严治党、依据宪法治国理政。党领导人民制定宪法和法律,党领导人民执行宪法和法律,党自身必须在宪法和法律范围内活动,真正做到党领导立法、保证执法、带头守法”,[39]把领导人民制定和实施宪法法律同党坚持在宪法法律范围内活动统一起来。

习近平总书记深刻论述了保证宪法实施的极端重要性,他指出:“宪法的生命在于实施,宪法的权威也在于实施”,法治权威能不能树立起来,首先要看宪法有没有权威。维护宪法权威,就是维护党和人民共同意志的权威;捍卫宪法尊严,就是捍卫党和人民共同意志的尊严;保证宪法实施,就是保证人民根本利益的实现。要把实施宪法摆在全面依法治国的突出位置,采取一系列有力措施加强宪法实施和监督工作,为保证宪法实施提供科学有效、系统完备的制度体系和制度保障,把实施宪法提高到新水平。要在全党全社会深入开展尊崇宪法、学习宪法、遵守宪法、维护宪法、运用宪法的宣传教育活动,弘扬宪法精神,树立宪法权威。党的十八大以来,在习近平法治思想的指引下,现行宪法第五修正案健全了宪法实施机制,全国人民代表大会依据宪法修正案组建了宪法和法律委员会,加强了对行政法规、地方性法规、司法解释以及其他规范性文件的合宪性审查,完善了宪法法律解释程序,设立了国家宪法日、宪法宣誓制度等,宪法实施提高到一个新的水平。

(二)坚持全面推进科学立法、严格执法、公正司法、全民守法

习近平总书记在主持起草党的十八大报告中提出全面推进依法治国,基本任务是科学立法、严格执法、公正司法、全民守法。党的十八大以来,习近平总书记对科学立法、严格执法、公正司法、全民守法的学理内涵和法治原则进行了深刻而清晰的论述,在中央全面依法治国工作会议上再次强调要继续推进法治领域改革,解

决好立法、执法、司法、守法等领域的突出矛盾和问题。在全面依法治国大格局中，科学立法、严格执法、公正司法、全民守法四个环节是相互依存的，科学立法是全面依法治国的前提，严格执法是全面依法治国的关键，公正司法是全面依法治国的重点，全民守法是全面依法治国的基础。这四项重点任务的意义在于：科学立法保证良法善治，严格执法维护法律权威，公正司法确保公平正义，全民守法提振社会文明。

科学立法保证良法善治。全面依法治国，科学立法是基础。习近平总书记强调"科学立法"，是为了提高立法质量。他指出："人民群众对立法的期盼，已经不是有没有，而是好不好、管用不管用、能不能解决实际问题；不是什么法都能治国，不是什么法都能治好国；越是强调法治，越是要提高立法质量。"[40]提高立法质量，关键在于：一要尊重和体现经济、政治、文化、社会、生态建设和发展客观规律，使法律准确适应改革发展稳定需要，积极回应人民期待，更好协调利益关系。二要坚持问题导向，切实提高法律的针对性、及时性、系统性、协调性，发挥立法凝聚共识、统一意志、引领公众、推动发展的作用。三要注重增强法律的可执行性和可操作性，努力使每一项立法都符合宪法精神、反映人民意愿、得到人民拥护，使法律法规立得住、行得通、切实管用。四要坚持立改废释并举，全方位推进立法工作，特别是重点领域、新兴领域、涉外领域立法，着力建立健全国家治理急需的法律制度、满足人民日益增长的美好生活需要必备的法律制度。要及时总结实践中的好经验好做法，把成熟的经验和做法上升为制度、转化为法律。五要坚持民主立法、科学立法、依法立法，完善立法体制和程序，确保立法质量和效率。

严格执法维护法律权威。习近平总书记一贯强调严格执法，他指出："法律的生命力在于实施，法律的权威也在于实施。'法令行则国治，法令弛则国乱。'各级国家行政机关、审判机关、检察机关是法律实施的重要主体,必须担负法律实施的法定职责,坚决纠正有法不依、执法不严、违法不究现象,坚决整治以权谋私、以权压法、徇私枉法问题,严禁侵犯群众合法权益。”[41]他还指出,现实生活中出现的很多问题,往往同执法失之于宽、失之于松有很大关系。有的政法干警执法随意性大,粗放执法、变通执法、越权执法比较突出,要么有案不立、有罪不究,要么违规立案、越权管辖;有的刑讯逼供、滥用强制措施;有的办关系案、人情案、金钱案,甚至徇私舞弊、贪赃枉法;等等。对违法行为必须严格尺度、依法处理、不能迁就,否则,就会产生“破窗效应”。

公正司法确保公平正义。司法是维护社会公平正义的最后一道防线。所以,司法必须公正。所谓公正司法,就是受到侵害的权利一定会得到保护和救济,违法犯罪活动一定要受到制裁和惩罚,人民群众在每一个司法案件中都能感受到公平正义。如果人民群众通过司法程序不能保障自己的合法权利,司法就没有公信力,人民群众也不会相信司法。司法是定分止争的最后一道防线。所以,司法必须发挥法律本来应该具有的定分止争的功能和终结矛盾纠纷的作用。要做到定分止争,司法必须公正。如果司法不公、人心不服,不仅难以定分止争、化解矛盾,甚至可能激化和聚集矛盾。司法是维护法律尊严和权威的最后一道防线。要发挥维护法律尊严和权威的作用,司法必须公正、公开、公平,司法机关必须有足够的尊严和权威。为此,应当深化司法改革,确保司法机关依法独立公正行使职权,确保司法公正高效廉洁,切实有效地提高司法公信力。

全民守法提振社会文明。全面依法治国,建设法治中国,必须坚持全民守法。全民守法,就是全国各族人民、一切国家机关和武装力量、各政党和各社会团体、各企业事业组织,都必须以宪法和法律为根本活动原则,并负有维护宪法和法律尊严、保证宪法和法律实施的职责。任何组织或者个人,都不得有超越宪法和法律的特权。一切违反宪法和法律的行为,都必须予以追究。任何公民、社会组织、国家机关、政党,都要依照宪法和法律行使权利或权力、履行义务或职责。在社会转型、矛盾凸显的当前形势下,要引导全体人民通过法律程序来合理表达诉求、依法维护权利、文明解决纷争;要努力培育社会主义法治文化,在全社会形成尊法学法守法用法护法的良好氛围。

(三)坚持统筹推进国内法治和涉外法治

统筹推进国内和国际两个大局,是我们党治国理政的基本理念和基本经验。2010 年,习近平同志担任中央政治局常委、国家副主席时就明确提出要“坚持统筹国内国际两个大局”。[42]党的十八大以来,习近平总书记更加强调统筹“两个大局”,“坚定不移维护国家主权、安全、发展利益,坚定不移维护世界和平、促进共同发展”。[43]他指出:“我国已经进入了实现中华民族伟大复兴的关键阶段。中国与世界的关系在发生深刻变化,我国同国际社会的互联互动也已变得空前紧密,我国对世界的依靠、对国际事务的参与在不断加深,世界对我国的依靠、对我国的影响也在不断加深。我们观察和规划改革发展,必须统筹考虑和综合运用国际国内两个市场、国际国内两种资源、国际国内两类规则。”[44]

在当今世界百年未有之大变局的时代背景下,在日益复杂多变的国际环境中,习近平总书记高瞻远瞩、审时度势,及时提出“协调推进国内治理和国际治理”,“统筹推进国内法治和涉外法治”,使两者相互促进、相得益彰,依法维护国家主权、安全、发展利益,坚决维护国家主权、尊严和核心利益。在国内法治和涉外法治两个大局中,涉外法治明显是短板、是弱项。所以,习近平总书记强调指出,要加快涉外法治工作战略布局,强化法治思维,运用法治方式,综合运用立法、执法、司法等手段开展涉外斗争,有效应对挑战、防范风险。例如,健全外商投资国家安全审查、反垄断审查、国家技术安全清单管理、不可靠实体清单等制度，提高应对境外安全风险能力和反制能力。以"一带一路"等我国海外利益密集、海外安全问题突出的地区为重点，建立健全海外法律和安全风险的评估与防范机制，确保我国海外投资安全。加强专门法院、仲裁机构、调解组织建设，提高涉外案件司法裁判水平，提高商事争端纠纷仲裁和调解的效果与公信力。要研究不同法系、不同国家的法律，特别要熟悉大国的法律体系和执法司法程序，掌握法律博弈的主动权和法理制高点。

统筹推进国内法治和涉外法治，要秉持共商共建共享的全球治理观，着力推动国际关系法治化。习近平总书记指出，法治是人类文明和进步的重要标志，建立国际机制、遵守国际规则、追求国际正义正在成为多数国家的共识。顺应这个时代潮流"我们，应该共同推动国际关系法治化。推动各方在国际关系中遵守国际法和公认的国际关系基本原则，用统一适用的规则来明是非、促和平、谋发展"。"在国际社会中，法律应该是共同的准绳，没有只适用他人、不适用自己的法律，也没有只适用自己、不适用他人的法律。适用法律不能有双重标准。我们应该共同维护国际法和国际秩序的权威性和严肃性，各国都应该依法行使权利，反对歪曲国际法，反对以'法治'之名行侵害他国正当权益、破坏和平稳定之实。"[45]"大国更应该带头做国际法治的倡导者和维护者，遵信守诺，不搞例外主义，不搞双重标准，也不能歪曲国际法。"[46]"我们应该创造一个奉行法治、公平正义的未来。要提高国际法在全球治理中的地位和作用，确保国际规则有效遵守和实施，坚持民主、平等、正义，建设国际法治。"[47]要积极参与国际规则制定、有效主导国际重要立法，善于在国际规则制定中清晰地表达中国立场，发出更多中国声音、注入更多中国元素，努力在全球治理中抢占先机、赢得主动。要积极参与和支持国际执法、国际司法、国际仲裁，参与国际法律服务，积极开展法律外交，使国内法治、涉外法治与国际法治形成合力，为全面建设社会主义现代化国家、实现中华民族伟大复兴的中国梦创造更加良好的法治环境。

在推动全球治理变革、构建民主法治公正合理的世界秩序、引领全球化正确方向的基础上，向着建设人类命运共同体的方向前进。这是习近平总书记提出的时代命题和全球课题。党的十八大以来，习近平总书记明确指出："让和平的薪火代代相传，让发展的动力源源不断，让文明的光芒熠熠生辉，是各国人民的期待，也是我们这一代政治家应有的担当。中国方案是：构建人类命运共同体，实现共赢共享。"[48]2014 年 3 月 27 日，他在联合国教科文组织总部的演讲中首次向世界阐释人类命运共同体。2015 年 9 月 28 日，他在第七十届联合国大会上全面系统地阐释了人类命运共同体及其发展方向，明确指出："当今世界，各国相互依存、休戚与共。我们要继承和弘扬联合国宪章的宗旨和原则，构建以合作共赢为核心的新型国际关系，打造人类命运共同体。"[49]具体而言，就是要建立平等相待、互商互谅的伙伴关系，营造公道正义、共建共享的安全格局，谋求开放创新、包容互惠的发展前景，促进和而不同、兼收并蓄的文明交流，构筑尊崇自然、绿色发展的生态体系。2017 年 1 月 18 日，中国国家主席习近平在联合国日内瓦总部发表了《共同构建人类命运共同体》的主旨演讲，指出构建人类命运共同体，国际社会要从伙伴关系、安全格局、经济发展、文明交流、生态建设等方面作出努力，强调要坚持对话协商，建设一个持久和平的世界；坚持共建共享，建设一个普遍安全的世界；坚持合作共赢，建设一个共同繁荣的世界；坚持交流互鉴，建设一个开放包容的世界；坚持绿色低碳，建设一个清洁美丽的世界。2018 年，他进一步强调："要高举构建人类命运共同体旗帜，推动全球治理体系朝着更加公正合理的方向发展。"[50]2020 年 5 月 18 日，在人类抗击新冠疫情的关键时刻，习近平主席提出"共同构建人类卫生健康共同体"的倡议，进一步丰富、完善了人类命运共同体理念内涵。"构建人类命运共同体”的理念,是在洞察国际形势和世界格局演变大趋势的基础上,对人类社会发展潮流的前瞻性思考,是习近平主席给未来世界秩序的中国定位和中国方略,构成了新型国际关系和世界秩序的法理基石。

五、关于全面依法治国重大关系的论述

全面依法治国不仅是一项系统工程,而且是治国理政的一门政治艺术,必须要有高超的辩证思维和政治智慧,认识好、处理好全面依法治国中一系列重大关系,特别是政治和法治、民主和专政、改革和法治、依法治国和以德治国、依法治国和依规治党、安全和发展、秩序和活力等关系。习近平总书记对正确认识和处理这些重大关系进行了深刻论述,作出了明确指示。

(一)政治和法治的关系

政治和法治的关系是法学理论的核心问题,也是法治实践的根本问题。习近平总书记以精准练达的辩证思维,对政治和法治的关系进行了科学分析,厘清了政治和法治问题上的模糊认识和错误观点,为坚持全面依法治国正确政治方向提供了理论支撑。习近平总书记指出:“法治当中有政治,没有脱离政治的法治……每一种法治形态背后都有一套政治理论,每一种法治模式当中都有一种政治逻辑,每一条法治道路底下都有一种政治立场。”[51]即使是西方法学家,也认为公法只是一种复杂的政治话语形态,公法领域内的争论只是政治争论的延伸。在美国,很多法学家认为美国联邦最高法院既是司法机关,也是政治机关,其政治意识形态左右其重大案件审理。总之,政治理论、政治逻辑、政治立场对法治的影响是内在的、根深蒂固的。在现代社会,由于法律特别是宪法和政治法是关于政治活动和实现政治目标的复杂规则和程序,是现

代政治生活的常规形式，有什么样的政治就有什么样的法治，政治制度和政治模式的差异必然反映在宪法法律上，体现在法治实践中，法治某种程度上也是政治的风向标。

党与法的关系是政治和法治关系的集中反映。现代政治是政党政治，政党是政治力量的代表，国家政权掌握在执政党手中，执政党的基本理论、基本路线、基本政策深刻影响着法律制度、法治体系及其运行，所以，政治和法治的关系集中反映为执政党与法治的关系。正如习近平总书记所指出的："党和法的关系是政治和法治关系的集中反映。"[52]"党和法的关系是一个根本问题，处理得好，则法治兴、党兴、国家兴；处理得不好，则法治衰、党衰、国家衰。"[53]"全面推进依法治国，要有利于加强和改善党的领导，有利于巩固党的执政地位、完成党的执政使命，决不是要削弱党的领导。"[54]习近平总书记以敏锐的洞察力，旗帜鲜明地指出党与法的关系不能归结为"党大还是法大"这个似是而非的问题，"'党大还是法大'是一个政治陷阱，是一个伪命题"。[55]其要害是把厉行法治和党的领导对立起来，从"法治"问题上打开缺口，达到搞乱人心、颠覆党的领导、破坏社会主义法治的目的。我们要看清这里面暗藏的玄机，识破其制造"政治陷阱"的本质，保持中国特色社会主义法治道路的政治定力和思想定力。

"社会主义法治必须坚持党的领导，党的领导必须依靠社会主义法治"，[56]这是习近平总书记对党法关系的科学论述。一方面，社会主义法治必须坚持党的领导，充分发挥党总揽全局、协调各方的领导核心作用，通过领导立法、保证执法、支持司法、带头守法，把党的领导贯穿于依法治国全过程、各领域、各方面。另一方面，党的领导必须依靠社会主义法治，法治有利于巩固党的执政地位、完成党的执政使命、改善党的执政方式、提高党的执政能力。因此，要坚持依法执政，推进依法执政制度化、规范化、程序化，要坚持以法治的理念、法治的体制、法治的程序实行党的领导。

（二）民主和专政的关系

民主和专政的关系是全面依法治国中的根本制度问题。习近平总书记指出，要正确认识和处理民主与专政的辩证关系，只讲专政，不讲民主是不对的；只讲民主，不讲专政也是不对的。人民民主专政是我国宪法规定的国家性质，人民民主专政的国家政权机关必须以坚定的政治立场、高度的政治清醒、强烈的政治自觉，把维护人民群众合法权益作为出发点和落脚点。面对各种敌对势力变本加厉的渗透破坏颠覆活动，面对民族分裂势力和宗教极端势力穷凶极恶的暴力恐怖活动，我们要毫不迟疑、毫不动摇地拿起人民民主专政的武器，坚决予以打击。同时，我们在具体工作中要正确认识和处理两类不同性质的矛盾，依法打击孤立极少数、团结教育挽救绝大多数，最大限度地扩大教育面、缩小打击面、减少对立面。对人民内部矛盾，要善于运用法治、民主、协商的办法进行处理。对敌我矛盾，既要旗帜鲜明、敢于斗争，稳准狠打击敌人、震慑犯罪，防止养痈遗患，又要讲究谋略、巧于斗争，有效争取舆论、赢得人心，防止授人以柄。

（三）改革和法治的关系

法治和改革是内在关联的、相辅相成的一对关系。习近平总书记围绕法治与改革关系发表了一系列重要讲话，深刻揭示出在全面深化改革和全面依法治国形势下改革与法治的内在关系，为保证改革的合法性与法治的现代性提供了重要理论支撑。他指出，全面深化改革和全面依法治国如“鸟之两翼、车之双轮”。改革和法治的关系，集中体现为在法治下推进改革、在改革中完善法治。一方面，要运用法治思维和法治方式深化改革，发挥法治对改革的引领和推动作用，确保重大改革于法有据，做到在法治的轨道上推进改革，以法治凝聚改革共识、以法治引领改革方向、以法治规范改革进程、以法治化解改革风险、以法治巩固改革成果。另一方面，法律不能成为改革的绊马索，要把法治改革纳入全面深化改革的总体部署，立法要主动适应改革的要求，加强重点领域、新兴领域、涉外领域立法，及时修改和废止不适应改革开放要求的法律，完善中国特色社会主义法治体系，同步推进立法体制、执法体制和司法体制改革。科学立法是处理改革和法治关系的关键环节，要坚持立法决策和改革决策相统一，实现立法和改革相衔接。

（四）依法治国和以德治国的关系

法治与德治的关系问题，历来是政治学、法学的基本问题，是经国序民、治国理政的焦点问题。从根本上讲，依法治国是政治文明的标志，以德治国是精神文明的标志。党的十五大以来，党中央总结我国古代国家治理的成功经验和深刻哲理，明确提出了依法治国和以德治国相结合的理念，并把依法治国和以德治国相结合确定为党领导人民建设中国特色社会主义必须坚持的基本经验之一。

党的十八大以来，习近平总书记更加重视法德共治，强调指出："治理国家、治理社会必须一手抓法治、一手抓德治。"[57]《中共中央关于全面推进依法治国若干重大问题的决定》把坚持依法治国和以德治国相结合确定为中国特色社会主义法治必须长期坚持的基本原则之一。习近平总书记在一系列讲话和文章中深刻论述了法律和道德、法治和德治、依法治国和以德治国的辩证关系，他指出："法律是成文的道德，道德是内心的法律。法律和道德都具有规范社会行为、调节社会关系、维护社会秩序的作用，在国家治理中都有其地位和功能。法安天下，德润人心。法律有效实施有赖于道德支持，道德践行也离不开法律约束。法治和德治不可分离、不可偏废，国家治理需要法律和道德协同发力。"[58]一方面，要发挥好法律的规范作用；另一方面，要发挥好道德的教化作用。要促进法律和道德、法治和德治形成相辅相成、相得益彰的格局。一方面，道德是法律的基础，只有那些合乎道德、具有深厚道德基础的法律才能为更多人所自觉遵行。“必须以道德滋养法治精神、强化道德对法治文化的支撑作用。再多再好的法律，必须转化为人们内心自觉才能真正为人们所遵行。‘不知耻者，无所不为。’没有道德滋养，法治文化就缺乏源头活水，法律实施就缺乏坚实社会基础。在推进依法治国过程中，必须大力弘扬社会主义核心价值观，弘扬中华传统美德，培育社会公德、职业道德、家庭美德、个人品德，提高全民族思想道德水平，为依法治国创造良好人文环境。”[59]另一方面，法律是道德的保障，应当通过法律规则和法律的强制性规范人们行为、惩罚违法行为来引领道德风尚。“要注意把一些基本道德规范转化为法律规范，使法律法规更多体现道德理念和人文关怀，通过法律的强制力来强化道德作用、确保道德底线，推动全社会道德素质提升。”[60]

（五）依法治国和依规治党的关系

党的十八大以来，习近平总书记创造性地提出了“依规治党”的概念和“依法治国和依规治党有机统一”的命题。国家法律和党内法规同属于中国特色社会主义法治体系，同属于国家治理体系，治党与治国相辅相成、缺一不可。

依规治党是依法治国的必然要求和重要前提。治国必先治党。中国共产党是国家和社会的领导党，也是执掌国家政权、运用国家政权的执政党。领导党和执政党的双重属性、使命和责任决定了治国必先治党，治好党、建好党的根本目的和宗旨就是更好地执政兴国、执政为民。党内法规是对党组织和党员活动的规范，其核心功能是保证党的领导权和长期执政权正确行使。习近平总书记强调指出，中国共产党要履行好执政兴国的重大职责，必须依据党章从严治党、依据宪法治国理政。依法治国和依规治党在核心价值上的一致性以及相辅相成的内在关系决定了它们可以而且必须统筹推进。中国共产党的领导是中国特色社会主义法治的本质特征和根本保证。只有坚持依规治党、制度治党、从严治党，切实解决党自身存在的突出问题，才能使中国共产党始终成为中国特色社会主义事业的坚强领导核心，才能为全面依法治国确立正确的方向和道路，才能发挥好党领导立法、保证执法、支持司法、带头守法的政治优势。只有坚持依规治党，使各级党组织和全体党员牢固树立规则意识、程序意识、法治意识，弘扬党章精神和宪法精神，才能对科学立法、严格执法、公正司法、全民守法实行科学有效的领导，在全面依法治国中起到引领和保障作用。正如习近平总书记所言："依规治党深入党心，依法治国才能深入民心。"[61]

坚持依规治党和依法治国有机统一，首先，要注重党内法规同国家法律的衔接和协调。所谓"衔接"，是指党内法规与国家法律这两个制度链条要无缝对接，既不能脱节断档，也不能交叉重复，更不能错位越位。所谓"协调"，是指党内法规与国家法律虽可针对同一事项作出各有侧重的规定，但党内法规的要求不能与国家法律的规定相左，以免造成规范冲突、令人无所适从。只有党内法规同国家法律互相衔接和协调，才能形成国家法律和党内法规相辅相成、相互促进、相互保障的格局。其次，要统筹推进依法治国和依规治党。中国共产党能不能履行好执政兴国的重大历史使命、能不能赢得具有许多新的历史特点的伟大斗争胜利、能不能实现党和国家的长治久安，关键一条就是能不能做到依法治国和依规治党有机统一、同向发力。统筹推进依法治国和依规治党，有利于促进党的制度优势与国家制度优势相互转化，产生治国理政的合力和效能，提高党的执政能力和领导水平，促进国家治理体系和治理能力现代化，推动中国特色社会主义事业从胜利走向胜利。基于这一宝贵的经验总结，习近平总书记在党的十九大报告中将"依法治国和依规治党有机统一"确立为"坚持全面依法治国"这一新时代中国特色社会主义基本方略的重要内容。

（六）发展和安全的关系

“安全是发展的前提，发展是安全的保障。”这是习近平总书记自党的十八大以来反复强调的重大关系之一。在党的十九届五中全会上，他进一步指出：“当前和今后一个时期是我国各类矛盾和风险易发期，各种可以预见和难以预见的风险因素明显增多。我们必须坚持统筹发展和安全，增强机遇意识和风险意识，树立底线思维，把困难估计得更充分一些，把风险思考得更深入一些，注重堵漏洞、强弱项，下好先手棋、打好主动仗，有效防范化解各类风险挑战，确保社会主义现代化事业顺利推进。”[62]发展和安全是辩证的。一方面，安全是发展的前提。只有坚持底线思维，增强忧患意识，把发展建立在安全的基点上，建设平安中国，塑造有利于经济社会发展的安全环境，才能实现安全、平稳、健康、可持续的发展。在新发展阶段，只有继续扎实做好“六稳”工作、全面落实“六保”任务，确保不发生系统性风险，提高捍卫国家主权、安全、发展利益的战略能力，确保国家经济安全，保障人民生命安全，维护社会稳定和安全，才能实现更高质量、更有效率、更加公平、更可持续、更为安全的发展。另一方面，发展是安全的保障。只有坚持发展中国家定位，坚定不移地贯彻发展是第一要务的方针，认真贯彻新发展理念，保持经济发展强劲动力，不断增强国力、军力、民力和国际竞争力，使发展成果更好惠及全体人民，才能有效消解民生保障不充分、贫富差距过大、城乡发展不平衡等严重影响社会和谐稳定的因素，防范化解各类风险隐患，运用发展成果夯实安全的实力基础，才能有效应对外部环境变化带来的冲击挑战，胜利抵御外部极限施压和武力威胁。此外，统筹发展和安全，合乎逻辑地要求正确认识和处理好民主与法治、效率与公平、维稳与维权等的辩证关系。从某种程度上说，中国特色社会主义制度的强大优势正在于“发展”和“安全”的统一。正如习近平总书记所言:“在人类文明发展史上,除了中国特色社会主义制度和国家治理体系外,没有任何一种国家制度和国家治理体系能够在这样短的历史时期内创造出我国取得的经济快速发展、社会长期稳定这样的奇迹。”[63]“经济快速发展”是“发展”的奇迹,“社会长期稳定”是“安全”的奇迹,中国共产党带领中国人民创造的这“两大奇迹”之所以令世人瞩目,就在于科学把握了“发展”和“安全”这对辩证关系。

(七)活力和秩序的关系

正确处理活力和秩序的关系,是治国理政辩证思维和政治智慧的重要表现。全面依法治国和社会治理面临的基本矛盾是秩序和活力的矛盾,解决这一矛盾是法治理论的基本问题。法治的价值目标和举措有许多,但归结起来就是实现整个社会既安定有序又充满活力。能够科学有效地解决秩序和活力这一矛盾,达到社会既安定有序又充满活力的目标,就是我们期待的“善治”。习近平总书记指出,国家和社会治理是一门科学,管得太死,一潭死水不行;管得太松,波涛汹涌也不行。要讲究辩证法,处理好活力与秩序的关系,全面看待社会稳定形势,准确把握维护社会稳定工作,坚持系统治理、依法治理、综合治理、源头治理,不能简单依靠打压管控、硬性维稳,还要重视疏导化解、柔性维稳,注重动员组织社会力量共同参与、发动全社会一起来做好维护社会稳定工作。他还指出,处理好活力和秩序的关系,就要坚持法治思维和法治方式,在法治轨道上统筹社会力量、平衡社会利益、调节社会关系、规范社会行为,依靠法治解决各种社会矛盾和问题,确保我国社会在深刻变革中既生机勃勃又井然有序;要建立健全依法维权和化解纠纷机制、利益表达机制、救济救助机制;要畅通群众利益协调、权益保障法律渠道;完善立体化社会治安防控体系,保障人民生命财产安全。要坚持党政依法治理和社会依法自治相结合。过去,党和政府对社会实行高度行政化的管控,国家包办一切,这种单一的治理模式造成社会活力不足、创造力缺乏、生产效率低下、公共服务短缺等问题。而实现依法自治,则为公民、社会组织等各类社会主体通过自我协商、平等对话、参与社会治理、依法解决社会问题留出了广阔空间。党政治理与社会自治相结合,有利于形成社会稳定与社会活力的良性局面。要推动扫黑除恶常态化,坚决打击黑恶势力及其“保护伞”,让城乡更安宁、群众更安乐。归根结底“法治”是处理“活力”与“秩序”这一国家和社会治理基本问题的法宝,全面依法治国就是要划定法治“五线谱”,既把国家和社会各项活动放在“秩序”的理性界限内而不至于“跑调”,又使社会活力能够源源不断地释放出来,谱奏出“中国之治”的华美乐章。

六、关于全面依法治国重要保障的论述

有力的法治保障体系是中国特色社会主义法治体系的重要组成部分,是全面依法治国坚强有力的抓手之一。保障体系包括政治保障、制度保障、思想保障、组织保障、人才保障、运行保障、科技保障等多个方面,而人才保障则具有决定意义。习近平总书记基于“人才强国”“人才强法”的理念,强调全面依法治国必须重视法治队伍建设,重视发挥领导干部关键作用。

(一)坚持建设德才兼备的高素质法治队伍

党的十八大以来,习近平总书记把法治队伍建设作为全面依法治国的重大战略问题提出来,并进行了系统而深刻的论述,强调指出:“建设一支德才兼备的高素质法治队伍至关重要。”[64]习近平总书记以“法治工作者”“法治队伍”等概念,取代沿用了数十年的“法律工作者”和“法律工作队伍”等概念,凸显了新时代全面依法治国对法治职业的更高标准和更高要求。

习近平总书记指出，全面推进依法治国，首先要把专门法治工作队伍建设好。“专门法治工作队伍”主要包括在人大和政府从事立法工作的人员，在行政机关从事执法工作的人员，在司法机关从事司法工作的人员。这三支队伍既有共性，又有个性，都十分重要。立法是为国家定规矩、为社会定方圆的神圣工作，立法人员必须具有很高的思想政治素质，具备遵循规律、发扬民主、加强协调、凝聚共识的能力。执法是把纸面上的法律变为现实生活中活的法律的关键环节，执法人员必须忠于法律、捍卫法律，严格执法、敢于担当。司法是社会公平正义的最后一道防线，司法人员必须信仰法律、坚守法治，端稳天平、握牢法槌，铁面无私、秉公司法。要按照政治过硬、业务过硬、责任过硬、纪律过硬、作风过硬的要求，推进法治专门队伍革命化、正规化、专业化、职业化，确保做到忠于党、忠于国家、忠于人民、忠于法律。

此外，律师队伍和法学教育工作队伍也是依法治国的重要力量。习近平总书记指出，要大力加强律师队伍思想政治建设，把拥护中国共产党领导、拥护社会主义法治作为律师从业的基本要求，教育引导律师等法律服务工作者坚持正确政治方向，依法依规诚信执业，认真履行社会责任。要发挥法学教育在全面依法治国中的基础性先导性作用，重点打造一支政治立场坚定、理论功底深厚、熟悉中国国情的高水平法学家和专家团队，建设高素质学术带头人、骨干教师、专兼职教师队伍。要坚持立德树人，德法兼修，创新法治人才培养机制，培养造就熟悉和坚持中国特色社会主义法治体系的法治人才及后备力量。要注重培养通晓国际法律规则、敢于开展对外法律斗争、善于处理涉外法律事务的涉外法治人才队伍。

（二）坚持抓住领导干部这个“关键少数”

习近平总书记反复强调：“全面依法治国，必须抓住领导干部这个'关键少数'。"为什么要抓住"关键少数"？一是因为，"领导干部具体行使党的执政权和国家立法权、行政权、监察权、司法权，是全面依法治国的关键"。[65]"党领导立法、保证执法、支持司法、带头守法，主要是通过各级领导干部的具体行动和工作来体现、来实现。"[66]因而，各级领导干部在很大程度上决定着全面依法治国的方向、道路、进度。二是因为，"广大干部群众的民主意识、法治意识、权利意识普遍增强，全社会对公平正义的渴望比以往任何时候都更加强烈，如果领导干部仍然习惯于人治思维、迷恋于以权代法，那十个有十个要栽大跟头。"[67]三是因为，法治思维和法治方式只有通过领导干部的具体行为和活动，才能化为真正的法治力量和法治活力，他们是依法治国重点任务的贯彻执行者，也是社会公平正义、人民权利保障的关键落实者。

抓住"关键少数"，就是要让各级领导干部在全面依法治国中发挥关键作用。首先，领导干部要带头学习、精准把握习近平法治思想，坚决贯彻落实党中央关于全面依法治国的重大决策部署，做法治建设和法治改革的促进派，真正做到依法执政、依法行政、科学立法、严格执法、公正司法、强化监督，发挥好各级党组织和领导干部在依法治国中的政治核心作用。

其次，领导干部"谋划工作要运用法治思维，处理问题要运用法治方式"，[68]把"对法治的尊崇、对法律的敬畏转化成思维方式和行为方式，做到在法治之下、而不是法治之外、更不是法治之上想问题、作决策、办事情"。[69]不断提高运用法治思维和法治方式深化改革、推动发展、化解矛盾、维护稳定、应对风险的能力；善于以法治凝聚改革共识、规范发展行为、促进矛盾化解、保障社会和谐。

再次，领导干部要尊崇法治、敬畏法律，了解法律、掌握法律，遵纪守法、捍卫法治，厉行法治、依法办事，做尊法学法守法用法的模范。领导干部要对宪法和法律保持敬畏之心，牢记法律红线不可逾越、法律底线不可触碰，牢固树立宪法法律至上、法律面前人人平等、权由法定、权依法使等基本法治观念，彻底摒弃人治思想和长官意志，绝不搞以言代法、以权压法。对各种危害法治、破坏法治、践踏法治的行为，领导干部要挺身而出、坚决斗争，坚决纠正和解决法治不彰问题。

最后，领导干部不仅要自己带头遵守法律、执行法律，还应以实际行动带动全社会维护社会主义法制的尊严和权威，积极营造办事依法、遇事找法、解决问题用法、化解矛盾靠法的法治环境，在全社会形成尊法学法守法用法护法的良好氛围。

习近平法治思想是当代中国马克思主义法治理论、21 世纪马克思主义法治理论，是科学的、实践的、开放的、人民的理论体系。习近平法治思想是在深刻把握人类历史演进规律、时代发展变化规律、中国法治建设规律的基础上顺应实现中华民族伟大复兴时代要求应运而生的重大理论创新成果，与马克思主义法治理论、毛泽东思想法治理论、中国特色社会主义法治理论既一脉相承又创新发展。习近平法治思想是在全面依法治国、建设法治中国、实现奉法强国梦想、推进国家治理体系和治理能力现代化新的伟大实践中生成的新时代的理论体系，与中国法治建设脉搏同频共振、与中华民族发展命运紧紧相依。习近平法治思想是在传承中华优秀传统法律文化精髓、汲取世界各民族法治文明精华、深谙未来法治文明之道的前提下形成的包容而开放的理论体系，与历史的谱系相交、与现代的文明相契、与未来的音律相合。习近平法治思想是在以人民为中心的法治理念、良法善治的法治模式、人民至上的法治话语中铸就的人民的法治理论，与人权的法治保障、人民的法治需求、人类的法治理想紧密相连。习近平法治思想是面向实践、面向世界、面向未来不断创新的理论体系，必然随着深入推进全面依法治国、全面建设法治中国、实现社会主义现代化强国、推动全球治理体系变革的伟大实践而不断创新发展，必然在新时代朝气蓬勃的法治进步和国家治理现代化进程中永葆生命活力。生活之树常青,理论之果常新。我们对习近平法治思想的认识也必将随着习近平法治思想的发展而不断深化和拓展,形成新的认识境界、作出新的解读阐释。

注 释

1 习近平:《加强党对全面依法治国的领导》,载《求是》2019 年第 4 期。

2 中共中央宣传部:《习近平总书记系列重要讲话读本》(2016 年版),学习出版社、人民出版社 2016 年版,第 87 页。

3 习近平:《关于〈中共中央关于全面推进依法治国若干重大问题的决定〉的说明》,载《〈中共中央关于全面推进依法治国若干重大问题的决定〉辅导读本》,人民出版社 2014 年版,第 44 页。

4 习近平:《在中共十八届四中全会第二次全体会议上的讲话》(2014 年 10 月 23 日),载中共中央文献研究室编:《习近平关于全面依法治国论述摘编》,中央文献出版社 2015 年版,第 9 页。

5 习近平:《关于〈中共中央关于坚持和完善中国特色社会主义制度　推进国家治理体系和治理能力现代化若干重大问题的决定〉的说明》(2019 年 10 月 28 日至 31 日),载《人民日报》2019 年 11 月 6 日,第 4 版。

6 习近平:《关于〈中共中央关于全面推进依法治国若干重大问题的决定〉的说明》(2014 年 10 月 20 日),载中共中央文献研究室编:《十八大以来重要文献选编》(中),中央文献出版社 2016 年版,第 154 页。

7 《立德树人德法兼修抓好法治人才培养　励志勤学刻苦磨炼促进青年成长进步》,载《人民日报》2017 年 5 月 4 日,第 1 版。

8 习近平:《决胜全面建成小康社会　夺取新时代中国特色社会主义伟大胜利——在中国共产党第十九次全国代表大会上的报告》(2017 年 10 月 18 日),人民出版社 2017 年版,第 38 页。

9 《学习贯彻党的十八届四中全会精神　运用法治思维和法治方式推进改革》,载《人民日报》2014 年 10 月 28 日,第 1 版。

10 习近平:《在中共中央召开的党外人士座谈会上的讲话》(2014 年 8 月 19 日),载中共中央文献研究室编:《习近平关于全面依法治国论述摘编》,中央文献出版社 2015 年版,第 4 页。

11　习近平:《在省部级主要领导干部学习贯彻党的十八届四中全会精神全面推进依法治国专题研讨班上的讲话》(2015 年 2 月 2 日),载中共中央文献研究室编:《习近平关于全面依法治国论述摘编》,中央文献出版社 2015 年版,第 35 页。

12　习近平:《加快建设社会主义法治国家》,载《求是》2015 年第 1 期。

13　习近平:《加快建设社会主义法治国家》,载《求是》2015 年第 1 期。

14　习近平:《加快建设社会主义法治国家》,载《求是》2015 年第 1 期。

15　《坚定不移走中国特色社会主义法治道路　为全面建设社会主义现代化国家提供有力法治保障》,载《人民日报》2020 年 11 月 18 日,第 1 版。

16　习近平:《在省部级主要领导干部学习贯彻党的十八届四中全会精神全面推进依法治国专题研讨班上的讲话》(2015 年 2 月 2 日),载中共中央文献研究室编:《习近平关于全面依法治国论述摘编》,中央文献出版社 2015 年版,第 38 页。

17　习近平:《切实把思想统一到党的十八届三中全会精神上来》,载《人民日报》2014 年 1 月 1 日,第 2 版。

18　习近平:《加强党对全面依法治国的领导》,载《求是》2019 年第 4 期。

19　《领导干部要做尊法学法守法用法的模范　带动全党全国共同全面推进依法治国》,载《人民日报》2015 年 2 月 3 日,第 1 版。

20　习近平:《关于〈中共中央关于全面推进依法治国若干重大问题的决定〉的说明》(2014 年 10 月 20 日),载中共中央文献研究室编:《习近平关于全面依法治国论述摘编》,中央文献出版社 2015 年版,第 24 页。

21　习近平:《加快建设社会主义法治国家》,载《求是》2015 年第 1 期。

22　习近平:《加快建设社会主义法治国家》,载《求是》2015 年第 1 期。

23　参见张文显:《新时代中国社会治理的理论、制度和实践创新》,载《法商研究》2020 年第 2 期。

24　《中共中央关于全面深化改革若干重大问题的决定》(2013 年 11 月 12 日),载《求是》2013 年第 22 期。

25　习近平:《决胜全面建成小康社会　夺取新时代中国特色社会主义伟大胜利——在中国共产党第十九次全国代表大会上的报告》(2017 年 10 月 18 日),人民出版社 2017 年版,第 21 页。

26　《中共中央关于坚持和完善中国特色社会主义制度、推进国家治理体系和治理能力现代化若干重大问题的决定》(2019 年 10 月 31 日),载《〈中共中央关于坚持和完善中国特色社会主义制度、推进国家治理体系和治理能力现代化若干重大问题的决定〉辅导读本》,人民出版社 2019 年版,第 5 – 6 页。

27 习近平:《关于〈中共中央关于全面推进依法治国若干重大问题的决定〉的说明》(2014 年 10 月 20 日),载中共中央文献研究室编:《习近平关于全面依法治国论述摘编》,中央文献出版社 2015 年版,第 25-26 页。

28 习近平:《关于〈中共中央关于全面推进依法治国若干重大问题的决定〉的说明》(2014 年 10 月 20 日),载中共中央文献研究室编:《习近平关于全面依法治国论述摘编》,中央文献出版社 2015 年版,第 7 页。

29 习近平:《完善和发展中国特色社会主义制度　推进国家治理体系和治理能力现代化》,载《人民日报》2014 年 2 月 18 日,第 1 版。

30 习近平:《关于〈中共中央关于全面推进依法治国若干重大问题的决定〉的说明》(2014 年 10 月 20 日),载中共中央文献研究室编:《习近平关于全面依法治国论述摘编》,中央文献出版社 2015 年版,第 25 页。

31 习近平:《关于〈中共中央关于全面推进依法治国若干重大问题的决定〉的说明》,载《〈中共中央关于全面推进依法治国若干重大问题的决定〉辅导读本》,人民出版社 2014 年版,第 51 页。

32 习近平:《关于〈中共中央关于全面推进依法治国若干重大问题的决定〉的说明》,载《〈中共中央关于全面推进依法治国若干重大问题的决定〉辅导读本》,人民出版社 2014 年版,第 52 页。

33 《中共中央关于全面推进依法治国若干重大问题的决定》(2014 年 10 月 23 日),载《〈中共中央关于全面推进依法治国若干重大问题的决定〉辅导读本》,人民出版社 2014 年版,第 36 页。

34 《中共中央关于全面推进依法治国若干重大问题的决定》(2014 年 10 月 23 日),载《〈中共中央关于全面推进依法治国若干重大问题的决定〉辅导读本》,人民出版社 2014 年版,第 4 页。

35 习近平:《加强党对全面依法治国的领导》,载《求是》2019 年第 4 期。

36 习近平:《加强党对全面依法治国的领导》,载《求是》2019 年第 4 期。

37 《完善法治建设规划提高立法工作质量效率　为推进改革发展稳定工作营造良好法治环境》,载《人民日报》2019 年 2 月 26 日,第 1 版。

38 《弘扬宪法精神　树立宪法权威　使全体人民都成为社会主义法治的忠实崇尚者自觉遵守者坚定捍卫者》,载《人民日报》2018 年 12 月 5 日,第 1 版。

39 习近平:《在首都各界纪念现行宪法公布施行 30 周年大会上的讲话》(2012 年 12 月 4 日),载《习近平谈治国理政》,外文出版社 2014 年版,第 142 页。

40 习近平:《在十八届中央政治局第四次集体学习时的讲话》(2013 年 2 月 23 日),

载中共中央文献研究室编:《习近平关于全面依法治国论述摘编》,中央文献出版社 2015 年版,第 43 页。
41 习近平:《在庆祝全国人民代表大会成立 60 周年大会上的讲话》(2014 年 9 月 5 日),载《人民日报》2014 年 9 月 6 日,第 2 版。
42 习近平:《在中俄执政党对话机制第二次会议开幕式上的讲话》(2010 年 3 月 23 日),载《光明日报》2010 年 3 月 24 日,第 8 版。
43 《中共中央关于坚持和完善中国特色社会主义制度、推进国家治理体系和治理能力现代化若干重大问题的决定》(2019 年 10 月 31 日),载《〈中共中央关于坚持和完善中国特色社会主义制度、推进国家治理体系和治理能力现代化若干重大问题的决定〉辅导读本》,人民出版社 2019 年版,第 40 页。
44 《中央外事工作会议在京举行》,载《人民日报》2014 年 11 月 30 日,第 1 版。
45 习近平:《弘扬和平共处五项原则　建设合作共赢美好世界》(2014 年 6 月 28 日),载《人民日报》2014 年 6 月 29 日,第 2 版。
46 习近平:《在联合国成立 75 周年纪念峰会上的讲话》(2020 年 9 月 21 日),载《人民日报》2020 年 9 月 22 日,第 2 版。
47 习近平:《携手构建合作共赢、公平合理的气候变化治理机制》(2015 年 11 月 30 日),载《人民日报》2015 年 12 月 1 日,第 2 版。
48 习近平:《共同构建人类命运共同体》(2017 年 1 月 18 日),载《人民日报》2017 年 1 月 20 日,第 2 版。
49 习近平:《携手构建合作共赢新伙伴　同心打造人类命运共同体》(2015 年 9 月 28 日),载《人民日报》2015 年 9 月 29 日,第 2 版。
50 《坚持以新时代中国特色社会主义外交思想为指导　努力开创中国特色大国外交新局面》,载《人民日报》2018 年 6 月 24 日,第 1 版。
51 习近平:《在省部级主要领导干部学习贯彻党的十八届四中全会精神全面推进依法治国专题研讨班上的讲话》(2015 年 2 月 2 日),载中共中央文献研究室编:《习近平关于全面依法治国论述摘编》,中央文献出版社 2015 年版,第 34 页。
52 习近平:《在省部级主要领导干部学习贯彻党的十八届四中全会精神全面推进依法治国专题研讨班上的讲话》(2015 年 2 月 2 日),载中共中央文献研究室编:《习近平关于全面依法治国论述摘编》,中央文献出版社 2015 年版,第 34 页。
53 习近平:《在省部级主要领导干部学习贯彻党的十八届四中全会精神全面推进依法治国专题研讨班上的讲话》(2015 年 2 月 2 日),载中共中央文献研究室编:《习近平关于全面依法治国论述摘编》,中央文献出版社 2015 年版,第 33 页。

54 习近平:《加快建设社会主义法治国家》,载《求是》2015 年第 1 期。
55 习近平:《在省部级主要领导干部学习贯彻党的十八届四中全会精神全面推进依法治国专题研讨班上的讲话》(2015 年 2 月 2 日),载中共中央文献研究室编:《习近平关于全面依法治国论述摘编》,中央文献出版社 2015 年版,第 34 页。
56 习近平:《关于〈中共中央关于全面推进依法治国若干重大问题的决定〉的说明》(2014 年 10 月 20 日),载中共中央文献研究室编:《习近平关于全面依法治国论述摘编》,中央文献出版社 2015 年版,第 23 - 24 页。
57 习近平:《加快建设社会主义法治国家》,载《求是》2015 年第 1 期。
58 《坚持依法治国和以德治国相结合　推进国家治理体系和治理能力现代化》,载《人民日报》2016 年 12 月 11 日,第 1 版。
59 习近平:《加快建设社会主义法治国家》,载《求是》2015 年第 1 期。
60 习近平:《加快建设社会主义法治国家》,载《求是》2015 年第 1 期。
61 习近平:《加强党对全面依法治国的领导》,载《求是》2019 年第 4 期。
62 习近平:《关于〈中共中央关于制定国民经济和社会发展第十四个五年规划和二〇三五年远景目标的建议〉的说明》,载《人民日报》2020 年 11 月 4 日,第 2 版。
63 习近平:《坚持和完善中国特色社会主义制度　推进国家治理体系和治理能力现代化》,载《求是》2020 年第 1 期。
64 习近平:《加快建设社会主义法治国家》,载《求是》2015 年第 1 期。
65 习近平:《加强党对全面依法治国的领导》,载《求是》2019 年第 4 期。
66 习近平:《在省部级主要领导干部学习贯彻党的十八届四中全会精神全面推进依法治国专题研讨班上的讲话》(2015 年 2 月 2 日),载中共中央文献研究室编:《习近平关于全面依法治国论述摘编》,中央文献出版社 2015 年版,第 120 页。
67 习近平:《在省部级主要领导干部学习贯彻党的十八届四中全会精神全面推进依法治国专题研讨班上的讲话》(2015 年 2 月 2 日),载中共中央文献研究室编:《习近平关于全面依法治国论述摘编》,中央文献出版社 2015 年版,第 124 - 125 页。
68 习近平:《在省部级主要领导干部学习贯彻党的十八届四中全会精神全面推进依法治国专题研讨班上的讲话》(2015 年 2 月 2 日),载中共中央文献研究室编:《习近平关于全面依法治国论述摘编》,中央文献出版社 2015 年版,第 124 页。
69 习近平:《在省部级主要领导干部学习贯彻党的十八届四中全会精神全面推进依法治国专题研讨班上的讲话》(2015 年 2 月 2 日),载中共中央文献研究室编:《习近平关于全面依法治国论述摘编》,中央文献出版社 2015 年版,第 124 页。

治国理政的法治理念和法治思维*

党的十一届三中全会以来,我们党始终重视法治建设,把依法治国确定为党领导人民治理国家的基本方略,把依法执政确定为党治国理政的基本方式,并在实践的基础上初步形成了中国特色社会主义法治理论。党的十八大以来,以习近平同志为核心的党中央在全面推进依法治国、加快建设中国特色社会主义法治体系和社会主义法治国家的伟大实践中,创造性地发展了中国特色社会主义法治理论,创立了具有鲜明时代特征、理论风格和实践特色的关于法治的思想,为坚持和开拓中国特色社会主义法治道路奠定了思想基础,为推进法治中国建设提供了理论指引。习近平总书记关于法治的思想是马克思主义法学思想中国化的重大理论成果,是中国特色社会主义法治理论的最新成果,体现了我们党在法治领域的理论创新及理论创新基础上的制度创新和实践创新,树立了理论发展守正创新的典范。

一、习近平总书记对法治原理和中国特色社会主义法治基础理论的创新

法治原理和中国特色社会主义法治理论是有关法治的本质、

---

* 本文发表于《中国社会科学》2017 年第 4 期。

法治的普遍规律、现代法治的一般原理及社会主义法治的本质特征、内在要求、价值功能、基本原则、发展方向、遵循道路等重大问题的理论。习近平总书记创造性地发展了法治原理和中国特色社会主义法治理论，深刻回答了什么是法治、什么是社会主义法治，如何依法治国、建设社会主义法治国家和社会主义法治体系，如何推进法治中国建设，如何在法治轨道上推进国家治理体系和治理能力现代化，如何形成全面依法治国与全面小康社会、全面深化改革、全面从严治党相辅相成、相互促进、相得益彰的局面等一系列战略性、基础性、普遍性、前沿性重大问题。

（一）关于厉行法治、依法治国的战略意义的理论

与战略家邓小平同志一样，习近平总书记总是首先从战略层面思考和推进法治建设及法治改革，从以下三个方面为依法治国进行了具有鲜明时代特点的战略定位。

第一，从人类政治文明和社会现代化的纵深深刻分析了法治与人治的关系，深化了依法治国的理论基础，夯实了厉行法治的政治信念。习近平总书记指出："法治和人治问题是人类政治文明史上的一个基本问题，也是各国在实现现代化过程中必须面对和解决的一个重大问题。综观世界近现代史，凡是顺利实现现代化的国家，没有一个不是较好解决了法治和人治问题的。相反，一些国家虽然也一度实现快速发展，但并没有顺利迈进现代化的门槛，而是陷入这样或那样的'陷阱'，出现经济社会发展停滞甚至倒退的局面。后一种情况很大程度上与法治不彰有关。"[1]这一分析击中了新中国成立以来之所以屡屡出现重大失误和严重错误的要害。新中国成立以后，我们党和国家很多重大的失误和颠覆性错误都是人治造成的。基于对我国民主法治建设成功经验和惨痛教训的深入分析和对治国理政规律的深刻认识，党的十八届四中全会作出了全面推进依法治国的伟大抉择。在党的十八届四中全会上，

习近平总书记指出:“历史是最好的老师。经验和教训使我们党深刻认识到,法治是治国理政不可或缺的重要手段。法治兴则国家兴,法治衰则国家乱。什么时候重视法治、法治昌明,什么时候就国泰民安;什么时候忽视法治、法治松弛,什么时候就国乱民怨。”[2]“人类社会发展的事实证明,依法治理是最可靠、最稳定的治理。”[3]

第二,在建设中国特色社会主义的总体战略布局中思考法治建设问题。党的十八大之后,习近平总书记深入调研,探索新的历史时期和新的发展阶段中国特色社会主义的战略布局,提出了“四个全面”战略布局,并把依法治国放在这一总体战略布局之中统筹安排,强调指出:“没有全面依法治国,我们就治不好国、理不好政,我们的战略布局就会落空。”所以,“要把全面依法治国放在‘四个全面’的战略布局中来把握,深刻认识全面依法治国同其他三个‘全面’的关系,努力做到‘四个全面’相辅相成、相互促进、相得益彰”。[4]“全面推进依法治国是关系我们党执政兴国、关系人民幸福安康、关系党和国家长治久安的重大战略问题,是完善和发展中国特色社会主义制度、推进国家治理体系和治理能力现代化的重要方面。我们要实现党的十八大和十八届三中全会作出的一系列战略部署,全面建成小康社会、实现中华民族伟大复兴的中国梦,全面深化改革、完善和发展中国特色社会主义制度,就必须在全面推进依法治国上作出总体部署、采取切实措施、迈出坚实步伐。”[5]“党的十八大提出了全面建成小康社会的奋斗目标,党的十八届三中全会对全面深化改革作出了顶层设计,实现这个奋斗目标,落实这个顶层设计,需要从法治上提供可靠保障。”[6]“我们提出全面推进依法治国,坚定不移厉行法治,一个重要意图就是为子孙万代计、为长远发展谋。”[7]“全面推进依法治国,是我们党从坚持和发展中国特色社会主义出发、为更好治国理政提出的重大战略任务,也是事关我们党执政兴国的一个全局性问题。落实好这项重大战略任务,对推动经济持续健康发展、维护社会和谐稳定、实现社会公平正义，对全面建成小康社会、实现中华民族伟大复兴，都具有十分重大的意义。”[8]“依法治国是坚持和发展中国特色社会主义的本质要求和重要保障，是实现国家治理体系和治理能力现代化的必然要求。我们要实现经济发展、政治清明、文化昌盛、社会公正、生态良好，必须更好发挥法治引领和规范作用。”[9]“我们面对的改革发展稳定任务之重前所未有，矛盾风险挑战之多前所未有，依法治国地位更加突出、作用更加重大。我们必须坚定不移贯彻依法治国基本方略和依法执政基本方式，坚定不移领导人民建设社会主义法治国家。”[10]

第三，把推进法治中国建设、建设法治强国作为实现中华民族伟大复兴中国梦的核心战略要素。复兴梦就是强国梦，而法治是国家强盛的重要标志，认定国家强盛的诸多标准中，法治要算重要一项，习近平总书记多次引用“国无常强，无常弱。奉法者强，则国强；奉法者弱，则国弱”[11]的古典法家经典，用来教育党和人民走奉法强国之路。法治梦与强国梦是相通的。从成文法数量和法律体系规模看，我们已经成为一个法律大国，但还不是法治强国。在强盛的国家，法治成为国家与社会的核心价值，成为国家治理和社会治理的根本方式，成为支撑国家兴旺发达的强大力量；全社会尊重法治、信仰法治、坚守法治；宪法具有极大权威，法律具有普遍的实效，任何个人和组织都自觉地在宪法和法律的范围内活动；公民权利得到切实尊重和保障，国家公权受到有效的约束和监督。同时，法治成为国家强大的软实力，在全球治理中，拥有与其悠久文明、经济实力、军事力量、安理会常任理事国的地位相当的话语权、决策权和规则制定权。

（二）关于坚持和拓展中国特色社会主义法治道路的理论

中国特色社会主义法治道路是中国特色社会主义道路在法治领域的具体体现。党的十八大闭幕后第三天，习近平总书记在主持十八届中央政治局第一次集体学习时明确提出，中国特色社会主义是发展中国、稳定中国的必由之路。在十二届全国人大一次会议上当选国家主席后，他又意味深长地强调："这条道路来之不易，它是在改革开放30多年的伟大实践中走出来的，是在中华人民共和国成立60多年的持续探索中走出来的，是在对近代以来170多年中华民族发展历程的深刻总结中走出来的，是在对中华民族5000多年悠久文明的传承中走出来的"，[12]深刻揭示了中国特色社会主义道路的深厚历史渊源和广泛现实基础。习近平总书记还多次强调，我们这一代共产党人的任务，就是继续把坚持和发展中国特色社会主义这篇大文章写下去。在法治领域，写好这篇大文章，就是要始终坚持并不断拓展中国特色社会主义法治道路。

习近平总书记指出："中国特色社会主义法治道路，是社会主义法治建设成就和经验的集中体现，是建设社会主义法治国家的唯一正确道路。"[13]"全面推进依法治国，必须走对路。如果路走错了，南辕北辙了，那再提什么要求和举措也都没有意义了。全会决定有一条贯穿全篇的红线，这就是坚持和拓展中国特色社会主义法治道路。中国特色社会主义法治道路是一个管总的东西。具体讲我国法治建设的成就，大大小小可以列举出十几条、几十条，但归结起来就是开辟了中国特色社会主义法治道路这一条。"[14]"在坚持和拓展中国特色社会主义法治道路这个根本问题上，我们要树立自信、保持定力。"[15]对这一点，要理直气壮讲、大张旗鼓讲。习近平总书记关于中国特色社会主义法治道路的重要论述以及党的十八届四中全会《中共中央关于全面推进依法治国若干重大问题的决定》（以下简称《决定》）向全党全国人民释放出了明确的信号，指明了全面推进依法治国的正确方向，对于进一步统一全党全国人民的认识和行动具有十分重要的意义。

如何准确把握中国特色社会主义法治道路？习近平总书记高屋建瓴，将中国特色社会主义法治道路凝练为"三个核心要义"，指出:坚持党的领导,坚持中国特色社会主义制度,贯彻中国特色社会主义法治理论,“这三个方面实质上是中国特色社会主义法治道路的核心要义,规定和确保了中国特色社会主义法治体系的制度属性和前进方向”。[16]所谓“要义”,就是实质性、本质性意义,就是精髓、决定性要素。在“要义”前面再加上“核心”二字,更凸显出坚持党的领导、坚持中国特色社会主义制度、贯彻中国特色社会主义法治理论这三个方面对于中国特色社会主义法治道路所具有的决定性意义和标志性特征。正是这三个“核心要义”,明示了中国特色社会主义法治道路的基本内涵和基本内容,确定了中国特色社会主义法治道路的根本性质和根本要求,描绘了这条道路的鲜明特征和鲜明标识。

在中国特色社会主义法治道路的三个核心要义中,党的领导是根本,中国特色社会主义制度是基础,中国特色社会主义法治理论是指导思想和学理支撑。在依法治国实践中,坚持中国特色社会主义法治道路,必须做到“五个坚持”,即坚持中国共产党的领导,坚持人民主体地位,坚持法律面前人人平等,坚持依法治国和以德治国相结合,坚持从中国实际出发,遵循法治发展规律。

在坚持中国特色社会主义法治道路的同时,还要与时俱进,不断推进理论创新、制度创新、实践创新,不断丰富三个核心要义的具体内容,不断拓展中国特色社会主义法治道路。党的十八大以来,以习近平同志为核心的党中央全面推进依法治国、加快法治中国建设,以新的理论和实践全面拓展了中国特色社会主义法治道路,使我国法治建设呈现出“全面推进”“全民推进”“加快建设”“协调发展”“转型升级”的新特征新局面。

(三)关于社会主义法治本质特征的理论

改革开放以来,我们党在坚持不懈的实践探索和理论总结中,形成了“坚持党的领导、人民当家作主、依法治国有机统一”这一概括中国特色社会主义民主政治和法治文明的重要思想。党的十八大以来,习近平总书记以新论断新命题丰富和发展了"三统一"的理论,赋予其新的内涵和意义。

1. 首次把"三统一"凝练为我国社会主义民主法治建设的基本经验。习近平总书记指出:"把坚持党的领导、人民当家作主、依法治国有机统一起来是我国社会主义法治建设的一条基本经验。"[17]"在中国,发展社会主义民主政治,保证人民当家作主,保证国家政治生活既充满活力又安定有序,关键是要坚持党的领导、人民当家作主、依法治国有机统一。"[18]这条基本经验也是一百多年来中国人民探索政治发展道路的基本结论,是中国社会 100 多年激越变革、激荡发展的历史结果,是中国人民翻身做主、掌握自己命运的必然选择。为此,要"紧紧围绕坚持党的领导、人民当家作主、依法治国有机统一深化政治体制改革,加快推进社会主义民主政治制度化、规范化、程序化,建设社会主义法治国家,发展更加广泛、更加充分、更加健全的人民民主"。[19]

2. 强调"三统一"的根本与核心是坚持党的领导。习近平总书记指出:"我们强调坚持党的领导、人民当家作主、依法治国有机统一,最根本的是坚持党的领导。坚持党的领导,就是要支持人民当家作主,实施好依法治国这个党领导人民治理国家的基本方略。党的领导和社会主义法治是一致的,只有坚持党的领导,人民当家作主才能充分实现,国家和社会生活制度化、法治化才能有序推进。不能把坚持党的领导同人民当家作主、依法治国对立起来,更不能用人民当家作主、依法治国来动摇和否定党的领导。那样做在思想上是错误的,在政治上是十分危险的。"[20]

3. 提出人民代表大会制度是党的领导、人民当家作主、依法治国三者的汇合点、凝聚点和根本制度安排。习近平总书记指出:"人民代表大会制度是坚持党的领导、人民当家作主、依法治国有机统一的根本制度安排。"[21]这是对"三统一"理论的又一重大发展。

首先,人民代表大会制度是实现党的领导权和执政权的制度载体。中国共产党既是执政党又是领导党,既拥有执政权,又拥有宪法规定的领导权,而且这种领导权是其执政权的政治基础。党的执政权和领导权从体制上来说首先是通过人民代表大会制度实现的。通过人民代表大会制度,发挥党对国家政治和公共事务总揽全局、协调各方的领导核心作用,保证党的路线方针政策和决策部署在国家工作中得到全面贯彻和有效执行。所以,习近平总书记指出:我们要坚持和完善人民代表大会制度,"善于使党的主张通过法定程序成为国家意志,善于使党组织推荐的人选通过法定程序成为国家政权机关的领导人员,善于通过国家政权机关实施党对国家和社会的领导,善于运用民主集中制原则维护党和国家权威、维护全党全国团结统一"。[22]

其次,人民代表大会制度是实现人民当家作主的根本途径和最高实现形式。人民当家作主是社会主义民主政治的本质,人民民主是社会主义的生命。我国宪法明确规定:"中华人民共和国的一切权力属于人民。人民行使国家权力的机关是全国人民代表大会和地方各级人民代表大会。""全国人民代表大会和地方各级人民代表大会都由民主选举产生,对人民负责,受人民监督。""国家行政机关、审判机关、检察机关都由人民代表大会产生,对它负责,受它监督。"人民代表大会制度可以保证国家权力始终掌握在人民手中,保证国家权力真正体现人民的意志、代表人民的利益,保证了人民当家作主的地位。人民通过各级人民代表大会行使宪法法律规定的国家大政方针的决策权、立法权、监督权、选举权,使人民民主得以从根本上实现。在新时期,我们要坚持、完善和创新人民代表大会制度,"支持和保证人民通过人民代表大会行使国家权力。要扩大人民民主,健全民主制度,丰富民主形式,拓宽民主渠道,从各层次各领域扩大公民有序政治参与,发展更加广泛、更加充分、更加健全的人民民主"。[23]

最后,人民代表大会制度是实现依法治国的基础和前提。依法治国的前提是有法可依,社会主义法治体系的基础是完备的法律规范体系,法律规范体系的统领是宪法。宪法是由全国人民代表大会制定和修改的,法律是由全国人民代表大会及其常委会制定的,不仅如此,各级人民代表大会及其常委会还拥有确保宪法法律实施的监督权。“要通过人民代表大会制度,弘扬社会主义法治精神,依照人民代表大会及其常委会制定的法律法规来展开和推进国家各项事业和各项工作,保证人民平等参与、平等发展权利,维护社会公平正义,尊重和保障人权,实现国家各项工作法治化。”[24]

习近平总书记关于党的领导、人民当家作主、依法治国“三统一”的最新论述是对马克思主义国家与法的理论和中国特色社会主义法治理论的重大发展,是对中国共产党治国理政理论体系的独创性贡献,续写了马克思主义国家与法的理论中国化、时代化的新篇章。

4. 关于法治中国建设的理论。党的十八大召开不久,习近平总书记围绕实现“两个一百年”的目标,提出了实现中华民族伟大复兴“中国梦”,之后紧接着又提出要建设法治中国。党的十八届三中全会通过的《中共中央关于全面深化改革若干重大问题的决定》正式确认了“法治中国”这一概念,并将法治建设的长远目标确定为“推进法治中国建设”。党的十八届四中全会向全党和全国各族人民发出“向着建设法治中国不断前进”“为建设法治中国而奋斗”的号召。“法治中国”是习近平同志在浙江工作时提出的“法治浙江”概念合乎逻辑的延伸和升华。[25]

“法治中国”概念是我们党在法治理论上的重大创新,也是对当前和今后中国法治建设的科学定位,具有深厚的历史文化底蕴、丰富的实践经验基础和强大的导向定位功能,构成我国法治建设新时期、新阶段的时代主题。“法治中国”以其无可比拟的包容性、凝聚力、感召力而成为中国特色社会主义法治理论体系和话语体系的统领性概念。

“建设法治中国”，是法治国家的升级版，其要义是依法治国、依法执政、依法行政共同推进，法治国家、法治政府、法治社会一体建设。也就是说，不仅要建设法治国家，还要建设法治政府、法治军队、法治社会、法治经济；不仅要推进依法治国，还要推进依法执政、依法行政、依法自治；不仅要搞好国家法治，还要搞好地方法治、部门法治、社会法治，促进国家法治、地方法治、部门法治和社会法治的协调发展；不仅要推进法律制度硬实力建设，还要推进法治文化软实力建设；不仅要致力于国内法治建设，还要统筹国内法治和国际法治两个大局，推动国际关系法治化和全球治理民主化。

5. 关于党法关系的理论。党和法的关系、党的领导和依法治国的关系，是社会主义法治建设和民主政治建设的核心问题。习近平总书记指出，党与法、党的领导与法治的关系是政治与法治关系的集中反映。一方面，社会主义法治必须坚持党的领导，党的领导是社会主义法治最根本的保证，是中国特色社会主义法治之魂。坚持党的领导，关键是充分发挥党总揽全局、协调各方的领导核心作用，通过领导立法、保证执法、支持司法、带头守法，把党的领导贯穿于依法治国全过程、各领域、各方面。另一方面，党的领导必须依靠社会主义法治。依靠社会主义法治，有利于巩固党的执政地位、完成党的执政使命、改善党的执政方式、提高党的执政能力。因此，要坚持依法执政，推进依法执政制度化、规范化、程序化，要坚持以法治的理念、法治的体制、法治的程序，实行党的领导。

在党与法的关系上，习近平总书记旗帜鲜明地指出：“‘党大还是法大’是一个政治陷阱，是一个伪命题。对这个问题，我们不能含糊其辞、语焉不详，要明确予以回答。”[26]同时，习近平总书记也指出：“我们说不存在‘党大还是法大’的问题，是把党作为一个执政整体而言的，是指党的执政地位和领导地位而言的，具体到每个党政组织、每个领导干部，就必须服从和遵守宪法法律，就不能以党自居，就不能把党的领导作为个人以言代法、以权压法、徇私枉法的挡箭牌。”[27]他还有的放矢地指出：“如果说‘党大还是法大’是一个伪命题，那么对各级党政组织、各级领导干部来说，权大还是法大则是一个真命题。”[28]各级党政组织和领导干部必须用法律来约束权力的任性，依照宪法和法律正确行使权力。

6. 关于社会主义法治核心价值的理论。世界上有各种类型的法治。我们党在反思和评估古今中外各种法治模式的基础上，提出“法律是治国之重器，良法是善治之前提”。这是对中国特色社会主义法治作为形式法治与实质法治相统一的法治模式的精辟定型。习近平总书记在不同语境下提出的两个论断科学地揭示了形式法治和实质法治的内涵及其统一性。第一个论断：“法律是什么？最形象的说法就是准绳。用法律的准绳去衡量、规范、引导社会生活，这就是法治。”[29]这一论断所指的是形式法治。第二个论断：“人民群众对立法的期盼，已经不是有没有，而是好不好、管用不管用、能不能解决实际问题；不是什么法都能治国，不是什么法都能治好国；越是强调法治，越是要提高立法质量。”[30]“努力使每一项立法都符合宪法精神、反映人民意愿、得到人民拥护。”[31]这个论断所指的是实质法治，强调良法善治。习近平总书记还引用宋代思想家、政治家王安石的名言来说明良法善治：“立善法于天下，则天下治；立善法于一国，则一国治。”[32]

所谓“良法”，可在四种意义上把握。一是法律应符合人性、人文、自然、经济、政治、社会等的规律，与作为法律调整对象的各种关系的存在与发展规律保持一致，而不能蔑视规律、抗拒规律。正如习近平总书记所指出的：“科学立法的核心在于尊重和体现客观规律。”[33]二是法律制定得良好。这是形式法治的基本要求。法律规则确定的行为标准适度、可遵守、可执行、可适用，权利、义务、责任对等，公开透明，标准统一，普遍适用，连续稳定，非溯及既往，规则与规则、法律与法律、法律部门与法律部门、实体法与程序法之间协调一致。三是法律实施得良好，不仅全民自觉守法，而且国家机关尊重宪法、严格执法、公正司法。四是法律体现社会良善价值。这是实质法治的基本要义。是不是良法善治，关键是看法律体系、法治体系以及国家治理制度体系贯通什么样的价值观和价值标准。习近平总书记基于良法善治的崇高理念，从立党为公、执政为民的战略高度，重点强调了“人民主体”“公平正义”这两个社会主义法治的核心价值。

“以人民为主体”，即“以人民为中心”，亦即“法治为民”，这是社会主义法治最核心的价值，是中国特色社会主义法治价值体系的基石。

坚持法治的人民主体价值，就是坚持法治为了人民、依靠人民、造福人民、保护人民，把实现好、维护好、发展好最广大人民根本利益作为法治建设的根本目的，把体现人民利益、反映人民意愿、维护人民权益、增进人民福祉、促进人的全面发展作为法治建设的出发点和落脚点。

坚持法治的人民主体价值，就是要保证人民在党的领导下，依照法律规定，通过各种途径和形式管理国家事务，管理经济和文化事业，管理社会事务；保证人民依法享有广泛的权利和自由、承担应尽的义务，维护社会公平正义，保障人民平等参与、平等发展权利；以法治来激励和保护人民的积极性、主动性、创造性，增强社会发展活力，确保人民安居乐业、社会安定有序。

坚持法治的人民主体价值，就是要在依法治国全过程各领域坚持以人民为中心的工作导向。要恪守以民为本、立法为民理念，使每一项立法都贯彻社会主义核心价值观、符合宪法精神、反映人民意志、得到人民拥护。坚持执法司法为人民，依靠人民推进公正执法司法，通过公正执法司法维护人民权益。

坚持法治的人民主体价值,就要弘扬人民权益靠法律保障、法律权威靠人民维护的社会主义法治精神,做到法律为人民所掌握、所遵守、所运用,增强全社会尊法学法守法用法护法的自觉意识。

以公平正义为法治的生命线。习近平总书记指出:"公正是法治的生命线。公平正义是我们党追求的一个非常崇高的价值,全心全意为人民服务的宗旨决定了我们必须追求公平正义,保护人民权益、伸张正义。全面依法治国,必须紧紧围绕保障和促进社会公平正义来进行。"[34]

公平正义的法律价值在立法层面主要体现为权利平等、机会平等、规则平等,在法律实施层面集中体现为法律面前人人平等。平等是社会主义法律的基本属性,是社会主义法治的基本要求。

党的十八届四中全会关于全面依法治国的决定以及党的三中全会和党的五中全会有关法治改革和法治建设的决策全面贯彻了公平正义价值观,强调:"要把公正、公平、公开原则贯穿立法全过程。"[35]"健全以公平为核心原则的产权保护制度,加强对各种所有制经济组织和自然人财产权的保护,清理有违公平的法律法规条款。"[36]"依法保障公民权利,加快完善体现权利公平、机会公平、规则公平的法律制度,保障公民人身权、财产权、基本政治权利等各项权利不受侵犯,保障公民经济、文化、社会等各方面权利得到落实,实现公民权利保障法治化。"[37]"必须完善司法管理体制和司法权力运行机制,规范司法行为,加强对司法活动的监督,努力让人民群众在每一个司法案件中感受到公平正义。"[38]

除了人民主体和公平正义之外,中国特色社会主义法治理论还融通了人类社会的共同价值。与西方国家把自己的价值观和价值体系作为人类社会的"普世价值"强加于人不同,我们主张在文明互鉴基础上形成的人类社会的共同价值。在联合国峰会上,中国国家主席习近平十分鲜明地提出:"和平、发展、公平、正义、民主、自由,是全人类的共同价值,也是联合国的崇高目标。"[39]以"和平、发展、公平、正义、民主、自由”为核心的共同价值观的提出，使我们站在了国际社会价值和道德的制高点。

以“人民主体”为基石、以“公平正义”为核心的社会主义法治价值体系的阐发与法治价值体系的建构，以“和平、发展、公平、正义、民主、自由”为主要内容的全人类共同价值的凝练与提出，增进了法治领域的价值共识，释放出推进法治进程的巨大动力源泉。

7. 关于社会主义法治体系的理论。2011 年，中国特色社会主义法律体系形成之后，中国法治建设的目标如何设计？党的十八届四中全会适时提出全面依法治国的总目标是建设中国特色社会主义法治体系，建设社会主义法治国家。中国特色社会主义法治体系概念是我们党自十八大以来又一原创性和标志性的创新理论成果。习近平总书记深刻阐述了中国特色社会主义法治体系的科学内涵和实践面向，指出：建设中国特色社会主义法治体系就是“在中国共产党领导下，坚持中国特色社会主义制度，贯彻中国特色社会主义法治理论，形成完备的法律规范体系、高效的法治实施体系、严密的法治监督体系、有力的法治保障体系，形成完善的党内法规体系。”[40]

习近平总书记指出：在推进“四个全面”的过程中，“我们既要注重总体谋划，又要注重牵住‘牛鼻子’”，比如，“既对全面推进依法治国作出系统部署，又强调以中国特色社会主义法治体系为总目标和总抓手”。[41]“提出这个总目标，既明确了全面推进依法治国的性质和方向，又突出了全面推进依法治国的工作重点和总抓手。一是向国内外鲜明宣示我们将坚定不移走中国特色社会主义法治道路。……二是明确全面推进依法治国的总抓手。全面推进依法治国涉及很多方面，在实际工作中必须有一个总揽全局、牵引各方的总抓手，这个总抓手就是建设中国特色社会主义法治体系。依法治国各项工作都要围绕这个总抓手来谋划、来推进。三是建设中国特色社会主义法治体系、建设社会主义法治国家是实现国家治理体系和治理能力现代化的必然要求，也是全面深化改革的必然要求，有利于在法治轨道上推进国家治理体系和治理能力现代化，有利于在全面深化改革总体框架内全面推进依法治国各项工作，有利于在法治轨道上不断深化改革。”[42]建设中国特色社会主义法治体系，这是贯穿党的十八届四中全会决定全篇的一条主线，“既明确了全面推进依法治国的性质和方向，又突出了全面推进依法治国的工作重点和总抓手，对全面推进依法治国具有纲举目张的意义。”[43]

8. 关于法治与国家治理现代化的理论。我们党讲过很多现代化，包括农业现代化、工业现代化、科技现代化、国防现代化等。国家治理体系和治理能力现代化是第一次讲，学术界有人将这一现代化称为“第五现代化”。习近平总书记提出国家治理现代化，既是对社会现代化理论的重大发展，更是对治国理政理论体系的重大创新。完善和发展中国特色社会主义制度、推进国家治理体系和治理能力现代化，是对全面深化改革总目标的经典论述。全面深化改革是完善和发展中国特色社会主义制度、推进国家治理体系和治理能力现代化的必由之路和强大动力。通过全面深化改革，不断推进我国社会主义制度自我完善和发展，为党和国家事业发展、为人民幸福安康、为社会和谐稳定、为国家长治久安提供一整套更完备、更稳定、更成熟、更管用的制度体系。国家治理体系是在党领导下管理国家的制度体系，是一整套紧密相连、相互协调的国家制度；国家治理能力则是运用国家制度管理社会各方面事务的能力。推进国家治理体系和治理能力现代化，就是要通过全面深化改革使各方面制度更加科学、更加完善，实现党、国家、社会各项事务治理制度化、规范化、程序化，善于运用制度和法律治理国家，提高党科学执政、民主执政、依法执政水平。

习近平总书记强调，法治体系是国家治理体系的重要依托，要在法治轨道上推进国家治理体系和治理能力现代化。国家治理现代化的核心标志是科学化、民主化、法治化，这“三化”对应着科学执政、民主执政、依法执政。就国家治理体系而言，法治化首先是国家治理制度的法制化。只有通过法制化，国家治理制度才能定型化、精细化，把国家治理制度的“分子结构”精细化为“原子结构”，从而增强其执行力和运行力。国家治理能力，既指各主体对国家治理体系的执行力，又指国家治理体系的运行力，还包括国家治理的方式方法。治理能力具体包括执政党科学执政、民主执政、依法执政的能力，人大及其常委会科学立法、民主立法的能力以及依法决定重大事项、保证宪法法律实施、对“一府两院”实行法律监督和工作监督的能力，人民政府科学行政、民主行政、依法行政、严格执法的能力，司法机关公正司法、定分止争、救济权利、制约公权、维护法制权威和尊严的能力，广大人民群众、人民团体和社会组织依法管理国家事务、经济社会文化事务、依法自治的能力，党和国家各级领导干部深化改革、推动发展、化解矛盾、维护稳定、改善民生的能力。提高这些能力，最关键的就是提高运用法治思维和法治方式的能力和水平，以解决国家治理现代化法治化进程中治理动力不足和能力不够的问题。

二、习近平总书记关于全面依法治国的重大理论创新

习近平总书记不仅阐述了法治的基本原理和中国特色社会主义法治的一般理论，而且对全面依法治国各个方面、各个领域、各个环节都进行了深刻的理论阐述。

（一）关于完善中国特色社会主义法律体系的观点

习近平总书记关于完善法律体系的理论，阐明了在新形势下立什么样的法、怎样立法这一重大命题，为立法工作和立法体制改革指明了方向。其主要观点包括：法律是治国之重器，良法是善治

之前提,立法必须符合宪法精神、反映人民意志、得到人民拥护。赋予科学立法、民主立法以崭新的意蕴。科学立法的核心在于尊重和体现客观规律,民主立法的核心在于为了人民、依靠人民。推进科学立法、民主立法是提高立法质量的根本途径。坚持立法先行,立改废释并举。加强重点领域立法,适应改革、发展、稳定、民生、国家安全等对法律法规的迫切需要。注重将改革决策和立法决策相衔接,发挥立法对于改革发展重点领域和关键环节的引领和推动作用。完善立法体制,优化立法职权配置,充分发挥人大及其常委会在立法工作中的主导作用,明确立法权力边界,有效防止部门利益和地方保护主义法律化。

(二)关于宪法法律实施的观点

宪法和法律的生命在于实施,宪法法律的权威在于实施,宪法法律的威力也在于实施,中国特色社会主义法律体系形成、基本解决有法可依之后,依法治国的重点是保证宪法法律实施,尤其是要在宪法实施上下功夫。宪法实施的关键是确保宪法所确立的社会主义基本经济制度、政治制度得到巩固和发展,确保宪法确定的中国共产党领导地位不动摇,确保宪法确定的人民民主专政的国体和人民代表大会制度的政体不动摇。宪法法律实施要体现“严”字当头,严格依宪(依法)立法、严格执法、严格司法、严格监督,坚决纠正有法不依、执法不严、违法不究现象,坚决整治以权谋私、以权压法问题,严禁侵犯群众合法权益,维护社会主义法制的统一、尊严、权威。为了保证法律有效实施,必须建立高效的法律实施体系,最重要的是健全宪法实施体系机制。习近平总书记指出:“宪法是国家的根本法。法治权威能不能树立起来,首先要看宪法有没有权威。必须把宣传和树立宪法权威作为全面推进依法治国的重大事项抓紧抓好,切实在宪法实施和监督上下功夫。”[44] 为此,党的十八届四中全会《决定》提出了一系列保障宪法实施的措施,包括:完善全国人大及其常委会宪法监督制度,健全宪法解释程序机制;加强备案审查制度和能力建设,依法撤销和纠正违宪违法的规范性文件;将每年12月4日(现行宪法颁布实施的日期)确定为国家宪法日;建立宪法宣誓制度等。

(三)关于法治政府建设的观点

习近平总书记高度重视建设法治政府,以深刻的理论观点科学地阐述了加快建设法治政府的重大意义,回答了建设一个什么样的法治政府、怎样建设法治政府的重大问题。提出加快建设法治政府,要从依法全面履行政府职能、健全依法决策机制、深化行政执法体制改革、坚持严格规范公正文明执法、强化对行政权力的制约和监督、全面推进政务公开六个方面展开,加快建设职能科学、权责法定、执法严明、公开公正、廉洁高效、守法诚信的法治政府。习近平总书记强调,各级政府必须坚持在党的领导下、在法治轨道上开展工作;要坚持依法全面履行政府职能,法定职责必须为、法无授权不可为,推进各级政府事权规范化、法律化,推行政府权力清单、负面清单和责任清单制度;健全依法决策机制,确保决策制度科学、程序正当、过程公开、责任明确;深化行政执法体制改革,合理配置执法力量,推进综合执法,健全执法和司法衔接机制;坚持严格规范公正文明执法,加强执法信息化建设和信息共享,全面落实行政执法责任制;强化对行政权力的制约和监督,加强多元化监督制度建设,努力形成科学有效的权力运行制约和监督体系;全面推进政务公开,坚持以公开为常态、不公开为例外原则,推进决策公开、执行公开、管理公开、服务公开、结果公开;杜绝违法执法、粗暴执法、选择性执法、消极执法、钓鱼执法,解决行政不作为、乱作为等问题。

(四)关于司法和司法改革的观点

党的十八大以来,以习近平同志为核心的党中央把深化司法体制改革作为全面推进依法治国的突破口，以建设公正高效权威的社会主义司法制度为目标，以提高司法公信力为根本尺度，以让人民群众在每一个司法案件中感受到公平正义为检验标准，深刻阐释司法体制重大理论问题，使我国司法体制改革呈现出前所未有的力度、广度和深度。

在全面依法治国和深入推进司法改革的新形势下，习近平总书记不断创新司法理论，对一些长期困扰法学界的司法理论问题给出了依据客观规律、符合中国实际、具有中国特色的深刻阐述，为司法改革和中国特色社会主义司法事业发展提供了丰富的科学理论。

关于司法的基本理论观点，包括司法、司法机关和司法权的界定；司法的价值和功能；司法公信力；司法规律。习近平总书记在通常的语境下是把司法作为包括侦查、检察、审判、司法执行等国家专门活动在内的一个概念来理解，明确指出：在我国，司法机关是包括公安机关、检察机关、审判机关、司法行政机关等在内的；优化司法职权配置，就是“健全公安机关、检察机关、审判机关、司法行政机关各司其职，侦查权、检察权、审判权、执行权相互配合、相互制约的体制机制”。[45]

基于对“司法”“司法机关”的理解，习近平总书记指出：“司法活动具有特殊的性质和规律，司法权是对案件事实和法律的判断权和裁决权。”[46]据此，他一方面给以司法权一个开放的结构，司法各个环节都行使着对事实和法律的判断权，无论是公安机关行使侦查权、检察机关行使追诉权、审判机关行使审判权，还是执行机构行使裁判执行权，都包含着对事实、法律的判断；另一方面，他又强调了在司法权力当中具有决定意义的审判权。审判权的核心是裁决权、裁判权，所谓裁决、裁判，就是在查明事实真相的基础上，依据法律的内在准则以及道德、情理、政策等外部性规范作出定分止争、惩恶扬善、修复正义的判决，而无论是侦查还是检察，说到底都围绕着定罪量刑展开，都是裁判的前期工作，司法行政机关执行的则是人民法院的裁判。所以，要推进以审判为中心的诉讼制度改革。

关于司法的价值和功能，习近平总书记指出："公正是司法的灵魂和生命"，[47]促进社会公平正义是司法工作的核心价值追求，司法机关是维护社会公平正义的最后一道防线。围绕公平正义这一核心价值，我国司法担当着"权利救济""定分止争""制约公权"的功能。

习近平总书记在党的十八届三中全会、四中全会、中央政法工作会议、中央全面深化改革领导小组会议上反复强调司法改革要坚持问题导向，遵循司法权运行规律。习近平总书记针对学术界和事务部门对司法规律尚未形成共识的现实情况，提出了既高屋建瓴又求真务实的见解，创新了司法理论，凝聚了改革共识。习近平总书记首先在方法论上把司法规律限定于"司法权运行规律""司法活动的客观规律"，指出：完善人民法院司法责任制，"要坚持问题导向，遵循司法权运行规律"。[48]"完善司法制度、深化司法体制改革，要遵循司法活动的客观规律。"[49]在这一语义之下，习近平总书记对司法规律进行了深刻分析。

习近平总书记认为司法权独立运行（行使）是最根本的司法规律，强调指出："要确保审判机关、检察机关依法独立公正行使审判权、检察权。……司法不能受权力干扰，不能受金钱、人情、关系干扰，防范这些干扰要有制度保障。"[50]司法人员公正办案，"只服从事实，只服从法律"。[51]在揭示司法权独立行使（运行）这一根本规律的基础上，习近平总书记进一步指出遵循司法规律要"体现权责统一、权力制约、公开公正、尊重程序的要求"，[52]体现"裁判终局性"。

关于司法改革的重大理论，习近平总书记着眼于破解影响司法公正、制约司法能力的深层次问题，提出了司法改革的重大理论，并对司法改革作出了系统化的顶层设计。习近平总书记的司法改革理论涉及如何正确认识和评价我国现行司法制度，司法改革的政治定性和定位，司法改革的目标与方向定位，司法改革必须坚持的基本原则，强调司法改革必须坚持党的领导、坚持以宪法为根本遵循、坚持遵循司法规律、坚持从中国国情出发、坚持顶层设计和基层探索相结合，确保司法改革沿着中国特色社会主义法治道路推进。习近平总书记还对新一轮司法改革各项重大举措进行了充分论证和阐述，为深化司法管理体制改革、推进司法人员分类管理改革、推进司法责任制改革、加强人权司法保障、推进司法民主、提升司法权威、保证司法廉洁、提高司法效率、促进诉讼便利化、推进刑罚制度人道化、推进司法队伍职业化、深化律师制度改革等提供了坚实而科学的理论基础。特别是提出完善以“让审理者裁判，由裁判者负责”为要义的司法责任制是司法体制改革的“牛鼻子”，指引司法改革在司法本质和司法规律的轨道上全面有序推进。

（五）关于法治文化和法治社会建设的观点

“法治社会”是党的十八大后习近平总书记正式提出的法治理论概念。“法治社会”概念进一步明确了法治建设的目标任务，表明我们不仅要建设法治国家，还要建设法治社会。法治国家与法治社会是互为依存、相辅相成的，法治国家引领法治社会，法治社会为法治国家构筑坚实的社会基础。建设法治社会，必须大力推进法治文化建设，培育和践行社会主义核心价值观，深入开展法治宣传教育，在全社会弘扬法治精神，增强法治观念，厚植法治信仰，使尊法信法守法用法成为全体人民的共同追求和自觉行动。建设完备的法律服务体系，积极推进公共法律服务体系建设，统筹城乡、区域法律服务资源，加强民生领域法律服务，加大对困难群众的法律援助，满足人民群众日益增长的法律服务需求。坚持人民主体地位，依靠和动员社会力量共同参与法治社会建设，推进基层和社会组织依法参与社会治理,深化多层次多领域法治创建活动,引导和保证城乡基层群众依法自治,推动社会组织依法自律。持之以恒地推进平安中国建设,创新社会治理机制,坚持系统治理、依法治理、综合治理、源头治理,为人民群众创造安居乐业的法治环境。

(六)关于法治经济建设的观点

习近平同志在地方工作期间,就高度重视法治经济建设,强调“市场经济必然是法治经济”。党的十八大以来,习近平总书记围绕中国社会主义经济建设提出了一系列新的重大战略思想和重要理论观点,创造性地发展了中国特色社会主义政治经济学原理,为法治经济建设培植了更加深厚、更加科学的理论基础,为“社会主义市场经济本质上是法治经济”“厉行法治是发展社会主义市场经济的内在要求”“认识新常态、适应新常态、引领新常态”等科学命题提供了学理支撑。根据“市场经济本质上是法治经济”科学定理,党的十八届五中全会审议通过的《中共中央关于制定国民经济和社会发展第十三个五年规划的建议》和第十二届全国人民代表大会第四次会议审议通过的《中华人民共和国国民经济和社会发展第十三个五年规划纲要》进一步提出要“加快建设法治经济和法治社会,把经济社会发展纳入法治轨道”。[53]

习近平法治经济思想十分丰富,核心内容包括:第一,坚持和完善社会主义基本经济制度。强调“坚持和完善公有制为主体、多种所有制经济共同发展的基本经济制度,关系巩固和发展中国特色社会主义制度的重要支柱”。[54]“实行公有制为主体、多种所有制经济共同发展的基本经济制度,是中国共产党确立的一项大政方针,是中国特色社会主义制度的重要组成部分,也是完善社会主义市场经济体制的必然要求。”[55]“要坚持和完善社会主义基本经济制度,毫不动摇巩固和发展公有制经济,毫不动摇鼓励、支持、引导非公有制经济发展，推动各种所有制取长补短、相互促进、共同发展，同时公有制主体地位不能动摇，国有经济主导作用不能动摇，这是保证我国各族人民共享发展成果的制度性保证，也是巩固党的执政地位、坚持我国社会主义制度的重要保证。”[56]“公有制经济和非公有制经济都是社会主义市场经济的重要组成部分，都是我国经济社会发展的重要基础；公有制经济财产权不可侵犯，非公有制经济财产权同样不可侵犯；国家保护各种所有制经济产权和合法利益，坚持权利平等、机会平等、规则平等，废除对非公有制经济各种形式的不合理规定，消除各种隐性壁垒，激发非公有制经济活力和创造力。”[57]

第二，完善社会主义市场经济法律制度。习近平总书记指出：“法治经济的本质要求就是把握规律、尊重规律。”[58]法治经济建设的基础性工作是坚持社会主义市场经济改革方向，遵循社会主义基本制度与市场经济有机结合的经济规律，不断完善社会主义经济法律制度，充分发挥市场在资源配置中的决定性作用并更好地发挥政府的作用。为此，“必须以保护产权、维护契约、统一市场、平等交换、公平竞争、有效监管为基本导向，完善社会主义市场经济法律制度”。[59]特别是要加快“建立现代产权制度”这一基础性、根本性经济法律制度。

第三，营造公平竞争、规范有序的经济法治环境。习近平总书记强调“全面深化改革，关键是要进一步形成公平竞争的发展环境”，[60]“要积极推进全面依法治国，营造公平有序的经济发展法治环境。”[61]“要深入推进法治建设，着力打造全面振兴好环境”，[62]“在制度上、政策上营造宽松的市场经营和投资环境”，“要营造商品自由流动、平等交换的市场环境，破除市场壁垒和地方保护”，“要降低制度性交易成本”。[63]“企业家在推动经济发展中发挥着重要作用，要为企业家营造宽松环境，用透明的法治环境稳定预期，给他们吃定心丸。”要坚持改革开放，着力营造法治化、国际化、便利化的营商环境。

第四，认识、适应、引领经济新常态，以法治化方式领导和管理经济。习近平总书记在中央经济工作会议上指出："经济发展进入新常态，党领导经济工作的观念、体制、方式方法也要与时俱进。要加强党领导经济工作制度化建设，提高党领导经济工作法治化水平。"[64]针对一些地方和部门还习惯于仅靠行政命令等方式来管理经济，习惯于用超越法律法规的手段和政策来抓企业、上项目推动发展，习惯于采取陈旧的计划手段、强制手段完成收入任务的弊端，强调"领导干部尤其要带头依法办事，自觉运用法治思维和法治方式来深化改革、推动发展、化解矛盾、维护稳定"。[65]

（七）关于权力制约和监督的观点

习近平总书记指出："纵观人类政治文明史，权力是一把双刃剑，在法治轨道上行使可以造福人民，在法律之外行使则必然祸害国家和人民。"[66]因此，必须加强对权力的制约和监督，"把权力关进制度的笼子"，构建权力制约和监督体系，使之在法律和制度的范围内正确行使，让权力不再任性。把权力关进制度的笼子，一是要依法设定权力、规范权力、制约权力、监督权力。二是必须强化制约、强化监督、强化公开。强化制约，主要是合理分解权力，科学配置权力，形成科学的权力结构，建立既相互制约又相互协调的权力运行机制。强化监督，主要是建立健全科学有效的权力监督体系，整合监督力量，增强监督实效。强化公开，主要是大力推进党务公开、政务公开、司法公开，提高权力运行的透明度和公信力。

（八）关于从严治党、依法反腐的理论

习近平总书记指出，"全面从严治党，核心是加强党的领导，基础在全面，关键在严，要害在治"。[67]"核心是加强党的领导"，是指只有党来管党，才能管好党；只有党来从严治党，才能治好党；党要管

党丝毫不能放松。“基础在全面”,“全面”是指管全党、治全党,覆盖党建各个领域、各个方面、各个部门。“关键在严”,是指教育要严,管理要严,制度要严,执纪要严,惩治要严。“要害在治”,“治”就是从党中央到省市县党委,从中央部委党组(党委)到基层党支部,都要肩负起管党治党的主体责任,各级纪委要担负起监督责任,勇于执纪问责。

习近平总书记强调,从严治党,必须“坚持思想建党和制度治党紧密结合,思想教育要结合落实制度规定来进行,使加强制度治党的过程成为加强思想建党的过程,也要使加强思想建党的过程成为加强制度治党的过程”。[68]必须坚持依规治党和以德治党相结合。必须注重党内法规法纪同国家法律的衔接和协调、共同发挥在治党治国中的相辅相成作用。必须坚持依法治国与制度治党、依规治党统筹推进、一体建设。

党的十八大以来,以习近平同志为核心的党中央从巩固党的执政地位、保护人民利益、维护社会公平正义、实现中华民族伟大复兴中国梦的战略高度,强力推进反腐败斗争,并作出了一系列深刻论述,形成了全面从严治党、依法反腐的思想体系,丰富、创新和发展了党建理论和法治理论。习近平总书记指出:“中外经验告诉我们,只有坚持依法严厉惩治、形成不敢腐的惩戒机制和威慑力,坚持完善法规制度、形成不能腐的防范机制和预防作用,坚持加强思想教育、形成不想腐的自律意识和思想道德防线,才能有效铲除腐败现象的生存空间和滋生土壤。”[69]强调坚持有腐必反、有贪必肃,反腐败无禁区、全覆盖、零容忍,上不封顶、下不设限,造成“利剑悬在头上的感觉”,进而形成不敢腐的高压态势。习近平总书记还特别重视依法反腐,强调在法治轨道上开展反腐败斗争,把法律手段用足,把刑罚手段用到位,并加强反腐败国际法律合作,不能让腐败分子逍遥法外。

(九)关于依法治军和建设法治军队的观点

党的十八大以来,习近平同志作为中共中央总书记、国家主席和中央军委主席提出了强军目标、强军之要、强军之基,强调依法治军从严治军是强军之基,是建军治军的基本方略,并就军事建设作出了一系列重要论述,深刻阐明了新的历史条件下依法治军、从严治军、建设法治军队的战略地位、根本原则和目标任务,科学回答了中国特色军事法治建设一系列重大理论和现实问题,丰富发展了中国特色社会主义法治理论和军事理论。

习近平总书记指出:"一个现代化国家必然是法治国家,一支现代化军队必然是法治军队。深入推进依法治军、从严治军,是全面推进依法治国总体布局的重要组成部分,是实现强军目标的必然要求。整个国家都在建设中国特色社会主义法治体系、建设社会主义法治国家,军队法治建设不抓紧,到时候就跟不上趟了。"[70]"国家要依法治国,军队要依法治军。"[71]2014 年,习近平总书记在主持党的十八届四中全会决定起草时,明确要求把依法治军、从严治军问题单列一块写进去,纳入依法治国总体布局。十八届四中全会作出的《中共中央关于全面推进依法治国若干重大问题的决定》就"深入推进依法治军从严治军"进行了一体部署。十八届四中全会之后,习近平总书记亲自到部队视察,强调要紧紧围绕强军目标,扎实推进依法治军、从严治军,指出:"厉行法治、严肃军纪,是治军带兵的铁律,也是建设强大军队的基本规律。""要强化法治观念,严格部队管理,狠抓条令条例贯彻落实,提高部队正规化水平。"[72]"要强化法治信仰和法治思维,把法治教育训练纳入部队教育训练体系,把培育法治精神作为强军文化建设的重要内容,将法治内化为政治信念和道德修养,外化为行为准则和自觉行动。依法治军关键是依法治官、依法治权。"[73]习近平总书记还亲自决策起草、亲自审定、亲自批准印发了《关于新形势下深入推进依法治军从严治军的决定》，明确提出了深入推进依法治军从严治军的指导思想、目标要求、基本原则、主要任务和重大改革举措，深刻阐明依法治军从严治军一系列重大理论和实践问题，为新形势下深入推进依法治军从严治军、提高国防和军队建设法治化水平，提供了科学指南和根本遵循，标志着我军法治建设站上新起点，人民军队法治化建设进入“快车道”。

（十）关于法治队伍建设的观点

习近平总书记指出：“全面推进依法治国，建设一支德才兼备的高素质法治队伍至关重要。”[74] 在一系列讲话和重要批示中，习近平总书记深刻阐述了法治队伍建设的极端重要性，十分明确地把法治队伍建设作为全面依法治国的重大战略问题，丰富和完善了中国特色社会主义法治理论。

在全面推进依法治国的背景下，习近平总书记创造性地提出了“法治工作者”“法治队伍”等概念，用以取代“法律工作者”和“法律工作队伍”等概念，凸显了法治精神、法治职业。法治工作者队伍涵盖的范围比较广泛，举凡在党政军机关、司法机关、人民团队、社会各领域专职从事涉法工作和法治工作的人员，都可称为法治工作者，都隶属于法治队伍和法治职业共同体。这就凸显了法治队伍建设的综合性和普遍性。

习近平总书记强调，全面依法治国亟须强有力的组织和人才保障，必须将法治工作队伍建设与实施宪法、科学立法、严格执法、公正司法、全民守法、党的领导同步部署；突出法治人才素质标准，既坚持德才兼备，又凸显职业特点，建设政治过硬、业务过硬、责任过硬、纪律过硬、作风过硬的高素质法治队伍；面向法治实施第一线，坚持从严治警，完善职业保障制度，营造良好生态，建设信念坚定、执法为民、敢于担当、清正廉洁的政法队伍；坚持正确政治方向，深化律师制度改革，发展公证员、基层法律工作者、人民调解员队伍,加强法律服务队伍建设;要深化法学教育改革,创新法治人才培养机制,培养造就熟悉和坚持中国特色社会主义法治体系的法治人才及后备力量,培养一大批高素质的涉外法律人才。

(十一)关于法治思维和法治方式的观点

法治思维和法治方式是对人治思维和人治方式的革命。习近平总书记指出,提倡法治思维和法治方式,实质是把对法治的尊崇、对法律的敬畏转化成思维方式和行为方式,做到在法治之下,而不是法治之外,更不是法治之上想问题、作决策、办事情;其关键是守规则、重程序,做到法定职责必须为、法无授权不可为,尊重和保护人民权益,自觉接受监督。坚持法治思维和法治方式,要抓住领导干部这个关键少数。各级领导干部要做尊法学法守法用法的模范,提高运用法治思维和法治方式的能力,努力以法治凝聚改革共识、规范发展行为、促进矛盾化解、保障社会和谐;牢固树立宪法法律至上、法律面前人人平等、权由法定、权依法使等基本法治观念,彻底摒弃人治思想和长官意志,绝不搞以言代法、以权压法;努力营造办事依法、遇事找法、解决问题用法、化解矛盾靠法的法治环境。

(十二)关于全球治理体制和治理规则变革的观点

推进全球治理体制变革,构建以合作共赢为核心的新型国际关系,打造人类命运共同体,是习近平总书记提出的具有深远意义和世界影响的重大战略思想。统筹国内国际两个大局,是我们党治国理政的政治智慧和重要原则。在法治领域,同样要坚持统筹国内法治和国际法治两个大局,正确处理国内法治与国际法治的关系,更好地运用国内规则和国际规则两个规则体系维护我国的合法利益,为中国的繁荣富强、持续稳定发展创造更为有利的条件。推动国际关系民主化、法治化、合理化,是推进全球治理格局、治理体制、治理规则变革的重要抓手和实践路径。世界的命运必须由各国人民共同掌握,世界上的事情应该由各国政府和人民共同商量来办,全球事务应该由各国共同治理;在国际关系中普遍遵守国际法和公认的国际关系基本原则,用各国共同书写且统一适用的规则来明是非、促和平、谋发展;体现各方关切和诉求,适应国际力量对比的新变化,更好维护新型市场国家和广大发展中国家的正当权益。中国应更加主动、更有作为地参与或主导国际规则的制定、实施和适用,提高中国话语权。

三、习近平总书记关于法治建设和政法工作的辩证思维

习近平总书记强调,要学习掌握唯物辩证法的根本方法,不断增强辩证思维能力,提高驾驭复杂局面、复杂问题的本领。我们的事业越是向纵深发展,就越要不断增强辩证思维能力。习近平总书记关于法治建设和政法工作的一系列重要论述生动地体现出精准练达的辩证思维。本文仅举若干实例。

民主与专政。民主与专政的关系是国家政权建设和治国理政中的基本矛盾之一。关于这一基本矛盾,习近平总书记指出:要正确认识和处理民主与专政的辩证关系,只讲专政,不讲民主是不对的;只讲民主,不讲专政也是不对的。人民民主专政是我国宪法规定的国家性质,人民民主专政的国家政权机关必须以坚定的政治立场、高度的政治清醒、强烈的政治自觉,把维护人民群众合法权益作为出发点和落脚点。面对各种敌对势力变本加厉的渗透破坏颠覆活动,面对民族分裂势力和宗教极端势力穷凶极恶的暴力恐怖活动,我们要毫不迟疑、毫不动摇地拿起人民民主专政的武器,坚决打击。同时,我们在具体工作中要正确认识和处理两类不同性质的矛盾,依法打击孤立极少数、团结教育挽救绝大多数,最大

限度地扩大教育面、缩小打击面、减少对立面。对人民内部矛盾，要善于运用法治、民主、协商的办法进行处理。对敌我矛盾，既要旗帜鲜明、敢于斗争，稳准狠打击敌人、震慑犯罪，防止养痈遗患，又要讲究谋略、巧于斗争，有效争取舆论、赢得人心，防止授人以柄。

法治与改革。法治与改革有着内在的、相辅相成的必然联系。习近平总书记围绕法治与改革关系发表了一系列重要讲话，深刻揭示出在全面深化改革和全面依法治国形势下改革与法治的内在关系，为保证改革的合法性与法治的现代性提供了重要理论支撑。习近平总书记指出，全面深化改革和全面依法治国如车之双轮、鸟之两翼。改革与法治的关系，集中体现为在法治下推进改革、在改革中完善法治。一方面，要运用法治思维和法治方式深化改革，发挥法治对改革的引领和推动作用，确保重大改革于法有据，做到在法治的轨道上推进改革，以法治凝聚改革共识、以法治引领改革方向、以法治规范改革进程、以法治化解改革风险、以法治巩固改革成果。另一方面，要把法治改革纳入全面深化改革的总体部署，立法要主动适应改革的要求，加强重点领域立法，修改和废止不适应改革要求的法律，完善中国特色社会主义法治体系，同步推进立法体制、执法体制和司法体制改革。科学立法是处理改革和法治关系的关键环节，要坚持立法决策和改革决策相统一，实现立法和改革相衔接。

维稳与维权。习近平总书记指出：从人民内部和社会一般意义上讲，维权是维稳的基础，维稳的实质就是维权。对涉及维权的维稳问题，首先要把群众合理合法的利益诉求解决好。单纯维稳，不解决利益问题，那是本末倒置，最后也难以稳定下来。要完善对维护群众切身利益具有重大作用的制度，强化法律在化解矛盾中的权威地位，建立健全畅通有序的诉求表达、矛盾调处、权益保障、心理干预机制，解决好人民最关心最直接最现实的利益问题，使群众由衷感到权益受到了公平对待、利益得到了有效维护。要改革信访制度,按照诉求合理的解决问题到位、诉求无理的思想教育到位、生活困难的帮扶救助到位、行为违法的依法处理的要求,及时解决群众合理合法诉求,维护正常信访秩序。总之,维权问题得不到应有的重视和妥善处理,维稳问题就不可能得到有效解决。习近平总书记关于维权与维稳的辩证关系的理论创新,揭示了社会矛盾的复杂性,明确了法律在化解矛盾、维护稳定中的权威地位,突出了法治在处理维权与维稳关系中的价值导向和基本功能,为运用法治思维和法治方式驾驭复杂局面、实现维稳维权辩证统一,提供了理论武器。

活力与秩序。在治国理政中,正确处理活力与秩序(自由与秩序)的关系,是辩证思维和政治智慧的集中表现。习近平总书记指出:国家和社会治理是一门科学,管得太死,一潭死水不行,管得太松,波涛汹涌也不行。要讲究辩证法,处理好活力与秩序的关系。处理好活力与秩序的关系,就要坚持法治思维和法治方式,在法治轨道上统筹社会力量、平衡社会利益、调节社会关系、规范社会行为,依靠法治解决各种社会矛盾和问题,确保我国社会在深刻变革中既生机勃勃又井然有序;建立健全依法维权和化解纠纷机制、利益表达机制、救济救助机制;畅通群众利益协调、权益保障法律渠道;完善立体化社会治安防控体系,保障人民生命财产安全。还要坚持党政依法治理和社会依法自治相结合,鼓励和支持公民、社会组织等各类社会主体通过自我协商、平等对话、依法解决社会问题,以形成既安定有序又充满活力的良性局面。

法律与政策。政策与法律的关系是法学理论和法治实践的基本问题。然而,在这个问题上却存在着这样或那样的认识误区以至思想混乱。针对这种情况,习近平总书记强调要正确认识和处理党的政策与国家法律的关系,指出:“我们党的政策和国家法律都是人民根本意志的反映,在本质上是一致的。党的政策是国家法律的先导和指引,是立法的依据和执法司法的重要指导。要善于通过法定程序使党的主张成为国家意志、形成法律，通过法律保障党的政策有效实施，确保党发挥总揽全局、协调各方的领导核心作用。党的政策成为国家法律后，实施法律就是贯彻党的意志，依法办事就是执行党的政策。”[75]应当发挥政策和法律的各自优势，促进党的政策和国家法律互联互动，不能把两者对立起来、割裂开来。当政策和法律出现矛盾时，要及时调整政策或修改法律，使之协调一致，同时要努力做到统一正确实施。

法律与党内法规。提出党内法规与国家法律的关系并强调注重党内法规同国家法律的衔接和协调、共同发挥在治国理政中的互补性作用，是党的十八大之后我国政治生活和法治建设的重大理论和实践创新，是党法关系的新发展。习近平总书记指出：“加强党内法规制度建设是全面从严治党的长远之策、根本之策。我们党要履行好执政兴国的重大历史使命、赢得具有许多新的历史特点的伟大斗争胜利、实现党和国家的长治久安，必须坚持依法治国与制度治党、依规治党统筹推进、一体建设。”[76]“在我们国家，法律是对全体公民的要求，党内法规制度是对全体党员的要求，而且很多地方比法律的要求更严格。我们党是先锋队，对党员的要求应该更严。全面推进依法治国，必须努力形成国家法律法规和党内法规制度相辅相成、相互促进、相互保障的格局。”[77]“新形势下，我们党要履行好执政兴国的重大职责，必须依据党章从严治党、依据宪法治国理政。”[78]建设中国特色社会主义法治体系，既要形成完备的法律规范体系，也要形成完善的党内法规制度体系。拥有一套完备的党内法规体系是我们党的一大政治优势。要以党章和宪法为基石，加快党内法规制度建设，力争到建党 100 周年时形成内容科学、程序严密、配套完备、运行有效的党内法规制度体系，为提高党的执政能力和领导水平、推进国家治理体系和治理能力现代化、实现中华民族伟大复兴的中国梦提供有力的制度保障。

法律与道德。法律与道德、法治与德治的关系是中外法学史上的恒久话题。习近平总书记从历史与现实相结合的维度精辟地阐述了二者之间的辩证关系,夯实了坚持依法治国与以德治国相结合的理论基础。习近平总书记指出:“法律是成文的道德,道德是内心的法律,法律和道德都具有规范社会行为、维护社会秩序的作用。治理国家、治理社会必须一手抓法治、一手抓德治,既重视发挥法律的规范作用,又重视发挥道德的教化作用,实现法律和道德相辅相成、法治和德治相得益彰。”[79]“发挥好法律的规范作用,必须以法治体现道德理念、强化法律对道德建设的促进作用。一方面,道德是法律的基础,只有那些合乎道德、具有深厚道德基础的法律才能为更多人所自觉遵行。另一方面,法律是道德的保障,可以通过强制性规范人们行为、惩罚违法行为来引领道德风尚。要注意把一些基本道德规范转化为法律规范,使法律法规更多体现道德理念和人文关怀,通过法律的强制力来强化道德作用、确保道德底线,推动全社会道德素质提升。”[80]“发挥好道德的教化作用,必须以道德滋养法治精神、强化道德对法治文化的支撑作用。再多再好的法律,必须转化为人们内心自觉才能真正为人们所遵行。‘不知耻者,无所不为。’没有道德滋养,法治文化就缺乏源头活水,法律实施就缺乏坚实社会基础。在推进依法治国过程中,必须大力弘扬社会主义核心价值观,弘扬中华传统美德,培育社会公德、职业道德、家庭美德、个人品德,提高全民族思想道德水平,为依法治国创造良好人文环境。”[81]这些深刻论述突破了法治、德治水火不容的传统思维定式,阐明了一种现代法治和新型德治相结合的治国新思路。按照这种新思路,法治和德治相结合就是治国的必然之道。习近平总书记关于法治的思想中的法德兼治、法德共治理论既是对中国古代治国理政智慧的传承,又是对国家治理现代化理论的丰富和发展。

信念与能力(职业道德与职业能力)。信念与能力问题实质就是德与才的关系问题。政法工作的性质决定了在理想信念问题上广大干警必须有更高的标准、更严的要求。“坚定的理想信念是政法队伍的政治灵魂。……必须把理想信念教育摆在政法队伍建设第一位,不断打牢高举旗帜、听党指挥、忠诚使命的思想基础。”[82]对于政法工作者来说,理想信念当中很重要的是法治精神和职业良知。习近平总书记指出:“做到严格执法、公正司法,就要信仰法治、坚守法治。‘法不阿贵,绳不挠曲。’这就是法治精神的真谛。如果不信仰法治,没有坚守法治的定力,面对权势、金钱、人情、关系,是抵不住诱惑、抗不住干扰的。”[83]政法干警“要把法治精神当作主心骨,做知法、懂法、守法、护法的执法者,站稳脚跟,挺直脊梁,只服从事实,只服从法律,一是一、二是二,不偏不倚,不枉不纵,铁面无私,秉公执法”。[84]“各行各业都要有自己的职业良知……政法机关的职业良知,最重要的就是执法为民。”[85]“职业良知来源于职业道德。要把强化公正廉洁的职业道德作为必修课,教育引导广大干警自觉用职业道德约束自己”。[86]

在树立法治精神、培养职业良知的同时,要大力加强能力建设。习近平总书记指出:同面临的形势和任务相比,法治队伍能力水平还很不适应,“追不上、打不赢、说不过、判不明”的问题还没有完全解决,面临着“本领恐慌”问题,必须大力提高业务能力。“有才无德会败坏党和人民事业,但有德无才也同样会贻误党和人民事业。我们常讲要亮剑,这不仅需要有亮剑的勇气,更需要有亮剑的本事和克敌制胜的能力。各级政法机关要把能力建设作为一项重要任务……确保更好履行政法工作各项任务。”[87]

习近平总书记关于法治建设的其他许多论述也都体现了精准练达的辩证法思维。例如,法治建设既不能罔顾国情、超越阶段,也不能因循守旧、墨守成规。法治建设要坚持文明互鉴、对外开放,但不能机械临摹、全面移植、全盘西化。全面深化改革、全面依法治国,要坚持加强顶层设计与摸着石头过河相结合。我们既要坚持党对政法工作的领导不动摇,又要改善党对政法工作的领导,不断提高党领导政法工作的能力和水平。新闻媒体要加强对执法司法工作的监督,但要处理好监督与干预的关系,防止形成“舆论审判”。

注 释

1 习近平:《在中共十八届四中全会第二次全体会议上的讲话》(2014 年 10 月 23 日),载中共中央文献研究室编:《习近平关于全面依法治国论述摘编》,中央文献出版社 2015 年版,第 12 页。

2 习近平:《在中共十八届四中全会第二次全体会议上的讲话》(2014 年 10 月 23 日),载中共中央文献研究室编:《习近平关于全面依法治国论述摘编》,中央文献出版社 2015 年版,第 8 页。

3 习近平:《在庆祝澳门回归祖国十五周年大会暨澳门特别行政区第四届政府就职典礼上的讲话》(2014 年 12 月 20 日),载中共中央文献研究室编:《习近平关于全面依法治国论述摘编》,中央文献出版社 2015 年版,第 63 页。

4 习近平:《在省部级主要领导干部学习贯彻党的十八届四中全会精神全面推进依法治国专题研讨班上的讲话》(2015 年 2 月 2 日),载中共中央文献研究室编:《习近平关于全面依法治国论述摘编》,中央文献出版社 2015 年版,第 15 页。

5 习近平:《关于〈中共中央关于全面推进依法治国若干重大问题的决定〉的说明》(2014 年 10 月 20 日),载中共中央文献研究室编:《习近平关于全面依法治国论述摘编》,中央文献出版社 2015 年版,第 7 页。

6 习近平:《关于〈中共中央关于全面推进依法治国若干重大问题的决定〉的说明》(2014 年 10 月 20 日),载中共中央文献研究室编:《习近平关于全面依法治国论述摘编》,中央文献出版社 2015 年版,第 5 页。

7 习近平:《在中共十八届四中全会第二次全体会议上的讲话》(2014 年 10 月 23 日),载中共中央文献研究室编:《习近平关于全面依法治国论述摘编》,中央文献出版社 2015 年版,第 12 – 13 页。

8 习近平:《在中共十八届四中全会第二次全体会议上的讲话》(2014 年 10 月 23 日),载中共中央文献研究室编:《习近平关于全面依法治国论述摘编》,中央文献出版社 2015 年版,第 7 页。

9 习近平:《在中共十八届四中全会第一次全体会议上关于中央政治局工作的报告》(2014 年 10 月 20 日),载中共中央文献研究室编:《习近平关于全面依法治国论述摘编》,中央文献出版社 2015 年版,第 4 – 5 页。

10 习近平:《在中共中央召开的党外人士座谈会上的讲话》(2014 年 8 月 19 日),载中共中央文献研究室编:《习近平关于全面依法治国论述摘编》,中央文献出版社 2015 年版,第 4 页。

11 《韩非子 · 有度》,中华书局 2010 年版,第 42 页。

12 习近平:《在第十二届全国人民代表大会第一次会议上的讲话》(2013 年 3 月 17 日),载《人民日报》2013 年 3 月 18 日,第 1 版。

13 习近平:《关于〈中共中央关于全面推进依法治国若干重大问题的决定〉的说明》(2014 年 10 月 20 日),载中共中央文献研究室编:《习近平关于全面依法治国论述摘编》,中央文献出版社 2015 年版,第 24 页。

14 习近平:《加快建设社会主义法治国家》,载《求是》2015 年第 1 期。

15 习近平:《加快建设社会主义法治国家》,载《求是》2015 年第 1 期。

16 习近平:《关于〈中共中央关于全面推进依法治国若干重大问题的决定〉的说明》(2014 年 10 月 20 日),载中共中央文献研究室编:《习近平关于全面依法治国论述摘编》,中央文献出版社 2015 年版,第 23 页。

17 习近平:《关于〈中共中央关于全面推进依法治国若干重大问题的决定〉的说明》,载《〈中共中央关于全面推进依法治国若干重大问题的决定〉辅导读本》,人民出版社 2014 年版,第 51 页。

18 习近平:《在庆祝全国人民代表大会成立 60 周年大会上的讲话》(2014 年 9 月 5 日),载《人民日报》2014 年 9 月 6 日,第 2 版。

19 《〈中共中央关于全面深化改革若干重大问题的决定〉辅导读本》,人民出版社 2013 年版,第 4 页。

20 习近平:《中共中央关于全面深化改革若干重大问题的决定》(2014 年 1 月 7 日),载中共中央文献研究室编:《习近平关于全面依法治国论述摘编》,中央文献出版社 2015 年版,第 19 页。

21 习近平:《在庆祝全国人民代表大会成立 60 周年大会上的讲话》(2014 年 9 月 5 日),载《人民日报》2014 年 9 月 6 日,第 2 版。

22 习近平:《在庆祝全国人民代表大会成立 60 周年大会上的讲话》(2014 年 9 月 5 日),载《人民日报》2014 年 9 月 6 日,第 2 版。

23 习近平:《在庆祝全国人民代表大会成立 60 周年大会上的讲话》(2014 年 9 月 5 日),载《人民日报》2014 年 9 月 6 日,第 2 版。

24 习近平:《在庆祝全国人民代表大会成立 60 周年大会上的讲话》(2014 年 9 月 5

日),载《人民日报》2014 年 9 月 6 日,第 2 版。

25　习近平同志在担任浙江省省委书记的时候,提出了"法治浙江"概念。2006 年 4 月 25 日,在习近平同志主持下,浙江省委十一届十次全会作出了建设法治浙江的重大战略部署,明确了法治浙江建设的十大任务。

26　习近平:《在省部级主要领导干部学习贯彻党的十八届四中全会精神全面推进依法治国专题研讨班上的讲话》(2015 年 2 月 2 日),载中共中央文献研究室编:《习近平关于全面依法治国论述摘编》,中央文献出版社 2015 年版,第 34 页。

27　习近平:《在省部级主要领导干部学习贯彻党的十八届四中全会精神全面推进依法治国专题研讨班上的讲话》(2015 年 2 月 2 日),载中共中央文献研究室编:《习近平关于全面依法治国论述摘编》,中央文献出版社 2015 年版,第 37 页。

28　习近平:《在省部级主要领导干部学习贯彻党的十八届四中全会精神全面推进依法治国专题研讨班上的讲话》(2015 年 2 月 2 日),载中共中央文献研究室编:《习近平关于全面依法治国论述摘编》,中央文献出版社 2015 年版,第 37 页。

29　习近平:《在中共十八届四中全会第二次全体会议上的讲话》(2014 年 10 月 23 日),载中共中央文献研究室编:《习近平关于全面依法治国论述摘编》,中央文献出版社 2015 年版,第 8－9 页。

30　习近平:《在十八届中央政治局第四次集体学习时的讲话》(2013 年 2 月 23 日),载中共中央文献研究室编:《习近平关于全面依法治国论述摘编》,中央文献出版社 2015 年版,第 43 页。

31　习近平:《在庆祝全国人民代表大会成立六十周年大会上的讲话》(2014 年 9 月 5 日),载中共中央文献研究室编:《习近平关于全面依法治国论述摘编》,中央文献出版社 2015 年版,第 47 页。

32　(宋)王安石:《临川先生文集》,中华书局 1959 年版,第 678 页。

33　习近平:《关于〈中共中央关于全面推进依法治国若干重大问题的决定〉的说明》,载《〈中共中央关于全面推进依法治国若干重大问题的决定〉辅导读本》,人民出版社 2014 年版,第 54 页。

34　《中共中央关于制定国民经济和社会发展第十三个五年规划的建议》(2015 年 10 月 29 日),载《人民日报》2015 年 11 月 4 日,第 1 版。

35　《中共中央关于全面推进依法治国若干重大问题的决定》,载《〈中共中央关于全面推进依法治国若干重大问题的决定〉辅导读本》,人民出版社 2014 年版,第 8 页。

36　《中共中央关于全面推进依法治国若干重大问题的决定》,载《〈中共中央关于全面推进依法治国若干重大问题的决定〉辅导读本》,人民出版社 2014 年版,第 12 页。

37 《中共中央关于全面推进依法治国若干重大问题的决定》,载《〈中共中央关于全面推进依法治国若干重大问题的决定〉辅导读本》,人民出版社 2014 年版,第 11－12 页。

38 《中共中央关于全面推进依法治国若干重大问题的决定》,载《〈中共中央关于全面推进依法治国若干重大问题的决定〉辅导读本》,人民出版社 2014 年版,第 20 页。

39 习近平:《携手构建合作共赢新伙伴　同心打造人类命运共同体》(2015 年 9 月 28 日),载《人民日报》2015 年 9 月 29 日,第 2 版。

40 习近平:《关于〈中共中央关于全面推进依法治国若干重大问题的决定〉的说明》,载《〈中共中央关于全面推进依法治国若干重大问题的决定〉辅导读本》,人民出版社 2014 年版,第 51 页。

41 习近平:《在十八届中央政治局第二十次集体学习时的讲话》(2015 年 1 月 23 日),载中共中央文献研究室编:《习近平关于协调推进"四个全面"战略布局论述摘编》,中央文献出版社 2015 年版,第 160 页。

42 习近平:《关于〈中共中央关于全面推进依法治国若干重大问题的决定〉的说明》,载《〈中共中央关于全面推进依法治国若干重大问题的决定〉辅导读本》,人民出版社 2014 年版,第 51－52 页。

43 习近平:《加快建设社会主义法治国家》,载《求是》2015 年第 1 期。

44 习近平:《关于〈中共中央关于全面推进依法治国若干重大问题的决定〉的说明》,载《〈中共中央关于全面推进依法治国若干重大问题的决定〉辅导读本》,人民出版社 2014 年版,第 47 页。

45 《中共中央关于全面推进依法治国若干重大问题的决定》,载《〈中共中央关于全面推进依法治国若干重大问题的决定〉辅导读本》,人民出版社 2014 年版,第 21 页。

46 习近平:《在中央政法工作会议上的讲话》(2014 年 1 月 7 日),载中共中央文献研究室编:《习近平关于全面依法治国论述摘编》,中央文献出版社 2015 年版,第 102 页。

47 《以提高司法公信力为根本尺度　坚定不移深化司法体制改革》,载《人民日报》2015 年 3 月 26 日,第 1 版。

48 《增强改革定力保持改革韧劲　扎扎实实把改革举措落到实处》,载《人民日报》

2015 年 8 月 19 日,第 1 版。

49 《以提高司法公信力为根本尺度　坚定不移深化司法体制改革》,载《人民日报》2015 年 3 月 26 日,第 1 版。

50 习近平:《在十八届中央政治局第四次集体学习时的讲话》(2013 年 2 月 23 日),载中共中央文献研究室编:《习近平关于全面依法治国论述摘编》,中央文献出版社 2015 年版,第 69 页。

51 《坚持严格执法公正司法深化改革　促进社会公平正义保障人民安居乐业》,载《人民日报》2014 年 1 月 9 日,第 1 版。

52 《以提高司法公信力为根本尺度　坚定不移深化司法体制改革》,载《人民日报》2015 年 3 月 26 日,第 1 版。

53 《中共中央关于制定国民经济和社会发展第十三个五年规划的建议》,人民出版社 2015 年版,第 6 页。

54 习近平:《关于〈中共中央关于全面深化改革若干重大问题的决定〉的说明》,载《〈中共中央关于全面深化改革若干重大问题的决定〉辅导读本》,人民出版社 2013 年版,第 72 页。

55 习近平:《毫不动摇坚持我国基本经济制度　推动各种所有制经济健康发展》(2016 年 3 月 4 日),载《人民日报》2016 年 3 月 9 日,第 2 版。

56 《立足我国国情和我国发展实践　发展当代中国马克思主义政治经济学》,载《人民日报》2015 年 11 月 25 日,第 1 版。

57 习近平:《毫不动摇坚持我国基本经济制度　推动各种所有制经济健康发展(2016 年 3 月 4 日)》,载《人民日报》2016 年 3 月 9 日,第 2 版。

58 习近平:《在中央经济工作会议上的讲话》(2014 年 12 月 9 日),载中共中央文献研究室编:《习近平关于全面依法治国论述摘编》,中央文献出版社 2015 年版,第 115 页。

59 《中共中央关于全面推进依法治国若干重大问题的决定》,载《〈中共中央关于全面推进依法治国若干重大问题的决定〉辅导读本》,人民出版社 2014 年版,第 12 页。

60 习近平:《关于〈中共中央关于全面深化改革若干重大问题的决定〉的说明》,载《〈中共中央关于全面深化改革若干重大问题的决定〉辅导读本》,人民出版社 2013 年版,第 66 页。

61 《习近平李克强张德江俞正声刘云山王岐山张高丽分别参加全国人大会议一些代表团审议》,载《人民日报》2015 年 3 月 9 日,第 1 版。

62 《习近平李克强张德江俞正声刘云山王岐山张高丽分别参加全国人大会议一些代表团审议》,载《人民日报》2015 年 3 月 9 日,第 1 版。
63 《中央经济工作会议在北京举行》,载《人民日报》2015 年 12 月 22 日,第 1 版。
64 《中央经济工作会议在北京举行》,载《人民日报》2014 年 12 月 12 日,第 1 版。
65 习近平:《在中央经济工作会议上的讲话》(2014 年 12 月 9 日),载中共中央文献研究室编:《习近平关于全面依法治国论述摘编》,中央文献出版社 2015 年版,第 115 页。
66 习近平:《在省部级主要领导干部学习贯彻党的十八届四中全会精神全面推进依法治国专题研讨班上的讲话》(2015 年 2 月 2 日),载中共中央文献研究室编:《习近平关于全面依法治国论述摘编》,中央文献出版社 2015 年版,第 37－38 页。
67 《坚持全面从严治党依规治党　创新体制机制强化党内监督》,载《人民日报》2016 年 1 月 13 日,第 1 版。
68 《历史使命越光荣奋斗目标越宏伟　越要增强忧患意识越要从严治党》,载《人民日报》2014 年 10 月 9 日,第 1 版。
69 习近平:《在十八届中央政治局第二十四次集体学习时的讲话》(2015 年 6 月 26 日),载中共中央纪律检查委员会、中共中央文献研究室编:《习近平关于严明党的纪律和规矩论述摘编》,中央文献出版社、中国方正出版社 2016 年版,第 62 页。
70 习近平:《提高国防和军队建设法治化水平》(2014 年 12 月 26 日),载中共中央文献研究室编:《习近平关于协调推进"四个全面"战略布局论述摘编》,中央文献出版社 2015 年版,第 109 页。
71 中共中央宣传部编:《习近平总书记系列重要讲话读本》(2016 年版),学习出版社、人民出版社 2016 年版,第 258 页。
72 习近平:《在视察南京军区机关时的讲话》(2014 年 12 月 14 日),载中共中央文献研究室编:《习近平关于全面依法治国论述摘编》,中央文献出版社 2015 年版,第 116 页。
73 中共中央宣传部编:《习近平总书记系列重要讲话读本》(2016 年版),学习出版社、人民出版社 2016 年版,第 258 页。
74 习近平:《加快建设社会主义法治国家》,载《求是》2015 年第 1 期。
75 习近平:《在中央政法工作会议上的讲话》(2014 年 1 月 7 日),载中共中央文献研究室编:《习近平关于全面依法治国论述摘编》,中央文献出版社 2015 年版,第

20 页。

76 《坚持依法治国与制度治党、依规治党统筹推进、一体建设》,载《人民日报》2016 年 12 月 26 日,第 1 版。

77 习近平:《关于〈中共中央关于全面推进依法治国若干重大问题的决定〉的说明》,载《〈中共中央关于全面推进依法治国若干重大问题的决定〉辅导读本》,人民出版社 2014 年版,第 55 页。

78 习近平:《关于〈中共中央关于全面推进依法治国若干重大问题的决定〉的说明》,载《〈中共中央关于全面推进依法治国若干重大问题的决定〉辅导读本》,人民出版社 2014 年版,第 43 - 44 页。

79 习近平:《加快建设社会主义法治国家》,载《求是》2015 年第 1 期。

80 习近平:《加快建设社会主义法治国家》,载《求是》2015 年第 1 期。

81 习近平:《加快建设社会主义法治国家》,载《求是》2015 年第 1 期。

82 习近平:《在中央政法工作会议上的讲话》(2014 年 1 月 7 日),载中共中央文献研究室编:《习近平关于全面依法治国论述摘编》,中央文献出版社 2015 年版,第 99 - 100 页。

83 习近平:《严格执法,公正司法》(2014 年 1 月 7 日),载中共中央文献研究室编:《十八大以来重要文献选编》(上),中央文献出版社 2014 年版,第 719 页。

84 习近平:《严格执法,公正司法》(2014 年 1 月 7 日),载中共中央文献研究室编:《十八大以来重要文献选编》(上),中央文献出版社 2014 年版,第 719 页。

85 习近平:《严格执法,公正司法》(2014 年 1 月 7 日),载中共中央文献研究室编:《十八大以来重要文献选编》(上),中央文献出版社 2014 年版,第 718 页。

86 习近平:《严格执法,公正司法》(2014 年 1 月 7 日),载中共中央文献研究室编:《十八大以来重要文献选编》(上),中央文献出版社 2014 年版,第 718 - 719 页。

87 习近平:《在中央政法工作会议上的讲话》(2014 年 1 月 7 日),载中共中央文献研究室编:《习近平关于全面依法治国论述摘编》,中央文献出版社 2015 年版,第 101 页。

习近平法治思想的系统观念*

引　言

习近平总书记历来注重运用马克思主义哲学的系统观念来指导实践和推动工作。党的十八大以来,以习近平同志为核心的党中央“坚持系统谋划、统筹推进党和国家各项事业,根据新的实践需要,形成一系列新布局和新方略,带领全党全国各族人民取得了历史性成就。在这个过程中,系统观念是具有基础性的思想和工作方法。”[1]习近平总书记把系统观念运用于治国理政各领域,强调指出:“全面深化改革是一项复杂的系统工程,需要加强顶层设计和整体谋划,加强各项改革关联性、系统性、可行性研究。我们要在基本确定主要改革举措的基础上,深入研究各领域改革关联性和各项改革举措耦合性,深入论证改革举措可行性,把握好全面深化改革的重大关系,使各项改革举措在政策取向上相互配合、在实施过程中相互促进、在实际成效上相得益彰。”[2]“深化党和国家机构改革是一个系统工程”,要“坚决维护以习近平同志为核心的党中央权威和集中统一领导,把握好改革发展稳定关系,不折不扣抓好党中央决策部署贯彻落实,依法依规保障改革,增强改革的系统

---

* 本文发表于《中国法律评论》2021 年第 3 期。

性、整体性、协同性,加强党政军群各方面机构改革配合,使各项改革相互促进、相得益彰,形成总体效应”。[3]“构建推动经济高质量发展的体制机制是一个系统工程,要通盘考虑、着眼长远,突出重点、抓住关键”,“增强发展环境的吸引力和竞争力。”[4]“全面依法治国是一个系统工程,必须统筹兼顾、把握重点、整体谋划,更加注重系统性、整体性、协同性。”[5]

作为具有基础性的思想和工作方法,系统观念的精髓在于用系统思维分析事物的本质和内在联系,从整体上把握事物发展规律,提高分析和解决问题的科学性。对治国理政而言,就是加强前瞻性思考、全局性谋划、战略性布局、整体性推进。党的十九届五中全会审议通过的《中共中央关于制定国民经济和社会发展第十四个五年规划和二〇三五年远景目标的建议》强调指出,“十四五”时期经济社会发展必须遵循五个原则,即坚持党的全面领导、坚持以人民为中心、坚持新发展理念、坚持深化改革开放、坚持系统观念。提出坚持系统观念并将其作为具有战略性全局性的基本原则,这在党的中央全会和党的重要文件中还是第一次。

习近平法治思想是立场、观点和方法的有机统一体,系统观念始终是贯穿其中的鲜明的科学方法。习近平法治思想贯通历史和现实、联系国内和国际、结合理论和实际,科学回答了全面依法治国的一系列重大理论和实践问题,是注重系统性、整体性、协同性的系统观念的生动表达。习近平总书记关于建设法治中国的战略构想和全面依法治国的工作布局,是坚持系统观念科学谋划、统筹推进法治建设的典范。习近平总书记在中央全面依法治国工作会议上的重要讲话,是新时代坚持系统观念深入推进全面依法治国的经典文献。

习近平法治思想中的系统观念主要体现为:

一、在中国特色社会主义新的历史方位和新时代“五位一体”总体布局中定位法治建设

“不谋全局者，不足以谋一域。”习近平法治思想强调，进入中国特色社会主义新时代，法治建设必须紧扣统筹推进“五位一体”总体布局，精心谋划全面依法治国各项工作。

党的十八大以来，站在新的历史起点上，以习近平同志为核心的党中央提出统筹推进经济建设、政治建设、文化建设、社会建设、生态文明建设，同步建设物质文明、政治文明、精神文明、社会文明、生态文明，建设富强中国、民主中国、文明中国、和谐中国、美丽中国。这三重内涵叠加的“五位一体”是全面建设社会主义现代化国家的主要内容，是新时代坚持和发展中国特色社会主义的科学内涵。正是在这个意义上，习近平总书记把全面依法治国作为坚持和发展中国特色社会主义的基本方略之一，强调全面依法治国是中国特色社会主义的本质要求和重要保障，指出：“无论是实现‘两个一百年’奋斗目标，还是实现中华民族伟大复兴的中国梦，全面依法治国既是重要内容，又是重要保障。”[6]习近平总书记多次深刻阐述全面依法治国在中国特色社会主义全局中的重要地位，强调要把全面依法治国放在中国特色社会主义事业发展的战略全局中来把握，从把握新发展阶段、贯彻新发展理念、构建新发展格局的实际出发，深刻认识全面依法治国的重要地位，为全面建设社会主义现代化国家、实现中华民族伟大复兴的中国梦提供有力法治保障。以习近平同志为核心的党中央从确保党和国家长治久安、全面建设社会主义现代化国家、实现中华民族伟大复兴的中国梦出发，提出切实加强全面依法治国的战略谋划，2014 年，党的十八届四中全会作出《中共中央关于全面推进依法治国若干重大问题的决定》，2019 年，党的十九届四中全会作出《中共中央关于坚持和

完善中国特色社会主义制度、推进国家治理体系和治理能力现代化若干重大问题的决定》，为全面依法治国、充分发挥社会主义法治的制度优势和治理效能擘画了路线图、任务书、时间表。

“五位一体”与“四个伟大”是密切相关的，法治不仅要在“五位一体”总体布局中发挥不可或缺的作用，而且也要发挥对“四个伟大”的战略支撑作用。习近平总书记在党的十九大报告中提出了“四个伟大”的科学命题，并指出“伟大斗争，伟大工程，伟大事业，伟大梦想，紧密联系、相互贯通、相互作用”，[7]贯穿于治国理政新理念新思想新战略之中。习近平总书记把全面依法治国放在“四个伟大”格局中来思考和谋划，指出“在统筹推进伟大斗争、伟大工程、伟大事业、伟大梦想的实践中，在全面建设社会主义现代化国家新征程上，我们要更加重视法治、厉行法治，更好发挥法治固根本、稳预期、利长远的重要作用，坚持依法应对重大挑战、抵御重大风险、克服重大阻力、解决重大矛盾”。[8]可见，统筹“四个伟大”是一个复杂的系统工程，法治在其中具有强大的支撑和保障作用。

二、在“四个全面”战略布局中谋划和推进全面依法治国

从系统观念出发，首先要正确认识和处理法治的外部关系问题，即法治与经济、政治、文化、社会、生态、科技、军事、外交、党建等各个方面的关系问题，确保法治在经济社会发展的各个方面都能发挥引领、规范、保障作用。所以，必须在整个社会系统和结构中谋划法治，协调推动法治和经济社会发展。党的十八大之后，习近平总书记深入调研，从坚持和发展中国特色社会主义全局出发，提出并形成了全面建成小康社会、全面深化改革、全面依法治国、全面从严治党的“四个全面”的战略布局，并把全面依法治国放在这一战略布局之中统筹安排。他强调指出，全面建成小康社会

是我们的战略目标，全面深化改革、全面依法治国、全面从严治党是三大战略举措，实现全面建成小康社会的战略目标，这三大战略举措一个都不能缺。从“四个全面”战略布局看，全面依法治国意义十分重大，“没有全面依法治国，我们就治不好国、理不好政，我们的战略布局就会落空”。[9]所以，“要把全面依法治国放在‘四个全面’的战略布局中来把握，深刻认识全面依法治国同其他三个‘全面’的关系，努力做到‘四个全面’相辅相成、相互促进、相得益彰”。[10]不仅如此，习近平总书记还指出，在“四个全面”中，全面依法治国具有基础性、保障性作用。我们把全面依法治国纳入“四个全面”战略布局，就是要为全面建成小康社会、全面深化改革、全面从严治党提供长期稳定的法治保障。

2021 年，我们将如期全面建成小康社会，实现党的“第一个百年”奋斗目标。全面建成小康社会之后，我们党领导全国各族人民开启全面建设社会主义现代化国家新征程。“四个全面”的战略布局发生变化，“四个全面”的每一项都有新阶段的新内涵新任务，但战略称谓仍然是“四个全面”，即全面建设社会主义现代化国家、全面深化改革、全面依法治国、全面从严治党，仍然要协调推进“四个全面”。2020 年 12 月，中共中央印发了《法治中国建设规划（2020—2025 年）》。2021 年 3 月，十三届全国人大四次会议审议通过了《中华人民共和国国民经济和社会发展第十四个五年规划和 2035 年远景目标纲要》，其中第五十九章对全面推进依法治国作出了重点部署。我们要继续在“四个全面”战略布局中把握法治、运用法治，认真贯彻落实法治中国的“建设规划”和全面推进依法治国的“发展规划”，更好发挥法治的基础性、保障性作用。

三、在“两个大局”时空背景下统筹推进国内法治和涉外法治

“先谋于局，后谋于略，略从局出。”不同时空有不同的战略布局，亦有不同的实践条件和实践主题。习近平总书记用深邃的历史眼光、宽广的国际视野把握中国所处的“两个大局”时空背景。党的十九大报告作出“经过长期努力，中国特色社会主义进入了新时代，这是我国发展新的历史方位”的科学论断。在“新时代”“新方位”，我们面临着“两个大局”：一个是中华民族伟大复兴的战略全局，一个是世界百年未有之大变局。这“两个大局”是党中央针对当前国内和国际环境发展变化做出的科学判断。习近平法治思想把“两个大局”作为谋划新时代中国法治建设的基点，正是从这一基点出发，习近平总书记高瞻远瞩、审时度势地提出“坚持统筹推进国内法治和涉外法治”。

当今世界正经历百年未有之大变局，虽然和平与发展仍然是时代主题，但是这一主题面临许多挑战：新一轮科技革命和产业变革深入发展，国际力量对比深刻调整，全球治理体系和国际秩序变革加速推进，人类命运共同体理念深入人心；“东升西降”是大变局发展的主要方向，新冠疫情全球大流行是加剧大变局演进的催化剂，世界进入动荡变革期是大变局的基本特征；国际环境日趋复杂、不稳定性和不确定性因素明显增加是大变局之下难以避免的“乱局”。中国日益走近世界舞台中央，中华民族从来没有像今天这样接近伟大复兴的目标，和平崛起势不可当，守成大国绝不甘心。面对这一时空背景，习近平总书记告诫全党全国人民要“辩证认识和把握国内外大势，加强战略性、系统性、前瞻性研究谋划，做好较长时间应对外部环境变化的思想准备和工作准备，善于在危机中育新机、于变局中开新局”。[11]辩证认识和把握国内外大势，加

强战略性、系统性、前瞻性研究谋划，充分利用国内国际两个市场、两种资源、两类规则。而充分利用两类规则，必然要求统筹推进国内法治和涉外法治。在当今世界，“法治是国家核心竞争力的重要内容。……要加快涉外法治工作战略布局，协调推进国内治理和国际治理，更好维护国家主权、安全、发展利益。要加快形成系统完备的涉外法律法规体系，提升涉外执法司法效能。要引导企业、公民在走出去过程中更加自觉地遵守当地法律法规和风俗习惯，运用法治和规则维护自身合法权益”。[12]总之，要以法治的制度优势维护和发展我国核心利益。

统筹推进国内法治和涉外法治是推进全球治理规则变革、推动全球治理体系民主化法治化合理化的题中之义。积极参与全球治理体系改革和建设，推动全球治理体系朝着更加公正、合理、有效的方向发展，符合世界各国的普遍需求。党的十九大以来，习近平总书记重申共商共建共享的全球治理理念，针对全球治理需要解决的具体问题强调：坚持公正合理，破解治理赤字；坚持互商互谅，破解信任赤字；坚持同舟共济，破解和平赤字；坚持互利共赢，破解发展赤字。统筹推进国内法治和涉外法治，正是破解这四个“赤字”的中国方案之要。

我们必须以开放的眼界统筹国内法治和涉外法治两个基本面，提高我国参与国际法治和全球治理的能力，增强规则制定能力、议程设置能力、舆论宣传能力、统筹协调能力、涉外法治人才的支撑能力；必须主动参与全球法治，构建全球化时代的涉外法治体系，推进国际关系法治化，坚定维护以联合国为核心的国际体系，坚定维护以国际法为基础的国际秩序，坚定维护以联合国宪章宗旨和原则为基础的国际法基本原则和国际关系基本准则。对不公正不合理、不符合国际格局演变大势的国际规则、国际机制，要提出改革方案，推动全球治理变革，为中华民族伟大复兴创造更加良好的外部法治环境，为世界和平发展夯实法治基础；必须秉持和平、发展、公平、正义、民主、自由的全人类共同价值，倡导不同文明交流互鉴，“中国将继续做世界和平的建设者、全球发展的贡献者、国际秩序的维护者”，[13]同时，也将推动各国共同坚持和平与发展，推动构建人类命运共同体。

四、在“系统工程”意义上，提出全面依法治国工作布局

习近平总书记指出：“全面依法治国是一个系统工程，必须统筹兼顾、把握重点、整体谋划，更加注重系统性、整体性、协同性。”[14]治理国家和社会是复杂的系统工程，必须统筹兼顾，全面规划。“必须把依法治国摆在更加突出的位置，把党和国家工作纳入法治化轨道，坚持在法治轨道上统筹社会力量、平衡社会利益、调节社会关系、规范社会行为，依靠法治解决各种社会矛盾和问题，确保我国社会在深刻变革中既生机勃勃又井然有序。”[15]“坚持依法治国、依法执政、依法行政共同推进，坚持法治国家、法治政府、法治社会一体建设。”[16]“在共同推进上着力，在一体建设上用劲。”[17]按照党的十九大确定的法治中国建设路线图，到 2035 年，以依法治国、依法执政、依法行政为重要内容的国家治理体系和治理能力现代化基本实现，法治国家、法治政府、法治社会基本建成。

依法治国、依法执政、依法行政共同推进，法治国家、法治政府、法治社会一体建设，既是全面依法治国的工作布局，也是法治中国建设的核心要义。党的十八大以来，习近平总书记从实现“两个一百年”奋斗目标、实现中华民族伟大复兴的中国梦的战略高度出发，明确提出“建设法治中国”。2013 年，党的十八届三中全会通过的《中共中央关于全面深化改革若干重大问题的决定》（以下简称十八届三中全会《决定》）正式确认了“法治中国”这一概念，并将“推进法治中国建设”作为全面深化改革的重要组成部分。2014 年，党的十八届四中全会进一步向全党全国各族人民发出“向着建

设法治中国不断前进”“为建设法治中国而奋斗”的号召。2018年，中央全面依法治国委员会第一次会议要求研究制定法治中国建设规划。习近平总书记强调指出：“制定法治中国建设规划，要统筹考虑我国经济社会发展状况、法治建设总体进程、人民群众需求变化等综合因素，使规划更科学、更符合实际。”[18]2020年，中共中央印发《法治中国建设规划（2021—2025年）》。

“法治中国”概念是我们党在法治理论上的重大创新，也是对当前和今后我国法治建设的科学定位。这一创新概念具有深厚的历史文化底蕴、丰富的实践经验基础和强大的导向定位功能，构成新时代中国特色社会主义法治建设的主题。“法治中国”以其无可比拟的包容性、凝聚力、感召力，成为中国特色社会主义法治理论体系和话语体系的统领性概念。习近平总书记精辟指出：“建设法治中国，必须坚持依法治国、依法执政、依法行政共同推进，坚持法治国家、法治政府、法治社会一体建设。”[19]

就“共同推进”而言，依法治国、依法执政、依法行政是一个有机整体，“依法治国是我国宪法确定的治理国家的基本方略，而能不能做到依法治国，关键在于党能不能坚持依法执政，各级政府能不能依法行政。”[20]就“一体建设”而言，“法治国家、法治政府、法治社会三者各有侧重、相辅相成，法治国家是法治建设的目标，法治政府是建设法治国家的主体，法治社会是构筑法治国家的基础。”[21]延伸开来，我们不仅要推进依法治国，还要推进依法执政、推进依法行政；不仅要建设法治国家，还要建设法治政府、建设法治社会；不仅要搞好国家法治，还要搞好地方法治、区域法治、社会法治、行业法治，促进国家法治、地方法治、区域法治、社会法治、行业法治协调发展；不仅要推进法律制度体系建设，还要推进法治文化建设，广泛开展法治宣传教育，弘扬社会主义法治精神，培育社会主义法治文化；不仅要推进国内法治建设，还要加强涉外法治工作，全面应对各种法律风险和法治挑战；等等。

习近平总书记提出“共同推进”“一体建设”，旨在解决法治建设中各自为政、争权诿责、互相打架的突出问题，破解法治发展不平衡不充分的问题，增强法治建设的系统性、整体性、协同性，促进区域、地方、行业之间法治协调发展、充分发展。《法治中国建设规划(2021—2025 年)》对全面依法治国、建设法治中国作出了顶层设计和系统部署，特别是就建设中国特色社会主义法治体系、建设社会主义法治国家作出了详细部署；《法治社会建设实施纲要(2020—2025 年)》则对法治社会建设作出了全方位安排，而新版本的《法治政府建设实施纲要(2021—2025 年)》也在抓紧制定完善之中。

五、以纲举目张的系统思维，提出建设中国特色社会主义法治体系

全面依法治国是一个系统工程，在前行方向上必须有一个总目标，在实际工作中必须有一个总抓手。习近平总书记提出“建设中国特色社会主义法治体系”，为全面依法治国确立了总目标、总抓手。他指出：“我们既要注重总体谋划，又要注重牵住‘牛鼻子’……既对全面推进依法治国作出系统部署，又强调以中国特色社会主义法治体系为总目标和总抓手。”[22]

党的十八届四中全会《决定》提出，全面推进依法治国，总目标是建设中国特色社会主义法治体系，建设社会主义法治国家。这个总目标是贯穿党的十八届四中全会《决定》全篇的一条主线，也是全面依法治国必须长期坚持的主题。正如习近平总书记指出的，“全会决定鲜明提出坚持走中国特色社会主义法治道路、建设中国特色社会主义法治体系的重大论断，明确建设社会主义法治国家的性质、方向、道路、抓手，必将有力推进社会主义法治国家建设”。[23]

建设中国特色社会主义法治体系是习近平总书记在法治领域提出的最具原创性、时代性的概念和理论之一。法治体系是一个描述一国法治运作规范化有序化程度，表征法治运作各个环节彼此衔接、协同高效状态的概念，也是一个规范和指引法治运作，使之充分体现和有效实现社会主义法治核心价值的概念。

建设中国特色社会主义法治体系，既是全面推进依法治国的总目标，又是全面推进依法治国的总抓手。将其作为全面推进依法治国的总目标，向国内外鲜明宣示我们将坚定不移走中国特色社会主义法治道路。我们要建设的法治体系，是坚持党的领导、坚持中国特色社会主义制度、贯彻中国特色社会主义法治理论的"中国特色社会主义法治体系"，而不是照搬西方国家的法治体系和法治模式。建设中国特色社会主义法治体系的最终目标是要建设社会主义法治国家，也就是说，建设中国特色社会主义法治体系是建设社会主义法治国家的必由之路；只有通过构建中国特色社会主义法治体系，才能为社会主义法治国家建设夯实坚实基础。全面依法治国总目标的确定，有利于全党全国人民进一步明确方向、保持定力、坚定步伐，扎实有序地推进依法治国各项工作，在法治轨道上推进国家治理体系和治理能力现代化。

将建设中国特色社会主义法治体系作为全面依法治国的总抓手，明确了全面依法治国的工作重点，即建设中国特色社会主义法治体系，就是要形成完备的法律规范体系、高效的法治实施体系、严密的法治监督体系、有力的法治保障体系，形成完善的党内法规体系。总抓手的确定，对全面推进依法治国具有纲举目张的意义。习近平总书记指出："全面推进依法治国涉及很多方面，在实际工作中必须有一个总揽全局、牵引各方的总抓手，这个总抓手就是建设中国特色社会主义法治体系。依法治国各项工作都要围绕这个总抓手来谋划、来推进。"[24] 全面推进依法治国，必须抓住建设中国特色社会主义法治体系这个总抓手，不断开创全面依法治国新局面。

从哲学上看，每一个体系都是一个系统，都有其内在结构。中国特色社会主义法治体系是包括完备的法律规范体系、高效的法治实施体系、严密的法治监督体系、有力的法治保障体系、完善的党内法规体系以及以公序良俗为核心的社会规范体系在内的系统工程。中国特色社会主义法治体系也是由各个分支领域的法治体系构成的，如经济法治体系、政治法治体系、文化法治体系、社会法治体系、生态法治体系、军事法治体系、国家安全法治体系、涉外法治体系等。在系统观念中，体系与体系之间又相互作用，中国特色社会主义法治体系本质上是中国特色社会主义制度的法律表现形式，是国家治理体系和治理能力的重要依托，是国家治理现代化的法治轨道。

习近平总书记高度重视法治体系和制度体系的系统集成，强调指出："党的十九届四中全会《决定》为全面深化改革系统集成、协同高效提供了根本遵循。我们现在要做的是，推动各项改革向制度更加成熟更加定型靠拢，让各项改革相得益彰、发生化学反应。要注重同中国特色社会主义根本制度、基本制度、重要制度对标对表，理清工作思路和工作抓手，结合四中全会部署的各项改革任务，一体推动、一体落实。"[25]"着力固根基、扬优势、补短板、强弱项，构建系统完备、科学规范、运行有效的制度体系。"[26]"注重系统集成、协同高效，一体推进坚持和巩固制度、完善和发展制度、遵守和执行制度。"[27]要坚持"系统集成"基本理念和原则，要把党的十八届三中全会以来推出的一系列重要改革进行认真梳理，统筹制度改革和制度运行，处理好顶层设计和分层对接的关系，搞好上下左右、方方面面的配套，注重各项改革协调推进，使各项改革相得益彰，发生"化学反应"，把制度优势转化为治理效能。中国特色社会主义法治体系建设为新时代国家制度系统集成提供了鲜活的实践经验。

六、在“全面落实”“全面推进”中统筹做好“科学立法、严格执法、公正司法、全民守法”

党的十八大以来，以习近平同志为核心的党中央高度重视“全面落实依法治国基本方略”“全面推进依法治国”“统筹推进依法治国进程”。在“全面落实”“全面推进”“统筹推进”的新理念新思想新战略中，科学立法、严格执法、公正司法、全民守法是关键环节、重点任务。习近平总书记多次强调，“全面依法治国是国家治理的一场深刻革命，必须坚持厉行法治，推进科学立法、严格执法、公正司法、全民守法。”[28]“要强化领导落实责任，统筹推进科学立法、严格执法、公正司法、全民守法。”[29]“党政主要负责人要履行推进法治建设第一责任人职责。……要加强和改进对法治建设的领导，统筹推进科学立法、严格执法、公正司法、全民守法。”[30]“要推动把社会主义核心价值观贯穿立法、执法、司法、守法各环节，使社会主义法治成为良法善治。”[31]

统筹推进“科学立法、严格执法、公正司法、全民守法”，这是对党的十一届三中全会提出的“有法可依、有法必依、执法必严、违法必究”的法制工作方针的创新变革。1978 年，党的十一届三中全会作出两项最为重要的决定：一是把党和国家工作的重心由以阶级斗争为纲转移到以经济建设为中心，二是发出了“加强社会主义法制”的号召并提出了“有法可依、有法必依、执法必严、违法必究”的法制工作方针。1978 年以后相当长时期，我国法制建设的基本方针就是这四句话“十六字方针”。总体而言，这是一种形式法治意义的“法律之治”。2011 年 7 月 1 日，在庆祝中国共产党成立 90 周年大会上的讲话中，胡锦涛同志提出“要全面落实依法治国基本方略，在全社会大力弘扬社会主义法治精神，不断推进科学立法、严格执法、公正司法、全民守法进程，实现国家各项工作法治化”。[32]党的十八大报告提出“法治是治国理政的基本方式。要推进科学立法、严格执法、公正司法、全民守法”。党的十八大以来，习近平总书记进一步强调，全面建成小康社会对依法治国提出了更高要求，我们要全面贯彻落实党的十八大精神，“全面推进科学立法、严格执法、公正司法、全民守法。”[33]这就从理论和实践上全方位推进了形式法治和实质法治相结合。可见，从“有法可依、有法必依、执法必严、违法必究”到“科学立法、严格执法、公正司法、全民守法”，不仅是法治工作布局和关键环节的全面改变，更是法治模式的深刻变革，是我国社会主义法治建设的一个历史性转型，开辟了良法善治的新境界。

从系统观点看，科学立法、严格执法、公正司法、全民守法是全面推进依法治国的关键环节和重点任务，是环环相扣的有机整体。从实践内容和价值功能上看，科学立法保证良法善治，严格执法维护法律权威，公正司法确保公平正义，全民守法提振社会文明。

第一，科学立法保证良法善治。建设社会主义法治国家，立法是先导，科学立法是基础。强调科学立法，是为了提高立法质量和效率。正如习近平总书记在十八届中央政治局第四次集体学习时的讲话中所指出的：“人民群众对立法的期盼，已经不是有没有，而是好不好、管用不管用、能不能解决实际问题；不是什么法都能治国，不是什么法都能治好国；越是强调法治，越是要提高立法质量。”[34]提高立法质量，关键在于：一要尊重和体现经济、政治、文化、社会、生态建设的客观规律和人自由而全面发展的一般规律，使法律准确适应改革发展稳定需要，积极回应人民期待，更好协调利益关系；二要坚持问题导向，切实提高法律的针对性、及时性、系统性、协调性，发挥立法凝聚共识、统一意志、引领公众、推动发展的作用；三要注重增强法律的可执行性和可操作性，努力使每一项立法都符合宪法精神，反映人民意愿、得到人民拥护，使法律法规立得住、行得通、切实管用；四要坚持立改废释并举，全方位推进立法工作；五要坚持科学立法、民主立法、依法立法，完善立法体制和程序，提高立法效率。

在推进国家治理体系和治理能力现代化进程中，习近平总书记高度重视提高立法科学化、民主化、法治化水平，提高法律的针对性、及时性、系统性、有效性，强调要“积极推进国家安全、科技创新、公共卫生、生物安全、生态文明、防范风险、涉外法治等重要领域立法，健全国家治理急需的法律制度、满足人民日益增长的美好生活需要必备的法律制度，以良法善治保障新业态新模式健康发展”。[35]同时，习近平总书记还特别指出要注重法律法规的集成性和立法法典化工作。以习近平同志为核心的党中央把编纂民法典作为全面依法治国的重点工作之一，习近平总书记亲自指导民法典编纂工作，先后三次主持中央政治局常委会会议，分别审议了民法总则、民法典各分编、民法典三个草案，对民法典编纂工作作出了重要指示，为民法典编纂工作提供了重要指导和基本遵循。在中央全面依法治国工作会议上，他明确指示：“民法典为其他领域立法法典化提供了很好的范例，要总结编纂民法典的经验，适时推动条件成熟的立法领域法典编纂工作。”[36]他还要求“推进军事管理政策制度改革，创新战略管理制度，构建军费管理制度，加强军事资源统筹安排，推进法规制度建设集成化、军事法规法典化，推进军事司法制度改革，形成精准高效、全面规范、刚性约束的军事管理政策制度，提升军事系统运行效能，推动我军高质量发展”。[37]

第二，严格执法维护法律权威。党的十八大报告、十八届三中全会《决定》、十八届四中全会《决定》、党的十九大报告、十九届四中全会《决定》和习近平总书记的一系列重要讲话都特别强调严格执法。习近平总书记指出：“法律的生命力在于实施，法律的权威也在于实施。‘法令行则国治，法令弛则国乱。’各级国家行政机关、审判机关、检察机关是法律实施的重要主体，必须担负法律实施的法定职责，坚决纠正有法不依、执法不严、违法不究现象，坚决整治以权谋私、以权压法、徇私枉法问题，严禁侵犯群众合法权益。”[38]习近平总书记还指出，现实生活中出现的很多问题，往往同执法失之于宽、失之于松有很大关系。有的政法干警执法随意性大，粗放执法、变通执法、越权执法比较突出，要么有案不立、有罪不究，要么违规立案、越权管辖；有的刑讯逼供、滥用强制措施；有的办关系案、人情案、金钱案，甚至徇私舞弊、贪赃枉法；等等。对违法行为必须严格尺度、依法处理、不能迁就；否则，就会产生“破窗效应”。

第三，公正司法确保公平正义。公正是法治的生命线。司法是维护社会公平正义的最后一道防线。所以，司法必须公正。所谓公正司法，就是确保受到侵害的权利一定会得到保护和救济，违法犯罪活动一定要受到制裁和惩罚，人民群众在每一个司法案件中都能感受到公平正义。如果人民群众通过司法程序不能保障自己的合法权利，司法就没有公信力，人民群众也不会相信司法。司法是定分止争的最后一道防线。所以，司法必须发挥法律本来应该具有的定分止争的功能和终结矛盾纠纷的作用。要做到定分止争，司法必须公正，如果司法不公、人心不服，不仅难以定分止争、化解矛盾，甚至可能激化和聚集矛盾。司法还是维护法律尊严和权威的最后一道防线。要发挥维护法律尊严和权威的作用，司法必须公正、公开、公平，司法机关必须有足够的尊严和权威、有极高的公信力。为此，应当深化司法改革，确保司法机关依法独立公正行使职权，确保司法公正高效廉洁，切实有效地提高司法公信力。

第四，全民守法提振社会文明。全面推进依法治国，建设法治中国，必须坚持全民守法。全民守法，就是全国各族人民、一切国家机关和武装力量、各政党和各社会团体、各企业事业组织，都必须以宪法法律为根本活动原则，并负有维护宪法法律尊严、保证宪法法律实施的职责和义务。任何组织或者个人，都不得有超越宪法法律的特权。一切违反宪法法律的行为，都必须予以追究。任何公民、社会组织、国家机关、政党(包括执政党),都要依照宪法法律行使权利或权力、履行义务或职责。在社会转型、矛盾凸显、风险叠加复杂形势下,要引导全体人民通过法律程序来合理表达诉求、依法维护权利、文明解决纷争;要努力培育社会主义法治文化,在全社会形成尊法学法守法用法护法的良好氛围。

七、坚持依法治国与制度治党、依规治党统筹推进、一体建设

系统观念本质上是一种全局观。习近平总书记从治国理政的战略全局出发,提出"我们党要履行好执政兴国的重大历史使命、赢得具有许多新的历史特点的伟大斗争胜利、实现党和国家的长治久安,必须坚持依法治国与制度治党、依规治党统筹推进、一体建设"。[39]

坚持依法治国与制度治党、依规治党统筹推进、一体建设,具有深刻的法理逻辑。中国共产党是执政党,且是唯一执政和长期执政的政党,又是国家和社会的领导党,拥有历史决定、人民选择、党章和宪法确立的对国家和社会的领导权,而且这种领导权是其执政权的政治前提和基础。中国共产党的这种性质、地位和使命决定了中国共产党既要依据宪法法律治国理政,也要依据党章党内法规管党治党,要把治国治党统一纳入制度范畴。

依法治国与制度治党、依规治党有着内在的必然联系,是辩证统一、内在一体的。习近平总书记深入探索党的执政规律和建设规律,深刻阐明了全面从严治党、依规治党的客观需要和内在理据,全面阐述了治国与治党、从严治党与制度治党、制度治党与依规治党、依规治党与依法治国等若干重要范畴之间的辩证关系,作出"加强党内法规制度建设是全面从严治党的长远之策、根本之策"的科学论断,提出"治国必先治党""依规治党深入党心,依法治

国才能深入民心”[40]的理论命题。基于这些科学论断和理论命题，习近平总书记在党的十九大报告中将“依法治国和依规治党有机统一”确立为“坚持全面依法治国”这一新时代中国特色社会主义基本方略的重要内容。

坚持统筹推进依法治国和制度治党、依规治党，有着十分重大的意义。这有利于形成国家法律制度和党内法规制度相辅相成、相互促进、相互保障的格局，发挥依法治国和依规治党的互补性作用，促进党的制度优势和国家制度优势相互转化、形成治国理政的合力；有利于提高党依法执政、依规治党和依法治国的能力和水平，推进国家治理体系和治理能力现代化，充分发挥依法治国和依规治党在中国特色社会主义事业中固根本、稳预期、利长远的重要保障作用，不断开创党和国家事业的新局面。

党的十八大以来，习近平总书记强调要“坚持思想建党和制度治党紧密结合，思想教育要结合落实制度规定来进行，使加强制度治党的过程成为加强思想建党的过程，也要使加强思想建党的过程成为加强制度治党的过程”。[41]所谓“制度治党”，就是运用规章制度来引领和保障我们党管党治党、执政治国，既要建立健全党的领导体制和工作机制，在制度轨道上实施党对一切工作的领导，又要把制度建设贯穿于全面推进党的政治建设、思想建设、组织建设、作风建设、纪律建设之中，实现党的建设制度化，充分发挥制度对教育引导、调整规范、考评奖惩党组织和党员的准绳作用，把党的领导和党的建设活动全面纳入制度化规范化程序化轨道。需要指出的是，制度治党中的“制度”内容比较广泛，包括了党组织和党员必须遵守的一切规矩。习近平总书记指出：“党的规矩总的包括什么呢？其一，党章是全党必须遵循的总章程，也是总规矩。其二，党的纪律是刚性约束，政治纪律更是全党在政治方向、政治立场、政治言论、政治行动方面必须遵守的刚性约束。其三，国家法律是党员、干部必须遵守的规矩，法律是党领导人民制定的，全党必须模范执行。其四,党在长期实践中形成的优良传统和工作惯例。"[42]其中,起脊梁性常规性作用的乃是党内法规,即党章和以党章为统领,包括准则、条例、规则、规定、办法、细则等在内的党内法规制度体系。因此,制度治党的重点是依规治党,党内法规是全面从严治党的基本遵循和主要依据,而法律法规也是制度治党的重要遵循。

八、统筹推进法治领域各项改革

全面深化法治领域改革同样是一项复杂的系统工程。习近平总书记指出:"只有改革开放才能发展中国、发展社会主义、发展马克思主义。"[43]"改革开放是决定当代中国命运的关键一招,也是决定实现'两个一百年'奋斗目标、实现中华民族伟大复兴的关键一招。实践发展永无止境,解放思想永无止境,改革开放也永无止境,停顿和倒退没有出路,改革开放只有进行时、没有完成时。"[44]"面对新形势新任务,我们要坚定不移高举改革开放旗帜,勇于全面深化改革,着力解决我国发展面临的一系列突出矛盾和问题,不断推进中国特色社会主义制度自我完善和发展。"[45]法治改革是全面深化改革的重要组成部分,习近平总书记亲自论述法治改革也直接领导了法治改革。他多次指出:"全面推进依法治国是一个系统工程,是国家治理领域一场广泛而深刻的革命。"[46]"全面推进依法治国是一项长期而重大的历史任务,也必然是一场深刻的社会变革和历史变迁。"[47]党的十九大报告又一次强调指出:"全面依法治国是国家治理的一场深刻革命。"[48]这些重要论断为统筹推进法治领域全面改革提供了理论依据。既然全面依法治国是一场广泛而深刻的革命,就必须以革命的勇气和改革的思维,大刀阔斧地推进法治领域的改革,坚决破除一切妨碍依法治国、依法执政、依法行政、依法治军、依法办事的体制机制弊端和思想观念。新时代法治改革不是去砸烂一个旧体制再去重新构建一个新体制,但也不是修修补补、小打小闹，而是把一系列重大改革的推进集成为法治革命和国家治理领域的革命。

习近平总书记的社会主要矛盾理论也为法治改革提供了理论依据。他指出，新时代我国社会主要矛盾已经转化为人民日益增长的美好生活需要和不平衡不充分的发展之间的矛盾。社会主要矛盾的深刻变化折射到法治领域，表现为人民对法治的美好需要，对法治生活的美好期待，对人身权、人格权、财产权和其他权利保障的要求，与我们现在立法不优、执法不严、司法不公、监督疲软、人权保障和产权保护不力等的矛盾，即法治供给侧和法治需求侧之间的矛盾。这个矛盾只有通过法治改革才能缓解、才能消解，是社会主要矛盾的深刻变化催生了法治改革，为法治改革增添了强大的动力。所以，习近平总书记强调："要积极回应人民群众新要求新期待，系统研究谋划和解决法治领域人民群众反映强烈的突出问题，不断增强人民群众获得感、幸福感、安全感，用法治保障人民安居乐业。"[49]"解决好立法、执法、司法、守法等领域的突出矛盾和问题，必须坚定不移推进法治领域改革。"[50]"要紧紧抓住全面依法治国的关键环节，完善立法体制，提高立法质量。要推进严格执法，理顺执法体制，完善行政执法程序，全面落实行政执法责任制。要支持司法机关依法独立行使职权，健全司法权力分工负责、相互配合、相互制约的制度安排。要加大全民普法力度，培育全社会办事依法、遇事找法、解决问题用法、化解矛盾靠法的法治环境。"[51]

新时代中国法治改革必须坚持马克思主义辩证法和方法论。一是坚持对立统一的辩证法，正确处理法治改革所涉及的一系列辩证关系。二是坚持在科学和法治的轨道上推进法治改革。法治改革既要讲科学、遵循规律，也要讲法治，重大改革于法有据。三是必须进一步强化系统思维，探索综合性协同性攻坚性改革。四是突出重点，政法改革是法治改革的重点领域。在党的绝对领导下，加强统筹谋划和协调推进，加快构建优化协同高效的政法机构职能体系,优化政法机关职权配置,构建各尽其责、配合有力、制约有效的工作体系。习近平总书记强调:“要统筹推进公安改革、国家安全机关改革、司法行政改革,提高维护社会大局稳定、促进社会公平正义、保障人民安居乐业的能力。”[52]要推进政法队伍革命化正规化专业化职业化建设,推动科技创新成果同政法工作深度融合,抓紧完善权力运行监督和制约机制。可见,统筹推进法治改革,是辩证思维、法治思维、改革思维和系统思维的集成和统一。

九、以系统观念和方法正确处理全面依法治国的重大关系

全面依法治国不仅是一项系统工程,而且是治国理政的一门政治艺术,必须以高超的系统方法、系统思维认识好、处理好全面依法治国中的一系列重大关系。习近平总书记坚持马克思主义立场、观点和方法的有机统一,把辩证唯物主义和历史唯物主义运用于法治领域,阐明了政治和法治、民主和专政、改革和法治、法治和人治、法治和德治、安全和发展、秩序和活力等重大关系,[53]体现出鲜明的辩证思维、系统思维、战略思维、历史思维、创新思维、底线思维。下文将以统筹安全和发展为例展示习近平法治思想的系统观念。

在中华民族伟大复兴战略全局和世界百年未有之大变局两个大局的时空背景下,面对新发展阶段复杂多变的环境和各种风险挑战,习近平总书记强调要坚持系统观念,统筹发展和安全,办好发展和安全两件大事。首先要坚持总体国家安全观,坚持政治安全、人民安全、国家利益至上有机统一,以政治安全为根本,以人民安全为宗旨,以经济安全为基础,以促进国际安全为依托,统筹传统安全和非传统安全,把安全发展贯穿到国家发展的各领域和各环节,涵盖政治、军事、国土、经济、文化、社会、科技、网络、生态、资

源、海外利益、太空、深海、极地、生物等诸多领域,构建集政治安全、国土安全、军事安全、经济安全、文化安全、社会安全、科技安全、信息安全、生态安全、资源安全、核安全、生物安全等于一体的国家安全体系。其次,要正确认识处理安全和发展的关系,坚持安全是发展的前提、发展是安全的保障的辩证法。发展和安全是辩证统一的,要同步推进。只有坚持发展中国家定位,继续贯彻发展是第一要务的方针,坚定不移贯彻新发展理念,保持经济发展强劲动力,不断增强国力、军力、民力和国际竞争力,使发展成果更好惠及全体人民,才能有效消解民生保障不充分、贫富差距过大、城乡发展不平衡等严重影响社会和谐稳定的因素;同时,“善于预见和预判各种风险挑战,做好应对各种‘黑天鹅’、‘灰犀牛’事件的预案,不断增强发展的安全性”。[54]只有防范化解各类风险隐患,运用发展成果夯实安全的实力基础,才能有效应对外部环境变化带来的冲击挑战,胜利抵御外部极限施压和武力威胁;只有坚持底线思维,增强忧患意识,把发展建立在安全的基点上,塑造有利于经济社会发展的安全环境,才能实现安全平稳、可持续的发展。最后,在具体工作层面,要继续扎实做好“六稳”工作、全面落实“六保”任务,确保不发生系统性风险,提高捍卫国家主权、安全、发展利益的战略能力,努力实现更高质量、更有效率、更加公平、更可持续、更为安全的发展。

统筹发展和安全,必须正确认识新阶段改革发展稳定的新特征新要求。改革、发展、稳定是社会主义现代化建设的三个支点,三者协调统筹是一个复杂的系统工程。要坚持在法治轨道上统筹社会力量、平衡社会利益、调节社会关系、规范社会行为、化解社会矛盾,创造建设政治更安全、社会更安定、人民更安宁、网络更安靖的平安中国,确保社会主义现代化事业顺利推进。统筹发展和安全,必须正确处理活力和秩序的关系。习近平总书记指出:“一个现代化的社会,应该既充满活力又拥有良好秩序,呈现出活力和秩序有机统一。”[55]社会治理是一门科学,管得太死,一潭死水不行,管得太松,波涛汹涌也不行。处理好活力和秩序的关系,首先,要讲究辩证法,全面看待社会稳定形势,准确把握维护社会稳定工作,坚持系统治理、依法治理、综合治理、源头治理,不能简单依靠打压管控、硬性维稳,还要重视疏导化解、柔性维稳,注重动员组织社会力量共同参与、发动全社会一起做好维护社会稳定工作。其次,处理好活力和秩序的关系,要坚持法治思维和法治方式,建立健全依法维权和化解纠纷机制、利益表达机制、救济救助机制;畅通群众利益协调、权益保障法律渠道;完善立体化社会治安防控体系,保障人民生命财产安全。最后,还要坚持党政依法治理和社会依法自治相结合,为公民、社会组织等各类社会主体在党的领导下,坚持自治、法治、德治相结合,通过自我协商、平等对话为依法解决社会问题留出广阔空间,形成既充满活力又和谐有序的生动局面,确保我国社会在深刻变革中既生机勃勃又井然有序。

十、加强党对全面依法治国的集中统一领导,是确保全面依法治国系统工程顺利推进的根本保障

习近平总书记指出:“全面推进依法治国是一个系统工程,是国家治理领域一场广泛而深刻的革命,必须加强党对法治工作的组织领导。”[56]

“系统工程”意味着全面依法治国具有复杂性、长期性、艰巨性,不仅涉及经济建设、政治建设、文化建设、社会建设、生态文明建设、国防军队建设、党的建设等各领域,涉及改革发展稳定、内政外交国防、治党治国治军等各个方面,而且是一项长期而重大的历史任务,是一场深刻的社会变革和历史变迁;只有发挥党总揽全局、协调各方、顶层设计、统一布局的领导作用,才能完成全面依法治国这一“系统工程”的总规划,才有希望实现全面依法治国、建设

法治中国的总目标。“深刻革命”意味着全面依法治国将彻底实现从封建制到民主制、从人治型社会到法治型社会的革命性转型，完成新民主主义革命和社会主义革命应当完成而没有彻底完成的历史任务，彻底改变要人治不要法治那种“左”的政治思维定式和治理方式，开辟社会主义国家的法治化道路，实现国家各项工作的法治化。这场革命“事关我们党执政兴国，事关人民幸福安康，事关党和国家事业发展”。[57]这就迫切需要坚持党的坚强有力的领导，需要健全党领导依法治国的制度和工作机制，完善保证党确定依法治国方针政策和决策部署的工作机制和程序，加强对全面推进依法治国统一领导、统一部署、统筹协调，完善党委依法决策机制。只有坚持党总揽全局、协调各方的领导核心作用，统筹依法治国各领域工作，确保党的主张贯彻到依法治国全过程各方面，才能使这场系统工程科学有序运转，才能使这场深刻革命持续深入推进。

加强党对全面依法治国的集中统一领导，必须处理好当前和长远、历史和现实、立足国情和借鉴外国的关系。既要立足当前，运用法治思维和法治方式解决经济社会发展面临的深层次问题；又要着眼长远，筑法治之基、行法治之力、积法治之势，促进各方面制度更加成熟更加定型，为党和国家事业发展提供长期性的制度保障。一方面，不能割断历史，数典忘祖，要把握长期形成的历史传统、走过的发展道路、积累的政治经验和形成的政治传统。另一方面，要把握现实需求、着眼解决现实问题。要从我国国情、实际出发，同时不能关起门来搞法治，要学习和借鉴世界上优秀的法治文明成果。

中央全面依法治国委员会的组建是加强党对全面依法治国集中统一领导的制度创举。习近平总书记在中央全面依法治国委员会第一次会议上开宗明义地指出：“党中央决定组建中央全面依法治国委员会，这是我们党历史上第一次设立这样的机构，目的是加强党对全面依法治国的集中统一领导，统筹推进全面依法治国工作。”“委员会是管宏观、谋全局、抓大事的，既要破解当下突出问题，又要谋划长远工作，把主要精力放在顶层设计上。……要增强‘四个意识’，坚定‘四个自信’……主动谋划和确定中国特色社会主义法治体系建设的总体思路、重点任务……要做好全面依法治国重大问题的运筹谋划、科学决策，实现集中领导、高效决策、统一部署，委员会要统筹整合各方面资源和力量推进全面依法治国。”[58]

坚持党的领导、人民当家作主、依法治国有机统一，坚持党领导立法、保证执法、支持司法、带头守法，是系统观念的生动体现和鲜明表征。习近平总书记指出：“在中国，发展社会主义民主政治，保证人民当家作主，保证国家政治生活既充满活力又安定有序，关键是要坚持党的领导、人民当家作主、依法治国有机统一。”[59]要“紧紧围绕坚持党的领导、人民当家作主、依法治国有机统一深化政治体制改革，加快推进社会主义民主政治制度化、规范化、程序化，建设社会主义法治国家，发展更加广泛、更加充分、更加健全的人民民主”。[60]“全面依法治国，核心是坚持党的领导、人民当家作主、依法治国有机统一。”[61]“把坚持党的领导、人民当家作主、依法治国有机统一起来是我国社会主义法治建设的一条基本经验。”[62]“我们强调坚持党的领导、人民当家作主、依法治国有机统一，最根本的是坚持党的领导。坚持党的领导，就是要支持人民当家作主，实施好依法治国这个党领导人民治理国家的基本方略。党的领导和社会主义法治是一致的，只有坚持党的领导，人民当家作主才能充分实现，国家和社会生活制度化、法治化才能有序推进。”[63]坚持党的领导，“关键在于坚持党领导立法、保证执法、支持司法、带头守法”，[64]把党的领导体现在全面依法治国全过程各方面。

结　语

就思想方法和工作方法而言，习近平法治思想是对马克思主义系统观念的科学运用和创新发展。新时代全面依法治国、建设法治中国的伟大实践充分表明，系统观念、系统思维、系统方法是实施依法治国基本方略和依法执政基本方式不可或缺的科学方法。党的十八大以来，我国法治建设之所以能够发生历史性变革、取得历史性成就，很重要的就在于坚持党的全面领导，坚持以人民为中心，坚持中国特色社会主义法治道路；而牢牢把握新时代全面依法治国的形势和任务，坚持用系统观念整体性推进法治建设各项工作，也是宝贵经验。在全面建设社会主义现代化国家的新发展阶段深入推进全面依法治国，必须坚持辩证唯物主义和历史唯物主义的世界观和方法论，更加重视坚持统筹全局的系统观念。

注　释

1　习近平:《关于〈中共中央关于制定国民经济和社会发展第十四个五年规划和二〇三五年远景目标的建议〉的说明》(2020 年 10 月 26 日),载《人民日报》2020 年 11 月 4 日,第 2 版。

2　《中共中央召开党外人士座谈会》,载《人民日报》2013 年 11 月 14 日,第 1 版。

3　《中共十九届三中全会在京举行》,载《人民日报》2018 年 3 月 1 日,第 1 版。

4　《习近平李克强栗战书汪洋王沪宁赵乐际韩正分别参加全国人大会议一些代表团审议》,载《人民日报》2018 年 3 月 8 日,第 1 版。

5　习近平:《在中央全面依法治国委员会第一次会议上的讲话》(2018 年 8 月 24 日),载习近平:《论坚持全面依法治国》,中央文献出版社 2020 年版,第 229 页。

6　习近平:《在中央全面依法治国委员会第一次会议上的讲话》(2018 年 8 月 24 日),载习近平:《论坚持全面依法治国》,中央文献出版社 2020 年版,第 227 页。

7　习近平:《决胜全面建成小康社会,夺取新时代中国特色社会主义伟大胜利》(2017 年 10 月 18 日),载中共中央党史和文献研究院编:《十九大以来重要文献选编》(上),中央文献出版社 2019 年版,第 12 页。

8　习近平:《以科学理论指导全面依法治国各项工作》(2020 年 11 月 16 日),载习近平:《论坚持全面依法治国》,中央文献出版社 2020 年版,第 3 – 4 页。

9　习近平:《在省部级主要领导干部学习贯彻党的十八届四中全会精神全面推进依法治国专题研讨班上的讲话》(2015 年 2 月 2 日),载中共中央文献研究室编:

《习近平关于全面依法治国论述摘编》,中央文献出版社 2015 年版,第 15 页。

10 习近平:《在省部级主要领导干部学习贯彻党的十八届四中全会精神全面推进依法治国专题研讨班上的讲话》(2015 年 2 月 2 日),载中共中央文献研究室编:《习近平关于全面依法治国论述摘编》,中央文献出版社 2015 年版,第 15 页。

11 习近平:《在全国抗击新冠肺炎疫情表彰大会上的讲话》(2020 年 9 月 8 日),载《求是》2020 年第 20 期。

12 习近平:《坚定不移走中国特色社会主义法治道路 为全面建设社会主义现代化国家提供有力法治保障》,载《求是》2021 年第 5 期。

13 习近平:《同舟共济克时艰,命运与共创未来》(2021 年 4 月 20 日),载《人民日报》2021 年 4 月 21 日,第 2 版。

14 习近平:《在中央全面依法治国委员会第一次会议上的讲话》(2018 年 8 月 24 日),载习近平:《论坚持全面依法治国》,中央文献出版社 2020 年版,第 229 页。

15 习近平:《在中共十八届四中全会第二次全体会议上的讲话》(2014 年 10 月 23 日),载中共中央文献研究室编:《习近平关于全面依法治国论述摘编》,中央文献出版社 2015 年版,第 11 页。

16 习近平:《加快建设社会主义法治国家》(2014 年 10 月 23 日),载习近平:《论坚持全面依法治国》,中央文献出版社 2020 年版,第 112 – 113 页。

17 习近平:《加快建设社会主义法治国家》(2014 年 10 月 23 日),载习近平:《论坚持全面依法治国》,中央文献出版社 2020 年版,第 113 页。

18 习近平:《在中央全面依法治国委员会第一次会议上的讲话》(2018 年 8 月 24 日),载习近平:《论坚持全面依法治国》,中央文献出版社 2020 年版,第 232 页。

19 习近平:《关于〈中共中央关于全面推进依法治国若干重大问题的决定〉的说明》(2014 年 10 月 20 日),载习近平:《论坚持全面依法治国》,中央文献出版社 2020 年版,第 85 页。

20 习近平:《加快建设社会主义法治国家》(2014 年 10 月 23 日),载习近平:《论坚持全面依法治国》,中央文献出版社 2020 年版,第 113 页。

21 习近平:《在中央全面依法治国委员会第一次会议上的讲话》(2018 年 8 月 24 日),载习近平:《论坚持全面依法治国》,中央文献出版社 2020 年版,第 229 – 230 页。

22 习近平:《协调推进"四个全面"战略布局》(2014 年 12 月 13 日—2016 年 1 月 29 日),载《习近平谈治国理政》(第二卷),外文出版社 2017 年版,第 23 页。

23 习近平:《关于〈中共中央关于全面推进依法治国若干重大问题的决定〉的说明》

（2014 年 10 月 20 日），载习近平：《论坚持全面依法治国》，中央文献出版社 2020 年版，第 88 页。

24 习近平：《关于〈中共中央关于全面推进依法治国若干重大问题的决定〉的说明》（2014 年 10 月 20 日），载习近平：《论坚持全面依法治国》，中央文献出版社 2020 年版，第 93 页。

25 《落实党的十九届四中全会重要举措 继续全面深化改革实现有机衔接融会贯通》，载《人民日报》2019 年 11 月 27 日，第 1 版。

26 习近平：《坚持和完善中国特色社会主义制度 推进国家治理体系和治理能力现代化》，载《求是》2020 年第 1 期。

27 《深化改革健全制度完善治理体系 善于运用制度优势应对风险挑战冲击》，载《人民日报》2020 年 4 月 28 日，第 1 版。

28 习近平：《深化依法治国实践》（2017 年 10 月 18 日），载习近平：《论坚持全面依法治国》，中央文献出版社 2020 年版，第 186 页。

29 《科学统筹突出重点对准焦距 让人民对改革有更多获得感》，载《人民日报》2015 年 2 月 28 日，第 1 版。

30 习近平：《各级领导干部要做尊法学法守法用法的模范》（2015 年 2 月 2 日），载习近平：《论坚持全面依法治国》，中央文献出版社 2020 年版，第 142 页。

31 习近平：《在中央全面依法治国委员会第一次会议上的讲话》（2018 年 8 月 24 日），载习近平：《论坚持全面依法治国》，中央文献出版社 2020 年版，第 236 页。

32 胡锦涛：《在庆祝中国共产党成立九十周年大会上的讲话》（2011 年 7 月 1 日），载《胡锦涛文选》（第三卷），人民出版社 2016 年版，第 538 页。

33 习近平：《全面推进科学立法、严格执法、公正司法、全民守法》（2013 年 2 月 23 日），载习近平：《论坚持全面依法治国》，中央文献出版社 2020 年版，第 19 页。

34 习近平：《全面推进科学立法、严格执法、公正司法、全面守法》（2013 年 2 月 23 日），载习近平：《论坚持全面依法治国》，中央文献出版社 2020 年版，第 20 页。

35 习近平：《以科学理论指导全面依法治国各项工作》（2020 年 11 月 16 日），载习近平：《论坚持全面依法治国》，中央文献出版社 2020 年版，第 4 页。

36 习近平：《坚定不移走中国特色社会主义法治道路 为全面建设社会主义现代化国家提供有力法治保障》，载《求是》2021 年第 5 期。

37 习近平：《深入推进依法治军、从严治军》（2015 年 7 月—2019 年 11 月），载习近平：《论坚持全面依法治国》，中央文献出版社 2020 年版，第 161 – 162 页。

38 习近平：《在庆祝全国人民代表大会成立六十周年大会上的讲话》（2014 年 9 月 5

日）,载习近平:《论坚持全面依法治国》,中央文献出版社 2020 年版,第 74 页。
39 习近平:《坚持依法治国与制度治党、依规治党统筹推进、一体建设》(2016 年 12 月 23 日）,载习近平:《论坚持全面依法治国》,中央文献出版社 2020 年版,第 169 页。
40 习近平:《在中央全面依法治国委员会第一次会议上的讲话》(2018 年 8 月 24 日）,载习近平:《论坚持全面依法治国》,中央文献出版社 2020 年版,第 223 页。
41 《历史使命越光荣奋斗目标越宏伟　越要增强忧患意识越要从严治党》,载《人民日报》2014 年 10 月 9 日,第 1 版。
42 习近平:《守纪律,讲规矩》(2015 年 1 月 13 日）,载《习近平谈治国理政》(第二卷）,外文出版社 2017 年版,第 151 页。
43 习近平:《全面贯彻落实党的十八大精神要突出抓好六个方面工作》,载《求是》2013 年第 1 期。
44 《决定召开十八届三中全会》,载《人民日报》2013 年 8 月 28 日,第 1 版。
45 习近平:《在纪念万里同志诞辰 100 周年座谈会上的讲话》(2016 年 12 月 5 日）,载《人民日报》2016 年 12 月 6 日,第 2 版。
46 习近平:《关于〈中共中央关于全面推进依法治国若干重大问题的决定〉的说明》(2014 年 10 月 20 日）,载习近平:《论坚持全面依法治国》,中央文献出版社 2020 年版,第 102 页。
47 习近平:《全面推进依法治国是一项长期而重大的历史任务》(2017 年 5 月 3 日）,载习近平:《论坚持全面依法治国》,中央文献出版社 2020 年版,第 173 页。
48 习近平:《决胜全面建成小康社会,夺取新时代中国特色社会主义伟大胜利》(2017 年 10 月 18 日）,载中共中央党史和文献研究院编:《十九大以来重要文献选编》(上）,中央文献出版社 2019 年版,第 27 页。
49 习近平:《以科学理论指导全面依法治国各项工作》(2020 年 11 月 16 日）,载习近平:《论坚持全面依法治国》,中央文献出版社 2020 年版,第 2 页。
50 习近平:《在中央全面依法治国委员会第一次会议上的讲话》(2018 年 8 月 24 日）,载习近平:《论坚持全面依法治国》,中央文献出版社 2020 年版,第 230 页。
51 习近平:《在中央全面依法治国委员会第一次会议上的讲话》(2018 年 8 月 24 日）,载习近平:《论坚持全面依法治国》,中央文献出版社 2020 年版,第 230 页。
52 《坚定不移推进司法体制改革　坚定不移走中国特色社会主义法治道路》,载《人民日报》2017 年 7 月 11 日,第 1 版。
53 有关“法治关系论”的论述,参见张文显:《习近平法治思想的理论体系》,载《法制与社会发展》2021 年第 1 期。

54 《完整准确全面贯彻新发展理念　确保“十四五”时期我国发展开好局起好步》，载《人民日报》2021 年 1 月 30 日，第 1 版。

55 习近平:《在经济社会领域专家座谈会上的讲话》(2020 年 8 月 24 日)，载《人民日报》2020 年 8 月 25 日，第 2 版。

56 习近平:《加快建设社会主义法治国家》(2014 年 10 月 23 日)，载习近平:《论坚持全面依法治国》，中央文献出版社 2020 年版，第 118 页。

57 习近平:《全面推进依法治国是一项长期而重大的历史任务》(2017 年 5 月 3 日)，载习近平:《论坚持全面依法治国》，中央文献出版社 2020 年版，第 170 页。

58 习近平:《在中央全面依法治国委员会第一次会议上的讲话》(2018 年 8 月 24 日)，载习近平:《论坚持全面依法治国》，中央文献出版社 2020 年版，第 222、235－236 页。

59 习近平:《在庆祝全国人民代表大会成立六十周年大会上的讲话》(2014 年 9 月 5 日)，载习近平:《论坚持全面依法治国》，中央文献出版社 2020 年版，第 70 页。

60 《中共中央关于全面深化改革若干重大问题的决定》(2013 年 11 月 12 日)，载《十八大以来重要文献选编》(上)，中央文献出版社 2014 年版，第 512 页。

61 习近平:《不忘初心，继续前进》(2016 年 7 月 1 日)，载《习近平谈治国理政》(第二卷)，外文出版社 2017 年版，第 39 页。

62 习近平:《关于〈中共中央关于全面推进依法治国若干重大问题的决定〉的说明》(2014 年 10 月 20 日)，载习近平:《论坚持全面依法治国》，中央文献出版社 2020 年版，第 92 页。

63 习近平:《党的领导和社会主义法治是一致的》(2014 年 1 月 7 日)，载习近平:《论坚持全面依法治国》，中央文献出版社 2020 年版，第 42 页。

64 习近平:《不忘初心，继续前进》(2016 年 7 月 1 日)，载《习近平谈治国理政》(第二卷)，外文出版社 2017 年版，第 39 页。

论习近平法治思想的原创性理论贡献*

全面依法治国是国家治理的一场深刻变革，必须以科学理论为指导。习近平法治思想就是顺应全面依法治国、建设法治中国这一伟大实践要求应运而生的重大理论成果。党的十八大以来，以习近平同志为核心的党中央在领导全面依法治国、建设法治中国的伟大实践中，从历史和现实相贯通、国际和国内相关联、理论和实际相结合上，深刻回答了新时代为什么实行全面依法治国、怎样实行全面依法治国等一系列重大问题，提出了一系列全面依法治国新理念新思想新战略，创立了习近平法治思想。这是马克思主义法治思想发展史上具有里程碑意义的一件大事。习近平总书记是这一思想体系的主要创立者和杰出贡献者，为马克思主义法治思想在新时代的发展作出了原创性贡献，实现了马克思主义法治思想中国化新的历史性飞跃。从理论上对习近平法治思想的原创性贡献进行概述，是我们深刻把握这一思想体系、从本质上理解其真理性和科学性的路径所在。

---

* 本文发表于《马克思主义理论学科研究》2022 年第 4 期。

一、理论原创性的标准和范例

“理论原创性”的评价标准是什么？这是科学把握习近平法治思想原创性贡献的认识论前提。经济学家张军认为，原创性理论至少要满足如下几个条件：一是原创性理论要能够揭示各种现象的重重谜团，而不是解释一般的现象；二是原创性理论在已有文献中应该是首次被提出，哪怕构造这一理论的部分要素存在于现有文献之中；三是原创性理论需要经得起时间的考验，并有更多的证据检验，这才有生命力。[1]英国科学家齐曼认为，所谓原创性，就是给人类知识宝库“添新砖”“加新瓦”，如提出新科学问题、探索新研究方法、获得新数据、提出新理论新解释，或者是以上的组合。[2]关于科学研究之创新，习近平总书记提出了更独到的见解：“哲学社会科学创新可大可小，揭示一条规律是创新，提出一种学说是创新，阐明一个道理是创新，创造一种解决问题的办法也是创新。”[3]这里的“创新”也为衡量科学研究原创性设置了基本标准。概括而言，科学研究的“原创性”包括了提出理论新问题、填补理论空白、变革理论内容、创新理论思维等多重内涵，核心要义是说了别人没有说过的观点、提出了别人没有提出的概念和命题、提炼了别人没有关涉的理论、揭示了研究对象尚未被发现的本质和规律、阐明了研究对象背后尚未被明确的道理、学理和哲理等。

在思想史上，原创性贡献往往表现为“独创性”贡献与“集成性”贡献的结合。“独创性”创新是具有独立著作权、知识产权性质的原始创新，属于“史无前例”的范畴。例如，在马克思主义中国化的历史进程中，毛泽东同志、邓小平同志、习近平同志分别以其独创性理论为创立毛泽东思想、邓小平理论、习近平新时代中国特色社会主义思想作出了主要贡献。我们说习近平总书记是习近平法治思想的主要创立者，就意味着他为习近平法治思想的创立作出了独创性贡献。党的十八大以来，习近平总书记洞察时代风云、把握时代脉搏、引领时代潮流，坚持实践的观点、历史的观点、辩证的观点、发展的观点，在实践中认识真理、检验真理、发展真理，以非凡理论勇气进行了具有开拓性意义的理论创造，提出一系列独创性的法治新概念新命题新观点，为习近平法治思想的创立发挥了决定性作用、作出了决定性贡献。“集成性”创新，是指集成古今中外思想精华基础上的再创新，一般而言，是指作出了新的理论概括，赋予一个基本概念、重要命题、重大论述以新内涵新思想，或者借用其他学科一个概念而赋予其本学科意义。

在思想史上，原创性贡献还表现为宏观创新和微观创新、体系性原创和要素性原创的交叠。宏观创新、体系性创新标志着自然、社会、思维某一领域（或某一学科）中具有全局性、系统性、统领性的创新。例如，以“国家”为基石范畴的马克思主义政治学的诞生，就属于哲学社会科学领域宏观的、体系性创新，而“选举”“协商”“政党”“政府”“宪法”“人权”等概念的提出则是政治法律领域相对中观、微观的要素性创新。具体到当代中国法治领域，“依法治国，建设社会主义法治国家”“全面依法治国”“建设中国特色社会主义法治体系”“建设法治中国”“中国特色社会主义法治道路”“坚持党的领导、人民当家作主、依法治国有机统一”等属于宏观层面、战略层面的体系性创新；而“科学立法”“民主立法”“依法立法”“依法行政”“自由裁量权基准”“司法责任制”“公益诉讼”“立案登记制”等新概念新理念则属于中观或微观层面的要素性创新。习近平法治思想是一个内涵丰富、论述深刻、逻辑严密、系统完备的理论体系，涵盖治国理政各领域、国家建设各方面，囊括法律、法治、法理各种基本问题、前沿问题、交叉问题，在概念上系统集成、在话语上自成一体、在逻辑上有机衔接，全面呈现了法治的基本原理、中国特色社会主义法治的基本理论、全面依法治国的基本观点，属于人类思想史上具有划时代意义、里程碑意义的体系性创新，而这种体系创新又聚合着一系列微观的、要素性创新。

基于以上关于理论原创性、原创性贡献的语义和意义分析，我们可以在当代中国的语境中找到"理论原创性"的两个范例：

其一，习近平总书记在哲学社会科学工作座谈会上指出：改革开放以来，我们的理论创新体现在，提出了诸如推进国家治理体系和治理能力现代化，发展社会主义市场经济，发展社会主义民主政治，发展社会主义协商民主，建设中国特色社会主义法治体系，发展社会主义先进文化，培育和践行社会主义核心价值观，建设社会主义和谐社会，建设生态文明，构建开放型经济新体制，实施总体国家安全观，推动构建人类命运共同体，推进"一带一路"建设，坚持正确义利观，加强党的执政能力建设，坚持走中国特色强军之路、实现党在新形势下的强军目标等"具有原创性、时代性的概念和理论"。[4]

其二，党的十九届六中全会通过的《中共中央关于党的百年奋斗重大成就和历史经验的决议》（以下简称《决议》）指出：习近平总书记对关系新时代党和国家事业发展的一系列重大理论和实践问题进行了深邃思考和科学判断，就新时代坚持和发展什么样的中国特色社会主义、怎样坚持和发展中国特色社会主义，建设什么样的社会主义现代化强国、怎样建设社会主义现代化强国，建设什么样的长期执政的马克思主义政党、怎样建设长期执政的马克思主义政党等重大时代课题，提出一系列原创性的治国理政新理念新思想新战略，是习近平新时代中国特色社会主义思想的主要创立者。《决议》以"十个明确"概括了习近平新时代中国特色社会主义思想的原创性贡献。

参考上述原创性评价标准和我们党改革开放以来，特别是党的十八大以来的原创性理论范例，我们充分感悟到习近平法治思想的原创性理论贡献。一方面，"习近平法治思想"这一概念本身就是原创性的理论结晶，标志着马克思主义法治思想中国化时代化的原创性成果；另一方面，习近平法治思想作为一个博大精深的理论体系，蕴含着许多原创性的概念、命题和论语。

二、习近平法治思想原创性理论贡献的表现形态

对习近平法治思想原创性贡献的理解，虽然立足于一般的对理论原创性的共识之上，但不应局限于此，还要更细致地观察这一思想体系在“理论原创性”方面独具一格的表现形态。说到底，习近平法治思想之所以堪称原创性理论贡献，根源于它的“主体性”（或曰“自主性”），即习近平法治思想并不依附于任何理论或教义体系而是自主性的理论创造。具体而言，这种主体性体现在以下四个方面：

一是习近平总书记长期推进法治建设和依法治理的非凡经历和丰富实践，这是习近平法治思想富于创新力和生命力的源头活水。习近平法治思想萌发和孕育于改革开放和社会主义现代化建设新时期，形成和发展于坚持和发展中国特色社会主义新时代，深化和拓展在全面建成社会主义现代化强国、实现中华民族伟大复兴新征程上。自 1982 年担任河北省正定县委副书记以来的 40 年领导实践中，习近平同志坚持以马克思主义法治理论为指导，认真贯彻落实中央有关法治建设的大政方针和依法治国基本方略，一以贯之地高度重视并亲自谋划和推进法治建设，在依法治县、依法治市、依法治省、依法治国、全面依法治国的丰富实践中，形成了对县域、市域、省域、国域以至国际不同层面法治规律的科学认识和深切体悟，从而在每一个时期的每一个领导岗位上，都提出了立时代之潮头、发时代之先声的法治新概念新理念新论语，对法治理论作出了饱含生命活力的原创性理论贡献。

二是习近平总书记对党百年来领导法治建设规律的科学总结，促成了马克思主义法治思想中国化理论成果的深化和飞跃。

中国共产党自成立之日起，就矢志不渝地领导人民探索和建设人类历史上不同于剥削阶级国家的新型法律制度，积累了一系列弥足珍贵的法治实践经验。新民主主义革命时期，我们党制定了《中华苏维埃共和国宪法大纲》和大量法律法令，创造了“马锡五审判方式”，开启了建立新型法律制度的革命性探索。社会主义革命和建设时期，我们党领导人民制定了宪法和国家机构组织法、选举法、婚姻法等一系列重要法律法规，确立了社会主义政治制度、立法制度、司法制度，建立起社会主义法制框架体系。改革开放和社会主义现代化建设时期，我们党提出“有法可依、有法必依、执法必严、违法必究”的法制方针，确立依法治国基本方略，把建设社会主义法治国家确定为社会主义现代化的重要目标，逐步形成了以宪法为核心的中国特色社会主义法律体系。党的十八大以来，党中央把全面依法治国纳入“四个全面”战略布局，对全面依法治国作出一系列重大决策部署，推动我国社会主义法治建设发生历史性变革、取得历史性成就，法治固根本、稳预期、利长远的保障作用进一步发挥，党运用法治方式领导和治理国家的能力显著增强。习近平总书记对我们党领导人民进行法治建设的实践进程和历史经验进行了系统总结和全面概括，深刻揭示了我国社会主义国家制度和法律制度形成和发展的历史逻辑、理论逻辑和实践逻辑，以“中国经验”“中国理论”创新发展了马克思主义法治思想。

三是习近平总书记坚持马克思主义法治思想同当代中国具体实际相结合，铸就了习近平法治思想的中国特色和时代特质。我国是世界上最大的发展中国家，仍处于并将长期处于社会主义初级阶段；中国特色社会主义进入新时代，社会主要矛盾已经转变为人民日益增长的美好生活需要和不平衡不充分的发展之间的矛盾；我国拥有十四亿多人口，地域辽阔，民族众多，国情复杂。全面依法治国的战略布局就铺展于这片沃土之上，这是我们党要保证国家统一、法制统一、政令统一、市场统一，要实现经济发展、政治清明、文化昌盛、社会公正、生态良好，必须作出的选择。但是，如何从实际出发推进全面依法治国？习近平总书记把求真务实的实践理性运用于中国本土的法治建设，不断深化对法治国情和法治规律的认识，科学回答了我们这个时代法治建设所面临的一系列理论、制度和实践难题。由于习近平总书记始终站在时代前沿，与中国法治最新实践相结合，坚持用发展的眼光观察时代、解读当下，引领新时代全面依法治国实践日益蓬勃发展、推动马克思主义法治思想不断与时俱进，因而能够生产出展现时代风貌、合乎人民需求的好理论。

四是习近平总书记坚持马克思主义法治思想同中华优秀传统法律文化相结合，生成了习近平法治思想的历史底蕴和民族底色。习近平法治思想深耕于中华法治文明的土壤，深入研究中华传统法律文化，既把中国古典文献中的法理精华作为新时代法治理论的弥足珍贵的文化资源，又将那些经典论语融入习近平法治思想的现代话语体系之中，使古老的中华法系继续在中国式法治现代化的图谱中发出光亮。习近平总书记在自己的讲话和论著中引用过数以百计的法学经典论语，诸如："法者，治之端也"，"经国序民，正其制度"，"法度者，正之至也"，"国无常强，无常弱。奉法者强则国强，奉法者弱则国弱"，"凡将立国，制度不可不察也"，"小智者治事、大智者治人、睿智者治法"，"道私者乱，道法者治"，"法者，非从天下，非从地出，发乎人间，合乎人心而已"，"法者，天下之准绳也"，"法者，国家所以布大信于天下"，"法，国之权衡也，时之准绳也。权衡所以定轻重，准绳所以正曲直"，"法者，所以兴功惧暴也；律者，所以定分止争也；令者，所以令人知事也"，"欲知平直，则必准绳；欲知方圆，则必规矩"，"治国无其法则乱，守法而不变则衰"，"法与时转则治，法与世宜则有功"，"观时而制法，因事而制礼"，"一时之强弱在力，千古之胜负在理"，"道之以政，齐之以刑，民免而无耻。道之以德，齐之以礼，有耻且格"，"有道以统之，法虽少，足以化矣；无道以行之，法虽众，足以乱矣”，“治国有常，而利民为本”，“政之所兴在顺民心，政之所废在逆民心”，“得众则得国，失众则失国”，“治天下也，必先公，公则天下平矣”，“立天下之正位，行天下之大道”，“大道之行也，天下为公”，“尽公者，政之本也；树私者，乱之源也”，“以天下之目视，则无不见也；以天下之耳听，则无不闻也；以天下之心虑，则无不知也”，“法不察民之情而立之，则不成”，“为国也，观俗立法则治，察国事本则宜”，“立善法于天下，则天下治；立善法于一国，则一国治”，“法约而易行”，“法必明、令必行”，“令之不行，政之不立”，“天下之事，不难于立法，而难于法之必行”，“法令既行，纪律自至，则无不治之国，无不化之民”，“法令行则国治，法令弛则国乱”，“法立，有犯而必施；令出，唯行而不返”，“法立于上，教弘于下”，“徒善不足以为政，徒法不足以自行”，“纵有良法美意，非其人而行之，反成弊政”，“人法兼资，而天下之治成”，“法不阿贵，绳不挠曲”，“凡法事者，操持不可以不正”，等等。这些在历史长河中绵延已久的论语，经过习近平法治思想的创造性转化、创新性发展，以其内在的法理逻辑串联起来，成就了新时代古典法学理论体系，彰显出习近平法治思想既是当代中国马克思主义、21 世纪马克思主义，也是中华文化和中国精神的时代精华。

当然，习近平法治思想的主体性并不意味着排斥外来法治文化。恰恰相反，习近平法治思想广泛吸纳了世界法治文明成果，凝结着人类共同的治理智慧，这与习近平总书记自知青年代起就博览群书、博采中外哲学社会科学之智识、汲取人类各领域思想之养分的苦读经历是分不开的。习近平法治思想之所以能在世界舞台上彰显话语魅力、赢得世界人民的喜爱，正来源于其兼容并包的科学精神、海纳百川的知识视野、文明互鉴的思想品质。

对习近平法治思想原创性贡献表现形态进行分析，必须把习近平法治思想的原创性理论放在习近平新时代中国特色社会主义思想体系之中，将习近平法治思想的理论创新作为习近平新时代中国特色社会主义思想的初始原创性的具体体现,只有这样我们才能整体而非孤立地把握习近平法治思想的原创性贡献。习近平法治思想是习近平新时代中国特色社会主义思想的重要组成部分,“元体系”中的原创性理论往往在“分体系”中具体体现出来。就法治这个分领域来说,习近平法治思想是习近平新时代中国特色社会主义思想在法治领域的具体表达。正如习近平总书记所指出:“我们要发展的中国特色社会主义法治理论,本质上是中国特色社会主义理论体系在法治问题上的理论成果”。[5]在习近平新时代中国特色社会主义思想的总体性创新框架下,习近平法治思想在全面依法治国、建设法治中国的伟大实践中进一步深化了对共产党依法执政规律、社会主义法治建设规律、人类法治文明发展规律的认识,开创了马克思主义法治思想中国化新境界,实现了马克思主义法治思想和中国特色社会主义法治理论新飞跃。从理论逻辑上看,只有把习近平法治思想放在习近平新时代中国特色社会主义思想的“元体系”内进行研究,才能准确把握习近平法治思想的理论渊源和理论脉络,才能全面把握习近平法治思想的“十一个坚持”的精髓要义,而不至于出现对习近平法治思想的主观主义臆断、实用主义简化、教条主义僵化等错误倾向。

三、习近平法治思想的重大原创性理论

习近平法治思想的重大原创性理论具有根本性、全局性和系统性。本文将其重大原创性理论分为十六个方面。每一个方面的创新理论仅用若干概念、命题、论语标识。

第一,关于法治规律的创新理论。

科学的本质在于对规律的认识,科学的标志在于形成反映事物规律的概念和理论命题。习近平法治思想的原创性理论贡献本源于其对法治规律的科学认识和命题化表达。习近平总书记在人

类思想史上首次明确提出:“法治和人治问题是人类政治文明史上的一个基本问题,也是各国在实现现代化过程中必须面对和解决的一个重大问题。综观世界近现代史,凡是顺利实现现代化的国家,没有一个不是较好解决了法治和人治问题的。相反,一些国家虽然也一度实现快速发展,但并没有顺利迈进现代化的门槛,而是陷入这样或那样的‘陷阱’,出现经济社会发展停滞甚至倒退的局面。后一种情况很大程度上与法治不彰有关。”[6]“法治是治国理政不可或缺的重要手段,什么时候重视法治、法治昌明,什么时候就国泰民安;什么时候忽视法治、法治松弛,什么时候就国乱民怨。”[7]

第二,关于法治文明和法治现代化的创新理论。

习近平法治思想以唯物主义历史观和方法论对法治文明和法治现代化进行了深入考察和分析,指出:“法治是人类政治文明的重要成果”,[8]“法治是人类文明的重要成果之一”,[9]“历史和现实都告诉我们,法治兴则国兴,法治强则国强。从我国古代看,凡属盛世都是法制相对健全的时期……从世界历史看,国家强盛往往同法治相伴而生”。[10]从现代世界看,“法治的精髓和要旨对于各国国家治理和社会治理具有普遍意义”,[11]法治已经成为绝大多数国家用来调节社会生活、维护社会秩序的通用手段。

“一个现代化国家必然是法治国家”,[12]但实现法治现代化的道路不尽相同,有“自下而上社会演进模式”“政府自上而下推进模式”,“就我国而言,我们要在短短几十年时间内在十三亿多人口的大国实现社会主义现代化,就必须自上而下、自下而上双向互动地推进法治化”。[13]

第三,关于中华法系和中华传统法律文化的创新理论。

习近平总书记对中华法系和中国传统法律文化满怀历史自信和文化自信,指出:“我们的先人们早就开始探索如何驾驭人类自身这个重大课题,春秋战国时期就有了自成体系的成文法典,汉唐时期形成了比较完备的法典。我国古代法制蕴含着十分丰富的智慧和资源，中华法系在世界几大法系中独树一帜。”[14]“中华法系是在我国特定历史条件下形成的，显示了中华民族的伟大创造力和中华法制文明的深厚底蕴。中华法系凝聚了中华民族的精神和智慧，有很多优秀的思想和理念值得我们传承。”[15]

第四，关于法治中国建设的创新理论。

以习近平同志为核心的党中央在党的十五大提出的建设“法治国家”的基础上创造性提出“建设法治中国”，号召全党全国人民“为建设法治中国而奋斗”。“法治中国”以其无可比拟的包容性、凝聚力、感召力而成为习近平法治思想体系和话语体系的统领性概念。“法治中国”是“法治国家”的升级版，其要义是“坚持依法治国、依法执政、依法行政共同推进，坚持法治国家、法治政府、法治社会一体建设”。[16]“法治中国”概念的提出和“建设法治中国”理论的形成标志着新时代全面依法治国战略布局的形成。

第五，关于法治道路的理论创新。

习近平法治思想认为，法治道路问题是一个根本问题，全面依法治国、建设法治中国，必须坚定不移地走中国特色社会主义法治道路。“中国特色社会主义法治道路，是社会主义法治建设成就和经验的集中体现，是建设社会主义法治国家的唯一正确道路。”[17]中国特色社会主义法治道路的核心要义是，“坚持党的领导，坚持中国特色社会主义制度，贯彻中国特色社会主义法治理论”。[18]这三个方面规定和确保了中国特色社会主义法治的制度属性和前进方向，其中，“党的领导是我国社会主义法治之魂，是我国法治同西方资本主义国家法治最大的区别”。[19]

坚持中国特色社会主义法治道路，必须“以人民为中心”，“必须坚持法治为了人民、依靠人民、造福人民、保护人民”。[20]“这是我们的制度优势，也是中国特色社会主义法治区别于资本主义法治的根本所在。”[21]

坚持中国特色社会主义法治道路，“必须从我国实际出发，同推进国家治理体系和治理能力现代化相适应，既不能罔顾国情、超越阶段，也不能因循守旧、墨守成规”。[22]中国特色社会主义法治体系建设“必须是扎根中国文化、立足中国国情、解决中国问题的法治体系”。[23]

第六，关于全面依法治国重要地位和重大意义的创新理论。

习近平法治思想在新的历史方位提出了全面依法治国重大战略，并对全面依法治国的重要地位和重大意义进行了科学论证，指出：“依法治国是坚持和发展中国特色社会主义的本质要求和重要保障，是实现国家治理体系和治理能力现代化的必然要求”。[24]“全面依法治国是国家治理的一场深刻革命”，[25]“全面推进依法治国是一项长期而重大的历史任务，也必然是一场深刻的社会变革和历史变迁”。[26]“随着中国特色社会主义事业不断发展，法治建设将承载更多使命、发挥更为重要的作用。”[27]“在统筹推进伟大斗争、伟大工程、伟大事业、伟大梦想的实践中，在全面建设社会主义现代化国家新征程上，我们要更加重视法治、厉行法治，更好发挥法治固根本、稳预期、利长远的保障作用，坚持依法应对重大挑战、抵御重大风险、克服重大阻力、解决重大矛盾。”[28]

第七，关于全面依法治国总目标总抓手的创新理论。

在我国法治建设历史上，习近平法治思想首次提出全面推进依法治国的总目标总抓手，明确了全面推进依法治国的性质、方向、工作重点。习近平总书记指出：“全面推进依法治国，总目标是建设中国特色社会主义法治体系，建设社会主义法治国家”，[29]而建设中国特色社会主义法治体系既是总目标也是总抓手，是建设社会主义法治国家的必由之路。总目标和总抓手的提出，“对全面推进依法治国具有纲举目张的意义”，[30]依法治国各项工作都要围绕这个总目标总抓手来部署、来展开。

第八，关于全面依法治国重大关系的创新理论。

全面依法治国涉及一系列重大关系，特别是政治和法治、改革和法治、依法治国和以德治国、依法治国和依规治党的关系，习近平法治思想对这些重大关系的阐释和论述，以其鲜明立场、科学方法、深刻思想和话语力量，推进了法学理论的原创性发展。

关于政治和法治的关系，习近平总书记指出："法治当中有政治，没有脱离政治的法治……每一种法治形态背后都有一套政治理论，每一种法治模式当中都有一种政治逻辑，每一条法治道路底下都有一种政治立场。"[31]"党和法的关系是政治和法治关系的集中反映。"[32]"党的领导和社会主义法治是一致的，社会主义法治必须坚持党的领导，党的领导必须依靠社会主义法治。"[33]"'党大还是法大'是一个政治陷阱，是一个伪命题。"[34]

关于改革和法治的关系，习近平总书记指出："改革和法治相辅相成、相伴而生。我国历史上的历次变法，都是改革和法治紧密结合，变旧法、立新法，从战国时期商鞅变法、宋代王安石变法到明代张居正变法，莫不如此。"[35]在当代中国，"改革和法治如鸟之两翼、车之两轮"。[36]坚持"在法治下推进改革，在改革中完善法治，这就是我们说的改革和法治是两个轮子的含义"。[37]

关于依法治国和以德治国的关系，习近平总书记指出：中国特色社会主义法治道路的一个鲜明特点，"就是坚持依法治国和以德治国相结合，强调法治和德治两手抓、两手都要硬。这既是历史经验的总结，也是对治国理政规律的深刻把握"。[38]"法安天下，德润人心。"[39]"法律是成文的道德，道德是内心的法律，法律和道德都具有规范社会行为、维护社会秩序的作用。治理国家、治理社会必须一手抓法治、一手抓德治，既重视发挥法律的规范作用，又重视发挥道德的教化作用，实现法律和道德相辅相成、法治和德治相得益彰。"[40]

关于依法治国和依规治党的关系，习近平总书记指出："依规治党深入党心，依法治国才能深入民心。"[41]"我们党要履行好执政兴国的重大历史使命、赢得具有许多新的历史特点的伟大斗争胜利、实现党和国家的长治久安,必须坚持依法治国与制度治党、依规治党统筹推进、一体建设。”[42]“必须努力形成国家法律法规和党内法规制度相辅相成、相互促进、相互保障的格局”。[43]

第九,关于立法、执法、司法、普法的创新理论。

立法、执法、司法、普法是全面依法治国的主要环节和基本任务。在这些方面,习近平法治思想均提出了重大创新理论,引领法治中国建设迈向良法善治新境界。

习近平总书记指出:“推进科学立法、民主立法、依法立法,以良法促进发展、保障善治。”[44]“科学立法的核心在于尊重和体现客观规律,民主立法的核心在于为了人民、依靠人民。”[45]依法立法的核心在于“维护社会主义法制的统一、尊严、权威”。[46]

习近平总书记指出:“法律的生命力在于实施,法律的权威也在于实施。”[47]“公平正义是执法司法工作的生命线。”[48]“要树立正确法治理念,把打击犯罪同保障人权、追求效率同实现公正、执法目的同执法形式有机统一起来,坚持以法为据、以理服人、以情感人,努力实现最佳的法律效果、政治效果、社会效果。”[49]

习近平总书记指出:“司法权从根本上说是中央事权。”[50]“司法权是对案件事实和法律的判断权和裁决权”,[51]“公正司法是维护社会公平正义的最后一道防线”,[52]“要努力让人民群众在每一个司法案件中都感受到公平正义”。[53]

习近平总书记指出:“法治的根基在人民。”[54]“全民守法是法治社会的基础工程。”[55]要加大全民普法工作力度,“不断提升全体公民法治意识和法治素养,使法治成为社会共识和基本准则。要强化依法治理,培育全社会办事依法、遇事找法、解决问题用法、化解矛盾靠法的法治环境”。[56]

第十,关于国家制度和国家治理的创新理论。

坚持和完善中国特色社会主义制度,推进国家治理体系和治理能力现代化,是党在新时代治国理政的重大主题。对此,习近平法治思想提出一系列原创性判断，加以论证和推进。习近平总书记指出："历史和现实都表明，制度稳则国家稳，制度强则国家强。"[57]"中国特色社会主义国家制度和法律制度是在长期实践探索中形成的，是人类制度文明史上的伟大创造。"[58]在实践中显示出巨大优势，"一是坚持党的领导的优势"，"二是保证人民当家作主的优势"，"三是坚持全面依法治国的优势"，"四是实行民主集中制的优势"。[59]"我国社会主义法治凝聚着我们党治国理政的理论成果和实践经验，是制度之治最基本最稳定最可靠的保障。"[60]"法治是国家治理体系和治理能力的重要依托"，[61]要"坚持在法治轨道上推进国家治理体系和治理能力现代化"。[62]

第十一，关于现代法治核心价值的创新理论。

习近平法治思想秉持良法善治的先进理念，对法治的核心价值进行了深入探讨，提出了一系列具有原创性的概念、命题和论语。

习近平总书记指出："推进全面依法治国，根本目的是依法保障人民权益。"[63]"公正是法治的生命线"，[64]"必须牢牢把握社会公平正义这一法治价值追求，努力让人民群众在每一项法律制度、每一个执法决定、每一宗司法案件中都感受到公平正义。"[65]

习近平总书记指出：法治是一个国家发展的重要保障。"要实现经济发展、政治清明、文化昌盛、社会公正、生态良好，就必须把全面依法治国坚持好、贯彻好、落实好。"[66]

习近平总书记指出："和平、发展、公平、正义、民主、自由是全人类的共同价值"。[67]我们秉持全人类的共同价值，推进中国法治现代化，引领人类法治文明的发展方向。

第十二，关于宪法及其实施的创新理论。

习近平法治思想对宪法的性质和作用、坚持依宪治国和依宪执政、全面实施宪法、发展全过程人民民主作出一系列重大论断，创造性地发展了中国特色社会主义宪法理论。

习近平总书记指出："宪法规定的是国家的重大制度和重大事项，在国家和社会生活中具有总括性、原则性、纲领性、方向性。"[68]"我国宪法以国家根本法的形式，确认了中国共产党领导人民进行革命、建设、改革的伟大斗争和根本成就，确立了人民民主专政的国体和人民代表大会制度的政体，确立了国家的根本任务、指导思想、领导核心、发展道路、奋斗目标，规定了一系列基本政治制度和重要原则，规定了国家一系列大政方针，体现出鲜明的社会主义性质。特别是我国宪法确认了中国共产党领导，这是我国宪法最显著的特征，也是我国宪法得到全面贯彻实施的根本保证。"[69]所以，宪法是国家的总章程、根本法，是中国共产党长期执政的根本法律依据。"坚持依法治国首先要坚持依宪治国，坚持依法执政首先要坚持依宪执政。"[70]

"民主是全人类的共同价值"，要坚持党的领导、人民当家作主、依法治国的有机统一，在宪法的轨道上，"发展更加广泛、更加充分、更加健全的全过程人民民主"。[71]

第十三，关于权力监督制约的创新理论。

依法治国、依法治军，关键是依法治权，构建权力监督制约制度。

习近平总书记指出："纵观人类政治文明史，权力是一把双刃剑，在法治轨道上行使可以造福人民，在法律之外行使则必然祸害国家和人民。"[72]"没有监督的权力必然导致腐败，这是一条铁律。"[73]所以，要"把权力关进制度的笼子里"。[74]"我们说要把权力关进制度的笼子里，就是要依法设定权力、规范权力、制约权力、监督权力。"[75]"反腐倡廉法规制度建设要围绕授权、用权、制权等环节，合理确定权力归属，划清权力边界，厘清权力清单，明确什么权能用、什么权不能用，强化权力流程控制，压缩自由裁量空间，杜绝各种暗箱操作，把权力运行置于党组织和人民群众监督之下，最大限度减少权力寻租的空间。"[76]

第十四,关于涉外法治和国际法治的创新理论。

习近平法治思想统筹国际国内两个大局,首创性地提出“涉外法治”概念和“统筹推进国内法治和涉外法治”的命题。

习近平总书记指出:“当今世界正面临百年未有之大变局,国与国的竞争日益激烈,归根结底是国家制度的竞争。”[77]“制度竞争是综合国力竞争的重要方面,制度优势是一个国家赢得战略主动的重要优势。”[78]随着我国日益走近世界舞台中央,我们“要把法治应对摆在更加突出位置,用规则说话,靠规则行事,维护我国政治安全、经济安全,维护我国企业和公民合法权益”。[79]

习近平总书记指出:“全球治理体系正处于调整变革的关键时期,我们要积极参与国际规则制定,做全球治理变革进程的参与者、推动者、引领者。”[80]

第十五,关于法治思维和法治方式的创新理论。

在全面依法治国、建设法治中国的时代进程中,在各级领导干部和人民群众中养成法治思维、善用法治方式,显得愈加突出和重要。对此,习近平法治思想作出了深刻论述,填补了法律思想史的空白。

习近平总书记指出:“领导干部要提高运用法治思维和法治方式的能力。这就要求领导干部把对法治的尊崇、对法律的敬畏转化成思维方式和行为方式,做到在法治之下、而不是法治之外、更不是法治之上想问题、作决策、办事情。”[81]切实做到“守法律、重程序”“法定职责必须为、法无授权不可为”“保护人民权益”“受监督”。[82]

第十六,关于法治理论建设的创新理论。

习近平法治思想高度重视法治理论建设,把研究、宣传、贯彻和创新中国特色社会主义法治理论作为全面依法治国的重大任务,作为推进马克思主义法治思想中国化时代化的历史使命。

习近平总书记指出:“推进全面依法治国是国家治理的一场深

刻变革,必须以科学理论为指导,加强理论思维,从理论上回答为什么要全面依法治国、怎样全面依法治国这个重大时代课题,不断从理论和实践的结合上取得新成果,总结好、运用好党关于新时代加强法治建设的思想理论成果,更好指导全面依法治国各项工作。”[83]“要加强对我国法治的原创性概念、判断、范畴、理论的研究,加强中国特色法学学科体系、学术体系、话语体系建设。”[84]“要坚持从我国国情和实际出发,正确解读中国现实、回答中国问题,提炼标识性学术概念,打造具有中国特色和国际视野的学术话语体系,尽快把我国法学学科体系和教材体系建立起来”。[85]

结　语

在法学界和理论界,对“习近平法治思想的原创性理论贡献”的研究,尚处于开启阶段,本文仅仅是一篇尝试之作。随着研究工作的深入和学术交流的拓展,法学界和理论界必将形成科学有效的研究范式,引导习近平法治思想原创性理论贡献的高水平、集成性研究,使习近平法治思想的真理光辉得到充分释放、中国特色社会主义法治思想的国际影响力和话语权显著提升。同时,以习近平法治思想的原创性理论为指导,深入推进马克思主义法治思想中国化时代化,继续发展当代中国马克思主义法治思想、21 世纪马克思主义法治思想。

注　释

1　张军:《原创性理论需要经得起时间考验》,载百度 2020 年 6 月 13 日,https://baijiahao. baidu. com/s? id = 1669420655313517812&wfr = spider&for = pc。

2　《科研评价要突出“唯原创性”标准》,载分析测试百科网 2019 年 3 月 20 日,https://wiki. antpedia. com/keyanpingjiayaotuchuweiyuanchuangxingbiaozhun – 2288053 – news。

3　习近平:《在哲学社会科学工作座谈会上的讲话》(2016 年 5 月 17 日),人民出版社 2016 年版,第 20 页。

4　习近平:《在哲学社会科学工作座谈会上的讲话》(2016 年 5 月 17 日),人民出版社 2016 年版,第 21 页。

5　习近平:《坚定不移走中国特色社会主义法治道路　为全面建设社会主义现代化国家提供有力法治保障》,载《求是》2021 年第 5 期。

6　习近平:《在中共十八届四中全会第二次全体会议上的讲话》(2014 年 10 月 23 日),载中共中央文献研究室编:《习近平关于全面依法治国论述摘编》,中央文献出版社 2015 年版,第 12 页。

7　习近平:《全面推进依法治国是一项长期而重大的历史任务》(2017 年 5 月 3 日),载习近平:《论坚持全面依法治国》,中央文献出版社 2020 年版,第 170 – 171 页。

8　习近平:《坚持法治精神,实现公平正义》(2017 年 9 月 26 日),载习近平:《论坚持全面依法治国》,中央文献出版社 2020 年版,第 183 页。

9　习近平:《加快建设社会主义法治国家》(2014 年 10 月 23 日),载习近平:《论坚持全面依法治国》,中央文献出版社 2020 年版,第 111 页。

10　习近平:《在中央全面依法治国委员会第一次会议上的讲话》(2018 年 8 月 24 日),载习近平:《论坚持全面依法治国》,中央文献出版社 2020 年版,第 225 – 226 页。

11　习近平:《加快建设社会主义法治国家》(2014 年 10 月 23 日),载习近平:《论坚持全面依法治国》,中央文献出版社 2020 年版,第 111 页。

12　习近平:《提高国防和军队建设法治化水平》(2014 年 12 月 26 日),载习近平:《论坚持全面依法治国》,中央文献出版社 2020 年版,第 130 页。

13　习近平:《各级领导干部要做尊法学法守法用法的模范》(2015 年 2 月 2 日),载习近平:《论坚持全面依法治国》,中央文献出版社 2020 年版,第 136 页。

14　习近平:《加快建设社会主义法治国家》(2014 年 10 月 23 日),载习近平:《论坚持全面依法治国》,中央文献出版社 2020 年版,第 110 – 111 页。

15　习近平:《坚定不移走中国特色社会主义法治道路　为全面建设社会主义现代化国家提供有力法治保障》,载《求是》2021 年第 5 期。

16　习近平:《加快建设社会主义法治国家》,载《习近平谈治国理政》(第 2 卷),外文出版社 2017 年版,第 119 页。

17　习近平:《关于〈中共中央关于全面推进依法治国若干重大问题的决定〉的说明》(2014 年 10 月 20 日),载习近平:《论坚持全面依法治国》,中央文献出版社 2020 年版,第 93 页。

18 习近平:《关于〈中共中央关于全面推进依法治国若干重大问题的决定〉的说明》(2014 年 10 月 20 日),载习近平:《论坚持全面依法治国》,中央文献出版社 2020 年版,第 91 页。

19 习近平:《坚定不移走中国特色社会主义法治道路　为全面建设社会主义现代化国家提供有力法治保障》,载《求是》2021 年第 5 期。

20 习近平:《加快建设社会主义法治国家》(2014 年 10 月 23 日),载习近平:《论坚持全面依法治国》,中央文献出版社 2020 年版,第 107 页。

21 习近平:《加快建设社会主义法治国家》(2014 年 10 月 23 日),载习近平:《论坚持全面依法治国》,中央文献出版社 2020 年版,第 107 页。

22 习近平:《加快建设社会主义法治国家》(2014 年 10 月 23 日),载习近平:《论坚持全面依法治国》,中央文献出版社 2020 年版,第 110 页。

23 习近平:《坚持走中国特色社会主义法治道路　更好推进中国特色社会主义法治体系建设》,载《求是》2022 年第 4 期。

24 习近平:《在中共十八届四中全会第一次全体会议上关于中央政治局工作的报告》(2014 年 10 月 20 日),载中共中央文献研究室编:《习近平关于全面依法治国论述摘编》,中央文献出版社 2015 年版,第 4 页。

25 习近平:《深化依法治国实践》(2017 年 10 月 18 日),载习近平:《论坚持全面依法治国》,中央文献出版社 2020 年版,第 186 页。

26 习近平:《全面推进依法治国是一项长期而重大的历史任务》(2017 年 5 月 3 日),载习近平:《论坚持全面依法治国》,中央文献出版社 2020 年版,第 173 页。

27 《立德树人德法兼修抓好法治人才培养　励志勤学刻苦磨炼促进青年成长进步》,载《人民日报》2017 年 5 月 4 日,第 1 版。

28 习近平:《坚定不移走中国特色社会主义法治道路　为全面建设社会主义现代化国家提供有力法治保障》,载《求是》2021 年第 5 期。

29 习近平:《关于〈中共中央关于全面推进依法治国若干重大问题的决定〉的说明》(2014 年 10 月 20 日),载习近平:《论坚持全面依法治国》,中央文献出版社 2020 年版,第 93 页。

30 习近平:《加快建设社会主义法治国家》(2014 年 10 月 23 日),载习近平:《论坚持全面依法治国》,中央文献出版社 2020 年版,第 111 – 112 页。

31 习近平:《在省部级主要领导干部学习贯彻党的十八届四中全会精神全面推进依法治国专题研讨班上的讲话》(2015 年 2 月 2 日),载中共中央文献研究室编:《习近平关于全面依法治国论述摘编》,中央文献出版社 2015 年版,第 34 页。

32 习近平:《在省部级主要领导干部学习贯彻党的十八届四中全会精神全面推进依法治国专题研讨班上的讲话》(2015 年 2 月 2 日),载中共中央文献研究室编:《习近平关于全面依法治国论述摘编》,中央文献出版社 2015 年版,第 34 页。

33 习近平:《关于〈中共中央关于全面推进依法治国若干重大问题的决定〉的说明》(2014 年 10 月 20 日),载习近平:《论坚持全面依法治国》,中央文献出版社 2020 年版,第 92 页。

34 习近平:《坚定不移走中国特色社会主义法治道路　为全面建设社会主义现代化国家提供有力法治保障》,载《求是》2021 年第 5 期。

35 习近平:《在法治下推进改革,在改革中完善法治》(2013 年 11 月—2019 年 7 月),载习近平:《论坚持全面依法治国》,中央文献出版社 2020 年版,第 37 - 38 页。

36 习近平:《在法治下推进改革,在改革中完善法治》(2013 年 11 月—2019 年 7 月),载习近平:《论坚持全面依法治国》,中央文献出版社 2020 年版,第 39 页。

37 习近平:《在法治下推进改革,在改革中完善法治》(2013 年 11 月—2019 年 7 月),载习近平:《论坚持全面依法治国》,中央文献出版社 2020 年版,第 38 页。

38 习近平:《坚持依法治国和以德治国相结合》(2016 年 12 月 9 日),载习近平:《论坚持全面依法治国》,中央文献出版社 2020 年版,第 166 页。

39 习近平:《坚持依法治国和以德治国相结合》(2016 年 12 月 9 日),载习近平:《论坚持全面依法治国》,中央文献出版社 2020 年版,第 165 页。

40 习近平:《加快建设社会主义法治国家》(2014 年 10 月 23 日),载习近平:《论坚持全面依法治国》,中央文献出版社 2020 年版,第 109 页。

41 习近平:《在中央全面依法治国委员会第一次会议上的讲话》(2018 年 8 月 24 日),载习近平:《论坚持全面依法治国》,中央文献出版社 2020 年版,第 223 页。

42 习近平:《坚持依法治国与制度治党、依规治党统筹推进、一体建设》(2016 年 12 月 23 日),载习近平:《论坚持全面依法治国》,中央文献出版社 2020 年版,第 169 页。

43 习近平:《关于〈中共中央关于全面推进依法治国若干重大问题的决定〉的说明》(2014 年 10 月 20 日),载习近平:《论坚持全面依法治国》,中央文献出版社 2020 年版,第 96 页。

44 习近平:《深化依法治国实践》(2017 年 10 月 18 日),载习近平:《论坚持全面依法治国》,中央文献出版社 2020 年版,第 186 页。

45 习近平:《关于〈中共中央关于全面推进依法治国若干重大问题的决定〉的说明》

(2014 年 10 月 20 日),载习近平:《论坚持全面依法治国》,中央文献出版社 2020 年版,第 95 页。

46 习近平:《关于我国宪法和推进全面依法治国》(2018 年 2 月 24 日),载习近平:《论坚持全面依法治国》,中央文献出版社 2020 年版,第 217 页。

47 习近平:《关于〈中共中央关于全面推进依法治国若干重大问题的决定〉的说明》(2014 年 10 月 20 日),载习近平:《论坚持全面依法治国》,中央文献出版社 2020 年版,第 96 页。

48 习近平:《关于严格规范公正文明执法》(2019 年 5 月 7 日),载习近平:《论坚持全面依法治国》,中央文献出版社 2020 年版,第 259 页。

49 习近平:《关于严格规范公正文明执法》(2019 年 5 月 7 日),载习近平:《论坚持全面依法治国》,中央文献出版社 2020 年版,第 260 页。

50 习近平:《加快建设公正高效权威的社会主义司法制度》(2014 年 1 月 7 日),载习近平:《论坚持全面依法治国》,中央文献出版社 2020 年版,第 62 页。

51 习近平:《加快建设公正高效权威的社会主义司法制度》(2014 年 1 月 7 日),载习近平:《论坚持全面依法治国》,中央文献出版社 2020 年版,第 61 页。

52 习近平:《全面推进科学立法、严格执法、公正司法、全民守法》(2013 年 2 月 23 日),载习近平:《论坚持全面依法治国》,中央文献出版社 2020 年版,第 22 页。

53 习近平:《全面推进科学立法、严格执法、公正司法、全民守法》(2013 年 2 月 23 日),载习近平:《论坚持全面依法治国》,中央文献出版社 2020 年版,第 22 页。

54 习近平:《推进全面依法治国,发挥法治在国家治理体系和治理能力现代化中的积极作用》(2020 年 2 月 5 日),载习近平:《论坚持全面依法治国》,中央文献出版社 2020 年版,第 276 页。

55 习近平:《坚定不移走中国特色社会主义法治道路　为全面建设社会主义现代化国家提供有力法治保障》,载《求是》2021 年第 5 期。

56 习近平:《坚定不移走中国特色社会主义法治道路　为全面建设社会主义现代化国家提供有力法治保障》,载《求是》2021 年第 5 期。

57 习近平:《在中央人大工作会议上的讲话》,载《求是》2022 年第 5 期。

58 习近平:《坚持、完善和发展中国特色社会主义国家制度与法律制度》(2019 年 9 月 24 日),载习近平:《论坚持全面依法治国》,中央文献出版社 2020 年版,第 262 页。

59 习近平:《坚持、完善和发展中国特色社会主义国家制度与法律制度》(2019 年 9 月 24 日),载习近平:《论坚持全面依法治国》,中央文献出版社 2020 年版,第

264－265 页。

60 习近平:《推进全面依法治国,发挥法治在国家治理体系和治理能力现代化中的积极作用》(2020 年 2 月 5 日),载习近平:《论坚持全面依法治国》,中央文献出版社 2020 年版,第 272－273 页。

61 习近平:《关于〈中共中央关于全面推进依法治国若干重大问题的决定〉的说明》(2014 年 10 月 20 日),载中共中央文献研究室编:《习近平关于全面依法治国论述摘编》,中央文献出版社 2015 年版,第 6 页。

62 习近平:《坚定不移走中国特色社会主义法治道路 为全面建设社会主义现代化国家提供有力法治保障》,载《求是》2021 年第 5 期。

63 习近平:《以科学理论指导全面依法治国各项工作》(2020 年 11 月 16 日),载习近平:《论坚持全面依法治国》,中央文献出版社 2020 年版,第 2 页。

64 习近平:《关于〈中共中央关于全面推进依法治国若干重大问题的决定〉的说明》(2014 年 10 月 20 日),载习近平:《论坚持全面依法治国》,中央文献出版社 2020 年版,第 98 页。

65 习近平:《在中央全面依法治国委员会第一次会议上的讲话》(2018 年 8 月 24 日),载习近平:《论坚持全面依法治国》,中央文献出版社 2020 年版,第 229 页。

66 习近平:《深刻认识宪法修改的重大意义》(2018 年 1 月 19 日),载习近平:《论坚持全面依法治国》,中央文献出版社 2020 年版,第 195 页。

67 习近平:《同舟共济,继往开来,携手构建新时代中非命运共同体——在中非合作论坛第八届部长级会议开幕式上的主旨演讲》(2021 年 11 月 29 日),人民出版社 2021 年版,第 4 页。

68 习近平:《关于我国宪法和推进全面依法治国》(2018 年 2 月 24 日),载习近平:《论坚持全面依法治国》,中央文献出版社 2020 年版,第 218 页。

69 习近平:《关于我国宪法和推进全面依法治国》(2018 年 2 月 24 日),载习近平:《论坚持全面依法治国》,中央文献出版社 2020 年版,第 214 页。

70 习近平:《宪法修改要充分体现人民的意志》(2017 年 12 月 15 日),载习近平:《论坚持全面依法治国》,中央文献出版社 2020 年版,第 187 页。

71 习近平:《在中央人大工作会议上的讲话》,载《求是》2022 年第 5 期。

72 习近平:《在省部级主要领导干部学习贯彻党的十八届四中全会精神全面推进依法治国专题研讨班上的讲话》(2015 年 2 月 2 日),载中共中央文献研究室编:《习近平关于全面依法治国论述摘编》,中央文献出版社 2015 年版,第 37－38 页。

73　习近平:《在全国组织工作会议上的讲话》(2013 年 6 月 28 日),载中共中央文献研究室编:《十八大以来重要文献选编》(上),中央文献出版社 2014 年版,第 342 页。

74　刘云山:《以高度的政治责任感、良好的精神状态和扎实的工作作风,把教育实践活动组织好、开展好》(2013 年 6 月 18 日),载中共中央文献研究室编:《十八大以来重要文献选编》(上),中央文献出版社 2014 年版,第 332 页。

75　习近平:《在省部级主要领导干部学习贯彻党的十八届四中全会精神全面推进依法治国专题研讨班上的讲话》(2015 年 2 月 2 日),载中共中央文献研究室编:《习近平关于全面依法治国论述摘编》,中央文献出版社 2015 年版,第 127－128 页。

76　习近平:《加强权力制约和监督,推进反腐倡廉法规制度建设》(2015 年 6 月 26 日),载习近平:《论坚持全面依法治国》,中央文献出版社 2020 年版,第 151－152 页。

77　习近平:《坚持、完善和发展中国特色社会主义国家制度与法律制度》(2019 年 9 月 24 日),载习近平:《论坚持全面依法治国》,中央文献出版社 2020 年版,第 265 页。

78　习近平:《在中央人大工作会议上的讲话》,载《求是》2022 年第 5 期。

79　习近平:《为做好党和国家各项工作营造良好法治环境》(2019 年 2 月 25 日),载习近平:《论坚持全面依法治国》,中央文献出版社 2020 年版,第 256－257 页。

80　习近平:《在中央全面依法治国委员会第一次会议上的讲话》(2018 年 8 月 24 日),载习近平:《论坚持全面依法治国》,中央文献出版社 2020 年版,第 225 页。

81　习近平:《各级领导干部要做尊法学法守法用法的模范》(2015 年 2 月 2 日),载习近平:《论坚持全面依法治国》,中央文献出版社 2020 年版,第 141 页。

82　习近平:《各级领导干部要做尊法学法守法用法的模范》(2015 年 2 月 2 日),载习近平:《论坚持全面依法治国》,中央文献出版社 2020 年版,第 141 页。

83　习近平:《坚定不移走中国特色社会主义法治道路　为全面建设社会主义现代化国家提供有力法治保障》,载《求是》2021 年第 5 期。

84　习近平:《坚持走中国特色社会主义法治道路　更好推进中国特色社会主义法治体系建设》,载《求是》2022 年第 4 期。

85　习近平:《全面做好法治人才培养工作》(2017 年 5 月 3 日),载习近平:《论坚持全面依法治国》,中央文献出版社 2020 年版,第 176 页。

习近平法治思想的原创性贡献是从哪里来的?*

在全面依法治国、建设法治中国伟大实践中创立的习近平法治思想,深刻揭示了共产党依法执政规律、社会主义法治建设规律、人类社会法治发展规律,创造性地回答和解决了“中国之治”重大理论和实践问题,对马克思主义法治思想中国化、中国特色社会主义法治理论时代化、中华法治文明现代化、人类法治思想科学化,作出了划时代的原创性贡献,指引我国社会主义法治建设发生历史性变革、取得历史性成就。那么,习近平法治思想是如何作出原创性贡献的?习近平法治思想的原创性贡献是如何形成的?

一、顺应时代、开拓创新

时代是思想之母。法治是治国理政的基本方式,一个现代化国家必然是法治国家,全面依法治国是国家治理的一场深刻革命,全面依法治国是坚持和发展中国特色社会主义的基本方略。

---

* 本文曾以《习近平法治思想作出原创性贡献的时代背景、实践逻辑和科学方法》为题发表于《习近平法治思想研究与实践》专刊 2022 年第 7 期(《民主与法制》周刊 2022 年第 27 期)。

习近平总书记提出的这些高屋建瓴的理论命题,深刻揭示了坚定不移厉行法治、推进全面依法治国、建设法治中国的重要性、紧迫性、战略性。然而,如何在十四亿多人口的大国、世界上最大的发展中国家、具有中国特色的社会主义国家推进全面依法治国、建设社会主义法治国家,我们没有任何现成的答案,既不可能简单延续中华传统法律文化的母版,也不可能简单套用国外法治现代化的模板,更不可能找到现成的教科书、"教师爷"。我们必须用原创性理论回答法治的中国之问、人民之问、时代之问、世界之问,用原创性真理开启原创性实践。正如习近平总书记指出:"当代中国正经历着我国历史上最为广泛而深刻的社会变革,也正在进行着人类历史上最为宏大而独特的实践创新。这种前无古人的伟大实践,必将给理论创造、学术繁荣提供强大动力和广阔空间。这是一个需要理论而且一定能够产生理论的时代,这是一个需要思想而且一定能够产生思想的时代。"[1]习近平法治思想正是顺应实现中华民族伟大复兴时代要求应运而生的重大理论创新成果。习近平法治思想萌发和孕育于改革开放和社会主义现代化建设新时期,形成和创立于坚持和发展中国特色社会主义新时代,创新和发展在全面建设社会主义现代化强国、实现中华民族伟大复兴新征程。在波澜壮阔、气势恢宏的社会变革和历史变迁中,习近平总书记提出了前人和同代人没有提出的许多具有时代性前瞻性的法治问题,并在回答和解决这些时代性问题中形成了一系列新概念新范畴新命题新论语,揭示了法治中国建设的本质和规律,阐明了全面依法治国背后的政理、法理和哲理,解决了古今中外形形色色法学流派没有也不可能解决的大国法治的重大理论和实践问题,破解了新时代为什么要全面依法治国、如何全面依法治国的历史性课题,开辟了全面依法治国新时代,创造了中国式法治现代化新道路,构建了人类法治思想史上最富有原创性的科学理论体系。

二、植根实践、新益求新

实践是理论之源。习近平法治思想的主要创立者习近平总书记有着长期推进法治建设和依法治县、依法治市、依法治省、依法治国、全面依法治国的非凡经历和卓越实践，这是习近平法治思想富有原创性和生命力的源头活水。自1982年担任河北省正定县委副书记以来的40年领导实践中，习近平同志坚持以马克思主义法治思想为指导，认真贯彻落实党中央提出的社会主义法治建设方针和依法治国基本方略、依法执政基本方式，一以贯之地亲自谋划和推进法治建设，在依法治理的丰富实践中，形成了对县域、市域、省域、国域以至国际不同层面法治规律、法治路径、法治方式的科学认识和深切体悟，从而在每一个时期、每一个领导岗位上，都提出了一系列立时代之潮头、通古今之变化、发思想之先声的法治新概念新命题新论语，对当代中国的法治理论作出了反映法治规律、符合法治实际、引领法治实践的原创性贡献。

实践发展永无止境，理论创新也永无止境。党的十八大以来，中国特色社会主义进入新时代。以习近平同志为核心的党中央勇毅直面改革发展稳定存在的深层次矛盾和问题、管党治党治国治军等方面的突出问题，以及外部环境变化带来的许多新的风险挑战，坚持解放思想、锐意进取，不断推进理论创新和实践创新。习近平总书记作为党的核心、人民领袖、国家元首、军队统帅，以奉法强国的雄才大略、依规治党的远见卓识、高瞻远瞩的战略思维和求真务实的理论思维，在过去、现在和未来有机贯通的历史经纬中，科学把握人类社会法治现代化的本质、规律和方向，探索新时代中国特色社会主义法治建设的规律性、战略性问题，对关系全面依法治国的重要地位、政治方向、战略布局、重大任务、重要保障、重大关系等一系列理论和实践问题进行了深邃思考和科学判断，提出一系列原创性的法治新概念新命题新论语。例如:“全面依法治国”“依规治党”“法治中国”“平安中国”“法治军队”“法治队伍”“司法责任制”“法治思维”“涉外法治”“良法善治”“崇法尚德”“总体国家安全观”“信息主权”“社会治理共同体”“人类命运共同体”。“法治和人治问题是人类政治文明史上的一个基本问题,也是各国在实现现代化过程中必须面对和解决的一个重大问题。”[2]“权力是一把双刃剑,在法治轨道上行使可以造福人民,在法律之外行使则必然祸害国家和人民。”[3]“法治兴则国兴,法治强则国强。”[4]“中国特色社会主义法治道路,是社会主义法治建设成就和经验的集中体现,是建设社会主义法治国家的唯一正确道路。”[5]“党的领导是我国社会主义法治之魂,是我国法治同西方资本主义国家法治最大的区别。”[6]“法治的根基在人民。”[7]“必须坚持法治为了人民、依靠人民、造福人民、保护人民。”[8]“公正是法治的生命线。”[9]“坚持依法治国、依法执政、依法行政共同推进,坚持法治国家、法治政府、法治社会一体建设。”[10]“和平、发展、公平、正义、民主、自由是全人类的共同价值。”[11]“当今世界正面临百年未有之大变局,国与国的竞争日益激烈,归根结底是国家制度的竞争。”[12]类似这样的原创性概念、命题、论语有数百个(条)。正是这些在实践中形成和提炼出来并用于指导实践的具有原创性意义的概念、命题和论语,构筑了博大精深的习近平法治思想理论大厦。

三、以史为鉴、守正创新

历史是最好的老师。以史为鉴,我们能够更好认识过去、把握当下、面向未来。中国共产党成立以来,党和人民百年奋斗书写了中华民族几千年历史上最恢宏的史诗。这一百年,既是党领导人民进行革命、建设、改革伟大实践,迎来从站起来、富起来到强起来伟大飞跃的一百年,也是党领导人民追求法治、探索法治、建设法治、推进法治、厉行法治，迎来坚持全面依法治国、建设社会主义法治国家的一百年。习近平总书记以马克思主义历史观、方法论和法治观，对党的百年法治建设历程、成就和经验特别是新时代全面依法治国的鲜活经验进行了系统而科学的总结，深刻揭示了我国社会主义法治形成和发展的历史逻辑、理论逻辑和实践逻辑，以新的视野、新的认识赋予其新的时代内涵、新的实践力量。

在总结成就和经验的同时，习近平总书记对我国法治建设曾经出现的挫折和教训进行了深刻反思，习近平法治思想的许多原创性理论观点和命题正是基于以史为鉴、科学反思而形成的。例如："全面推进依法治国，是深刻总结我国社会主义法治建设成功经验和深刻教训作出的重大抉择。"[13]"'文化大革命'期间，民主法制遭到严重破坏，党、国家、人民为之付出沉重代价。经历这一严重曲折之后，我们深刻认识到，法治是治国理政不可或缺的重要手段，什么时候重视法治、法治昌明，什么时候就国泰民安；什么时候忽视法治、法治松弛，什么时候就国乱民怨。"[14]"我们深刻总结我国社会主义法治建设的成功经验和深刻教训，把依法治国确定为党领导人民治理国家的基本方略，把依法执政确定为党治国理政的基本方式，走出了一条中国特色社会主义法治道路。"[15]20 世纪 50 年代中期之后，"我国宪法建设走了一些弯路，特别是'文化大革命'期间宪法形同虚设。一九七五年制定的宪法，受到'四人帮'干扰破坏，比一九五四年宪法大大倒退了"。[16]"五四宪法"形同虚设，"七五宪法"大大倒退，这不可避免导致整个法制建设停滞，民主、人权、自由缺失了宪法法律保护，国民经济遭受巨大损失。总结反思新中国成立以来我国宪法建设的经验和教训，习近平总书记深刻指出，宪法与国家前途、人民命运息息相关。只要我们切实尊重和有效实施宪法，人民当家作主就有保证，党和国家事业就能顺利发展。反之，如果宪法受到漠视、削弱甚至破坏，人民权利和自由就无法保证，党和国家事业就会遭受挫折。这些从长期实践中得出的宝贵启示经过科学转化，构成习近平法治思想原创性理论概括和命题，它们以历史的证明力和理论的解释力坚定了党和人民深入推进全面依法治国、建设社会主义现代化法治强国的信念和意志。

在党的百年奋斗中，我们党坚持把马克思主义法治思想同法治建设的具体实际相结合，在新民主主义革命、社会主义革命和建设时期，以毛泽东同志为主要代表的中国共产党人，提出一系列新民主主义、社会主义的法律思想和法制原则，形成毛泽东思想的法治理论。改革开放和社会主义现代化建设新时期，以邓小平、江泽民、胡锦涛同志为主要代表的中国共产党人，对中国特色社会主义法治建设作出一系列重要论述，形成、丰富和发展了中国特色社会主义法治理论。习近平总书记守正创新，在继承和运用马克思主义法治思想、毛泽东思想的法治理论、中国特色社会主义法治理论的同时，以创造性实践和创新性理论推进马克思主义法治思想中国化、毛泽东思想的法治理论和中国特色社会主义法治理论时代化。例如，在宪法、国体、政体等经典理论基础上，习近平总书记创造性地提出“宪法是治国理政的总章程”“宪法是我们党长期执政的根本法律依据”“宪法是全面依法治国的根本依据”等；在“党的领导、人民当家作主、依法治国有机统一”重要思想基础上，创造性地提出“人民代表大会制度是坚持党的领导、人民当家作主、依法治国有机统一的根本政治制度安排”；[17]在“制度更带有根本性、全局性、稳定性、长期性”的论断基础上，创造性地提出“制度稳则国家稳，制度强则国家强”；[18]在依法治国概念基础上，创造性地提出“全面依法治国”；在建设中国特色社会主义法律体系的基础上，创造性地提出“建设中国特色社会主义法治体系”，并把“建设中国特色社会主义法治体系”作为全面推进依法治国的总目标和总抓手；在“依法治国、执法为民、公平正义、服务大局、党的领导”的法治理念基础上，创造性地提出“坚持党对全面依法治国的领导”“坚持以人民为中心”“坚持中国特色社会主义法治道路”“公正是法治的生命线”“法治是最好的营商环境”等更具时代性原创性的法治理念。

以史为鉴、守正创新，是习近平法治思想作出原创性贡献的历史逻辑和理论逻辑，习近平总书记对马克思主义的坚定信仰、对毛泽东思想的法治理论和中国特色社会主义法治理论的深刻把握、对推进党的法治理论创新的理论自觉和科学方法，生动展示出马克思主义思想家的大手笔、大格局、大境界，彰显出习近平法治思想与党的百年法治奋斗历史经验和理论成果既一脉相承又与时俱进的伟大理论品格。

四、立足国情、求实创新

思想是行动的先导。中国特色社会主义实践向前推进一步，法治建设就要跟进一步，法治思想更要先行一步。这是习近平法治思想产生原创性理论的强大推力，也是习近平法治思想作出原创性贡献的思想路线和科学方法。习近平法治思想坚持辩证唯物主义认识论，把马克思主义法治思想同我国新时代法治建设新的历史方位、独特国情和具体实践相结合，以伟大的历史主动精神，科学回答法治的时代课题，积极回应人民对法治的期待要求，善于运用法治方式解决问题、应对风险。

我国新时代法治建设面临许多前所未有的新变局新情况新挑战。其一，从宏观国情来看，我国是世界上最大的发展中国家，我国仍处于并将长期处于社会主义初级阶段。但是，我们已经进入中国特色社会主义新时代，我国社会主要矛盾已经转化为人民日益增长的美好生活需要和不平衡不充分的发展之间的矛盾，人民群众对美好生活的向往更多向民主、法治、公平、正义、安全、环境等方面延展，对立法质量、对严格规范公正文明执法、对依法独立公正司法的要求和期待越来越高。法治建设必须积极回应人民的法治期待、有效服务人民的法治需求。其二,我们实现了第一个百年奋斗目标,在中华大地上全面建成了小康社会,正在意气风发向着全面建成社会主义现代化强国的第二个百年奋斗目标迈进。“在统筹推进伟大斗争、伟大工程、伟大事业、伟大梦想,全面建设社会主义现代化国家的新征程上,我们要更好发挥法治固根本、稳预期、利长远的保障作用。”[19]其三,从我国的国家制度和国家治理来看,中国共产党是由历史决定、人民选择、宪法确认的中华人民共和国唯一且长期执政的执政党,全面依法治国必须始终坚持党的领导。人民代表大会制度是保证我国人民当家作主的根本政治制度,中国共产党领导的多党合作和政治协商制度是我国的基本政治制度。公有制为主体、多种所有制经济共同发展,按劳分配为主体、多种分配方式并存,社会主义市场经济体制等,是我国社会主义初级阶段的基本经济制度。“中国之制”是“中国之治”的制度根基。我国社会主义法治凝聚着我们党治国理政的理论成果和实践经验,是制度之治最基本最稳定最可靠的保障,全面依法治国是国家治理现代化的必由之路。其四,从我国的外部环境看,“我国已经进入了实现中华民族伟大复兴的关键阶段。中国与世界的关系在发生深刻变化,我国同国际社会的互联互动也已变得空前紧密,我国对世界的依靠、对国际事务的参与在不断加深,世界对我国的依靠、对我国的影响也在不断加深。我们观察和规划改革发展,必须统筹考虑和综合运用国际国内两个市场、国际国内两种资源、国际国内两类规则”。[20]当前,世界进入百年未有之变革动荡期,“国际竞争越来越体现为制度、规则、法律之争”,[21]法治已经成为国家综合实力的重要组成部分,成为对外斗争的强大武器。

习近平总书记精准把脉上述内外国情和法治实践,在马克思主义法治思想同中国具体实际相结合中,原创性地提出了“坚持全面依法治国”“坚持中国特色社会主义法治道路”“建设中国特色社会主义法治体系”“在法治轨道上推进国家治理体系和治理能力现代化”“我们要在短短几十年时间内在十三亿多人口的大国实现社会主义现代化，就必须自上而下、自下而上双向互动地推进法治化。”[22]“既不能罔顾国情、超越阶段，也不能因循守旧、墨守成规。”[23]“我国是单一制国家，维护国家法治统一至关重要。”[24]“坚持依法治国和依规治党有机统一”“发展全过程人民民主”“坚定不移走中国人权发展道路”“统筹推进国内法治和涉外法治”“协调推进国内治理和国际治理”等一系列原创性新理念新思想新战略，科学阐释了“中国之制”和“中国之治”的“中国之理”，开辟了马克思主义法治思想中国化新境界，创造了中国式法治现代化新道路，创造了人类法治文明新形态，让习近平法治思想站在了人类历史真理和正义的制高点。

五、古为今用、推陈出新

“问渠那得清如许，为有源头活水来。”中华优秀传统法律文化是习近平法治思想富有创造活力的历史清泉，是习近平法治思想作出原创性贡献的文化基因。习近平总书记强调指出：“要加强对中华优秀传统文化的挖掘和阐发，使中华民族最基本的文化基因与当代文化相适应、与现代社会相协调，把跨越时空、超越国界、富有永恒魅力、具有当代价值的文化精神弘扬起来。”[25]“历史和现实告诉我们，只有传承中华优秀传统法律文化，从我国革命、建设、改革的实践中探索适合自己的法治道路，同时借鉴国外法治有益成果，才能为全面建设社会主义现代化国家、实现中华民族伟大复兴夯实法治基础。”[26]习近平总书记指出：“自古以来，我国形成了世界法制史上独树一帜的中华法系，积淀了深厚的法律文化……中华法系是在我国特定历史条件下形成的，显示了中华民族的伟大创造力和中华法制文明的深厚底蕴。中华法系凝聚了中华民族的精神和智慧，有很多优秀的思想和理念值得我们传承。”[27]习近平总书记以强烈的历史自觉和文化自信,深耕于中华法制文明和传统法律文化的沃土,从先秦思想家管子、孔子、荀子、韩非子、商鞅到近代思想家沈家本、孙中山、严复、梁启超的法律思想,从商鞅变法、贞观之治、王安石变法、张居正变法到清末变法图强运动,从法经、秦律、汉律、唐律直到清末修律,都不同程度地研究过。对中国古代经典文献和法典律令中的思想精华、法理格言、精辟论语,习近平总书记信手拈来、旁征博引、取精用宏,将其有机融入习近平法治思想科学体系和新时代中国法治话语体系之中,推动了马克思主义法治思想同中华优秀传统法律文化相结合、古代法理精华与现代法学理论相融通。习近平总书记在其讲话和论著中引用过数以百计的传统法治文化经典论语,诸如,"法者,治之端也。""经国序民,正其制度。""国无常强,无常弱。奉法者强则国强,奉法者弱则国弱。""法非从天下,非从地出,发于人间,合乎人心而已。""法者,国之权衡也,时之准绳也。""治国有常,而利民为本。""为国也,观俗立法则治,察国事本则宜。""立善法于天下,则天下治;立善法于一国,则一国治。""法令行则国治,法令弛则国乱。""人法兼资,而天下之治成。""法不阿贵,绳不挠曲。""凡法事者,操持不可以不正。"等等。这些在历史长河中绵延已久的法治论语,经过习近平法治思想的创造性转化、创新性发展,生成了习近平法治思想厚重的历史底蕴和民族底色。古今融通、择善而用、推陈出新,使习近平法治思想得以集成和凝聚中华文化和中国精神的时代精华,彰显出无与伦比的历史文化优势。

"阳春布德泽,万物生光辉。"在全面依法治国、推进国家治理现代化、实现中华民族伟大复兴的时代律动中应运而生的习近平法治思想,其原创性理论贡献得乎天地人心,顺乎国运民情,润泽四时万物,穿越五洲国界。习近平法治思想的原创性理论既来源于伟大的思想渊源、卓越的实践根基、深厚的文化源泉、千年的历史镜鉴,更出自习近平总书记卓越的理论创造力。习近平总书记以科学理论思维、深邃历史眼光和宽广世界视野，洞察人类政治文明史、把脉治国理政规律、引领法治时代潮流，站在真理和正义的制高点，以非凡的政治智慧和理论勇气进行了具有开拓性和独创性意义的实践创新和理论创造，为马克思主义法治思想的历史性飞跃和人类法治思想史的划时代变革作出了彪炳史册的伟大贡献。

注　释

1　习近平：《在哲学社会科学工作座谈会上的讲话》（2016 年 5 月 17 日），人民出版社 2016 年版，第 8 页。

2　习近平：《在中共十八届四中全会第二次全体会议上的讲话》（2014 年 10 月 23 日），载中共中央文献研究室编：《习近平关于全面依法治国论述摘编》，中央文献出版社 2015 年版，第 12 页。

3　习近平：《在省部级主要领导干部学习贯彻党的十八届四中全会精神全面推进依法治国专题研讨班上的讲话》（2015 年 2 月 2 日），载中共中央文献研究室编：《习近平关于全面依法治国论述摘编》，中央文献出版社 2015 年版，第 37－38 页。

4　习近平：《在中央全面依法治国委员会第一次会议上的讲话》（2018 年 8 月 24 日），载习近平：《论坚持全面依法治国》，中央文献出版社 2020 年版，第 225 页。

5　习近平：《关于〈中共中央关于全面推进依法治国若干重大问题的决定〉的说明》（2014 年 10 月 20 日），载习近平：《论坚持全面依法治国》，中央文献出版社 2020 年版，第 93 页。

6　习近平：《坚定不移走中国特色社会主义法治道路　为全面建设社会主义现代化国家提供有力法治保障》，载《求是》2021 年第 5 期。

7　习近平：《推进全面依法治国，发挥法治在国家治理体系和治理能力现代化中的积极作用》（2020 年 2 月 5 日），载习近平：《论坚持全面依法治国》，中央文献出版社 2020 年版，第 276 页。

8　习近平：《加快建设社会主义法治国家》（2014 年 10 月 23 日），载习近平：《论坚持全面依法治国》，中央文献出版社 2020 年版，第 107 页。

9　习近平：《关于〈中共中央关于全面推进依法治国若干重大问题的决定〉的说明》（2014 年 10 月 20 日），载习近平：《论坚持全面依法治国》，中央文献出版社 2020

年版,第 98 页。

10 习近平:《关于〈中共中央关于全面推进依法治国若干重大问题的决定〉的说明》(2014 年 10 月 20 日),载习近平:《论坚持全面依法治国》,中央文献出版社 2020 年版,第 93 页。

11 习近平:《让中非友好合作精神代代相传、发扬光大》(2021 年 11 月 29 日),载《习近平谈治国理政》(第四卷),外文出版社 2022 年版,第 446 页。

12 习近平:《坚持、完善和发展中国特色社会主义国家制度与法律制度》(2019 年 9 月 24 日),载习近平:《论坚持全面依法治国》,中央文献出版社 2020 年版,第 265 页。

13 习近平:《在中共十八届四中全会第二次全体会议上的讲话》(2014 年 10 月 23 日),载中共中央文献研究室编:《习近平关于全面依法治国论述摘编》,中央文献出版社 2015 年版,第 8 页。

14 习近平:《全面推进依法治国是一项长期而重大的历史任务》(2017 年 5 月 3 日),载习近平:《论坚持全面依法治国》,中央文献出版社 2020 年版,第 170 – 171 页。

15 习近平:《坚持依法治国和以德治国相结合》(2016 年 12 月 9 日),载习近平:《论坚持全面依法治国》,中央文献出版社 2020 年版,第 165 – 166 页。

16 习近平:《关于我国宪法和推进全面依法治国》(2018 年 2 月 24 日),载习近平:《论坚持全面依法治国》,中央文献出版社 2020 年版,第 211 页。

17 习近平:《在中央人大工作会议上的讲话》,载《求是》2022 年第 5 期。

18 习近平:《在中央人大工作会议上的讲话》,载《求是》2022 年第 5 期。

19 习近平:《在中央全面依法治国委员会第一次会议上的讲话》(2018 年 8 月 24 日),载习近平:《论坚持全面依法治国》,中央文献出版社 2020 年版,第 227 页。

20 习近平:《中国必须有自己特色的大国外交》(2014 年 11 月 28 日),载习近平:《论坚持推动构建人类命运共同体》,中央文献出版社 2018 年版,第 200 页。

21 习近平:《坚持走中国特色社会主义法治道路　更好推进中国特色社会主义法治体系建设》,载《求是》2022 年第 4 期。

22 习近平:《各级领导干部要做尊法学法守法用法的模范》(2015 年 2 月 2 日),载习近平:《论坚持全面依法治国》,中央文献出版社 2020 年版,第 136 页。

23 习近平:《加快建设社会主义法治国家》(2014 年 10 月 23 日),载习近平:《论坚持全面依法治国》,中央文献出版社 2020 年版,第 110 页。

24 习近平:《坚定不移走中国特色社会主义法治道路　为全面建设社会主义现代化

国家提供有力法治保障》,载《求是》2021 年第 5 期。

25 习近平:《在哲学社会科学工作座谈会上的讲话》(2016 年 5 月 17 日),人民出版社 2016 年版,第 17 页。

26 习近平:《坚定不移走中国特色社会主义法治道路　为全面建设社会主义现代化国家提供有力法治保障》,载《求是》2021 年第 5 期。

27 习近平:《坚定不移走中国特色社会主义法治道路　为全面建设社会主义现代化国家提供有力法治保障》,载《求是》2021 年第 5 期。

中国特色社会主义法治理论体系的重大发展*

记者:从中国特色社会主义法治理论体系的发展来看,党的十八届四中全会精神体现了什么样的接续与突破?

张文显:全会提出了一系列重大的、创新性法治理论观点和法治命题。重要的法治理论观点有:"党的领导和社会主义法治是一致的","法治是国家治理体系和治理能力的重要依托","法律是治国之重器,良法是善治之前提","人民权益要靠法律保障,法律权威要靠人民维护","法律的生命力在于实施","公正是法治的生命线"等。重要的法治命题有:"中国特色社会主义法治体系",其中包括完备的法律规范体系、高效的法治实施体系、严密的法治监督体系、有力的法治保障体系、完善的党内法规体系,"公民权利保障法治化","总体国家安全观","立法和改革决策相衔接","消除权力设租寻租空间","行政裁量权基准制度",等等。这些理论观点和理论命题科学回答了什么是法治、什么是法治体系、如何建设中国特色社会主义法治体系、建设一个什么样的法治国家、如何建设社会主义法治国家等重大理论和实践问题,标志着中国特色社会

---

* 本文系作者接受《光明日报》记者王斯敏、王珊专访的文稿,发表于《光明日报》2014 年 11 月 10 日。

主义法治理论体系的形成。

中国特色社会主义法治理论体系的思想渊源是马克思主义法学基本原理,学术资源包括西方某些反映法治一般规律的学说、苏联等社会主义国家在探索法治建设进程中所形成的一些思想,历史文化资源主要是中国数千年来法律制度发展和法律文化演进过程中所积淀的法治思想。最重要、最核心的是对中国特色社会主义法治实践的理论表达。我们党从新中国成立之初,就在探索怎样建设新民主主义的和社会主义的法治。改革开放后,从党的十一届三中全会提出健全社会主义民主和加强社会主义法制的目标,到党的十五大确立“依法治国”基本方略,十六大提出发展社会主义民主政治最根本的是要把坚持党的领导、人民当家作主和依法治国有机统一起来,十七大作出加快建设社会主义法治国家新的战略部署,十八大明确提出法治是治国理政的基本方式,这些理论观点相当丰富,一方面指导实践,另一方面也是实践的总结和概括。但在此次全会之前,这些观点还不够学理化,缺乏体系化,十八届四中全会对全面推进依法治国重大理论和实践的论述和部署则使得理论本身更加体系化、整体化、科学化,极大地丰富和发展了中国特色社会主义法治理论体系。

记者:从战略角度看依法治国,绝不仅是法律问题。依法治国将在怎样的层面与格局上改变中国?

张文显:“依法治国”有两个关键词:“法”和“治”。有法而无治,不用法律去进行国家和社会治理,这个法就只能是停留在文本上的、法典上、书本上的法,甚至是作秀的,是花架子;如果只是治而不依据于法,那么这个治就可能是人治、德治、政策之治,甚至是依靠群众运动来治理;只有依法而治,依照法律治国理政,才能称之为法治。这就是你们所说的依法治国不仅仅是法律问题,它最主要的是依靠法律、遵循法制去治理,运用法治思维和法治方式治国理政。

全面推进依法治国是一场深刻的革命,它彻底改变了人治的传统。以十八届四中全会为标志,我们彻底告别了几千年的人治传统,这是第一个改变。第二个改变是,我们真正从主要依靠政策治理国家转向主要依靠法律治理国家。第三个改变是,我们找到了国家治理体系、治理能力现代化的一个实践路径,这就是要推进国家治理体系和治理能力的法治化,换句话来讲,现代化的国家治理一定是法治化的,法治化是推进国家治理现代化的必由之路。

记者:十八届四中全会精神中有几对关系成为各界关注的焦点。例如依法治国与改革开放的关系,党的领导与法律权威的关系,依法治国与以德治国的关系等。请您谈谈自己的理解。

张文显:这几对关系是全面推进依法治国过程中的重大的认识论和辩证法问题。

依法治国与改革开放的关系是辩证的。一方面,全面推进依法治国,本身就是全面深化改革的有机组成部分,《中共中央关于全面推进依法治国若干重大问题的决定》(以下简称《决定》)确立的全面推进依法治国的一百八十多项任务,也是全面深化改革的任务;同时,法治又是改革的牵引力、推动力和保障力。法治和改革是双向互动的关系。改革要于法有据,许多重大改革都涉及现行法律,在法律当中没有规定,就要抓紧制定法律;一些合理的改革如果与现行法律有明显冲突,法律应适应改革需要,抓紧"立改废释"。总之,要用法治来引领、规范、推进、保障改革,在法治的轨道上推进改革,运用法治思维和法治方法深化改革。

关于党的领导与法律权威的关系,应注意以下几点。第一,只有坚持党的领导,才能真正树立法律权威。法治建设是依靠党的领导,依靠党强大的组织力量、动员力量和思想力量来推进的。党的领导能够强有力地支持严格执法、公正执法,监督执法和司法,有助于树立法律权威。第二,宪法法律是党和人民共同意志的体现,维护宪法法律权威就是维护党和人民共同意志的权威。我们党作为执政党和领导党能不能尊重宪法和法律，能不能带头执行宪法和法律，直接关系到法律权威的存在与否。

依法治国与以德治国的关系是一个古老的话题。我国历史上，法家主张以法治国，儒家主张以德治国。到了汉代，董仲舒提出“德主刑辅”，这成为此后中国封建社会的正统法治思想。过去很长一段时期内，我国学术界对法治与德治的关系没有达成共识。党的十六大以后，比较具有代表性的观点是：依法治国和以德治国并非彼此对立，而是相互补充相互促进，依法治国属于政治文明范畴，是国家治理的主要方式，以德治国属于精神文明范畴，是思想道德建设的主要方式。今天，我们对此有了更加深刻、全面的认识。从国家治理的角度讲，整个国家机器科学有效地运转，主要依靠法治；建立自由、平等、公平竞争的市场秩序，也主要依靠法治。另外，我们除了政治生活、经济生活之外，还有广泛的社会生活，比如家庭生活、社区生活、文化生活等，依靠强制力实施的法律在这些领域不太适合，道德则显现出了更多优势。所以，国家治理既要靠法律，又要靠道德。道德领域的一些突出问题，也要靠法律来解决。比如违约失信问题、侵权损害问题、侵害社会弱势群体利益问题等。同样，法律要想得到有效实施，也要依靠道德的支持，例如，社会舆论的力量、善与恶的评价等保障着法律的实施。从法哲学角度讲，一方面，道德使法律更善，增加了法律的“德性”；另一方面，法律使人们对待社会道德问题更加客观，增加了道德的“理性”。可见，依法治国和以德治国应该“相辅相成、相得益彰”。

记者：法治教育和法治人才培养是依法治国的重要一环。您怎样看待这个问题的重要性与具体实施？

张文显：法治队伍建设的基础是法治人才培养。在法治人才培养中，非常重要的就是“坚持用马克思主义法学思想和中国特色社会主义法治理论全方位占领高校、科研机构法学教育和法学研究阵地，加强法学基础理论研究，形成完善的中国特色社会主义法学理论体系、学科体系、课程体系，推动中国特色社会主义法治理论进教材进课堂进头脑”。实现了这个目标，才能为培养社会主义法治人才创造良好的制度环境、理论环境、人文环境和舆论氛围，才能真正贯彻社会主义法治理论。

改革开放以来，我国的法学教育、法治人才培养取得了很大成就，但也存在诸多不足。最大的不足当属中国特色社会主义法治理论教育的薄弱。从客观上讲，我国社会主义法制建设起步较晚，我们的社会主义法治理论体系、法治话语体系也是最近逐步形成的，所以，西方法治理论一度在教材和教学中占据了主导地位；从主观上讲，我们还没有牢固树立中国特色社会主义法治的道路自信和理论自觉，对西方法治模式和法治理论可能产生的负面影响和危害认识不足。现在中央强调，坚持用马克思主义法学思想和中国特色社会主义法治理论来教书育人，作为整个法学教育的指导思想，这是有的放矢、非常重要的。中央还提出采取四大举措：一是加快形成完善的中国特色社会主义法学理论体系、学科体系、课程体系，从培养社会主义法治人才、治国理政、建设社会主义法治体系和法治国家的需要出发建构我们的法学理论体系、学科体系、课程体系。二是“推动中国特色社会主义法治理论进教材进课堂进头脑”。其中一个重要举措，就是编写马克思主义理论研究和建设工程重点教材。法学的全部 16 门课程教材都已纳入了马工程范畴，每本教材都汇聚了该法学领域的优秀学者，并在中央宣传部统一指导下悉心编写。三是“全面采用国家统一的法学类专业课程教材”，不但编写，还要“全面采用”，真正发挥教材应有的效果。四是“纳入司法考试必考范围”。这四大举措，将有力推动中国特色社会主义法治理论体系全覆盖，切实保障法治人才培养的质量与方向。

记者：您领衔主编的马工程教材《法理学》出版后得到广泛好评，在编写教材时，有哪些创新与探索？

张文显：《法理学》教材从立项到出版用了五年时间，可以说是我参与编写的教材中耗时最长、付出精力最多、修改交流最充分的一本。编写教材时我们最注意两项原则：坚持马克思主义的指导，贯穿马克思主义基本观点；从中国国情和实际出发。

在马克思主义基本观点方面，我们着重突出了当代中国的马克思主义，强调的是我们党改革开放以来探索形成的中国特色社会主义法治理论。其中，我们特别注意把散见于党的文献、领导人讲话、批示当中的法治思想观点进行梳理和学术转化。这些思想观点一般是分散的，较少见诸专门论著，需要我们做大量搜集、梳理、加工的工作。我们建立了一个马克思主义法学研究数据库，专门整理此类资料。梳理完成后，再把口语化表达转换成理论表述，概括归纳，纳入到概念体系里。这个工作庞杂艰难，但非常有意义，使中国特色社会主义法治理论更加成型、完善。

从中国国情出发，主要做到三点：一是从中国五千年文明出发，挖掘和继承我国传统法治文化的精华。二是充分考虑我国是发展中社会主义大国的实际情况，不能照抄照搬西方发达国家的法治理论和法治模式。三是统筹国内法治、国际法治两个大局，借鉴人类法治文明、汲取世界各国法律文化精华部分。基于这些考虑，我们在教材中专设一章，讲中国传统法律文化的发展演变，也有专门章节讲世界法系、资本主义国家法制演化。

我们编教材时还特别注意了法学的意识形态问题。法学是一门政治意识形态和法治意识形态性非常强的学科。我们要建设什么样的法治国家，走什么样的法治道路？就是法学意识形态的集中体现。所以我们加入了专门的章节，使这本教材具有了法学意识形态的正确导向。

记者：全会强调“建设社会主义法治文化”，马工程能为此做哪些工作？全面推进依法治国又将对中国特色社会主义理论体系发展起到什么样的作用？

张文显：提升中国法治的影响力、话语权，既要提高硬实力，也要提高软实力。法治文化建设是全面推进依法治国题中应有之义。法治文化的形成比法制体系建设更为艰难。从 1978 年开始，我们用三十多年的时间制定了二百四十三部法律、七百多部行政法规、九千七百多部地方法规，体系虽不完备，但已经形成了中国特色社会主义法律体系，走完了西方国家三百年的历程。但是，全社会树立法治观念、法治信仰，养成法治思维、法治习惯，形成办事依法、遇事找法、解决问题用法、化解矛盾靠法的良好习惯，不是三十年能做到的，一定需要更长的时间。

社会主义法治文化的形成绝不能只靠自然演化，而是要靠主动培育和建设。法学教育在这方面可以大有作为。所以《决定》提出，把法学教育纳入国民教育体系，并全民普法，以此加快社会主义法治文化形成。社会主义法治文化的核心，还是中国特色社会主义法治理论。我们希望，马工程教材能在建设社会主义法治文化当中起到引领作用。最近我们正在编写《法治中国读本》，是马工程教材内容的大众化读本。我想，我们下一步可以多编写一些依托马工程教材的大众化读本，在更大范围内推进法治文化建设。

实践是理论之源。全面推进依法治国是一场深刻的革命，它使我们彻底告别了几千年的人治传统，真正从主要依靠政策治理国家转向主要依靠法律治理国家，并使我们找到了国家治理和治理体系、治理能力现代化的一个实践路径，这就是要推进国家治理体系和治理能力的法治化。这样一场历史上规模空前的法治实践与建设，其中必然有很多新鲜的实践经验。例如，《决定》提出最高人民法院设立巡回法庭、设立跨行政区域的法院，建设知识产权法院等专门法院等，都涉及我国司法体制的巨大变革，司法理论也要相应地进行创新升级。所以说，依法治国的伟大实践将为我们带来很多新的研究课题、新的发展机遇，也为法学界带来了空前的“红利”。我们法学界也要抓住机遇积极作为，为建设法治中国作出应有贡献。

习近平法治思想领航全面依法治国新征程*

2020 年 11 月，中央全面依法治国工作会议首次提出并系统阐述了习近平法治思想。习近平法治思想深刻揭示了“法治兴则国兴，法治强则国强”的历史规律，精辟论述了全面依法治国的重要地位，创造性地提出了全面依法治国是国家治理的一场深刻革命的科学命题。

“习近平法治思想是全面依法治国的根本指导思想。”中国法学会党组成员、学术委员会主任、习近平法治思想研究中心副主任张文显说，这是由习近平法治思想的科学性、人民性、实践性、时代性所决定的，并已经过实践检验和历史验证。

“一根四维”诠释重大意义

《瞭望》：我们应如何认识习近平法治思想的重大意义？

张文显：可从“一根四维”来认识习近平法治思想的重大意义。

* 本文曾以《习近平法治思想引领新时代全面依法治国崭新实践》为题发表于《瞭望》2021 年第 44 期，其中部分表述得到作者的进一步完善。

“一根”，即习近平法治思想是全面依法治国的根本指导思想。习近平法治思想是党和人民处理新时代法治问题的根本立场、观点和方法，是法治中国建设的灵魂和旗帜，是全面依法治国的根本遵循和行动指南。

“四维”，即政治、理论、实践、世界四个维度，习近平法治思想具有重大的政治意义、理论意义、实践意义、世界意义。

其政治意义，集中体现在它指明了全面依法治国的政治方向。政治方向决定法治建设的成败得失。只有始终坚持党对全面依法治国的领导，坚持以人民为中心，坚持走中国特色社会主义法治道路，才能确保全面依法治国沿着正确的政治方向有序有效推进。

其理论意义，集中体现在它为继续推进马克思主义法治理论中国化注入了强大动力，指明了正确方向，铺就了科学路径，指引法学理论工作者不断研究新问题、总结新经验、挖掘新资源，构建思想更加丰富、内涵更加深刻、逻辑更加严谨、语言更加精到的法治理论体系，推进马克思主义法治理论中国化、时代化、大众化。

其实践意义，集中体现在它深刻论述了全面依法治国的根本遵循、战略布局、重点任务、重要保障，为深化全面依法治国实践指明了方向、路径和动力。

其世界意义，集中体现为它为人类政治文明进步贡献了中国智慧，为全球治理体系变革提供了中国方案。同时，习近平法治思想站在世界历史和全球发展的高度，为全球化时代世界政治文明发展和世界百年未有之大变局下的全球治理体系变革提供了科学理论和务实方案。

实现“四性”内在统一

《瞭望》：作为全面依法治国的根本指导思想，习近平法治思想的科学性体现在哪些方面？

张文显：习近平法治思想是为全面依法治国奠定真理基础的科学理论，科学性是突出特征。

第一，体现在习近平法治思想对法治的本质和规律的正确认识和准确把握。

人类社会发展的事实证明，依法治理是最可靠、最稳定的治理。法治兴则国兴、法治强则国强。同时，法治没有永恒不变的标准，实行法治只能根据本国经济、政治、文化和社会传统的实际情况，加以借鉴参考，不能照搬照套。

基于对法治规律的这些科学认识，习近平法治思想强调要厉行法治、依法治国，把全面依法治国放在中国特色社会主义事业发展的总体布局和战略全局中来把握，指出无论是实现“两个一百年”奋斗目标，还是实现中华民族伟大复兴的中国梦，全面依法治国既是重要内容，又是重要保障。

第二，体现在习近平法治思想运用辩证唯物主义的科学方法，深刻揭示法律本质、法治要义、法理真谛。

比如，以马克思主义哲学的系统观念和辩证思维，对国体与政体、民主与专政、政治与法治、法律与政策、改革与法治、安全与发展、维稳与维权、依法治国与以德治国、依法治国与依规治党、国内法治与涉外法治等全面依法治国的重大关系作出精辟分析和论述。

第三，体现在习近平法治思想是一个内涵丰富、论述深刻、逻辑严密、系统完备的理论体系，涵盖治国理政各领域、国家建设各方面，囊括法律、法治、法理各种基本问题、前沿问题、交叉问题，在概念上系统集成、在话语上自成一体、在逻辑上有机衔接，全面呈现了法治的基本原理、中国特色社会主义法治的基本理论、全面依法治国的基本观点。

习近平法治思想所蕴含的这些真理性认识和科学性论断以及它的公理性、逻辑性、体系性品质，使其具有强大的公信力，升华了党和人民对法治和全面依法治国的科学认知，坚定了党和人民厉行法治、奉法强国的信念。

《**瞭望**》：在习近平法治思想中，人民性是如何体现的？

张文显：习近平法治思想是人民的理论，人民立场是其根本政治立场。

习近平法治思想始终奉行以人民为中心的理念，把人民作为全面依法治国最广泛、最深厚的基础，把为人民谋幸福作为全面依法治国的根本价值，把体现人民利益、反映人民愿望、维护人民权益、增进人民福祉落实到全面依法治国各领域全过程，把实现好维护好发展好最广大人民根本利益作为法治建设的出发点和落脚点，使法律及其实施充分体现人民意志、促进人的全面发展、人民共同幸福，不断满足人民对民主、法治、公平、正义、安全、环境等方面日益增长的需要，饱含着亲民、爱民、为民的人民情怀。

习近平法治思想坚持人民主体地位，强调法律为人民所掌握、所遵守、所运用，增强全社会尊法学法守法用法的自觉意识；夯实全过程人民民主的理论基础，强调人民是国家的主人、一切权力属于人民，要在坚持党的领导、人民当家作主、依法治国有机统一中推进社会主义民主政治建设；把切实尊重和保障人权、维护和发展人民权利作为全面依法治国的根本目的，强调不断加强人权法治保障，促进经济、社会、文化权利、公民政治权利以及环境权、信息权、数字人权等各项新兴权利全面协调发展；把满足人民对公平正义的向往作为全面依法治国第一要务，强调全面依法治国与建设法治中国，必须紧紧围绕保障和促进社会公平正义来进行，持续不断地完善权利平等、机会平等、规则平等的制度体系。

习近平法治思想因其人民性而具有强大的影响力、凝聚力、感召力，值得人民选择、赢得人民信任、深得人民拥护。

《**瞭望**》：如何理解习近平法治思想的实践性要求？

张文显：实践是习近平法治思想的源头活水，实践性是习近平法治思想的鲜明特征，实践逻辑是习近平法治思想的根本逻辑。

习近平法治思想对我们党领导人民进行新民主主义法制和社会主义法治建设的实践进程和历史经验，进行了前所未有的系统总结和理论概括，深刻揭示了我国社会主义国家制度和法律制度形成和发展的历史逻辑、理论逻辑和实践逻辑，提炼出这些宝贵经验的中国特色、历史价值和民族精神，强调指出，中国特色社会主义国家制度和法律制度是在长期实践探索中形成的，把马克思主义基本原理同中国具体实际结合起来，植根于中华民族5000多年文明史所积淀的深厚历史文化传统，吸收借鉴了人类制度文明有益成果。这就决定了中国特色社会主义国家制度和法律制度，必然是具有显著优越性和强大生命力的制度。

习近平法治思想的实践性，更为生动、更加鲜明地体现在习近平总书记卓越的法治实践中。

作为习近平法治思想的创立者和主要贡献者，习近平同志在长期的依法治县、依法治市、依法治省、依法治国、全面依法治国的领导实践中，一以贯之地厉行法治、循法而治，从历史和现实相贯通、国际和国内相关联、理论和实践相结合上，科学回答了中国特色社会主义法治建设的一系列重大理论、制度和实践问题，为习近平法治思想的创立和发展作出了独创性、集成性、原创性贡献。

习近平法治思想在实践中铸就了实践性，也定会在指导实践中不断释放出真理力量。

《瞭望》：习近平法治思想的时代性特征体现在哪些方面？

张文显：习近平法治思想萌发和孕育于改革开放和社会主义现代化建设新时期，形成和发展于坚持和发展中国特色社会主义新时代，深化和拓展在全面建设社会主义现代化国家、实现中华民族伟大复兴新征程。波澜壮阔、气势恢宏的时代背景使之具有鲜明的时代特征、时代精神、时代话语，为全面依法治国标定了新时代理论坐标。

作为马克思主义法治理论中国化的最新成果，习近平法治思想以守正创新的科学精神坚持和发展了毛泽东思想法治理论和中国特色社会主义法治理论，体现了与马克思主义法治理论、毛泽东思想法治理论和中国特色社会主义法治理论既一脉相承又与时俱进的科学品格和马克思主义学风。

党的十八大以来，以习近平同志为核心的党中央在领导全面依法治国、建设法治中国新的伟大实践中，继续推进马克思主义法治理论中国化时代化，既创造性地运用马克思主义法治理论，又创造性地发展马克思主义法治理论，把中华优秀传统法律文化、中国共产党领导人民进行法治建设的红色基因和历史经验、新时代中国特色社会主义法治建设的鲜活经验提炼为马克思主义法治理论，形成具有中国特色、历史底蕴、时代精神的习近平法治思想。

其中，“十一个坚持”集中体现了习近平法治思想对传统法律文化的创造性转化、创新性发展，是对社会主义法治建设实践成就和历史经验的科学总结，对马克思主义法治理论的集成性、原创性发展，实现了马克思主义法治理论中国化又一次历史性飞跃。

习近平法治思想是顺应时代要求而诞生的新时代中国特色社会主义法治理论，因此才能对新时代、新发展阶段全面推进依法治国、建设法治中国发挥其更直接更定向更有效的指导作用。

推动“良法善治”走深走实

《瞭望》：习近平法治思想指引我国社会主义法治建设，发生了哪些突出变化？

张文显：习近平法治思想是经过实践检验和历史验证的正确理论，富有创造“法治奇迹”的实践伟力。

党的十八大以来，以习近平同志为核心的党中央领导党和人民坚持和拓展中国特色社会主义法治道路，推动我国法治建设实现了从“有法可依、有法必依、执法必严、违法必究”到“科学立法、严格执法、公正司法、全民守法”、从依法治国到全面依法治国、从建设中国特色社会主义法律体系到建设中国特色社会主义法治体系、从建设法治国家到建设法治中国、从“法律之治”到“良法善治”的伟大转折与转型，使我国社会主义法治建设发生历史性变革、取得历史性成就、实现历史性突破。

我们把“中国共产党领导是中国特色社会主义最本质的特征”写入《宪法》，完善党领导立法、保证执法、支持司法、带头守法制度，党对全面依法治国的领导更加坚强有力；我们完善顶层设计，统筹推进法律规范、法治实施、法治监督、法治保障和党内法规体系建设，全面依法治国总体格局基本形成；我们推进重要领域立法，深化法治领域改革，推进法治政府建设，建立国家监察机构，改革完善司法体制，加强全民普法，深化依法治军，推进法治专门队伍建设，坚决维护社会公平正义，依法纠正一批冤错案件，全面依法治国实践取得重大进展。

此外，党中央领导制定并颁布了《法治中国建设规划（2020—2025 年）》《法治政府建设实施纲要（2021—2025 年）》《法治社会建设实施纲要（2020—2025 年）》，引领中国法治进入“规划法治”新阶段。“一规划两纲要”集中体现了习近平法治思想的实践要求，已经并将继续对全面依法治国、建设法治中国产生科学引领和制度推进的重大作用。

全面依法治国的根本指导思想*

自2020年11月中央全面依法治国工作会议提出“习近平法治思想”以来,政界和学界提出了若干命题和诸多表述对习近平法治思想的科学定位和重大意义予以阐释,诸如“习近平法治思想是一个内涵丰富、论述深刻、逻辑严密、系统完备的科学理论体系”“习近平法治思想是马克思主义法治理论中国化的最新成果”“习近平法治思想是马克思主义法治理论中国化的新发展新飞跃”“习近平法治思想是当代中国马克思主义法治理论、21世纪马克思主义法治理论”“习近平法治思想是习近平新时代中国特色社会主义思想的重要组成部分”“习近平法治思想是全面依法治国的根本遵循和行动指南”“习近平法治思想是在法治轨道上推进国家治理体系和治理能力现代化的根本遵循和行动指南”“习近平法治思想是新时代法治中国建设取得更大成就的思想旗帜”等。这些命题和表述归结起来就是一个核心命题,即“习近平法治思想是全面依法治国的根本指导思想”。所谓“全面依法治国的根本指导思想”,就是说,习近平法治思想是党和人民处理新时代法治问题的根本立场、观点和方法,是法治中国建设的灵魂和旗帜,是全面依法治

---

* 本文主体部分曾以《习近平法治思想是全面依法治国的根本指导思想》为题发表于《法学》2021年第12期。

国的根本遵循和行动指南。

"推进全面依法治国是国家治理的一场深刻变革,必须以科学理论为指导,加强理论思维,从理论上回答为什么要全面依法治国、怎样全面依法治国这个重大时代课题,不断从理论和实践的结合上取得新成果,总结好、运用好党关于新时代加强法治建设的思想理论成果,更好指导全面依法治国各项工作。"[1]"全面推进依法治国,法治理论是重要引领。没有正确的法治理论引领,就不可能有正确的法治实践。"[2]习近平总书记的这些论述深刻说明了法治理论与法治实践的关系,科学阐明了党关于新时代加强法治建设的思想理论对于全面依法治国实践的指导和引领作用。习近平法治思想集中体现了我们党在法治领域的理论创新成果,是指导和引领全面依法治国伟大实践的"科学理论""正确理论""新时代理论"。习近平法治思想对全面依法治国的指导地位和作用是由习近平法治思想的科学性、人民性、实践性、时代性决定的,也是经过实践检验和历史验证的。本文将从这五个方面对"习近平法治思想是全面依法治国的根本指导思想"这一核心命题进行论述和阐释。

一、习近平法治思想是科学的理论,科学性决定其作为指导思想的公信力

习近平法治思想是为全面依法治国奠定真理基础的科学理论,科学性是其指导地位的本原。所谓科学,在《辞海》中的解释是:"运用范畴、定理、定律等思维形式反映现实世界各种现象的本质和规律的知识体系。"在法国《百科全书》中的解释是:"科学首先不同于常识,科学通过分类,以寻求事物之中的条理。此外,科学通过揭示支配事物的规律,以求说明事物。"这些解释表明,科学的属性在于对本质的揭示、对规律的阐明、对真理的追求。习近平法

治思想的科学性集中体现在以下方面。

第一,习近平法治思想科学揭示和正确把握了法治的本质、规律和历史逻辑。习近平法治思想立足历史唯物主义,深化了对共产党执政规律、社会主义建设规律、人类社会发展规律的认识,特别是深化了对共产党依法执政规律、社会主义法治建设规律、人类社会法治发展规律的认识。习近平总书记指出:"法治和人治问题是人类政治文明史上的一个基本问题,也是各国在实现现代化过程中必须面对和解决的一个重大问题。综观世界近现代史,凡是顺利实现现代化的国家,没有一个不是较好解决了法治和人治问题的。相反,一些国家虽然也一度实现快速发展,但并没有顺利迈进现代化的门槛,而是陷入这样或那样的'陷阱',出现经济社会发展停滞甚至倒退的局面。后一种情况很大程度上与法治不彰有关。"[3]"人类社会发展的事实证明,依法治理是最可靠、最稳定的治理。"[4]正因如此,习近平总书记强调:"历史和现实都告诉我们,法治兴则国兴,法治强则国强。"[5]从我国古代看,凡属盛世都是法制相对健全的时期。春秋战国时期,法家主张"以法而治",偏在雍州的秦国践而行之,商鞅"立木建信",强调"法必明、令必行",使秦国迅速跻身强国之列,最终促成了秦始皇统一六国。汉高祖刘邦同关中百姓"约法三章",为其一统天下发挥了重要作用。汉武帝时形成的汉律 60 篇,两汉沿用近 400 年。唐太宗以奉法为治国之重,一部《贞观律》成就了"贞观之治";在《贞观律》基础上修订而成的《唐律疏议》,为大唐盛世奠定了法律基石。从世界历史看,国家强盛往往同法治相伴而生。3000 多年前,古巴比伦国王汉谟拉比即位后,统一全国法令,制定人类历史上第一部成文法《汉谟拉比法典》,并将法典条文刻于石柱,由此推动古巴比伦王国进入上古两河流域的全盛时代。习近平总书记曾引用德国法学家耶林的话来说明古罗马法的深远影响:"罗马帝国三次征服世界,第一次靠武力,第二次靠宗教,第三次靠法律,武力因罗马帝国灭亡而消亡,宗教随民众思想觉悟的提高、科学的发展而缩小了影响，惟有法律征服世界是最为持久的征服。”[6]从当今世界看，法治逐渐成为国家和社会治理的共同选择，是人类政治文明的重要成果，当然，其具体模式千差万别。习近平总书记还深刻揭示出法治与国家前途、人民命运息息相关的历史逻辑，指出：“法治兴则国家兴，法治衰则国家乱。什么时候重视法治、法治昌明，什么时候就国泰民安；什么时候忽视法治、法治松弛，什么时候就国乱民怨。”[7]基于对法治规律和历史经验的科学认识，习近平法治思想强调要厉行法治、依法治国，把全面依法治国放在中国特色社会主义事业发展的总体布局和战略全局中来把握，指出，“无论是实现‘两个一百年’奋斗目标，还是实现中华民族伟大复兴的中国梦，全面依法治国既是重要内容，又是重要保障”。[8]“在‘四个全面’中，全面依法治国具有基础性、保障性作用。在统筹推进伟大斗争、伟大工程、伟大事业、伟大梦想，全面建设社会主义现代化国家的新征程上，我们要更好发挥法治固根本、稳预期、利长远的保障作用。”[9]习近平法治思想的这些规律性认识和真理性论断极大地丰富和创新了法治原理。

第二，习近平法治思想运用辩证唯物主义的科学方法，深刻揭示了法律的本质、法治的要义、法理的真谛。习近平总书记指出，“法律是什么？最形象的说法就是准绳。用法律的准绳去衡量、规范、引导社会生活，这就是法治”。[10]守法律、重程序，“这是法治的第一位要求”。[11]特别是习近平法治思想科学论述了中国特色社会主义法治道路，为全面依法治国指明了政治遵循和前进方向。中国特色社会主义法治道路是全面依法治国、建设法治中国唯一正确的道路，走中国特色社会主义法治道路，最根本的是坚持中国共产党的领导，党的领导是中国特色社会主义法治之魂和最大优势，是我们的法治与西方资本主义法治最大的区别，要切实把党的领导贯彻到依法治国全过程和各方面。

第三，习近平法治思想提出了数以千计与时代相契、与规律相符、与法理相合的科学概念和命题。例如，中国特色社会主义法治体系、全面依法治国、依规治党、法治中国、平安中国、法治军队、国家治理体系和治理能力现代化、总体国家安全观、行政裁量权基准制度、共建共治共享的社会治理体系、人类命运共同体等数以百计的新概念、新范畴。再如，提出了“人民代表大会制度是坚持党的领导、人民当家作主、依法治国有机统一的根本政治制度安排”；[12]“社会主义法治必须坚持党的领导，党的领导必须依靠社会主义法治”；[13]“全面依法治国是国家治理的一场深刻革命”[14]；“法治是国家治理体系和治理能力的重要依托”；[15]“法治兴则国家兴，法治衰则国家乱”；[16]“党和法的关系是政治和法治关系的集中反映”；[17]“公正是法治的生命线”；[18]“法安天下，德润人心”；[19]“法律和道德相辅相成，法治和德治相得益彰”；[20]“司法权从根本上说是中央事权”；[21]“让审理者裁判，由裁判者负责”；[22]“党的政策是国家法律的先导和指引，是立法的依据和执法司法的重要指导”；[23]“宪法法律的权威源自人民的内心拥护和真诚信仰”；[24]“权力是一把双刃剑，在法治轨道上行使可以造福人民，在法律之外行使则必然祸害国家和人民”；[25]“把权力关进制度的笼子里，就是要依法设定权力、规范权力、制约权力、监督权力”；[26]“厉行法治、严肃军纪，是治军带兵的铁律”；[27]“自由是秩序的目的，秩序是自由的保障”；[28]“发展是安全的基础，安全是发展的条件”；[29]“改革与法治如鸟之两翼、车之两轮”；[30]“在法治下推进改革，在改革中完善法治”；[31]“司法公正对社会公正具有重要引领作用，司法不公对社会公正具有致命破坏作用”；[32]“健全事实认定符合客观真相、办案结果符合实体公正、办案过程符合程序公正的法律制度”；[33]我国民法典“是一部体现对生命健康、财产安全、交易便利、生活幸福、人格尊严等各方面权利平等保护的民法典”；[34]“和平、发展、公平、正义、民主、自由，是全人类的共同价值”等一系列原创性科学命题。[35]习近平法治思想以马克思主义哲学的系统观念和辩证思维对国体与政体、民主与专政、政治与法治、法律与政策、改革与法治、安全与发展、维稳与维权、依法治国与以德治国、依法治国与依规治党、国内法治与涉外法治等全面依法治国的重大关系作出了精辟分析和论述。

第四，习近平法治思想的科学性还突出体现为它是一个内涵丰富、论述深刻、逻辑严密、系统完备的理论体系，涵盖治国理政各领域、国家建设各方面，囊括法律、法治、法理各种基本问题、前沿问题、交叉问题，在概念上系统集成、在话语上自成一体、在逻辑上有机衔接，全面呈现了法治的基本原理、中国特色社会主义法治的基本理论、全面依法治国的基本观点。

习近平法治思想所蕴含的这些真理性认识和科学性论断以及它的公理性、逻辑性、体系性品质，使其具有强大的公信力，升华了党和人民对法治和全面依法治国的科学认知，坚定了党和人民厉行法治、奉法强国的信念，也使党和人民更加深刻地认识到在中国这样一个14亿人口的发展中大国如何实行全面依法治国、怎样走出一条中国式法治现代化新道路。

二、习近平法治思想是人民的理论，人民性彰显其作为指导思想的感召力

习近平法治思想是人民的理论，人民立场是其根本政治立场，人民性是其区别于资本主义法治理论的最鲜明特征。人类历史上出现过的形形色色的法治理论，大多都是为其代表的那个阶级、政党、利益集团服务的，当今世界西方资本主义法治理论同样是资本逻辑的理论形态和资本家利益的辩护者。作为中国共产党推进社会主义民主法治建设的理论旗帜，习近平法治思想不是为了某一部分人或集团的利益而存在，而是将为中国人民谋幸福、为中华民族谋复兴作为其初心使命、核心理念和价值根基。这是由中国共产党宗旨所决定的，也是由马克思主义立场所决定的。

江山就是人民，人民就是江山。习近平法治思想始终奉行以人民为中心的理念，把人民作为全面依法治国最广泛、最深厚的基础，把为人民谋幸福作为全面依法治国的根本价值，把体现人民利益、反映人民愿望、维护人民权益、增进人民福祉落实到全面依法治国各领域全过程，把实现好、维护好、发展好最广大人民根本利益作为法治建设的出发点和落脚点，使法律及其实施充分体现人民意志、促进人的全面发展、保障人民共同幸福，不断满足人民对民主、法治、公平、正义、安全、环境等方面日益增长的需要，饱含着亲民、爱民、为民的人民情怀。

习近平法治思想坚持人民是历史的创造者，始终坚持人民主体地位，把人民作为法治建设的主体和力量源泉，充分调动人民的积极性、主动性、创造性，依靠人民推动法治改革、维护法律权威、践行法治理念、弘扬法治精神，强调法律为人民所掌握、所遵守、所运用，增强全社会尊法学法守法用法的自觉意识。

习近平法治思想创造性地运用马克思主义关于人民民主的思想，夯实了全过程人民民主的理论基础，强调人民是国家的主人、一切权力属于人民，要在坚持党的领导、人民当家作主、依法治国有机统一中推进社会主义民主政治建设，不断加强人民当家作主的制度保障，更加切实、更有成效地实行人民民主，以民主支撑法治，以法治保障民主。

习近平法治思想发展了中国特色人权理论，原创性地提出了“人民幸福生活是最大的人权”。[36]习近平法治思想把切实尊重和保障人权、维护和发展人民权利作为全面依法治国的根本目的，强调不断加强人权法治保障，以实现人民幸福生活权、美好生活权为目标，以保障生存权和发展权为基点，以保护人身权、人格权、财产权为重点，促进经济、社会、文化、公民政治权利以及环境权、信息权、数字人权等各项新兴权利全面协调发展。

习近平法治思想把满足人民对公平正义的向往和诉求作为全

面依法治国第一要务，把公正作为法治的生命线，强调全面依法治国、建设法治中国，必须紧紧围绕保障和促进社会公平正义来进行，持续不断地完善权利平等、机会平等、规则平等的制度体系，让法治建设和法治改革成果更多更公平惠及全体人民。

只有为了人民的理论才有能力指引人民去行动、去实践、去创造，依靠人民成就历史伟业。习近平法治思想因其人民性而具有强大的影响力、凝聚力、感召力，自然值得人民选择、赢得人民信任、深得人民拥护，必将唤起人民群众的法治意识和全社会的法治精神，让更多的群众投身到全面依法治国伟大实践中去，自觉做中国特色社会主义法治的建设者、捍卫者、贡献者。

三、习近平法治思想是实践的理论，实践性铸就其作为指导思想的生命力

习近平法治思想是根源于实践、运用于实践、在实践中经受检验、在实践中创新发展的法治理论。实践是习近平法治思想的源头活水，实践性是习近平法治思想的鲜明特征，实践逻辑是习近平法治思想的根本逻辑。

习近平法治思想的实践性首先在于习近平法治思想对党在革命、建设、改革各个时期领导法治建设的丰富实践活动和宝贵实践经验进行了科学总结。中国共产党自成立之日起，就矢志不渝地领导人民探索和建设人类历史上不同于剥削阶级国家的新型法律制度，积累了一系列弥足珍贵的法治实践经验。我们党在中央苏区和革命根据地建立了新民主主义的政权组织，探索创建了新型法律制度。中央苏区制定的《中华苏维埃共和国宪法大纲》、陕甘宁边区通过的《陕甘宁边区施政纲领》、华北临时人民代表大会通过的《华北人民政府施政方针》、以马锡五为代表的陕甘宁边区司法工作者创造的“马锡五审判方式”等，都是新民主主义法制建设

的标志性成就，为建设社会主义法治积累了宝贵的历史经验。

新中国成立前夕，我们党在废除旧法统的同时积极运用中央苏区和革命根据地法制建设的成功经验，制定了具有临时宪法性质的《中国人民政治协商会议共同纲领》，之后抓紧开展立法工作和法律机构建设，为社会主义奠定了法治基础。1954 年 9 月 20 日，第一届全国人民代表大会第一次会议通过了《中华人民共和国宪法》。这部宪法以国家根本大法的形式，确认了近代 100 多年来中国人民为反对内外敌人、争取民族独立和人民自由幸福进行的英勇斗争成果，确认了中国共产党领导中国人民夺取新民主主义革命胜利、进行社会主义革命的历史变革。这部宪法以毛泽东思想的法治理论为指导，以新中国国家制度和法律制度建设的成就和经验为基础，以人民民主和社会主义两大原则为基石，规定了我国的国体、政体、国家机构、公民基本权利和义务等，确立了社会主义制度的“四梁八柱”，实现了人民民主和社会主义民主法律化、制度化。

进入改革开放新时期，党的十一届三中全会作出了“健全社会主义法制”的决定并提出了“有法可依、有法必依、执法必严、违法必究”的法制工作方针。在党的领导下，经过 29 个月的艰苦努力，1982 年 12 月 4 日，五届全国人大五次会议通过了全面修订后的《中华人民共和国宪法》。实践充分证明，现行宪法及其五次修正案有力地坚持了中国共产党领导，有力地保障了人民当家作主，有力地促进了改革开放和社会主义现代化建设，有力地推动了社会主义法治国家建设进程，有力地维护了国家统一、民族团结、社会稳定，具有显著优势、坚实基础、强大生命力。我们不仅全面修订与不断完善了宪法，而且以宪法为根据和统领，制定了 200 多件法律、600 多件行政法规、12000 多件地方性法规，形成了中国特色社会主义法律体系。在世纪之交，我们党确立了依法治国基本方略，提出了依法执政基本方式，作出并持续推进“依法治国，建设社会主义法治国家”的重大决策部署。我们在一大批民商事法律的基础上，在各方面共同努力下，经过5年多工作，成功编纂了中华人民共和国成立以来第一部以“法典”命名的法律《中华人民共和国民法典》。这是一部具有鲜明中国特色、实践特色、时代特色的民法典，是中国式法治现代化的重要成果。我国先后制定和实施了八个“五年普法规划”，持续不断地开展全民普法和法治宣传教育，这既是中国历史上，也是人类历史上规模空前和影响深远的法治启蒙运动，是一场先进的法治思想观念和文明的法治生活方式的宣传教育运动。在普法和法治宣传教育中，法律所包含的权利义务观念、自由平等观念、民主法治观念、公平正义观念、诚实信用观念、公序良俗观念等先进的思想观念逐渐深入人心，法治所追求的那种理性地行使权利、履行义务、平等协商谈判、和平理性解决矛盾纠纷等文明的生活方式正在蔚然成风。

习近平法治思想对我们党领导人民进行新民主主义法制和社会主义法治建设的实践进程和历史经验进行了前所未有的系统总结和理论概括，深刻揭示了我国社会主义国家制度和法律制度形成和发展的历史逻辑、理论逻辑和实践逻辑，提炼出这些宝贵经验的中国特色、历史价值和民族精神，强调中国特色社会主义国家制度和法律制度是在长期实践探索中形成的，把马克思主义基本原理同中国具体实际结合起来，植根于中华民族5000多年文明史所积淀的深厚历史文化传统，吸收借鉴了人类制度文明有益成果。这就决定了中国特色社会主义国家制度和法律制度必定是人类制度文明史上的伟大创造，必定是一套深得人民拥护和支持的制度体系，也必然是具有显著优越性和强大生命力的制度。

习近平法治思想的实践性更为生动、更加鲜明地体现在习近平同志卓越的法治实践里。在40年的领导实践中，习近平同志历经依法治县、依法治市、依法治省、依法治国、全面依法治国，形成了对县域、市域、省域、国域、世域不同范围、不同层面法治规律的科学认识和深切体悟，为习近平法治思想的创立奠定了深厚的实践基础，积累了丰富的实践经验，孕育了深刻的实践逻辑。习近平同志在每一个时期、每一个领导岗位上，都提出了立时代之潮头、发时代之先声的法治新概念、新理念、新论语。

在河北省石家庄市正定县工作期间，面对“文化大革命”遗留下来的经济落后、社会失序、思想混乱的艰难局面，习近平同志富有胆识地提出“建立社会主义新秩序”，并以精神文明建设和法制建设相结合作为建立社会主义新秩序的重要抓手。经过三年的努力，正定县的治安状况和社会秩序实现根本好转，为经济改革发展创造了良好的社会环境。

在福建省厦门市工作期间，习近平同志富有见地地提出，要在改革开放中建立和完善“社会主义市场体系”，并强调发挥法制在建设社会主义市场体系、城市环境治理和社会综合治理中的引领和保障作用，引导执法机关、审判机关、法律监督机关等熟悉法律、严格执法、依法办案、依法监督。

在福建省宁德地区工作期间，习近平同志以马克思主义的立场、观点和方法，对社会主义民主法制问题进行了深刻反思，指出民主与法制是相应依存、相互制约，二者不可偏废，旗帜鲜明地强调，必须坚持党的领导，坚持人民代表大会制度，绝不能照搬西方的民主制、代议制、“三权鼎立”等政治制度。

在福州市委工作期间，习近平同志坚持“依法治城”“依法治市”，主张摆脱运动式、突击型治理，努力向正常化、规范化、法律化方向发展；创造性地提出“市场经济是法制经济”“市场经济的成熟度与法制建设成正比”等新命题、新观点；前瞻性地提出“坚持所有权，稳定承包权，活化使用权”的农地“三权”理论并付诸实践。

在担任福建省委副书记、代省长、省长期间，恰逢世纪之交，我国经济社会快速发展，经济体制改革全面深化，社会主义市场经济体制加快构建，成功加入世界贸易组织，党中央提出依法治国基本方略，这些新变化、新情况对法治建设的进度和质量提出了新要求。习近平同志高度重视依法治省工作，推动出台了《中共福建省委关于依法治省的决定》；进一步发展了“法治经济”“法治社会”思想，全方位推进法治经济建设，推动社会治理，建设法治社会。

在担任浙江省委书记期间，习近平同志站位时代前沿看问题、立足改革全局谋发展、坚持扩大开放抢先机，创造性地提出并致力于“全面推进依法治省”、建设“法治浙江”、建设“平安浙江”。这些创新理论和丰富实践，标识其法治思想的内在逻辑已相当清晰、理论框架已基本形成。“法治浙江”的理论和实践是习近平法治思想形成发展的一个重要里程碑。

在担任上海市委书记期间，习近平同志提出“全面推进依法治市，提高城市法治化水平”，深刻阐述依法执政、权力制约监督、科学立法和民主立法、依法行政、公正司法、建设法治经济和法治社会、打造国际化法治化营商环境，使其法治思想在这个超大规模的国际化大都市的治理中得到了进一步的验证、深化和拓展。

党的十七大至十八大期间，作为中共中央政治局常委、中央书记处书记、国家副主席、中央军事委员会副主席，习近平同志创造性地发展了以“民主集中制”为核心的党和国家领导制度理论，发展了中国特色社会主义政党理论和法治理论。他协助国家主席进行国事活动，参与了一系列重大外交和全球治理决策，他以统筹国内国际两个大局的战略思维，着眼于在激烈复杂的国际竞争中不断拓展我国的发展空间、增强我国的综合国力和国际竞争力，推进全球治理体系朝着和平发展和公平正义的方向变革，形成了富有时代精神、大国风范和人类情怀的“完善全球治理体系”“构建人类命运共同体”等思想观念。

党的十八大以来，习近平同志担任中共中央总书记、国家主席、中央军委主席，作为党的核心、人民领袖、国家元首、军队统帅，他以厉行法治的坚定意志、奉法强国的雄才大略、依规治党的远见卓识，引领全党和全国人民开启了全面依法治国新时代。党的十八大闭幕之后，习近平总书记就提出建设法治中国，强调要坚持依法治国、依法执政、依法行政共同推进，法治国家、法治政府、法治社会一体建设，全面推进科学立法、严格执法、公正司法、全民守法进程。2013 年，党的十八届三中全会通过《中共中央关于全面深化改革若干重大问题的决定》，以推进法治中国建设为导向，对法治领域的重大改革作出重要部署。2014 年，党的十八届四中全会通过《中共中央关于全面推进依法治国若干重大问题的决定》，以建设中国特色社会主义法治体系、建设社会主义法治国家为总目标和总抓手，对全面推进依法治国作出了战略决策和总体部署。2017 年，党的十九大把坚持全面依法治国上升为新时代坚持和发展中国特色社会主义的基本方略，十九大报告更是以"深化依法治国实践"为题，对新时代如何推进全面依法治国提出明确的实践要求。2018 年 3 月 11 日，十三届全国人大一次会议根据中共中央建议通过了《中华人民共和国宪法修正案》，把习近平新时代中国特色社会主义思想写进宪法，充实和发展了国家的指导思想，完善了国体政体，巩固健全了国家领导体制，创新了国家发展目标，规定设立国家监察委员会，充实完善政治协商、统一战线、民族关系的内容，提出构建人类命运共同体的目标，明确提出国家倡导社会主义核心价值观等。2018 年中央全面依法治国委员会成立，习近平总书记亲自担任委员会主任，加强了对法治中国建设的集中统一领导。2019 年，党的十九届四中全会作出《中共中央关于坚持和完善中国特色社会主义制度、推进国家治理体系和治理能力现代化若干重大问题的决定》，提出坚持和完善中国特色社会主义法治体系，提高党依法治国、依法执政能力。2020 年 11 月，中央全面依法治国工作会议隆重召开，习近平总书记出席会议并发表重要讲话，强调推进全面依法治国要从把握新发展阶段、贯彻新发展理念、构建新发展格局的实际出发，围绕建设中国特色社会主义法治体系、建设社会主义法治国家的总目标，坚持党的领导、人民当家作主、依法治国有机统一，以解决法治领域突出问题为着力点，坚定不移走中国特色社会主义法治道路，在法治轨道上推进国家治理体系和治理能力现代化，为全面建设社会主义现代化国家、实现中华民族伟大复兴的中国梦提供有力法治保障。

正是在以上丰富的实践经验和理论提炼的基础上，习近平法治思想得以形成和发展。只有实践性的理论才能解决实践中的问题，只有以实践为目的的思想才能成为改造世界的思想武器。习近平法治思想正是在实践中铸就了其实践本性，也必然要在指导实践中不断释放出勃勃生机的真理力量。

四、习近平法治思想是当代中国马克思主义法治理论、21世纪马克思主义法治理论，时代性凸显其作为指导思想的引领力

习近平法治思想萌发和孕育于改革开放和社会主义现代化建设新时期，形成和发展于坚持和发展中国特色社会主义新时代，深化和拓展在全面建设社会主义现代化国家、实现中华民族伟大复兴新征程中。波澜壮阔、气势恢宏的时代背景使其具有鲜明的时代特征、时代精神、时代话语，为全面依法治国矗立了新时代理论坐标。

习近平法治思想是马克思主义法治理论中国化的最新成果。习近平总书记指出："在人类思想史上，没有一种思想理论像马克思主义那样对人类产生了如此广泛而深刻的影响。"[37] 马克思主义思想体系博大精深，内含着丰富的法治理论。它的创始人马克思、恩格斯第一次深入法律现象内部和法治实践之中，拨云见日般地揭示了法的本质、特征及发展规律，创立了马克思主义法治理论。习近平总书记在知青年代就认真研读了《共产党宣言》《资本论》等

马克思主义经典著作，不仅了然于胸、熟稔于心，还写了厚厚的十八本读书笔记，系统接受了马克思主义国家和法治理论。在以后的领导岗位上，他把研读马克思主义经典著作作为自己的必修课，他坚定地信仰马克思主义，善于在继承马克思主义的基础上发展马克思主义，以科学的态度对待科学，以真理的精神追求真理，不断赋予马克思主义以新的时代内涵。习近平总书记的重要论著和讲话充分体现了辩证唯物主义和历史唯物主义的基本原理，融贯着马克思主义的国家学说、政党学说、政治学说，马克思主义法律观、法治观、民主观、权利观、权力观等国家和法治原理。在习近平法治思想中，马克思主义法治理论的科学性和真理性得到了充分释放，人民性和实践性得到了充分贯彻，开放性和时代性得到了充分彰显。

20 世纪以来，马克思主义在中国得到广泛传播。中国共产党人坚持把马克思主义基本原理同中国革命、建设、改革的具体实际相结合，创立了毛泽东思想和邓小平理论，形成了“三个代表”重要思想和科学发展观。毛泽东思想包含着丰富的法治理论，其中最具代表性的理论包括历史唯物主义的法律观、国体政体理论、宪法制度理论、社会主义民主法制理论、党内法规理论、两类矛盾学说、刑事政策和策略思想等。邓小平理论创立了中国特色社会主义法治理论，“三个代表”重要思想和科学发展观深化、拓展和发展了中国特色社会主义法治理论。中国特色社会主义法治理论内涵丰富，其中具有原创意义的理论包括：为了保障人民民主，必须加强法制，必须使民主制度化、法律化，使这种制度和法律不因领导人的改变而改变，不因领导人的看法和注意力的改变而改变；坚持有法可依，有法必依，执法必严，违法必究；依法治国，建设社会主义法治国家；坚持党的领导、人民当家作主、依法治国有机统一；坚持依法治国和以德治国相结合；坚持科学执政、民主执政、依法执政；依法治国首先是依宪治国，依法执政首先是依宪执政；坚持以人为本，尊重和保障人权；发展社会主义民主政治和政治文明；树立社会主义法治理念；等等。

习近平法治思想以守正创新的科学精神坚持和发展毛泽东思想法治理论和中国特色社会主义法治理论，体现了与马克思主义法治理论、毛泽东思想法治理论和中国特色社会主义法治理论既一脉相承又与时俱进的科学品格和马克思主义学风。

党的十八大以来，以习近平同志为核心的党中央在领导全面依法治国、建设法治中国新的伟大实践中，继续推进马克思主义法治理论中国化时代化，既创造性地运用马克思主义法治理论，又创造性地发展马克思主义法治理论，把中华优秀传统法律文化、中国共产党领导人民进行法治建设的红色基因和历史经验、新时代中国特色社会主义法治建设的鲜活经验提炼为马克思主义法治理论，形成具有中国特色、历史底蕴、时代精神的习近平法治思想。

在习近平法治思想形成发展过程中，党中央先后提出过三个重要表述作为习近平法治思想的理论标识。2015 年，党中央提出“习近平关于全面依法治国的重要论述”，并分为八个方面的论述：第一，依法治国是坚持和发展中国特色社会主义的本质要求和重要保障；第二，坚持中国特色社会主义法治道路，最根本的是坚持中国共产党的领导；第三，推进科学立法，完善以宪法为统帅的中国特色社会主义法律体系；第四，严格依法行政，加快建设法治政府；第五，坚持公正司法，努力让人民群众在每一个司法案件中都能感受到公平正义；第六，增强全民法治观念，使尊法守法成为全体人民共同追求和自觉行动；第七，建设一支德才兼备的高素质法治队伍；第八，全面依法治国，必须抓住领导干部这个“关键少数”。[38]

2018 年，中央全面依法治国委员会第一次会议提出“全面依法治国新理念新思想新战略”，即“习近平全面依法治国新理念新思想新战略”。习近平总书记将其核心要义凝练为“十个坚持”，即坚持加强党对依法治国的领导，坚持人民主体地位，坚持中国特色社会主义法治道路，坚持建设中国特色社会主义法治体系，坚持依法治国、依法执政、依法行政共同推进，法治国家、法治政府、法治社会一体建设，坚持依宪治国、依宪执政，坚持全面推进科学立法、严格执法、公正司法、全民守法，坚持处理好全面依法治国的辩证关系，坚持建设德才兼备的高素质法治工作队伍，坚持抓住领导干部这个“关键少数”。[39]

2020 年 11 月 16—17 日，在中央全面依法治国工作会议上，党中央正式明确提出“习近平法治思想”。习近平总书记在会上发表了重要讲话，全面总结了党的十八大以来法治建设取得的显著成就，系统阐述了新时代中国特色社会主义法治思想，科学回答了中国特色社会主义法治建设一系列重大理论和实践问题，提出了全面依法治国的“十一个坚持”，这就是坚持党对全面依法治国的领导，坚持以人民为中心，坚持中国特色社会主义法治道路，坚持依宪治国、依宪执政，坚持在法治轨道上推进国家治理体系和治理能力现代化，坚持建设中国特色社会主义法治体系，坚持依法治国、依法执政、依法行政共同推进，法治国家、法治政府、法治社会一体建设，坚持全面推进科学立法、严格执法、公正司法、全民守法，坚持统筹推进国内法治和涉外法治，坚持建设德才兼备的高素质法治工作队伍，坚持抓住领导干部这个“关键少数”。[40]

这“十一个坚持”集中体现了习近平法治思想对传统法律文化的创造性转化、创新性发展，对社会主义法治建设实践成就和经验的科学总结，对人类法治文明成果的择善而用，对马克思主义法治理论的集成性、原创性发展，实现了马克思主义法治理论中国化又一次历史性飞跃。

与此前提出的“十个坚持”相比，“十一个坚持”在形式上更加完备、在逻辑上更为严密、在表述上更为科学。例如，将“坚持人民主体地位”完善为“坚持以人民为中心”,强调了法治建设为了人民、依靠人民的统一性。根据党的十九大和十九届四中全会精神,增加“坚持在法治的轨道上推进国家治理体系和治理能力现代化”;面对世界百年未有之大变局和复杂多变的国际环境,增加“坚持统筹推进国内法治和涉外法治”;对若干个“坚持”的顺序做了调整,例如把“坚持依宪治国、坚持依宪执政”由第六调整到第四,进一步凸显依宪治国、依宪执政、实施宪法是全面依法治国的首要任务和基础性工作。而将“坚持处理好全面依法治国的辩证关系”分散在相关坚持中加以论述,不再单列为一个坚持。“十一个坚持”是对马克思主义法治理论和中国特色社会主义法治理论的创造性发展,开辟了马克思主义法治理论中国化的新境界,标志着习近平法治思想内容更加充实、逻辑更加严密、体系更加完备。

从“习近平关于全面依法治国的重要论述”,到“习近平新时代全面依法治国新理念新思想新战略”,再到“习近平法治思想”,既体现了概念的精准化、命题的科学化,又体现了理论体系臻于成熟、内在逻辑更加完善。在完成全面建成小康社会、开启全面建设社会主义现代化国家的重要时刻,在中央全面依法治国工作会议上,党中央正式提出“习近平法治思想”,理由根据充分、时机条件成熟、顺乎党心民意、意义重大而深远。这在中国社会主义法治建设史、马克思主义法治理论发展史、人类政治文明发展史上具有里程碑意义。习近平对这一科学思想体系的形成和发展发挥了决定性作用,作出了独创性、集成性、原创性贡献。

全面依法治国是人类历史上前所未有的伟大实践,必须由当代最先进的法治理论来引领。习近平法治思想正是顺应时代要求而诞生的新时代中国特色社会主义法治思想,是当今世界最具先进性和影响力的法治理论,所以才能承担起时代赋予的指导思想的使命,对新时代、新发展阶段全面推进依法治国、建设法治中国发挥其更直接、更定向、更有效的指导作用。

五、习近平法治思想指引我国社会主义法治建设发生历史性变革、取得历史性成就、实现历史性突破，实践伟力验证其作为指导思想的变革力

习近平法治思想是经过实践检验和验证的正确理论，富有创造“法治奇迹”的实践伟力。党的十八大以来，以习近平同志为核心的党中央领导党和人民坚持和拓展中国特色社会主义法治道路，推动我国法治建设实现了从“有法可依、有法必依、执法必严、违法必究”到“科学立法、严格执法、公正司法、全民守法”、从依法治国到全面依法治国、从建设中国特色社会主义法律体系到建设中国特色社会主义法治体系、从建设法治国家到建设法治中国、从推进国家法治到统筹推进国内法治和涉外法治、从“法律之治”到“良法善治”的伟大转折与转型，使我国社会主义法治建设发生了历史性变革、取得了历史性成就、实现了历史性突破。习近平总书记在总结党的十八大以来我国法治建设成就时指出：“我们把‘中国共产党领导是中国特色社会主义最本质的特征’写入宪法，完善党领导立法、保证执法、支持司法、带头守法制度，党对全面依法治国的领导更加坚强有力。我们完善顶层设计，统筹推进法律规范、法治实施、法治监督、法治保障和党内法规体系建设，全面依法治国总体格局基本形成。我们推进重要领域立法，深化法治领域改革，推进法治政府建设，建立国家监察机构，改革完善司法体制，加强全民普法，深化依法治军，推进法治专门队伍建设，坚决维护社会公平正义，依法纠正一批冤错案件，全面依法治国实践取得重大进展。”[41]中央全面依法治国工作会议之后，党中央领导制定并发布了《法治中国建设规划（2020—2025 年）》《法治政府建设实施纲要（2021—2025 年）》《法治社会建设实施纲要（2020—2025 年）》，引

领中国法治进入“规划法治”新阶段。“一规划两纲要”集中体现了习近平法治思想的实践要求，已经并将继续对全面依法治国、建设法治中国产生科学引领和制度推进的重大作用。

我国社会主义法治建设之所以能够取得令国人振奋、令世人惊叹的“奇迹”，归根到底，就在于以习近平同志为核心的党中央的坚强领导，在于习近平法治思想的科学指引。习近平总书记在庆祝中国共产党成立100周年大会上指出，中国共产党为什么能，中国特色社会主义为什么好，归根到底是因为马克思主义行。这一论断同样适用于习近平法治思想。在全面依法治国新时代，在党的领导下，坚持以习近平法治思想为指导，我们必将在全面依法治国、建设法治中国的道路上从胜利走向更大的胜利。

六、结语

伟大时代孕育伟大理论，伟大理论引领伟大征程。在全面依法治国、建设法治中国的新征程上，我们要更加牢固树立习近平法治思想是全面依法治国根本指导思想的理论自觉和理论思维，更加精准把握习近平法治思想作为根本指导思想的基本精神、核心要义和实践要求，全面贯彻落实习近平法治思想，筑法治之基、行法治之力、积法治之势，为全面建成社会主义现代化强国、实现中华民族伟大复兴提供良法善治。

注　释

1 习近平：《坚定不移走中国特色社会主义法治道路　为全面建设社会主义现代化国家提供有力法治保障》，载《求是》2021年第5期。

2 习近平：《全面做好法治人才培养工作》（2017年5月3日），载习近平：《论坚持全面依法治国》，中央文献出版社2020年版，第175页。

3 习近平：《在中共十八届四中全会第二次全体会议上的讲话》（2014年10月23

日),载中共中央文献研究室编:《习近平关于全面依法治国论述摘编》,中央文献出版社 2015 年版,第 12 页。

4　习近平:《推进澳门"一国两制"成功实践走稳走实走远》(2014 年 12 月 20 日),载习近平:《习近平谈治国理政》(第 2 卷),外文出版社 2017 年版,第 424 页。

5　习近平:《加强党对全面依法治国的领导》,载《求是》2019 年第 4 期。

6　习近平:《在中央全面依法治国委员会第一次会议上的讲话》(2018 年 8 月 24 日),载习近平:《论坚持全面依法治国》,中央文献出版社 2020 年版,第 226 页。

7　习近平:《在中共十八届四中全会第二次全体会议上的讲话》(2014 年 10 月 23 日),载中共中央文献研究室编:《习近平关于全面依法治国论述摘编》,中央文献出版社 2015 年版,第 8 页。

8　习近平:《加强党对全面依法治国的领导》,载《求是》2019 年第 4 期。

9　习近平:《加强党对全面依法治国的领导》,载《求是》2019 年第 4 期。

10　习近平:《在中共十八届四中全会第二次全体会议上的讲话》(2014 年 10 月 23 日),载中共中央文献研究室编:《习近平关于全面依法治国论述摘编》,中央文献出版社 2015 年版,第 8－9 页。

11　习近平:《在省部级主要领导干部学习贯彻党的十八届四中全会精神全面推进依法治国专题研讨班上的讲话》(2015 年 2 月 2 日),载中共中央文献研究室编:《习近平关于全面依法治国论述摘编》,中央文献出版社 2015 年版,第 125 页。

12　习近平:《决胜全面建成小康社会　夺取新时代中国特色社会主义伟大胜利——在中国共产党第十九次全国代表大会上的报告》,人民出版社 2017 年版,第 37 页。

13　习近平:《在省部级主要领导干部学习贯彻党的十八届四中全会精神全面推进依法治国专题研讨班上的讲话》(2015 年 2 月 2 日),载中共中央文献研究室编:《习近平关于全面依法治国论述摘编》,中央文献出版社 2015 年版,第 36 页。

14　习近平:《决胜全面建成小康社会　夺取新时代中国特色社会主义伟大胜利——在中国共产党第十九次全国代表大会上的报告》,人民出版社 2017 年版,第 38 页。

15　习近平:《关于〈中共中央关于全面推进依法治国若干重大问题的决定〉的说明》(2014 年 10 月 20 日),载中共中央文献研究室编:《习近平关于全面依法治国论述摘编》,中央文献出版社 2015 年版,第 6 页。

16　习近平:《在中共十八届四中全会第二次全体会议上的讲话》(2014 年 10 月 23 日),载中共中央文献研究室编:《习近平关于全面依法治国论述摘编》,中央文献出版社 2015 年版,第 8 页。

17 习近平:《在省部级主要领导干部学习贯彻党的十八届四中全会精神全面推进依法治国专题研讨班上的讲话》(2015 年 2 月 2 日),载中共中央文献研究室编:《习近平关于全面依法治国论述摘编》,中央文献出版社 2015 年版,第 34 页。

18 习近平:《在省部级主要领导干部学习贯彻党的十八届四中全会精神全面推进依法治国专题研讨班上的讲话》(2015 年 2 月 2 日),载中共中央文献研究室编:《习近平关于全面依法治国论述摘编》,中央文献出版社 2015 年版,第 38 页。

19 习近平:《坚持依法治国和以德治国相结合》(2016 年 12 月 9 日),载习近平:《习近平谈治国理政》(第 2 卷),外文出版社 2017 年版,第 133 页。

20 习近平:《加快建设社会主义法治国家》(2014 年 10 月 23 日),载习近平:《习近平谈治国理政》(第 2 卷),外文出版社 2017 年版,第 116 页。

21 习近平:《在中央政法工作会议上的讲话》(2014 年 1 月 7 日),载中共中央文献研究室编:《习近平关于全面依法治国论述摘编》,中央文献出版社 2015 年版,第 78 页。

22 《开启法治中国新时代——以习近平同志为核心的党中央推进全面依法治国纪实》,载《人民日报》2019 年 10 月 22 日,第 1 版。

23 习近平:《在中央政法工作会议上的讲话》(2014 年 1 月 7 日),载中共中央文献研究室编:《习近平关于全面依法治国论述摘编》,中央文献出版社 2015 年版,第 20 页。

24 《更加注重发挥宪法重要作用把实施宪法提高到新的水平》,载《人民日报》2018 年 2 月 26 日,第 1 版。

25 习近平:《在省部级主要领导干部学习贯彻党的十八届四中全会精神全面推进依法治国专题研讨班上的讲话》(2015 年 2 月 2 日),载中共中央文献研究室编:《习近平关于全面依法治国论述摘编》,中央文献出版社 2015 年版,第 37 - 38 页。

26 习近平:《领导干部要做尊法学法守法用法的模范》(2015 年 2 月 2 日),载习近平:《习近平谈治国理政》(第 2 卷),外文出版社 2017 年版,第 129 页。

27 习近平:《在视察南京军区机关时的讲话》(2014 年 12 月 14 日),载中共中央文献研究室编:《习近平关于全面依法治国论述摘编》,中央文献出版社 2015 年版,第 116 页。

28 习近平:《建立多边、民主、透明的全球互联网治理体系》(2015 年 12 月 16 日),载习近平:《习近平谈治国理政》(第 2 卷),外文出版社 2017 年版,第 533 页。

29 习近平:《积极树立亚洲安全观,共创安全合作新局面》(2014 年 5 月 21 日),载习近平:《习近平谈治国理政》(第 1 卷)(第 2 版),外文出版社 2018 年版,第 356 页。

30 习近平:《在中央全面依法治国委员会第一次会议上的讲话》(2018 年 8 月 24 日),载习近平:《论坚持全面依法治国》,中央文献出版社 2020 年版,第 231 页。

31 习近平:《在省部级主要领导干部学习贯彻党的十八届四中全会精神全面推进依法治国专题研讨班上的讲话》(2015 年 2 月 2 日),载中共中央文献研究室编:《习近平关于全面依法治国论述摘编》,中央文献出版社 2015 年版,第 52 页。

32 习近平:《关于〈中共中央关于全面推进依法治国若干重大问题的决定〉的说明》(2014 年 10 月 20 日),载习近平:《论坚持全面依法治国》,中央文献出版社 2020 年版,第 98 页。

33 《〈中共中央关于全面推进依法治国若干重大问题的决定〉辅导读本》,人民出版社 2014 年版,第 23 页。

34 习近平:《充分认识颁布实施民法典重大意义　依法更好保障人民合法权益》,载《求是》2020 年第 12 期。

35 习近平:《携手构建合作共赢新伙伴,同心打造人类命运共同体》(2015 年 9 月 28 日),载习近平:《习近平谈治国理政》(第 2 卷),外文出版社 2017 年版,第 522 页。

36 习近平:《走符合国情的人权发展道路》(2018 年 12 月 10 日),载习近平:《习近平谈治国理政》(第 3 卷),外文出版社 2020 年版,第 288 页。

37 习近平:《在纪念马克思诞辰 200 周年大会上的讲话》,人民出版社 2018 年版,第 10 页。

38 中共中央文献研究室编:《习近平关于全面依法治国论述摘编》,中央文献出版社 2015 年版,第 1 – 107 页。

39 习近平:《在中央全面依法治国委员会第一次会议上的讲话》,载习近平:《论坚持全面依法治国》,中央文献出版社 2020 年版,第 228 – 231 页。

40 习近平:《以科学理论指导全面依法治国各项工作》(2020 年 11 月 16 日),载习近平:《论坚持全面依法治国》,中央文献出版社 2020 年版,第 2 – 6 页。

41 习近平:《坚定不移走中国特色社会主义法治道路　为全面建设社会主义现代化国家提供有力法治保障》,载《求是》2021 年第 5 期。

中国特色社会主义法治道路的学理阐释*

党的十八届四中全会通过《中共中央关于全面推进依法治国若干重大问题的决定》（以下简称十八届四中全会《决定》）指出："全面推进依法治国，总目标是建设中国特色社会主义法治体系，建设社会主义法治国家。"实现这一总目标，必须坚持正确的路线，选择正确的道路。道路问题是最根本的问题，道路决定命运，道路决定前途。中国特色社会主义法治道路就是全面推进依法治国的唯一正确路线，是全面推进依法治国、加快建设法治中国的总路线，也可以说是社会主义法治建设的基本路线。正如习近平总书记所强调的："中国特色社会主义法治道路，是社会主义法治建设成就和经验的集中体现，是建设社会主义法治国家的唯一正确道路。"[1]"全面推进依法治国，必须走对路。如果路走错了，南辕北辙了，那再提什么要求和举措也都没有意义了。全会决定有一条贯穿全篇的红线，这就是坚持和拓展中国特色社会主义法治道路。中国特色社会主义法治道路是一个管总的东西。具体讲我国法治建设的成就，大大小小可以列举出十几条、几十条，但归结起来就

* 本文系作者为2015年"双百报告会"撰写的演讲稿，曾以《坚定不移走中国特色社会主义法治道路》为题收入张文显著《法治中国的理论建构》（法律出版社2016年版）。

是开辟了中国特色社会主义法治道路这一条。”[2]“在坚持和拓展中国特色社会主义法治道路这个根本问题上,我们要树立自信、保持定力。走中国特色社会主义法治道路是一个重大课题,有许多东西需要深入探索,但基本的东西必须长期坚持。”[3]对这一点,要理直气壮讲、大张旗鼓讲。要向干部群众讲清楚我国社会主义法治的本质特征,做到正本清源、以正视听。十八届四中全会《决定》和习近平总书记关于社会主义法治道路的重要讲话向全党全国人民释放出了正确而明确的信号,指明了全面推进依法治国的正确方向,这对于进一步统一全党全国人民的认识和行动具有十分重要的意义。

一、中国特色社会主义法治道路的核心要义

十八届四中全会《决定》高屋建瓴,将中国特色社会主义法治道路进一步凝练为“三个要义”。习近平总书记指出:坚持党的领导,坚持中国特色社会主义制度,贯彻中国特色社会主义法治理论,“这三个方面实质上是中国特色社会主义法治道路的核心要义,规定和确保了中国特色社会主义法治体系的制度属性和前进方向”。[4]所谓“要义”,就是实质性、本质性意义,就是精髓、决定性要素。在“要义”前面再加上“核心”二字,更凸显出坚持党的领导、坚持中国特色社会主义制度、贯彻中国特色社会主义法治理论这三个方面对于中国特色社会主义法治道路所具有的重大而根本的意义。正是这三个“核心要义”,明示了中国特色社会主义法治道路的基本内涵和基本内容,确定了中国特色社会主义法治道路的根本性质和根本要求,描绘出了这条道路的鲜明特征和鲜明标识。深入理解、全面把握这三个核心要义,对于坚持中国特色社会主义法治道路、全面依法治国、建设法治中国具有方向性、战略性、全局性意义。

在中国特色社会主义法治道路的三个核心要义中，党的领导是根本，中国特色社会主义制度是基础，中国特色社会主义法治理论是指导思想和学理支撑。

（一）坚持中国共产党的领导

党的领导是中国特色社会主义最本质的特征，是社会主义法治最根本的保证。把党的领导贯彻到依法治国全过程和各方面，是我国社会主义法治建设的一条基本经验。我国《宪法》确立了中国共产党的领导地位，坚持党的领导，是《宪法》的根本要求，是依宪治国、依宪执政的根本体现，是党和国家的根本所在、命脉所在，是全国各族人民的利益所系、幸福所系，是全面推进依法治国的题中应有之义。“坚持中国特色社会主义法治道路，最根本的是坚持中国共产党的领导。依法治国是我们党提出来的，把依法治国上升为党领导人民治理国家的基本方略也是我们党提出来的，而且党一直带领人民在实践中推进依法治国。全面推进依法治国，要有利于加强和改善党的领导，有利于巩固党的执政地位、完成党的执政使命，决不是要削弱党的领导。”[5]党的领导和社会主义法治是一致的，社会主义法治必须坚持党的领导，党的领导必须依靠社会主义法治。只有在党的领导下依法治国、厉行法治，人民当家作主才能充分实现，国家和社会生活法治化才能有序推进。坚持党的领导是法治的根本保证。

（二）坚持中国特色社会主义制度

“我国社会主义制度保证了人民当家作主的主体地位，也保证了人民在全面推进依法治国中的主体地位。这是我们的制度优势，也是中国特色社会主义法治区别于资本主义法治的根本所在。”[6]

坚持中国特色社会主义制度，一要坚持中国特色社会主义政治制度，即坚持工人阶级领导的、以工农联盟为基础的人民民主专政；坚持中国共产党的领导；坚持人民代表大会制度、中国共产党领导的多党合作和政治协商制度、民族区域自治制度、基层群众自治制度；坚持并不断发展多层面、多样化的具体民主制度。这里主要谈谈坚持人民代表大会制度和中国共产党领导的多党合作和政治协商制度。

人民代表大会制度是我国的根本政治制度，是人民当家作主的根本途径和最高实现形式，是中国特色社会主义政治制度的主要内容，是坚持党的领导、人民当家作主、依法治国有机统一的重要制度载体。实行人民代表大会制度是由我国的国家性质所决定的。一个国家的政治制度，核心是国体和政体问题。国体与政体密不可分，国体决定政体，政体体现国体。一个国家采取什么样的政体，是由这个国家的国体决定的，也就是说，是由掌握国家权力的阶级根据这个国家的政治、经济、文化、民族和历史传统来决定的。

我国是人民民主专政的社会主义国家，国家的一切权力属于人民。这是我国国家制度的核心内容和根本要求。人民代表大会制度是体现我国国家性质的最好形式。人民当家作主，最根本的是掌握国家权力。但是，人民掌握国家权力，需要有相应的政权组织形式和制度来实现。由我国的国体所决定，人民代表大会制度体现了国家一切权力属于人民的原则，体现了人民与国家权力之间的关系。这就是说，人民通过民主选举代表，组成国家权力机关，行使国家权力。我国《宪法》明确规定："人民行使国家权力的机关是全国人民代表大会和地方各级人民代表大会。"全国人民代表大会和地方各级人民代表大会是国家权力机关，由民主选举产生，对人民负责，受人民监督。国家行政机关、审判机关、检察机关都由人民代表大会产生，对它负责，受它监督。人民代表大会制度保证了国家权力始终掌握在人民手中，保证了国家权力真正体现人民的意志、代表人民的利益,保证了人民当家作主的地位。

中国共产党领导的多党合作和政治协商制度,既不同于西方国家的两党或多党竞争制,也有别于有的国家实行的一党制。这一制度是在中国长期的革命、建设、改革实践中形成和发展起来的,是适合中国国情的一项基本政治制度,是具有中国特色的社会主义政党制度,是中国社会主义民主政治的重要组成部分。

中国共产党领导的多党合作和政治协商制度是中国社会历史发展的必然选择。现代民主政治是政党政治。政党制度是现代民主政治的重要组成部分。一个国家实行什么样的政党制度,是由该国国情、国家性质和社会发展状况所决定的。我国的政党制度是近代中国政治发展的必然结果。辛亥革命后,中国曾经一度模仿西方国家,实行议会政治和多党制,但很快就以失败告终。后来,国民党蒋介石集团实行一党专制独裁,遭到全国人民的坚决反对,最终彻底失败。中国共产党领导的多党合作和政治协商制度,正是在多党制和国民党一党独裁统治这两种政党制度模式失败之后确立和发展起来的,是中国人民在争取民主、反对独裁斗争中作出的正确选择。1978 年以来,中国共产党明确了多党合作和政治协商是中国民主政治制度的重要组成部分,确立了中国共产党与各民主党派"长期共存、互相监督、肝胆相照、荣辱与共"的十六字方针。1993 年,第八届全国人民代表大会第一次会议将"中国共产党领导的多党合作和政治协商制度将长期存在和发展"载入《宪法》,中国多党合作制度有了明确的宪法依据。

中国共产党领导的多党合作和政治协商制度是具有强大生命力的政治制度。共产党领导、多党派合作,共产党执政、多党派参政,是我国的基本政治格局。中国共产党领导的多党合作和政治协商制度为正确处理我国政党关系提供了制度保证。

多党合作和政治协商的生命力在于协商民主。习近平总书记在庆祝中国人民政治协商会议成立 65 周年大会上强调:"社会主义协商民主，是中国社会主义民主政治的特有形式和独特优势，是中国共产党的群众路线在政治领域的重要体现”，“在中国共产党统一领导下，通过多种形式的协商，广泛听取意见和建议，广泛接受批评和监督，可以广泛达成决策和工作的最大共识，有效克服党派和利益集团为自己的利益相互竞争甚至相互倾轧的弊端；可以广泛畅通各种利益要求和诉求进入决策程序的渠道，有效克服不同政治力量为了维护和争取自己的利益固执己见、排斥异己的弊端；可以广泛形成发现和改正失误和错误的机制，有效克服决策中情况不明、自以为是的弊端；可以广泛形成人民群众参与各层次管理和治理的机制，有效克服人民群众在国家政治生活和社会治理中无法表达、难以参与的弊端；可以广泛凝聚全社会推进改革发展的智慧和力量，有效克服各项政策和工作共识不高、无以落实的弊端。这就是中国社会主义协商民主的独特优势所在。”

坚持中国特色社会主义制度，二要坚持中国特色社会主义基本经济制度。当今世界有两种生产资料所有制形式，我们坚持和不断完善公有制为主体、多种所有制经济共同发展的基本经济制度。坚持以公有制为主体，发展壮大国有经济，国有经济控制国民经济命脉，对于发挥社会主义制度的优越性，增强我国的经济实力、国防实力和民族凝聚力，具有关键性作用；对于全体社会成员享有基本的生活需要和最低限度的社会平等，最终走向共同富裕的道路，也是极其重要的制度保障。而个体经济、私营经济、合资或外资独资经济等非公有制经济是社会主义市场经济的重要组成部分，它们的发展对于充分调动社会各方面的积极性、加快生产力发展、增加社会就业具有重要作用。

当今世界有两种资源配置的基本方式，一是计划经济，二是市场经济，我们告别了僵化的计划经济，选择了自由的市场经济。事实证明，市场经济是当今世界最有效率的经济运行机制。党的十四大把建立社会主义市场经济体制作为我国经济体制改革的总体目标,具有伟大的现实意义和极其深远的历史意义。党的十四大以来,我们在建立社会主义市场经济体制方面的理论研究和实践探索,更加明确了社会主义市场经济体制的建设目标。十八届三中全会进一步作出“加快完善现代市场体系”的决定,提出“建设统一开放、竞争有序的市场体系,是使市场在资源配置中起决定性作用的基础。必须加快形成企业自主经营、公平竞争、消费者自由选择、自主消费、商品和要素自由流动、平等交换的现代市场体系”。

坚持中国特色社会主义基本经济制度,完善社会主义市场经济体制和现代市场体系,内在地需要法治的引领和保障,并为社会主义法治的发展形成坚实的经济基础和强大动力。

总之,坚持中国特色社会主义制度,核心是坚持人民代表大会制度,坚持人民代表大会制度,就是不搞“三权分立”和西方的“议会民主”;关键是坚持中国共产党领导的多党合作和政治协商,坚持中国共产党领导的多党合作和政治协商,就是不多党竞选、轮流执政,就是要不断拓展民主制度。基础是坚持社会主义基本经济制度,坚持社会主义基本经济制度,就是要把社会主义法治建立在牢固的社会主义经济基础之上,为社会主义经济建设,进而为政治建设、文化建设、社会建设、生态文明建设和全面建成小康社会保驾护航。

(三)贯彻中国特色社会主义法治理论

中国特色社会主义法治理论是对中国社会主义法治实践的经验总结和理论表达,是中国特色社会主义理论体系的重要组成部分。中国特色社会主义法治理论全面阐述了法治的本质、法治的普遍规律、现代法治的一般原理及社会主义法治的本质特征、内在要求、价值功能、基本原则、发展方向、遵循道路等重大问题,深刻回答了什么是社会主义法治,如何依法治国、建设社会主义法治国家和社会主义法治体系,如何推进法治中国建设,即如何实现依法治国、依法执政、依法行政共同推进，法治国家、法治政府、法治社会一体建设，国家法治、地方法治、社会法治协调发展，如何在法治轨道上推进国家治理体系和治理能力现代化，如何形成全面依法治国与全面建成小康社会、全面深化改革、全面从严治党相辅相成、相互促进、相得益彰的局面等一系列重大问题和前沿问题。总之，中国特色社会主义法治理论是关于法治，特别是中国特色社会主义法治的科学认知的集成，是党和国家法治建设的根本指导思想，是“我们党处理法治问题的基本立场”。[7]因而，坚持中国特色社会主义法治道路，建设中国特色社会主义法治体系和法治国家，推进中国法治事业科学发展，必须始终如一地贯彻中国特色社会主义法治理论。

二、走中国特色社会主义法治道路必须坚持的基本原则

中国特色社会主义法治道路的“三个核心要义”，可以具体化为“五个坚持”，亦即“五个基本原则”，即坚持中国共产党的领导，坚持人民主体地位，坚持法律面前人人平等，坚持依法治国和以德治国相结合，坚持从中国实际出发。

（一）坚持中国共产党的领导

坚持党的领导，不是一句空话，而是具体体现为党领导立法、保证执法、支持司法、带头守法上。

党领导立法，首先是党研究决定立法工作中的重大问题。十八届四中全会《决定》指出，凡立法涉及重大体制和重大政策调整的，必须报党中央讨论决定。党中央向全国人大提出宪法修改建议，由全国人大依照宪法规定的程序进行宪法修改。法律制定和修改的重大问题由全国人大常委会党组向党中央报告，由党中央

提出解决问题的立法建议。按照十八届四中全会《决定》精神，地方性法规制定和修改的重大问题也应由相应的地方人大常委会党组向同级党委报告，由同级党委提出解决问题的立法建议。立法实践证明，只有充分发挥党委凝聚各方智慧、协调各方力量的作用，立法工作中的重大问题才能得到有效解决。

领导立法，其次体现为善于使党的主张通过立法程序上升为国家法律。党是人民利益的忠实代表者，党的事业就是维护好、发展好、实现好人民利益。因此，党的主张和人民意志、党的利益和人民利益是统一的。在领导人民治理国家的过程中，党要善于通过立法渠道使党的主张通过法定程序成为国家意志，成为全社会一体遵循的法律规范和准则，从制度上、法律上保证党的路线方针政策的贯彻实施。

保证执法，是确保体现党的意志和人民利益的法律正确实施的根本。各级党委要积极支持和推动各级政府创新执法体制，完善执法程序，推进综合执法，严格执法责任，建立权责统一、权威高效的依法行政体制，加快建设职能科学、权责法定、执法严明、公开公正、廉洁高效、守法诚信的法治政府，督促和保证行政机关严格规范公正文明执法。

支持司法，关键是发挥党依法执政和依法治国的政治优势、组织优势、纪律优势，排除对司法活动的各种干预和干扰，为独立公正司法创新良好的制度环境和社会环境，支持司法机关依法独立公正行使司法权。十八届四中全会《决定》明确提出，各级党政机关和领导干部要支持法院、检察院依法独立公正行使职权。根据十八届四中全会《决定》，中央有关部门出台了制止和处分领导干部干预司法的专门文件，这是对司法机关正确适用法律的强大支持。

带头守法，首先要求党组织要维护宪法法律尊严和权威，自觉在宪法法律的范围内活动，带头遵守宪法和法律，引导和带动全社会形成办事依法、遇事找法、解决问题用法、化解矛盾靠法的良好法治环境。特别是各级人大、政府、政协、审判机关、检察机关的党组织要领导和监督本单位模范遵守宪法法律,坚决查处执法犯法、违法用权等行为。

带头守法也要求党员领导干部这个“关键少数”做好表率。党员领导干部要牢记法律红线不可逾越、法律底线不可触碰,做尊法的模范,带头尊崇法治、敬畏法律;做学法的模范,带头了解法律、掌握法律;做守法的模范,带头遵纪守法、捍卫法治;做用法的模范,带头厉行法治、依法办事。不容忽视的是,目前仍有一些党员领导干部还存在长官思想和特权观念,习惯于认为法律是管老百姓的,自己可以不受法律约束。这类思想观念是封建专制、人治思想的残余,与现代民主、法治思想格格不入,必须坚决破除。

坚持党的领导,就要把依法治国基本方略同依法执政基本方式统一起来,把党总揽全局、协调各方同人大、政府、政协、审判机关、检察机关依法依章程履行职能、开展工作统一起来,把党领导人民制定和实施宪法法律同党坚持在宪法法律范围内活动统一起来,善于使党的主张通过法定程序成为国家意志,善于使党组织推荐的人选通过法定程序成为国家政权机关的领导人员,善于通过国家政权机关实施党对国家和社会的领导,善于运用民主集中制原则维护中央权威、维护全党全国团结统一。

(二)坚持人民主体地位

中国特色社会主义法治与西方资本主义法治最根本的区别就在于:西方法治本质上是由资本所控制、所运用,体现资产阶级意志,首先为资产阶级根本利益服务;而我们始终坚持法治建设为了人民、依靠人民、造福人民、保护人民,以保障人民根本权益为出发点和落脚点,保证人民依法享有广泛的权利和自由、承担应尽的义务,维护社会公平正义,促进共同富裕;始终坚持保证人民在党的领导下,依照法律规定,通过各种途径和形式管理国家事务,管理经济文化事业,管理社会事务。

坚持人民主体地位,还意味着法律为人民所掌握、所遵守、所运用,法律是全体公民必须遵守的行为规范,法律更是保障自身权利的有力武器。

(三)坚持法律面前人人平等

平等是社会主义法律的基本属性之一,在法治的范畴内,平等主要包括权利平等、机会平等、规则平等。社会主义法律的基本属性还包括国家强制性、权威性、连续性、稳定性等,把平等性从各种属性当中抽取出来作为中国特色社会主义法治的基本原则,有其鲜明的针对性,即针对特权思想、特权人物、特权阶层,针对权大于法、钱大于法、关系大于法,它们构成厉行法治的障碍与阻力。十八届四中全会《决定》强调指出:坚持法律面前人人平等,就是要求任何组织和个人都必须尊重宪法法律权威,都必须在宪法法律范围内活动,都必须依照宪法法律行使权力或权利、履行职责或义务,都不得有超越宪法法律的特权。必须维护国家法制统一、尊严、权威,切实保证宪法法律有效实施,绝不允许任何人以任何借口任何形式以言代法、以权压法、徇私枉法。尤其是要以规范和约束公权力为重点,加大监督力度,做到有权必有责、用权受监督、违法必追究,坚决纠正有法不依、执法不严、违法不究行为。坚持法律面前人人平等,还要反对形形色色的歧视。

(四)坚持依法治国和以德治国相结合

依法治国是政治文明的标志,以德治国是精神文明的标志。法治与德治的关系问题,历来是政治学、法学的基本问题。党的十五大以来,党中央总结古今中外治国的成功经验,明确提出了依法治国与以德治国相结合的治国思想。在 2001 年全国宣传部长会议上,江泽民同志深刻指出:“我们在建设有中国特色社会主义、发展社会主义市场经济的过程中,要坚持不懈地加强社会主义法制建设,依法治国;同时也要坚持不懈地加强社会主义道德建设,以德治国。……我们要把法制建设与道德建设紧密结合起来,把依法治国与以德治国紧密结合起来。”[8]党的十六大报告将依法治国与以德治国相结合确定为党领导人民建设中国特色社会主义必须坚持的基本经验,并把依法治国纳入政治文明的范畴,在政治建设部分加以论述,把以德治国纳入精神文明的范畴,在文化建设部分加以论述。这表明依法治国属于政治建设和政治文明的范畴;以德治国属于思想建设和精神文明的范畴。十六大报告关于依法治国与以德治国的深刻论述,突破了法治、德治水火不容的传统思维定式,阐明了一种现代法治和新型德治相结合的治国新思路。按照这种治国新思路,依法治国与以德治国并不是彼此对立、矛盾的,而是相互补充、促进的。依法治国属于政治文明范畴,是治理国家的主要方式。以德治国属于精神文明范畴,是思想建设的主要方式,主要是以德教民、以德化民、以德育人。这样,在立法、执法、司法、法律监督、法律解释等政治法律活动中,必须严格遵循法治的精神、原则和方法,不得以德治取代或冲击法治。而在相当广泛的社会生活领域和精神文明建设中,必须强调德治的精神、原则和方法,不能一味地用法律的强制手段解决思想道德问题,要注重弘扬和培育民族精神,提高全民族的思想道德素质。

十八届四中全会《决定》和习近平总书记在四中全会上的讲话进一步强调“必须坚持一手抓法治、一手抓德治”,同时深入地阐述了依法治国与以德治国的关系,指出:国家和社会治理需要法律和道德共同发挥作用,既重视发挥法律的规范作用,又重视发挥道德的教化作用,实现法律和道德相辅相成、法治和德治相得益彰。

习近平总书记深刻指出:“发挥好法律的规范作用,必须以法治体现道德理念、强化法律对道德建设的促进作用。一方面,道德是法律的基础,只有那些合乎道德、具有深厚道德基础的法律才能为更多人所自觉遵行。另一方面,法律是道德的保障,可以通过强制性规范人们行为、惩罚违法行为来引领道德风尚。要注意把一些基本道德规范转化为法律规范,使法律法规更多体现道德理念和人文关怀,通过法律的强制力来强化道德作用、确保道德底线,推动全社会道德素质提升。""发挥好道德的教化作用,必须以道德滋养法治精神、强化道德对法治文化的支撑作用。再多再好的法律,必须转化为人们内心自觉才能真正为人们所遵行。'不知耻者,无所不为。'没有道德滋养,法治文化就缺乏源头活水,法律实施就缺乏坚实社会基础。在推进依法治国过程中,必须大力弘扬社会主义核心价值观,弘扬中华传统美德,培育社会公德、职业道德、家庭美德、个人品德,提高全民族思想道德水平,为依法治国创造良好人文环境。"[9]

(五)坚持从中国实际出发

坚持从中国实际出发,就是从坚持中国法治国情出发,突出中国特色、实践特色、时代特色。国情是一门大学问,每个学科讲国情都有自己的关注点,从而形成了经济国情、政治国情、文化国情、生态国情、历史国情等,法学要关注的是法治国情。我们的法治国情如何?

第一,中国是世界上文明发达最早的国家之一,法制文明是中国古代文明的重要构成和明显标志,而且从历史进程上看从来没有中断过。战国中期,李悝的《法经》创中国封建法典之体制,开成文法典之先河。随后建立的秦朝扩大了成文法的规模,奠定了中国长达两千多年封建法制的基本轮廓。汉唐诸代君臣与巨儒主张"德主刑辅",熔礼义刑德于一炉,使中国封建法制成为"天理、国法、人情"的融合体,形成了法治与德治相结合的鲜明特点。《唐律疏议》更以其完备的体例、严谨而丰富的内容成为封建法典的范例。经过宋、元、明、清等朝代一千多年的维系、传承和发展，形成了世界公认为五大法系之一的中华法系，广泛地传播和影响到周边国家，并在相当长的时间里居于世界法制文明的顶峰。中国古代法制文明中有许多超越时空、具有普遍价值的经验和理论。例如，主张“国无常强，无常弱。奉法者强则国强，奉法者弱则国弱”；[10]注重法律的良善品质，强调“立善法于天下，则天下治；立善法于一国，则一国治”，[11]“为国也，观俗立法则治，察国事本则宜”，[12]要以人为本，以民为本，社会和合；善于通过法律的人文精神对社会成员心理和观念世界进行整合与引领，来维系和引导整个社会，注重礼法互补，主张德治与法治并存，强调明德慎刑；注重法律的教育功能，主张以法为教，强调法律的任务不仅是“禁暴惩奸”，而且要“弘风阐化”；注重治国者、执法者的道德品质以及对国家的责任感和使命感，主张“徒法不足以自行”，[13]为官者、执法者要“天下为公”，清正廉洁，光明正大，执法如山，“法不阿贵，绳不挠曲”，[14]“公生明，廉生威”；[15]注重法律的综合意义，主张对法律条文和典籍从天理、国法、人情的有机结合上予以解释和注释，以更好地定分止争、惩恶扬善，法律的实施不能就事论事；注重立法与执法并重，“天下之事，不难于立法，而难于法之必行”；[16]注重变法促进，强调通过变法革新来解决社会深层次矛盾，保持社会稳定，推动社会发展。中国特色社会主义法治理论在对中华传统法律文化的丰富资源进行梳理和甄别的基础上择善而用，使中国特色社会主义法治具有厚重的民族精神和鲜明的时代精神。

第二，我们是在不同文明共存互鉴的历史条件下推进依法治国。所以，不能自我封闭。正如习近平总书记所指出的：“坚持从我国实际出发，不等于关起门来搞法治。法治是人类文明的重要成果之一，法治的精髓和要旨对于各国国家治理和社会治理具有普遍意义，我们要学习借鉴世界上优秀的法治文明成果。但是，学习借鉴不等于是简单的拿来主义，必须坚持以我为主、为我所用，认真鉴别、合理吸收,不能搞‘全盘西化’,不能搞‘全面移植’,不能照抄照搬。”西方法治文明源自古希腊、古罗马,积淀深厚,有许多理念、原则和方法,反映了人类法治文明发展的一般规律,诸如依法而治、法治国家、法治政府、权力制约、人权神圣、财产神圣、税收法定、法律面前人人平等、契约自由、言论自由、罪刑法定、正当程序、权利推定、“法无禁止即自由”等法治理论,以及司法(职权)独立、法官中立、律师自由执业、疑罪从无、非法证据排除等司法学说。发展中国特色社会主义法治,应当坚持在中国国情和中国需要的前提下,认真鉴别、合理吸收西方法治经验和法治理论,使之与中国本土化理论贯通,彰显中国特色社会主义法治理论体系的开放性、包容性和科学性。

第三,我们是在全球化时代建设社会主义法治国家。我们生存的这个世界正在发生着历史性变迁,全球化正在有力地改变着人类的生产方式、生活样式和生存状态,也在深刻地影响着人类社会的经济、政治、法律制度及其变迁。在这样一个全球化时代,无论是观察和处理经济问题、文化教育科技问题,还是观察和处理政治问题、军事问题、外交问题,我们都必须有全球意识、全球视野、全球眼光、全球思维,要有全球化的问题意识和应对全球化的战略意识。同样,全面推进依法治国、建设法治国家、推进法治中国建设的一些根本性问题也必须在全球化的背景中和全球治理结构中加以研究和解决。我们必须以开放的眼界统筹国内法治与国际法治两个大局,而不能封闭僵化,关起门来搞法治建设,要主动参与全球法治,构建全球化时代的涉外法治体系、推进国际关系法治化、构建国际法治新秩序,为中华民族伟大复兴创造更加良好的外部法治环境。正如习近平总书记所强调的:中国坚持走和平发展道路,同时也将推动各国共同坚持和平发展,构建民主法治、公正合理、合作共赢的国际政治经济新秩序。中国将大力推进国际关系民主化法治化,与各国共同维护人类良知和国际公理,在世界和地区事务中主持公道、伸张正义，更加积极有为地参与热点问题的解决，既通过维护世界和平来发展自己，又以自身发展促进世界和平。

第四，我们是发展中的社会主义大国，仍处于社会主义法治建设的初级阶段，现阶段的经济社会发展、治国理政的法治需求，社会法治文化发展水平，法治专门人才队伍的总体素质，执法司法的经济成本和社会成本，决定了法治建设的指标体系不能脱离实际，不能盲目拔高；更不能照抄照搬他国的法治模式和法治体系，尤其是不能盲目地照搬照抄西方国家的法治模式，否则，就会水土不服，会“画虎不成反类犬”。

在坚持中国特色社会主义法治道路的同时，还要与时俱进、改革创新，不断丰富三个核心要义、五项基本原则的具体内容，不断拓展中国特色社会主义法治道路。

注　释

1　习近平：《关于〈中共中央关于全面推进依法治国若干重大问题的决定〉的说明》(2014 年 10 月 20 日)，载中共中央文献研究室编：《习近平关于全面依法治国论述摘编》，中央文献出版社 2015 年版，第 24 页。

2　习近平：《加快建设社会主义法治国家》(2014 年 10 月 23 日)，载中共中央文献研究室编：《习近平关于全面依法治国论述摘编》，中央文献出版社 2015 年版，第 26 页。

3　习近平：《加快建设社会主义法治国家》(2014 年 10 月 23 日)，载中共中央文献研究室编：《习近平关于全面依法治国论述摘编》，中央文献出版社 2015 年版，第 26 - 27 页。

4　习近平：《关于〈中共中央关于全面推进依法治国若干重大问题的决定〉的说明》(2014 年 10 月 20 日)，载中共中央文献研究室编：《习近平关于全面依法治国论述摘编》，中央文献出版社 2015 年版，第 23 页。

5　习近平：《加快建设社会主义法治国家》(2014 年 10 月 23 日)，载中共中央文献研究室编：《习近平关于全面依法治国论述摘编》，中央文献出版社 2015 年版，第

27 页。

6 习近平:《加快建设社会主义法治国家》(2014 年 10 月 23 日),载中共中央文献研究室编:《习近平关于全面依法治国论述摘编》,中央文献出版社 2015 年版,第 28 页。

7 习近平:《在省部级主要领导干部学习贯彻党的十八届四中全会精神全面推进依法治国专题研讨班上的讲话》(2015 年 2 月 2 日),载中共中央文献研究室编:《习近平关于全面依法治国论述摘编》,中央文献出版社 2015 年版,第 123 页。

8 《江泽民文选》(第 3 卷),人民出版社 2006 年版,第 200 页。

9 习近平:《加快建设社会主义法治国家》(2014 年 10 月 23 日),载中共中央文献研究室编:《习近平关于全面依法治国论述摘编》,中央文献出版社 2015 年版,第 30 – 31 页。

10 《韩非子・有度》。

11 (宋)王安石:《临川先生文集》,中华书局 1959 年版,第 678 页。

12 《商君书・算地》。

13 《孟子・离娄上》。

14 《韩非子・有度》。

15 (明)年富:《官箴》刻石。

16 (明)张居正:《张太岳集》,上海古籍出版社 1984 年版,第 482 页。